贵阳市花溪区传统村落志

贵阳市花溪区地方志编纂委员会办公室　编

方志出版社
Publishing House of Local Records

图书在版编目（CIP）数据

贵阳市花溪区传统村落志 / 贵阳市花溪区地方志编纂委员会办公室编 . -- 北京：方志出版社，2023.12

ISBN 978-7-5144-6023-0

Ⅰ . ①贵… Ⅱ . ①贵… Ⅲ . ①村史 – 贵阳 Ⅳ . ① K297.35

中国国家版本馆 CIP 数据核字 (2023) 第 253513 号

责任编辑：张健
责任校对：张玉霞
责任印制：梅中英
出 版 者：方志出版社
地　　址：北京市朝阳区潘家园东里 9 号（国家方志馆 4 层）
邮　　编：100021
网　　址：http://www.zgfzcb.cn
发　　行：方志出版社图书营销中心（010-67110500）
印　　刷：成都市新都华兴印务有限公司
开　　本：787 毫米 ×1092 毫米 1/16
印　　张：24.25
字　　数：740 千字
版　　次：2023 年 12 月第 1 版
印　　次：2023 年 12 月第 1 次印刷
定　　价：180.00 元

《贵阳市花溪区传统村落志》编纂委员会

第一届

第二届

《贵阳市花溪区传统村落志》编辑部

序

习近平总书记强调，我们要深入挖掘、继承、创新优秀传统乡土文化。乡土文化、乡土文明是中华优秀传统文化和中华文明的历史根脉。编史修志，传承历史，光鉴千秋，惠泽后人。地方志凝聚着中华民族的优秀文化，记载了前人创造的文明成果，是继承和借鉴人类优秀文化的有效载体，是社会主义先进文化的重要组成部分，在新时代传承弘扬、创新发展中华优秀传统文化中发挥着重要作用。

传统村落是指形成较早，具有一定历史、文化、艺术、社会、经济价值，应予以重点保护的古村落。保护好传统村落，才能留住乡村的韵味，才能记得住乡愁。花溪境内悠久的农业历史孕育了深厚的农耕文化，形成了一批传统风貌保存较好、具有典型地域特色和民族特色的传统村落。

2012 年，花溪区镇山村和批林村入选第一批中国传统村落名录。镇山村位于贵阳市花溪区石板镇花溪水库中部，依山傍水，属典型的民族村寨，保存了独具特色的石板民居、屯墙等石板建筑，布依族古歌、布依族服饰等民族民俗文化。批林村民居以木瓦结构为主，依山临水，坝王河穿村而过，有“苗族射背牌”“苗族银饰制作工艺”“苗族芦笙制作工艺”等省级非物质文化遗产。

为追溯乡村历史，记录乡村变化，传承乡村文化，2022年花溪区启动《贵阳市花溪区传统村落志》的编纂工作。《贵阳市花溪区传统村落志》编纂形式有所创新，全书全面、翔实地记述了镇山村和批林村的基本村情、文物古迹、旅游名胜、特色文化、风土民情、古村保护等情况，突出两村的风貌和特点。

《贵阳市花溪区传统村落志》客观记录了花溪区传统村落的历史脉络和发展历程，丰富了村域文化宝库内容，其文笔简约，通俗易懂，蕴含着浓厚的乡土情怀。《贵阳市花溪区传统村落志》着重展示镇山村布依族文化和批林村苗族文化，展现两村的青山绿水，描绘两村的小康生活画卷，昭示两村的美好未来。《贵阳市花溪区传统村落志》是花溪人的一份宝贵精神财富，是走出家乡远离故土的人们梦回故乡、了解家乡的一份特殊礼物，是后辈缅怀先人、寻根觅祖的史料依据，必将激励花溪区人民更加热爱家乡，为建设家乡奋力拼搏。

“对历史最好的继承就是创造新的历史，对人类文明最大的礼敬就是创造人类文明新形态”，传统村落志的编纂有助于推动传统村落优秀文化传承和发展，是实施乡村振兴战略、推进社会主义新农村建设的重要举措，也为努力创造属于我们这个时代的新文化，建设中华民族现代文明贡献方志力量！

贵阳市花溪区地方志编纂委员会办公室

2023年12月

凡例

一、《贵阳市花溪区传统村落志》（以下简称“本志”）以马克思列宁主义、毛泽东思想、邓小平理论、“三个代表”重要思想、科学发展观、习近平新时代中国特色社会主义思想为指导，坚持辩证唯物主义和历史唯物主义的立场、观点和方法，坚持实事求是原则，全面、客观记述花溪区传统村落的历史情况和发展状况，是服务乡村振兴战略的历史智慧和现实借鉴。

二、本志上限起于事物发端或有史记载，下限至2022年。本志以花溪区镇山村和批林村行政区划为记述范围。对部分事物不在村域范围，但与传统村落历史发展关系密切的事物仍予记述。为明晰传统村落位置，设“四邻村寨”条目记述邻村基本情况。

三、本志记述遵循“详近略远、详今明古”的原则，记述花溪区传统村落发展历史，特别是古村保护、旅游名胜、特色文化、风土民情等内容，重点体现传统村落的“名”与“特”。

四、本志采用纲目体，各村下设类目、分目、条目三个层次。本志横排门类，纵述史实，述而不论，行文使用现代语体文，采用述、记、志、传、图、表、录等体裁，以志体为主。

五、本志人物部类遵循“生不立传”原则，人物按生年排序，重点收录对本地区有重大影响的人物，退役军人、英烈模范、先进个人等列名录表。

六、本志中华民国成立前的纪年，采用朝代年号纪年，括注公元年份；中华民国成立后的纪年，均采用公元纪年。历史上地理名称、人名、机构及官职称谓遵循当时称呼，当代以正式文件为准。本志保留历史计量单位，中华人民共和国成立后的计量单位按国家现行标准使用。本志照片已标注拍摄年份，未标注年份照片为2023年拍摄。

七、本志数字用法、标点符号、计量单位分别执行国家标准《出版物上数字用法》（GB/T 15835—2011）、《标点符号用法》（GB/T 15834—2011）、《国际单位制及其应用》（GB 3100—1993）和《有关量、单位、符号的一般原则》（GB 3101—1993）。历史上使用的计量单位，如斗、石、里、尺、磅、华氏度等，在引文时可照录。考虑到社会使用习惯，全书中亩不统一换算。

八、本志所用资料主要来自传统村落提供档案资料，由相关专业部门提供统计数据，部分资料来自媒体和采访笔录。档案资料、口碑资料、历史文献等，不再另注出处。

镇山村在贵州省的位置

贵阳市花溪区地方志编纂委员会办公室　编制

批林村在贵州省的位置

贵阳市花溪区地方志编纂委员会办公室 编制

镇山村在贵阳市的位置

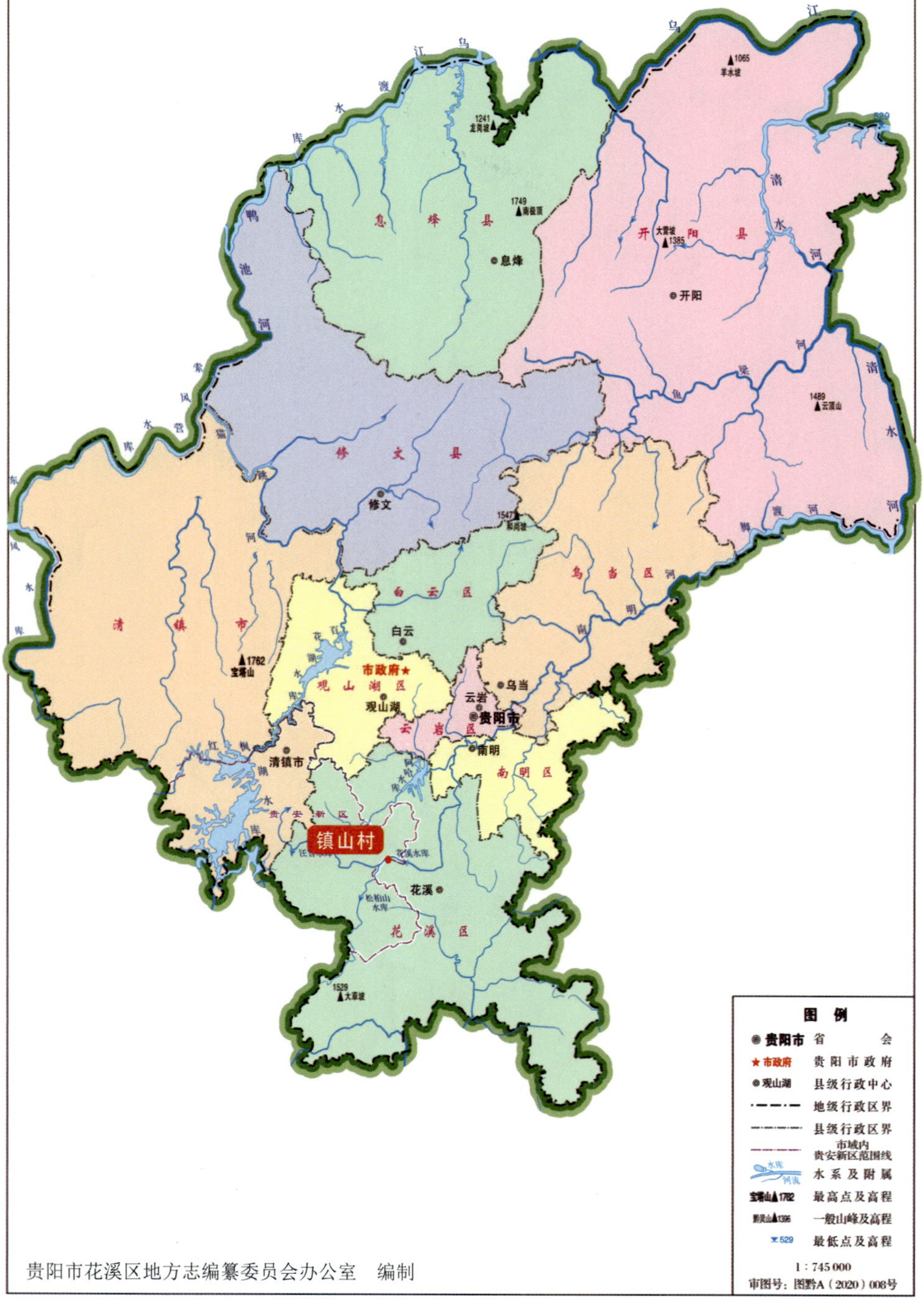

贵阳市花溪区地方志编纂委员会办公室　编制

批林村在贵阳市的位置

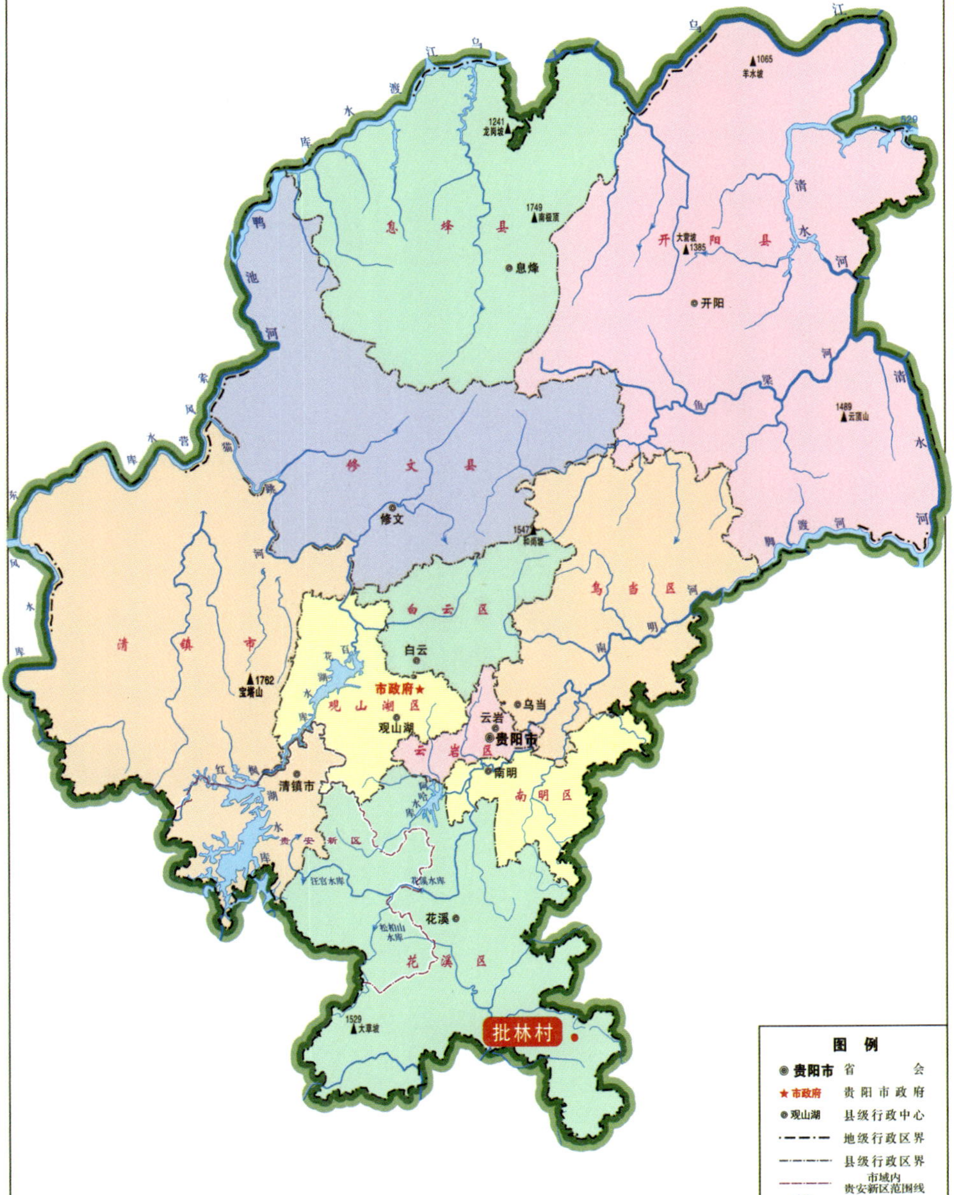

贵阳市花溪区地方志编纂委员会办公室 编制

镇山村示意图

石板一村
花石路
石板井
贵阳南环高速
牛坡
千年古井
关口寨
进村大门
(牌坊)
镇山老年公寓
村委会
武庙
码头
观景台
镇山布依族
生态博物馆
半边山
花溪水库
隆昌村
李村
天鹅村

批林村示意图

杉坪村
云盘脚
桃子冲
林兴超市
惠水县板长村
漆木冲
五寨村
板长寨
批摆寨
卫生室
林道便利店
村委会
林道寨
养牛场
惠水县大保村
大冲寨
洞口村

镇山村远眺

珍爱生命 严禁游泳 谨防溺水

镇山村大寨

镇山村石板民居

镇山村石板民居

镇山村古城墙南门

镇山村古巷道

布依族绣花

布依人家欢庆“六月六”

布依族“六月六”山歌节

镇山村李仁宇夫妇塑像

批林村鸟瞰图

批林村批摆寨民居

批林村民居

批林村民居

批林村传统民居

批林村传统民居

批林苗族服饰（2022 年）

批林村射背牌活动（2011 年）

批林村芦笙表演（2011 年）

芦笙

黄背牌

银饰工艺品

目　录

概 述

一

花溪区隶属于贵州省贵阳市，地处黔中腹地、贵阳市南部，东邻黔南布依族苗族自治州龙里县，西接贵安新区，南连黔南布依族苗族自治州惠水县、长顺县，北与贵阳市南明区、观山湖区接壤。辖区东西最大距离 39.49 千米，南北最大距离 38.18 千米，总面积 964.32 平方千米。花溪区在贵州高原第二台阶上，地势起伏较大，东西两侧为山地、丘陵，平均海拔 1200 米以上；中部槽谷盆地地势较低，海拔 1100 米左右；西南至东南部地势较高，海拔在 1300 米以上，其山脉、河流多为南北向，局部为北东向或东西向。由于碳酸盐类岩层广泛分布，94% 的面积呈现山、丘、坝、盆、谷等形态多样的岩溶喀斯特地貌。

以苗族和布依族为代表的少数民族在这片土地上辛勤耕耘，其独特的山水地貌造就了丰富多彩、风格迥异的民族文化和民俗风情。花溪原名“花仡佬”，历史悠久，是贵州省著名的风景旅游区，旅游资源得天独厚，有山清水秀的自然风光、历史悠久的人文景观和浓郁的民族民俗风情。

2012 年，住房城乡建设部、文化部、国家文物局、财政部印发《关于开展传统村落调查的通知》，传统村落名录列入保护制度正式推行。同年 12 月，住房城乡建设部、文化部、财政部等七部委公布花溪区镇山村、批林村凭借悠久的历史和浓郁的民族风情，入选第一批中国传统村落名录。

二

通常，传统村落或临近交通要道，或占据水源旁重要地域，镇山村和批林村就属于这两种。镇山村紧靠花溪河，是旧时贵阳通往安顺的必经之路之一，地理位置重要，适宜居住；批林村则是花溪当时通往黔南的要道。

镇山村位于花溪区西部，花溪水库边上一处三面环水、一面靠山的半岛上，依山而建、临水而居，山、水、田园融于一体。距花溪区人民政府 14 千米，距贵阳市人民政府 31 千米。东抵花溪区溪北街道石板井村，南与花溪区贵筑街道李村隔河相望，西与石板镇隆昌村接壤，北连石板镇石板一村。下辖大寨、关口寨 2 个自然村寨，5 个村民小组，2022 年有常住人口 786 人。布依族、苗族、汉族等民族杂居，以布依族为主。平均海拔 1163 米，总面积 3.8 平方千米，地质以薄层灰岩为主，属亚热带湿润温和型气候，冬无严寒，夏无酷暑，雨水充沛。村寨四季无风沙，空气不干燥，年平均气温在 15℃左右。

批林村位于花溪区南部高坡苗族乡的西南部，北与高坡苗族乡杉坪村相邻，南与高坡苗族乡硐口村相接，西与黔南布依族苗族自治州惠水县相邻，东与高坡苗族乡五寨村接壤。距高坡苗族乡人民政府 10 千米，距花溪区人民政府 40 余千米，距贵阳市人民政府 70 余千米。全村面积 8.5 平方千米。总耕地面积 715 亩，林地 2145 亩。下辖批摆、林道、桃子冲、营盘脚、漆木冲、大冲 6 个自然村寨，村名取其中最大的两个村寨批摆和林道首字而称批林。批林村境内地貌类型为侵蚀溶蚀的中低山、低山、峰丛洼地、槽谷、溶丘洼地及谷地等。碳酸盐类岩石分布广泛，岩溶地貌发育，组合类型有溶蚀槽谷、谷地、洼与峰丛、峰林、溶丘，个体形态有溶洞、暗河、天窗等。批林村平均海拔 1500 米，平均气温 12℃—14℃的适宜气候，造就了温暖适宜、风景如画的批林村。山外连山，村内连树，形成一个拥有着独特风光的村寨，有 6000 余亩林地，森林覆盖率 60%。2022 年有人口 253 户 1303 人，其中苗族占全村人口的 80%，有王、罗、李、龙、欧、杨、唐七大姓氏，是典型的少数民族村寨。

三

传统建筑是传统村落的典型特征之一。花溪区传统村落的传统建筑取材于本地建筑材料，形成了独有的建筑风格。随着改革开放的不断深入，人民生活水平的不断提高，舒适明亮的砌砖小平房日渐增多，传统建筑已不再是居民首选。

镇山村是贵州中部地区典型的民族村寨，堪称“石板建筑的博物馆”。现存传统民宅50余栋。寨中所有的民居全用石头围护，墙面用石板镶嵌，屋面以石板代瓦，院坝和通道均以方块石板铺成。村寨以屯墙为界，分为上寨和下寨。上寨是明朝万历年间奉朝廷之命以军务入黔的李仁宇将军屯兵的遗存，四周以屯墙围绕，连片居住，集中构建，相互毗邻，又独立成户，有连有分，形成一处处空间完整的三合院或四合院。

批林村文化空间保存较好，保留了大量珍贵的民族文化信息，村寨建筑布局保存较完整，其中有苗族风格民居195栋，占整个村庄建筑的60%。村寨建筑依山而建，随山势高低变化而错落有致，视野开阔。建筑多以木质结构为主，房屋朝向统一，基本坐北朝南，沿山脚修建至山腰。

传统村落一般都遗留历史的印迹，保存着部分民族特色的古迹文物遗址。镇山村武庙、古井、古屯墙等文物具有极高的研究价值。批林村批摆晓谕碑、批林晓谕摩崖、批林躲匪洞、批林营盘遗址、批林罗氏洞葬遗址等历史遗址遗迹也展示了发生在这里的故事。

花溪区委、区政府高度重视文物保护，1993年，镇山村被确定为贵州省民族文化保护村。1995年，镇山村被确定为省级文物保护单位。从1996年起，镇山村文物保护工作纳入省、市、区文物保护工作范畴。2001年建成“中国・贵州花溪布依族生态博物馆”，2017年国家民委命名为“中国少数民族特色村寨”。

民族文化与非物质文化遗产是花溪区传统村落最典型的特征。镇山村和批林村分别聚居着布依族和苗族，具有浓郁的民族文化风情，每年都举行跳场、跳洞、“四月八”“六月六”等民族节日活动。镇山村非物质文化遗产丰富，布依族土布制作、布依族服饰制作、布依族纸染绣花制作技艺、布依族刺绣、石雕技艺、布依古歌等非物质文化遗产琳琅满目。批林村是一个民族文化信息保存较完好的一个苗族村寨，有射背牌、苗族飞歌、苗族情歌、苗族民歌、芦笙舞、杀牛祭祖等民族非物质文化遗产，其中“苗族射背牌”“苗族银饰加工”“苗族芦笙制作”，具有重要的史料研究价值、开发利用价值，先后被列为省级非物质文化遗产。“芦笙一响，脚板就痒”，这里至今还保留着吹芦笙、跳芦笙舞等传统节庆民俗。

四

2001 年，镇山村生态博物馆建成。2010 年，镇山村按原样恢复城墙 1600 余米。坚持“保护为主、抢救第一、合理利用、传承发展”的保护方针，以改善居住环境，提高村民生活水平，适度发展文化旅游，挖掘传统村落文化内涵为规划原则，2014 年委托贵州省城乡规划设计院编制完成《花溪区高坡乡批林村传统村落保护发展规划（2015—2030）》《花溪区石板镇镇山村大寨传统村落保护发展规划（2015—2030）》。

2016—2021 年，批林村先后实施消防设施、村寨道路硬化、太阳能路灯、观光亭、河道整治生活垃圾处理、生活污水治理、垃圾设施采购及村寨环境整治、路面修复、民居修缮、消防设施、古树保护等项目，投入资金 500 余万元。2016—2022 年，镇山村先后实施进寨青石板路、旅游公厕、古井修缮、水池及护廊新建、水库旁游客服务管理房建设、游客接待房建设、民族文化墙建设、观景长廊建设、生活污水处理厂、消防基础设施、码头栈道、数字博物馆、镇山村牌坊修建、保护对象挂牌、传统建筑整体修缮及室内功能更新、庭院改造等项目，投入资金 1000 余万元。

2018 年 6 月，镇山村被列入“2018 年度贵州省中国传统村落保护发展示范村”名单。2023 年，花溪区印发《花溪区传统村落高质量发展五年行动计划（2021—2025 年）》，实施传统文化保护行动、优秀传统文化传承行动、乡村风貌保护提升行动、人居环境质量整治提升行动、公共设施建设行动、特色农业培育行动、旅游产业提升行动、保护示范试点行动“八大行动”，初步形成“望得见山、看得见水、记得住乡愁”的美丽家园。

五

20 世纪 90 年代以后，随着经济社会不断发展，花溪区传统村落也迎来新的发展机遇，其得天独厚的风景、让人流连忘返的民族风情，带动了旅游业发展，拓宽了群众增收渠道。

镇山村的旅游开发主要涉及观光、度假、养生、节日庆典等，镇山独特的石板建筑，悠久的布依族文化，神秘的民间艺术表演等，具有广阔的客源市场，吸引省内外游客对民族文化的向往，在旅游中寻求不同文化的新奇感。镇山村寨迎合都市休闲潮流，发展农家乐，凭借地处贵阳市郊的有利位置，以清新的空气和纯天然的美食吸引贵阳居民利用双休日到镇山村度假。部分美术、旅游、建筑等专业的高校学生将镇山作为实习基地，长期居住于此开展学习研究。镇山村吸引社会资本注入，引进驻村艺术家，对闲置传统民居进行活化利用改造，将原有闲置的旧房、破房活化利用为摄影工作室、雕塑工作室、陶艺工作室、刺绣工作室、蜡染工作室、精品休闲民宿，成功打造 16 处各具特色的“一院一景一品”小景，有效盘活原有闲置农房。2022 年，镇山村旅游特色产业产值达 380 万元、村集体收入达 50 万元。

过去的批林村，由于交通不便等原因，经济发展缓慢，人民生活水平不高。批林村在传承优秀民族文化传统的同时，寻求新的发展机遇，利用当地少数民族地区风土人情特色，走出自己的发展道路。在脱贫攻坚过程中，批林村通户通组路不断建设完善，省、市有关单位结对帮扶批林村，批林村不再沿袭靠山吃山、靠水吃水的老一套发展模式，而是以独特的文化氛围，造就属于自己的村寨品牌。注重生态、文化、自然协同发展，成为批林村的发展契机。现在的批林村，结合当地苗族文化历史和手工艺品、苗药等产业，以六寨四境探索环线为线索，依托奇特的高山地貌、旖旎的自然风光和诗画般的田园风情，优化原村落景观格局，植入苗家街坊新业态，新建苗乡客栈聚落，让游客深入体验风情古朴的苗乡腹地，苗家人民的生活越来越美好。

花溪区这片古老的土地，孕育了丰富的民族传统文化，是中华优秀传统文化的重要组成部分。跨进新时代，走上新征程，我们将更加坚定民族自信、文化自信，坚定不移实施文旅活区战略，擘画乡村振兴新篇章，让千百年来的民族文化瑰宝焕发出新的生机，创造新的辉煌！

贵阳市花溪区传统村落志

GUIYANGSHI HUAXIQU CHUANTONG CUNLUOZHI

镇山村

ZHENSHANCUN

石头城堡　布依村寨

镇山村始建于明代，依山而建，寨内完好地保留着石头民居、屯墙、石板路等建筑，堪称“石板建筑的博物馆”，世世代代居住在这里的布依族，保留着浓郁的民族文化风情。

从 20 世纪 80 年代开始，镇山村的石板建筑和民族风情开始被世人所知晓，逐渐成为研究古村落、民族文化的重要载体。

镇山村远眺

镇山村位于花溪区西部，位于花溪水库边上的一处三面环水、一面靠山的半岛上，依山而建、临水而居，山、水、田园融于一体。东抵溪北街道石板井村，南与贵筑街道李村隔河相望，西与石板镇隆昌村接壤，北连石板镇石板一村。下辖大寨（分上寨、下寨）、关口寨2个自然村寨，5个村民小组，2022年有常住人口786人。布依族、苗族、汉族等民族杂居，以布依族为主。平均海拔1163米，总面积3.8平方千米，地质以薄层灰岩为主，属亚热带湿润温和型气候，冬无严寒，夏无酷暑，雨水充沛。村寨四季无风沙，空气湿润适宜，年平均气温15℃左右。

镇山村紧靠花溪河，是旧时贵阳通往安顺的必经之路之一，地理位置重要，适宜居住。镇山村是贵州中部地区典型的民族村寨，传统建筑取材于本地石头，形成独有的建筑风格，堪称“石板建筑的博物馆”，现存传统民宅50余栋。寨中所有民居全用石头围护，墙面用石板镶嵌，屋面以石板代瓦，院坝和通道均以方块石板铺成。村寨以屯墙为界，分为上寨和下寨。上寨是李仁宇屯兵的遗迹，四周以屯墙围绕，连片居住，集中构建，相互毗邻，又独立成户，有连有分，形成一处处空间完整的三合院或四合院。

镇山村民居

镇山村居民多为布依族，村寨具有浓郁的民族文化风情，每年都举行跳场、“四月八”“六月六”等民族节日活动。非物质文化遗产丰富，布依族土布制作、布依族服饰制作、布依族纸染绣花制作技艺、布依族刺绣、石雕技艺、布依古歌等非物质文化遗产琳琅满目。

镇山村遗留历史的印迹，保存着部分民族特色的古迹文物遗址。武庙、古井、古屯墙等文物具有极高的研究价值。花溪区委区政府重视文物保护，1993年，镇山村被确定为贵州省民族文化保护村。1995年，镇山村被确定为省级文物保护单位。从1996年起，镇山村的文保工作被纳入省、市、区文保工作范畴。2001年建成“中国·贵州花溪布依族生态博物馆”，2010年，镇山村按原样恢复城墙1600余米。2014年委托贵州省城乡规划设计院编制完成《花溪区石板镇镇山村大寨传统村落保护发展规划（2015—2030）》。2016—2021年，投入资金500余万元，在镇山村实施消防设施、村寨道路硬化、生活污水治理、村寨环境整治、民居修缮、古树保护等项目。2016—2022年，投入资金1000余万元，在镇山村实施古井修缮、民族文化墙建设、观景长廊建设、码头栈道、数字博物馆、镇山村牌坊修建、保护对象挂牌、传统建筑整体修缮、庭院改造等项目。镇山村2017年被国家民委命名为“中国少数民族特色村寨”。2018年6月，镇山村被列入“2018年度贵州省中国传统村落保护发展示范村”名单。2019年，镇山村入选第七批中国历史文化名村。2023年，花溪区印发《花溪区传统村落高质量发展五年行动计划（2021—2025年）》，实施传统文化保护行动、优秀传统文化传承行动、乡村风貌保护提升行动、人居环境质量整治提升行动、公共设施建设行动、特色农业培育行动、旅游产业提升行动、保护示范试点行动“八大行动”，初步形成“望得见山、看得见水、记得住乡愁”的美丽家园。

镇山村民居

1996年以后，镇山村将文明创建作为保障和改善民生的重要载体，在全村范围内营造践行社会主义核心价值观的浓厚氛围。制定创建计划，明确目标，落实专门经费和人员，推动文明创建工作与新农村建设、美丽乡村创建、人居环境改善、基层党建等工作同频共振，互相促进，不断提升镇山全体村民的获得感。特别是2015年以后，镇山村结合实施“积分评奖”行动，村民通过垃圾分类、尊老爱幼等获得积分，到村里的“励志超市”兑换生活用品。镇山村党支部每月开展主题党日活动，除组织全村党员上党课、学党史外，还结合“我为群众办实事”实践活动，开展村庄清洁行动，营造整洁有序的人居环境。2020年，镇山村入选第六届全国文明村镇。2022年，被评为全国民主法治示范村。

行走生态之旅、感受田园之美、享受布依之风、体验宜居之地。镇山村给人们带来的不光是对生命诞生地、情感故里的浓浓挚爱之情，更多的是教会人们如何与自然和谐共存，如何与周围的人和事物共同生活。镇山村传统古民居建筑是中华民族文化遗产的重要组成部分，美得让人感动。今天的镇山，焕发出历史文化的光辉，如同一艘巨轮，承载着村民对幸福生活的向往，扬帆远航。

入村文化长廊

入村文化墙

基本村情

镇山村地理位置独特，位于花溪水库中段半岛之上，与天河潭风景名胜区毗邻。镇山村属于典型的布依村寨，村寨依山而建，村民临水而居，始建于明万历年间，距今已有400余年。村域面积3.8平方千米，全村有5个村民组，2个自然村寨，主要居住着布依族和苗族，以布依族为主，是民居特色突出、民族文化浓郁、人居环境优美、民族关系和谐的少数民族村寨。

寨内布依族村民多为班、李两姓，虽是异姓，但为同宗。寨中民居均采用石头围护，墙面用石板镶嵌，屋顶以石板当瓦，院坝和通道均以石板铺成，具有鲜明的“石”文化特色。

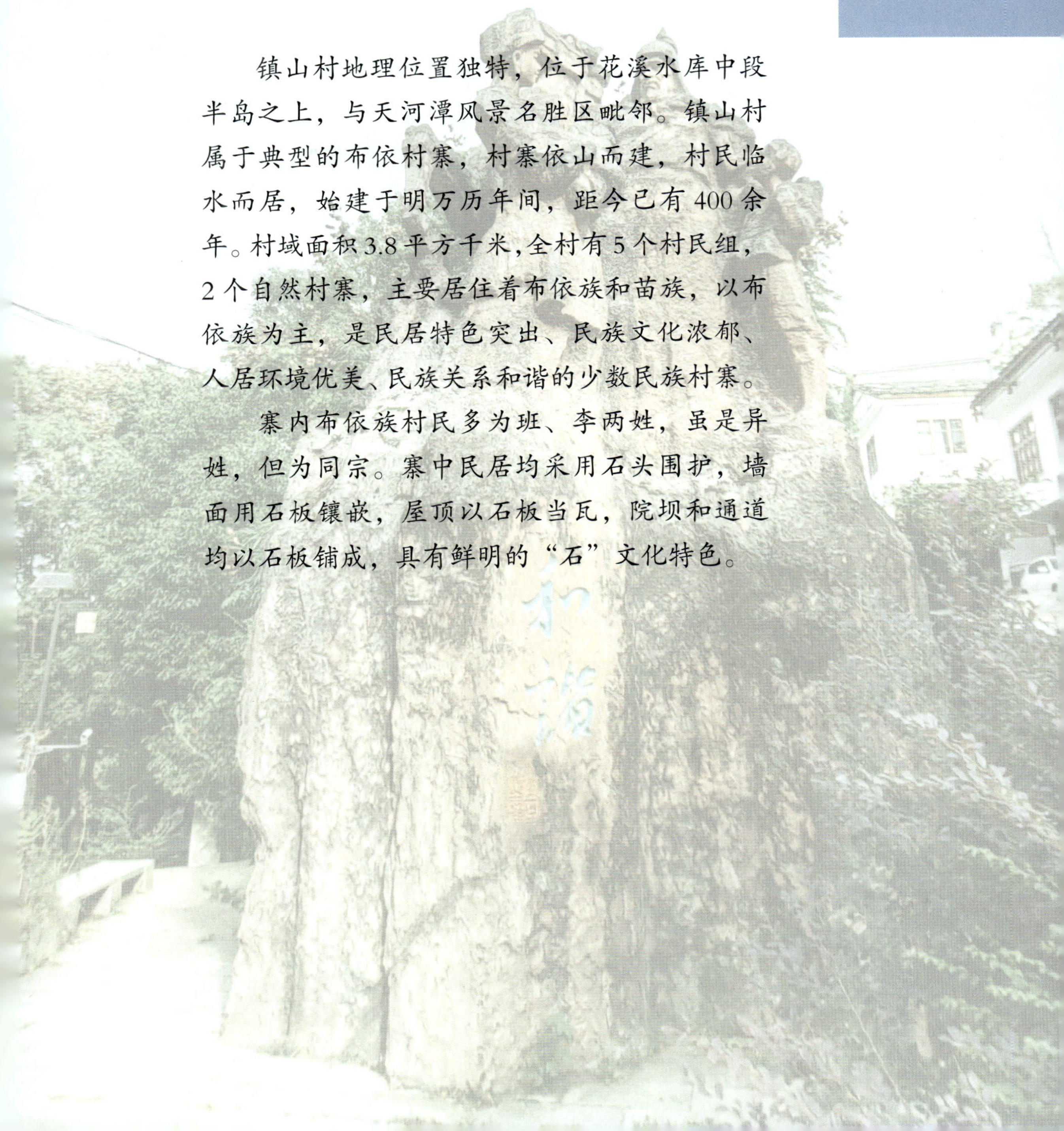

依山傍水的镇山村

建置沿革

村名由来

镇山村最早叫营盘坡，后更名为长安营、半边山。1951 年，由半边山村改名为镇山村。

传说秦始皇用赶山鞭赶山填东海时因用力过猛，鞭子将一座完整的山劈成两半，一半赶到云南，一半留在贵州，矗立在镇山村东面的是为半边山。半边山山峰突兀，临水一面是如刀劈斧剁的悬崖，另一面是披着绿色丛林的缓坡。村落因而得名“半边山寨”。

又说，明万历年间，入黔驻军石板哨道的李仁宇将军见此地风景秀丽，“鸡栖于埘，日之夕矣，羊牛下来”，感慨“有神山镇守，鬼神不犯，六畜安康”，故取名镇山。

辖区变迁

明朝以前，镇山村一带就有苗族居住生产、繁衍生息，李仁宇将军到石板哨后，在花溪河北岸建半边山寨，并“以草为界”划定地界，在半边山附近圈占大片田地以作屯田。采取“以坟管山”的方式对山林和土地进行管理。

镇山村李家坟地（前五世）分布情况（汤芸著《以山川为盟》）

明朝晚期，镇山村大致的管辖范围为：南部到河对岸李村山背后；东部到花溪水库大坝，包括石板井村、螃蟹井村；东北部到野毛井村一带；北部到营盘土新寨（久安路口）；西北部到大高寨和小高寨浪风关一带；西部到天河潭火车站和吴家山一带。管辖区域包括半边山寨、李村、天鹅、大树脚、老犁地、竹拢等在内的花溪河谷。

中华人民共和国成立后，天鹅（含大树脚）成为独立行政村，竹拢划由隆昌乡管辖，老犁地划给石板井村管辖。1960 年，花溪水库建成后，李村划入天鹅村。镇山管辖区域为上寨、下寨、关口寨。2020 年，镇山村总面积 3.8 平方千米，东西最大距离 5 千米，南北最大距离 3 千米。全村辖 5 个村民小组：镇山一组，位于大寨，有 25 户 109 人；镇山二组位于大寨，有 44 户 224 人；镇山三组位于大寨，有 21 户 135 人；镇山四组位于大寨，有 32 户 188 人；镇山五组位于关口寨，有 25 户 130 人。大寨组有 652 人，有布依族、苗族、汉族等 3 个民族，其中布依族人口数占比 80%；关口寨村民主要为苗族。

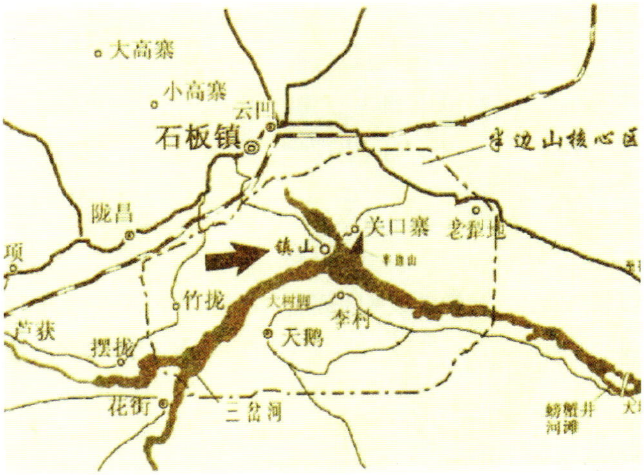

明朝镇山村管辖范围（汤芸著《以山川为盟》）

村落历史

镇山村属地原名半边山，隶属花仡佬。其地在西周至春秋隶属牂牁国，秦属象郡且兰县，汉代置牂牁郡，唐代属矩州，宋代属羁縻州之矩州，元代属金筑安抚司之下的石板。明万历十四年（1586 年）二月十四日，贵州抚按将贵竹长官司及龙里卫属平伐长官司辖地合置新贵县，新贵县辖 8 里 248 寨，半边山属其南上里。

镇山寨始建于明万历年间（1573—1620年），距今有400余年。以明代屯军为背景，李、班同宗家族为主的布依族村寨，至今已有十八代。据《李仁宇将军墓志》载：明万历二十八年（1600年）明廷“平藩”，时江西吉安府庐陵县协镇李仁宇奉命以军务入黔，屯兵安顺，及黔中平服，广顺州粮道开通，遂携家眷移至石板哨镇山建堡屯兵。清康熙二十六年（1687年）改贵阳军民府为贵阳府，新贵县隶贵阳府。

清康熙三十四年（1695年），贵州巡抚阎兴邦以新贵、贵筑二县同治贵阳城，官署重叠，不便治理，裁去新贵县并入贵筑县，新贵县原辖地全归贵筑县所辖，半边山隶属南上里石板哨。清中期隶贵阳府亲辖蔡关里。

1914年，废贵阳府，设贵阳县。1919年，废里甲置区乡，贵阳城外为9个区，半边山村属西二区石板哨镇。1930年3月，原辖9个区按序数称谓，各区团务局改称区公所，共9区17镇185乡，各区驻地未变，镇山改为镇山乡，属第七区石板哨镇，乡公所位于镇山寺（今镇山村武庙），辖桥上、天鹅寨、摆克寨、铁厂、老妈井、半边山、老犁地、马洞、竹拢、小石厂等自然寨。1936年，天鹅、隆昌、半边山三寨合议设镇山保。1937年，贵阳县行政建置再次调整，原9个区建制调为6个区35联保190乡镇，镇山乡属第五区第五联保（联保办公处驻石板哨）。1941年，贵阳设为市，贵阳县更名贵筑县，镇山隶属未变。1944年，贵筑县重调区乡，设3个区署26乡264保2704甲，县直辖6乡，镇山设保，属石板直辖乡。

1949年11月15日，贵筑县解放。12月中旬，贵筑县置花溪、青岩、白云、水田4个区公所，乡以下原保、甲制暂维持未变，镇山保属花溪区。1950年7月，花溪区调整为花溪、石板两区。镇山保属石板区。8月，改按序数命名，半边山属石板第四区石板乡。1951年，半边山村改为镇山村。1952年隶贵筑县第四区芦荻乡。1958年2月，撤贵筑县，置花溪区、乌当区，镇山村属花溪区石板乡。9月，石板乡改为人民公社，置镇山大队，下辖4个生产队。1984年，石板人民公社改为石板乡，镇山生产大队改为镇山村，属石板乡。1986年，撤石板乡，置石板镇，镇山村属石板镇，辖镇山、关口2个自然村。

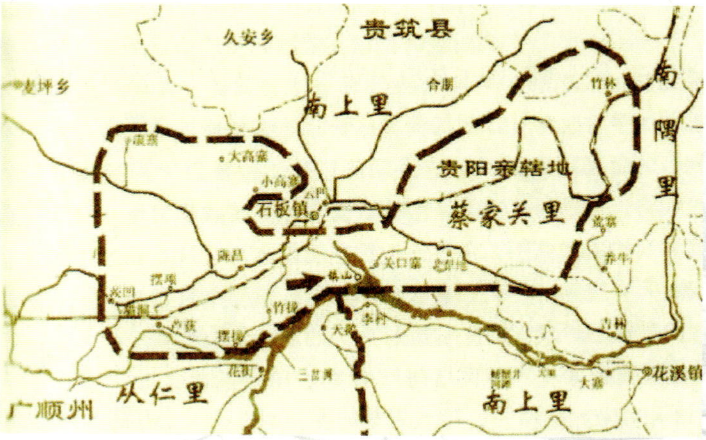

清朝中期半边山地区行政区划（汤芸著《以山川为盟》）

区 位

自然地理区位

镇山村地处贵州省中部，贵阳市南部，位于贵阳市人民政府西南 21 千米处，花溪区人民政府西北 11 千米处，石板镇人民政府东南 2 千米处。属黔中高原苗岭山系，位于花溪水库边上的一处三面环水、一面靠山的半岛上，与南侧的李村、西南侧的天鹅村隔水相望。

镇山村入村桥

交通地理区位

通往村外的道路包括水路和陆路，水路主要是村民渡船过河前往李村进行日常农耕劳作，常用的陆路通道是位于村寨北侧悬崖上的岩石道路，道路一侧悬崖峭壁，下临花溪水库，是镇山村天然的防御屏障。镇山村与环城高速南环线石板、天河潭互通，距离较近，入村道路通过县道、花石路、甲秀南路到花溪区人民政府，路程 14 千米，距贵安大道、天河潭大道 4 千米，交通十分便利。

经济地理区位

20 世纪 90 年代，镇山村位于花溪区打造的花溪河“四点一线”旅游线上（花溪公园—小山峡—镇山—天河潭），是较早进行旅游开发的村寨。镇山村北距贵阳石板农产品物流园 4 千米，西距天河潭风景区 4 千米。

◉ 村　落

自然村寨

大寨　镇山村大寨以修建于明朝时期的屯墙为界分为上下两寨，上寨位于村寨北部的城墙之内，下寨位于村寨南部的城墙之外。

上寨是镇山村早期防御外敌的核心区域，寨内传统建筑以武庙为中心，整体呈向中心布局，一户一院的木结构、石板坡屋顶的三合院民居院落顺应等高线布置，以北寨门至南寨门之前的巷道为轴线，巷道西南侧的三合院居民建筑坐西南朝东北靠山而建，建筑群之间垂直等高线拾级而上的爬山巷是上寨的主要构架元素，南寨门、北寨门是镇山村通往外界的空间节点。

屯墙以南为下寨，下寨原址位于花溪水库，1958 年修建花溪水库，下寨村民分为两部分，一部分迁往对岸李村，一部分上移至屯墙之下形成现在的下寨。下寨建筑整体布局坐北朝南、背山面水。位于中心的四组建筑是利用拆迁水库淹没的原建筑重建的，受地形空间小的影响，建筑没有采取传统的三合院布局，而采取联排拼接、一排多户布局。排屋前面长条形、规整石块铺砌的场地作为排屋院坝和联系通道。下寨的街巷北起南门、南至码头为石头古巷，古巷位于排屋西侧，连接古巷以西建筑的通道直接与古巷呈锐角相接，直接连接古巷东侧的是寨中心的排屋建筑，排屋往东建筑通过排屋门前的院坝连接。

镇山村大寨

关口寨　1958年修建花溪水库时，由于民族习惯不同，当时村内多数苗族迁居到沿河的栗木山山坳中，自成一个村落，现为镇山村第五村民小组，称为关口寨。关口寨位于大寨东部，占地面积约为2.2平方千米，村寨人口为25户130人，全部为苗族。由于进寨的路只有一条，像个关口似的，所以被称为关口寨。

四邻村寨

石板一村　与镇山村北部接壤，是石板镇镇政府驻地，全村辖6个村民组，5个自然村寨。粮食作物以水稻、玉米为主，经济作物以蔬菜、油菜为主。

李村　与镇山村隔花溪水库相望，村里的城楼、城墙、房屋、路面等均用石头砌制而成。家庭生活用具如磨、钵、缸等，也多为石器，李村居民多姓李，与镇山村之班李二姓为同一家族。李村是原镇山村村民搬迁而形成的村寨，村内有关于半边山的许多传说，山上有镇山村班李氏始祖李仁宇之墓；天鹅村临水悬崖后面的山顶上，埋葬着班李氏始祖李仁宇儿子武德将军。花溪水库修建之前，李村与下寨各据花溪河谷之南北，隔河相对，河中无桥，仅修有石跳墩。水库修建时，李村与下寨各自往高处迁移。水库建成后，李村所在山顶与水面落差有50米，山坡陡峭，两村间的交流依赖渡船，非常不便，两村的交流机会渐少。20世纪90年代，李村修通经花溪水库大坝至花溪区的公路，其村民不再经石板镇至花溪区，两村来往更少，虽是同一家族，却渐渐疏远。

石板井村　与镇山村关口寨东部相邻，该村是花溪区古生物化石产地。

隆昌村　与镇山村西部相接，由大寨、竹拢寨、摆拢寨等3个自然村寨组成。

自然环境

地质地貌

镇山村地处黔中高原苗岭山系中段，是典型的喀斯特低山丘陵地貌，平均海拔1100—1200米，村寨中心位置海拔1163米。地势西北高东南低，西部地形起伏不大，自西向东延伸，是坡面开阔平缓的山坡。东部地形变化较为复杂，其北端大致为由东而西、坡度较陡的山丘；南端则是山坳，地形起伏较大，山坳从西北向东南，由高到低、由小而大延伸至花溪水库湖面，具有极佳的视野。

地质为三叠系地层，以薄层灰岩为主。

镇山村一带岩石均为水层页岩，岩层外露、硬度适中、节理分层。厚薄不一的片石可进行不同规格尺寸的切割。镇山村人民就地取材，把片石充分使用在屋顶、墙体、屋基、城墙等建筑上，形成别具一格的镇山村布依族建筑风格。

镇山村村道岩壁

镇山村地形如一条巨龙由西向东直奔花溪水库，村寨所在地正是龙头之所，村寨两侧有小山对称排列于左右，村民称两座小山为“龙眼睛”。两座小山之下各有一井，是村民的饮用水源。

栗木山 花溪河东侧的山峰，是镇山村关口寨所在地。

牛山 位于村寨西部，不仅是村寨天然的防御屏障，同时还是镇山村村民的后花园。镇山村是一个三面环水、一面靠山的传统聚落，而牛山就是镇山村唯一的靠山；屯墙从村寨中间穿过到达牛山，沿牛山山脊蜿蜒布局，环一圈之后与村寨北侧的悬崖石径相连，只要北寨门一关，后山便是镇山村与外界隔绝的天然屏障，沿屯墙爬到牛山的最高处，村寨周边情况一览无余；牛山与村寨连在一起，并没有明显的界线，建筑之外的地方，留有部分耕地，这些耕地是镇山村周边最近的田土，曾是镇山村村民的菜园子，山上生长着村民日常所需的竹子、粽子叶等。

气 候

镇山境内属亚热带季风湿润性气候，降水充沛，阳光充足，雨热同期，无明显酷暑寒冬。常年平均气温 14.2℃，最冷月 1 月平均气温 4.7℃，最低气温 -3.6℃；最热月 7 月平均气温 22.6℃；无霜期 270 天。太阳总辐射 3780—3850 千焦 / 平方米，年日照时数 1260—1350 小时。年降雨量 1150—1200 毫米，高于全国平均水平，雨水集中在 5—8 月，占全年降雨量的 45% 左右。冬季以北风为主。

水 文

花溪河　即南明河花溪区段，南明河主源头位于贵州省平坝区马场镇白泥田，别源出自清镇市中八农场慈姑塘，两源于花溪区石板镇花街东北交汇，称三岔河，东行经半边山、大寨至花溪济番桥，称花溪河，后至五眼桥纳小车河贯贵阳主城区，称南明河。花溪河旧名花仡佬河，明成化年间（1465—1487 年），宣慰同知宋昂在河上修建一座桥，桥通定番州而得名“济番桥”，花仡佬河也称“济番河”。1948 年，花仡佬更名花溪，相应河流更名为花溪河。1958 年开始修建花溪水库，在镇山村前形成最宽约 300 米的水面，水平如镜，有“天池”之美称。

自然资源

镇山村村域面积约 3.8 平方千米，其中耕地面积 0.5 平方千米，荒山地面积 1.8 平方千米。随着经济社会的发展，耕地面积逐渐减少。

镇山村地带性植被为中亚热带常绿阔叶林，原生植被尚存一些常绿阔叶树种，天然植被有针阔叶混交林、灌丛及灌草丛等，人工林有乌尾林。此外，还有一年两熟的农田植被以及一年多熟的蔬菜地植被。

镇山村灌木林

自然灾害

地震　1953 年 6—7 月，镇山村发生地震，破坏性不大。

雹灾　1964 年 5 月，镇山村发生冰雹灾害，房顶石板被全部吹落，家家漏雨，庄稼受灾严重。

凝冻　2008 年初，境内发生特大凝冻灾害，镇山村内油菜，部分树木、电线不同程度受到损害。

◉ 人　口

人口来源

明朝之前，半边山村就有苗族、布依族等民族居住。明朝实行屯田制，李氏从江西到镇山驻屯，人口逐渐增多。镇山村只有 1 户汉族，原住百花湖，1969 年搬迁来本村。

镇山村始建于明万历年间（1573—1620），据《李仁宇将军墓志》载：明万历二十八年（1600）明廷“平藩”时江西吉安府卢陵县协镇李仁宇奉命以军务入黔，屯兵安顺，及黔中平服，广顺州粮道开通，遂携家眷移至石板哨镇山建堡屯兵，其妻因水土不服病逝，李仁宇与班氏结缘。镇山村居民多以班、李两姓为主，虽是异姓，皆为同宗，系李仁宇将军与班氏的后代。

人口总量

1951 年，镇山村居住 358 户，总人口 1690 人。之后镇山村管辖范围缩小，常住人口保持在 500—800 人之间。

表 1　1990—2022 年部分年份镇山村人口情况统计表

年份	总户数（户）	总人口
1990	120	—
1994	124	558
1998	128	574
2001	147	582
2003	176	599
2011	152	666
2012	156	660
2013	156	656
2015	141	642
2016	195	680
2017	170	710
2018	170	770
2019	146	778
2020	147	786
2022	183	786

民族构成

镇山村民族以布依族为主。布依族源于古“百越”，秦汉以前称“濮越”或“濮夷”，东汉六朝称“僚”，唐宋称“蕃蛮”，元、明、清至中华人民共和国成立前称“八蕃”“仲家”“依家”“布笼”“笼人”“土人”“夷族”等。在布依族语言里，“布”是“族”或“人”的意思。故旧方志中，有将布依族记为“夷族”“夷家”“夷人”者。除自称之外，不同地区布依族之间还互相称为“布笼”“布那”“布土”“布都”“布央”“布笼哈”等。1953 年，根据本民族意愿并经国务院批准，统一命名为“布依族”。20 世纪 90 年代初，镇山村有布依族 89 户、苗族 30 户、汉族 1 户。2011 年以后，由于布依族、苗族、汉族之间通婚情况增多，苗族和汉族的人数增加迅速，特别是汉族女性嫁到镇山村的人数与日俱增，汉族女婿入赘的情况也不少见，更有外省女性嫁入的情况出现。2012 年，镇山村共有汉族人口 80 人，占总人数的 12%。2015 年，镇山村有布依族 104 户，苗族 36 户，汉族 1 户。2017 年，镇山村有布依族 120 户，苗族 50 户，汉族 1 户，少数民族占全村总人口 99% 以上。2022 年镇山村有布依族 60 户，苗族 60 户，汉族 1 户。

表 2　2020 年镇山村姓氏统计表

姓　氏	户数（户）	人口数量（人）	占比（%）
李	43	225	28.6
班	56	223	28.3
王	14	85	10.8
陈	7	45	5.7
刘	7	57	7.2
龙	1	11	1.3
唐	2	10	1.2
罗	3	9	1.1

主要姓氏

2020 年，李、班、王、陈、刘是镇山村户籍人口数量排名前五的姓氏。其中李姓占比 28.6%、班姓占比 28.3%、王姓占比 10.8%、陈姓占比 5.7%、刘姓占比 7.2%。2022 年李姓 43 户，班姓 53 户，王姓 13 户，陈姓 7 户，刘姓 8 户。

编者注：本志收集到编写于 1945 年和 2018 年的班李氏族谱两部，两族谱对班李氏家族历史渊源记述有所差异，本志刊载两序全文，由后人论证。

《班李氏族谱》编写于1945年，现存于班有作家。序《理合为一》全文：

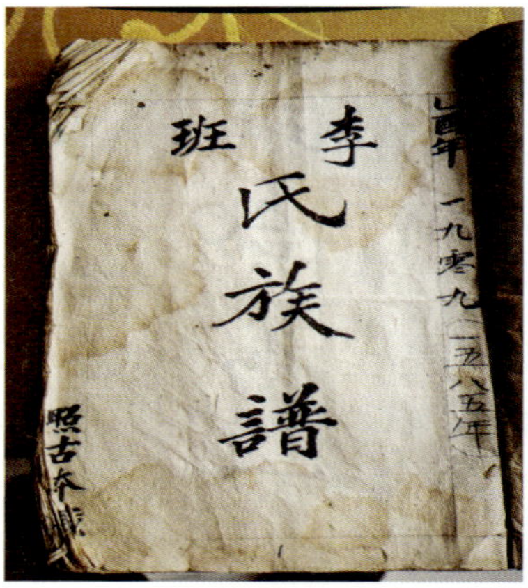

班李氏族谱

盖遵嘱始祖，仁宇公由“仁宇”起谱系，仁、山、应、自、国、斌、于、维、发、光、彩、炘、家、有、士、良、朝、崇、裕、后。闻物本乎天，人本乎祖，犹木之有本，水之有源也。昔我始祖仁宇，居于江西吉安府庐陵县大鱼塘李家村，出身科第，管至协镇。明万历间，南方扰攘，明朝调北征南，遂以军务入黔，领数千兵于安顺等府驻扎，及黔中平服，乃迁居于石板哨。当时各大宪即命坐镇其地，而我始祖兢兢业业，总以报国抚民为志，不幸迁地不良，我始祖母与水土不宜，又加以前受风霜之困苦、兵灾之惊惶，一病不起，乃以仙逝。（我始祖）而至半边山，后遂入赘班始祖太之门，不数年，生二子，以长房属李，次房属班，始立两姓宗祧，载在族谱传。

《中华班姓大族谱》是班氏后裔族人2018年编写完成，记述班氏家族从元末明初“调北征南”走进贵州600余年历史的族谱。上限起于元至正十七年（1357），下限至2018年。序全文：

中华班姓大族谱

尽闻物本乎天，而人本乎祖，犹木之有本，水之有源也。

昔我始祖仁宇，居于江西吉安府卢陵县大鱼塘李家村，出生科第，官至协镇。明万历间，南方扰攘，明朝调北征南，遂以军务入黔，领数千兵于安顺等府驻扎及黔中平服，乃迁居于石板哨，当时各大宪即命坐镇其地，而我始祖兢兢业业总以报国抚民为志，不幸迁地不良，我始祖母与水土不宜又加以前受风霜之困，苦兵灾之惊惶，一病不起乃仙逝而至半边山。后遂入赘班始祖太之门，抚养班公遗孤鹤山、近山，二子为报抚之恩，遂将鹤山续李姓，近山续班姓，建立两姓宗妣这就是班李二姓在镇山的由来。至今余年烟代远恐子孙失绪，故岁至乙酉孟春月之初，约我兄弟及我叔侄共建章程，切愿世世子孙循规蹈矩，士农工商各得其所，农甫医卜各遂其心，百代衣冠于今而为烈矣！是为序。

镇山村村委会综合楼

经济社会

基层党组织

2003 年，镇山村党支部有党员 25 人。2012 年，镇山党支部共有党员 36 名。2013 年，正式党员 34 名，入党积极分子 4 人。2020 年，镇山村有正式党员 35 人，预备党员 2 人，其中女性党员 14 人、男性党员 21 人，大学本科 1 人、大专 5 人、高中中专 4 人、初中 25 人，35 岁以下 4 人、35—70 岁 17 人、50 岁以上 14 人。2022 年，有党员 37 人，其中女性党员 14 人，大学本科以上 1 人。

表 3　1986—2022 年镇山村“两委”主要负责人一览表

职　务	姓　名	任职时间
村党支部书记	陈作荣	1986 年—1991 年
	班士祥	1992 年—1995 年
	刘忠玉	1996 年—1998 年
	李良平	1999 年—

续表 3

职　务	姓　名	任职时间
村委会主任	班士祥	1986 年—1991 年
	李士贵	1992 年—1994 年
	班有益	1995 年—1996 年
	班有辉	1996 年—2004 年
	班有作	2004 年—2010 年
	班海杰	2010 年—2013 年
	班士富	2013 年—

农　业

生产关系变革　黔中村落的发展和明朝的卫所屯田制度密不可分。明朝时期，李仁宇屯兵石板哨，班李家族逐渐在半边山地区扎根繁衍，并控制最好的耕地。清朝，屯田制度瓦解以后，班李家族弃武从文，对土地的依赖进一步加强。同时，通过“以坟管山”的方式（“以坟管山”是通过修坟占据村寨周围风水较好的山坡，以划定势力范围），进一步扩大家族的空间范围和势力范围。1951 年 5 月，土地改革在镇山村展开，班李家族的土地部分划入石板镇其他村寨，部分分给租种土地的佃农和雇工。1953 年，土地改革完成后，不少农民缺乏劳动力，无力耕种，自愿组成互助组，村民相互帮助，各自生产，各自所得。1958 年，进入人民公社时期，镇山村实行“人七劳三”管理办法 :“七”即按劳动人口分配，“三”即按工分分配。1978 年 12 月，中共十一届三中全会召开后，镇山村将土地等按人口或人劳比例分到农户经营，村民按照合同规定自主进行生产经营，经营收入除按合同规定上缴给集体及缴税外，全部归于村民。

耕地　镇山村附近群山林立，只有山脚下花溪河两侧河谷适于耕种。在花溪水库修建之前，村子里水田占耕地总面积的绝大部分，稻米产量高，质量上乘。花溪水库修建后，水田面积减少，村里土地大部分是山坡上的“望天田”，其产量完全依赖降水量。20 世纪 70 年代，提灌站建成后，村口地势平坦的土

村民耕作

地大部分得到浇灌，开始作为水田种植水稻，产量不断提高，周围的丘陵山坡是旱地。1994 年以前，镇山村境内的耕地保持在 900—1000 亩。1995 年后，耕地数量略有减少。2020 年，镇山村土地面积 4773 亩，耕地面积降为 707 亩。2022 年，土地面积 5306.5 亩，耕地面积 1274.7 亩。

耕作方式　镇山村传统耕作方式为以人力、畜力、手工工具、铁器等为主的手工劳动。1978 年后，镇山村逐步推广农业机械化，2010 年前后拥有机械化（铁牛）耕地的农户有 30—40 户。由于地块小，山地崎岖，收割机很难以作业，至今仍保持着人工收割的传统。

升斗

背篼

犁和风机

表 4　镇山村村民主要农事活动一览表

节　气	主要农事物候
立春	期间小麦拔节、油菜抽薹，须追肥；播种春洋芋
春分	整田搂地，播种早苞谷
清明	犁耙冬水田，分批撒秧
小满至夏至	早苞谷管理、秋田管理；夏至前（6 月 5—7 日）满栽满插水稻
小暑至立秋	对作物中耕除草、施肥、防治病虫害等
立秋至白露	收获苞谷；水稻抽穗、扬花、灌浆
秋分至霜降	收获水稻
霜降至立冬	播种油菜、小麦
立冬至大寒	小麦、油菜等田间管理
立春一春分	植树造林

农业产业结构　20 世纪 50 年代以前，镇山村以种植水稻为主。1950 年后（初级社到高级社期间），开始种植土豆、红薯（国家研发的新品种）等。花溪水库建成后，原河边

水田被淹没，坡地主要种植的粮食作物为玉米。到 70 年代修建提灌站后，水稻、玉米、油菜是镇山村种植面积最大、最普遍、最常见的作物。2012 年，镇山村引导村民开展产业结构调整近 100 亩，村“两委”协调奇石园、园艺公司两家企业落户，带动村民就业近 40 人。2017 年，镇山村开始广泛种植果树、经果林、蔬菜等作物。

村民晾晒的辣椒和玉米

农作物种植　水稻。花溪水库修建前，镇山米曾经在贵阳一带远近闻名。每年春节过后，农民买稻种准备育苗，育苗当地一般称作“播小秧”，当地俗语讲“秧好一半谷”。育秧的时间一般在清明之前，选一块土质最好的旱地，部分人家就在自己家的院坝里育秧，一般是用小的塑料棚育秧，在秧苗上方架起竹条，加盖塑料薄膜，秧苗即在棚内生长。除了浇水，其他时间塑料棚都密封得严严实实，既可保持土壤水分，又可防止温度急剧变化对秧苗造成伤害。一般经过一星期或 10 天就可播小秧，待秧苗长到七八厘米高时就可以移栽了。“宁要田等秧，莫要秧等田”，在育秧的同时，需要先将稻田的土壤翻过，耙平。放水淹田，再犁耙一遍就可以插秧了。插秧前后是村农耕最忙碌的时节。秧苗插好要除草、追肥。过去是人力除草追施，现在使用除草剂和化肥。水稻一般在国庆节前后收割。当稻穗垂下，颗粒金黄时，村民就用镰刀将稻穗割下，以前使用搭斗人工打脱粒，现在用打谷机使稻穗分离。镇山村的石板院坝就是天然晒谷场，村民将收割好的稻谷摊放在自家院坝的石板地上，时时翻动，使稻谷干燥便于储存，挑到碾坊脱壳，20 世纪 90 年代改用打米机。

玉米。镇山村的河谷地带被花溪水库淹没后，玉米曾作为主要农作物。在种植玉米之前，也要先对土地进行整理，村民将其称为“刨土”，用锄头将田里的石头、麦秆等杂物清理出去，以免影响玉米种子的生长；疏松土壤，为撒灰撒种做准备；翻过的土，土质比较蓬松，水分容易渗透进土壤。镇山村的土质在没有雨水的时候就会又干又硬，耕牛、铁牛操作起来都非常费力，因此旱地一般要等下过一场大雨、地被浇透以后，村民才去地里刨土，因此有“不打雷不下地”的说法。玉米施肥的同时要薅草，有俗语说“苞谷薅得嫩，抵得泼道粪”。除草是田间管理的重要工作，过去村民一整个夏天都要在地里除草，现在多用除草剂。玉米成熟在农历七八月，收获的玉米就直接挂在自家的屋梁上风干，吃的时候取用。有的农户还种植不常见的紫玉米，因颗粒形似珍珠，有“黑珍珠”之称。虽然紫玉米的品质优良，但棒小粒少，亩产只有 50 千克左右。所以紫玉米一般当作土特产售卖给游客。

养殖业　2022年，镇山村有养猪户2户，养猪43头；养牛1户，养牛5头；养鸡80户。

养牛。在传统农耕时，牛是镇山村畜养的最重要的牲畜。水牛性情温顺、易管理适宜耕作。在镇山村，石木建筑的房舍布局中都有牛圈。牛圈位于半地下的房屋一侧，或用石头垒砌，或用木头搭建。水牛夜间就养在牛棚里，而白天则用最传统的方式放牧，给牛补充青饲料，或者将水牛放养到水边，水牛在河水中滚泥，身上的泥层既可防止日光直射，又能避免蚊虻叮咬。一般放牛工作都是由家庭里的小孩或老人来完成。农忙季节使役水牛耕地，绳索固定在水牛颈背处，耕田人一手把着犁铧的柄，将锋刃刺入土中，一手执鞭驱使水牛前进，带动犁铧翻土。犁铧入土的深度既不能太深，也不能太浅。因为牛在农业生产中意义重大，因此牛受到布依族的特别珍爱。传统的村规对偷牛、伤牛的处罚也特别重。镇山人在历史上从不煮食牛肉。如果耕牛老死或不慎摔死，牛的主人自己不能吃，而是将牛肉分给其他村民吃。农历的四月初八是牛王节，另一种说法是当天为苗族纪念苗王的日子。在牛王节这天，牛受到特别的优待和尊敬，人们不能打牛骂牛，一般也不会安排牛耕田干活，还用乌米叶（一种植物的叶子）染黑糯米做成乌米饭喂牛，用染乌米饭剩下的乌米叶渣给水牛从牛角开始，到牛头、牛耳、牛肚，一直到牛的四肢、牛尾，全身上下涂一遍，然后才能放牛进牛圈。从2011年开始，旅游逐渐取代农业成为主要的生计，镇山村的水牛数量逐渐减少，2022年养牛的农户只有1户，有5头牛。

养猪。养猪是镇山村村民的日常工作之一。每年开春，村民们要到市场上或者有猪崽的村民家中挑选。猪崽一般选择白猪，偶尔也选择黑猪（传统布依族婚礼中需要杀食黑猪）。养猪的猪圈一般修在自家房舍周围。旅游业的发展改变了镇山村传统的养猪方式，喂猪的饲料从原来的米糠等变成了农家饭馆的残羹剩饭。受旅游业的影响，镇山村养猪的人家大规模减少，养猪的农户主要集中在上寨。2022年镇山村养猪的农户只有2户，有43头猪。

村民饲养的猪

养马。作为曾经的军屯之地，镇山村过去几乎家家养马。废除屯田制度后，马成为主要的运输工具，有一匹吃苦耐劳的好马是村民对富足生活向往的必要条件之一。20世纪60年代，镇山大队曾组建马帮。随着现代运输工具的出现，镇山村已无养马农户。

养鸡。鸡是布依族各种仪式中是最为常见的祭品，在婚礼和葬礼中是有重要的作用和意义。如，布依族妇女生第一个小孩时，丈夫要到岳父岳母家去报喜，生男孩怀抱公鸡去，生女孩怀抱母鸡去。布依族男女结为夫妻的过程中，“杀鸡”仪式是至为重要的一环，是决定两家是否联姻的关键。葬礼中站棺、跳井、立碑、谢土等过程都需要用鸡“献祭”。因此，鸡是镇山村最常见的家禽。鸡的饲养可以分为放养、圈养两种。放养就是每天早晨将鸡从笼子里放到自家的院坝或者后院里，使鸡在足够大的空间里自由活动，并撒些谷物做食物，到了晚上再将鸡关入笼子里。随着旅游业的发展和对环境要求的提高，放养鸡的农户日益减少，大多是圈养。2019 年，镇山村有 1 个土鸡养殖场，养鸡 1000 余只，品种为广西瑶山土鸡。

教　育

旧式教育　旧社会，镇山村的教育具有典型的传统民族教育特点，没有大规模的集中传递，没有正式的文本传递，以口头传递为主，非正式化、非强制化。中华人民共和国成立前，镇山村曾建有私塾，一般是请老师到家中教学，一个月一斤茶叶、几斤米、一些钱财，教学《三字经》《诗经》《大学》《中庸》等。

扫盲　中华人民共和国成立后，针对农村人口识字率低、文盲多的情况，人民政府在冬闲期间开展扫盲运动，由村农民协会兴办冬学开展扫盲。1952 年，推广“速成识字法”，农村干部的文化得以提高。1958 年“大跃进”时期，建立农民夜校，利用冬闲、晚上等时间学习文化，还组织田头识字、上门帮教等。1967 年底，镇山生产大队办起农民业余夜校，参加学习的主要是文化水平较低的青壮年。“文化大革命”期间，扫盲工作停顿。1978 年后，动员社会力量和农村教师参加扫盲教育，加快扫盲进程。镇山村成为基本无盲村。

镇山小学　20 世纪 50 年代，镇山小学成立，办学地点设在武庙，用汉语教学。80 年代后，镇山小学被撤销，学生到石板镇小学上学。90 年代，重新开设镇山小学，办学地点设在今村委会综合楼处，占地 1000 平方米（含操场）。全村适龄儿童全部入学，有 12 人考取大学。2000 年，有小学学生 30 人。2005 年，镇山小学合并至石板镇中心小学，镇山村学生到石板镇和花溪区其他学校就读。

文　化

农家书屋　21 世纪初，贵阳市新闻出版局将原匹配的村级图书室统一挂牌“农家书屋”，2007 年，镇山村农家书屋成立。2008 年，农家书屋面积 20 平方米，藏书 300 册。2014 年，省新华书店花溪区支店赠送镇山村农家书屋图书 199 册。2016 年，新增图书

85册。2018年，新增图书67册。2019年，新增图书86册。农家书屋藏书分为政治理论类、"三农"类、科技科普、文化类等。2019年镇山村农家书屋面积扩大到30平方米。2022年，镇山村农家书屋藏书800册。

文化活动　镇山村是中国传统村落、中国少数民族特色村寨、中国历史文化名村。每年正月，村里会举行"跳场"活动，活动内容为吹奏芦笙、舞蹈、斗雀等。农历"六月六"，来自布依族的村民会在村内搭台举行对歌活动。其他传统节日，来自镇山村布依族的舞蹈队都会精心编排舞蹈，隆重表演。2016年，镇山村还成立了一支11人的苗族歌舞队。

镇山村农家书屋

公共文体设施

文化休闲广场　位于镇山上寨中北部，与武庙隔路相望，西北两侧由文化长廊和镇山村村委会形成的"L"形建筑所围合，场地东南侧宽28米，西北侧长64米，场地出入口分别位于东北的村委会旁和东南角的巷道交叉口，地面铺满青石板。场地内部空间围绕两棵古树做简单的高差处理，形成两级台地布局，场地靠东北侧沿围墙一侧设有表演舞台；其余部分场地设有健身器材、篮球场等；场地西南侧长廊从场地向道路侧逐级升高，长廊为木结构、坡屋顶，上覆青石板。广场是村民重要的文化空间，极富文化和生活气息，是村寨最重要的公共场地和精神文化承载地，村寨传统节日活动都在这里举行，同时也是村民日常售卖特色农产品、小吃等的重要场地。

综合文化服务中心　2018年，镇山村综合文化服务中心建立。镇山村文化站系为群众提供文化、体育、培训、娱乐、科技、信息等服务的公益性、多功能设施，设有图书馆、电子阅览室、书画制作室等，为群众提供多层次、多样化道德学习、休闲、娱乐场所。

村委会综合楼　村委会综合楼由镇山小学改建，于1991年修建，占地面积240平方米，设有活动室、综合办公室、消防应急物资储备室、阅览室。其中综合办公室的面积30平方米，电脑、桌椅等设备齐全。2018年村“两委”对村委办公大楼实施立面改造。

镇山村文化休闲广场

卫　生

1949年前，镇山村医疗条件落后，有病无人医、有病无钱治的现象非常普遍。人们患病后靠生活经验处置，如治疗伤风感冒，用葱蒜酒融合擦额头，或刮手指和后背。

20世纪60年代，镇山村妇女主任刘玉梅经过短期培训，担任镇山村赤脚医生，一定程度上解决了镇山村缺医少药的情况。王德珍成为镇山村赤脚医生后，村里实行记工分制，由医院每个月给5元钱补贴。1981年，镇山村成立村卫生室，设置在村医家中，村医除发药打针、治疗群众头痛脑热等疾病外，还担任村接生员。后村卫生室迁至镇山村老年公寓内。2012年王德珍退休后，镇山村的医疗卫生工作由中专以上医学专业毕业的新村医承担，卫生室面积60平方米，设有诊断室、药房、观察室和公共卫生室等科室，配置有病房床2张，输液椅2张，办公电脑1个，药柜2个，药架1个，检查床1张，一体机1个，体重秤1个，配有合格村医1名，药品106种，村医主要开展基本医疗服务和基本公共卫生服务。2022年，村卫生室平均月就诊64人次，高血压随访3个月1次。

村民生活

20世纪90年代以前，镇山村村民以务农为主，收入较低。20世纪90年代以后，旅游业得到发展，外出务工人员增多，农业产业结构调整成效显现，村民收入逐渐增长，生活水平不断提高。

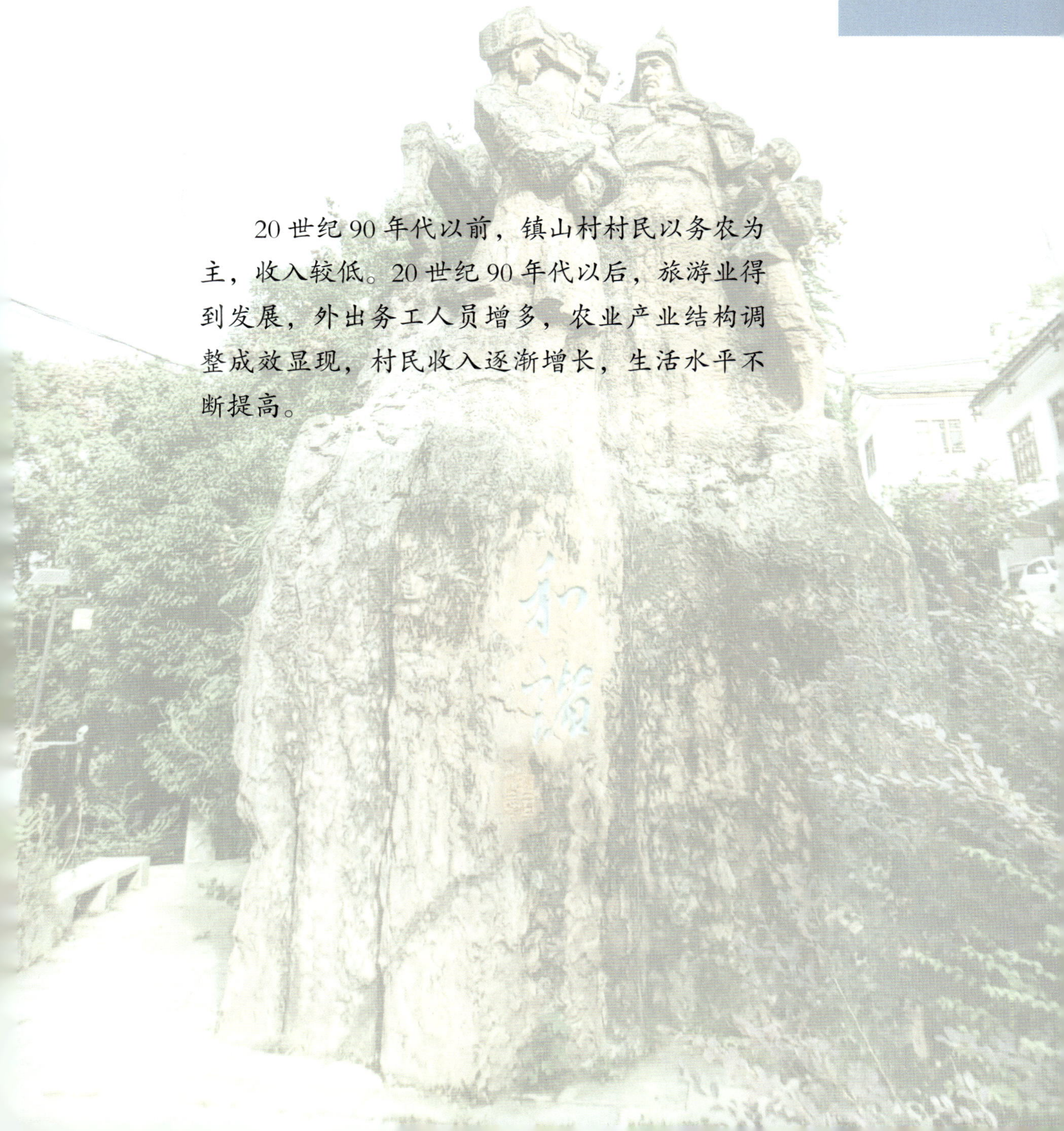

居民收入与住房

居民收入

20 世纪 90 年代前，镇山村的村民基本上以种地为生，虽然收入逐年增长，但仍然处在低水平，人均年收入在 500 元以下。

1993 年以后，随着旅游业在境内的兴起，加上许多青壮年劳动力外出务工，村民收入逐步增加。2000—2010 年，镇山村发展集体经济，主要靠景区门票收入，村民主要经济来源为外出务工、种植、旅游服务业等，村民的年收入在 2000—3000 元之间。

2011—2014 年，镇山村的村民年收入约维持在 5000—8000 元之间，与贵州其他地区基本持平。2013 年，镇山村实现集体经济收入约 150 万元，人均纯收入 3000 余元，收入来源主要以粮食作物种植为主，蔬菜、林果及药材种植，养殖业、农家乐旅游业占一定比重。

2015—2020 年，镇山村村民人均年收入约 1 万元，其中 2018 年达到 2 万元。全村主要收入来源为种植业、旅游业。村内大多数青壮年外出打工，老人在家中种植少许玉米、棒豆等作物，待游客来到镇山村游玩之际，出售一些农产品。2022 年，镇山村居民人均收入 9000 元。

村民在小商品集市售卖的各式农特产品

扶　贫

2003 年，镇山村有贫困户 45 人，其中 4 人为残疾户。2009 年，在新农村建设的推动下，镇山村被列入花溪区 2009 年村庄整治试点之一。涉及房屋立面整治 138 户（其中南环线立面整治 5 户，危房改造 83 户），村寨道路，排污，公共卫生，供水等基础设施改造。2012 年，镇山村完成减贫 83 户 256 人。

2015 年，镇山村低收入困难户 2 户 4 人。镇山村建立了扶贫开发领导小组，制定扶贫战略行动方案和扶贫战略行动计划。2016 年,镇山村与石板镇签订大扶贫战略行动责任状。2 户困难户均纳入贵阳大数据精准帮扶平台建档立卡系统，建立一户一档资料。

2019 年，镇山村建档立卡户 1 户 5 人。2020 年，镇山村建档立卡户 5 人，应缴纳参保费 1250 元，实际缴纳 650 元，政府资助 600 元。拥有老房和居住老房的农户 3 户人。镇山村开展强化兜底保障大排查，对村里的 7 人实施扶贫兜底保障。为切实加快贫困户脱贫步伐，以项目带领贫困户增收致富，镇山村将黔丰农业科普观光园入股资金分红到贫困户，每户每年 500 元。建立镇山村关口寨草莓基地，投入专项扶贫资金 100 万元，新建草莓基地大棚 1757 平方米，解决贫困户剩余劳动力就业问题。同年，全村建档立卡贫困户全部脱贫。

2021—2022 年，镇山村扎实推进巩固脱贫攻坚成果与乡村振兴有效衔接。2021 年，天河潭旅游度假区“乡村振兴 智慧农旅”项目开工仪式在镇山村举行。其中,“天河四寨”乡村振兴项目以镇山民俗文化村作为乡村振兴旅游样板先行建设，打造原乡布依民族文化休闲区、镇山绿谷创意农业示范区、新田园心灵栖息度假区、镇山绿谷创意农业示范区四大区域。

2022 年，镇山村推动乡村规划发展、环境美化、文化旅游资源保护等工作，提升乡村治理效能，全面推进乡村振兴。采取“村委会＋公司＋新型乡贤＋农户”模式，盘活闲置农房及宜居农房，发展茶文化同生态休闲旅游相结合的新型生态旅游产业，以“围炉煮茶”为主题发展“庭院经济”。参与“围炉煮茶”的农户有 4 家，改造宜居农房 6 家，提升及新建民宿 8 家。同时，电信公司实施镇山数字乡村项目，搭建城市和农村的资源流通媒介，将镇山村民宿、农家乐、特产等挂网推介，解决村民信息不对称问题，打造乡村旅游特色村寨、“网红”村寨。

住房建设

镇山村的传统住宅是由门楼、厢房、正房组成的三合院。因地布局，多不对称。正房面阔，多为三间，通面阔 9—18 米，进深 4—8 米。石墙围护，石板盖顶。20 世纪 50 年代末，因修建花溪水库，下寨村民整体搬迁至南门外，房屋由分散的三合院，变成 3 横排列分布

镇山民居院落

格局。1978年后，镇山村新建民居由钢筋混凝土结构替代过去的石头砌墙或牛粪糊竹编，铝合金防盗门替代传统木门。新房配有露天阳台和冲水式马桶卫生间。2010年底，镇山村危房改造工程全部完工。2018年，开展现代建筑改造示范，编制镇山村建筑修缮及改造技术导则等，实施镇山村传统建筑整体修缮及室内功能更新、庭院改造。至2020年，镇山村布依族新居多用红砖铺建两层楼房。保留石板装壁、石板盖屋面、石板铺天井的传统，具有保持干燥、通风、借光的优点。从审美的角度和经济、安全性方面都比传统的石板房建筑有很大的提升。两层小楼房更好地利用建筑空间增加居住面积。新建的房屋虽然保留一部分传统构造，但实用功能发生了较大变化，使用大量现代化元素提高室内空间采光、增加房屋舒适度，将古建筑构件定格在历史中。

社会保障

老年人福利与养老保险

2013年，镇山村向9位高龄老人发放生活补贴2700元。2015年4月，开展镇山村65岁以上老年人免费体检活动，为村民建立健康档案。2016年，向110人发放60岁以上老年人生活补助64750元。2020年，镇山村城乡养老保险正常参保222人，79人领取养老金。

医疗保障

21 世纪初，镇山村开始推行新型农村合作医疗保险制度，农民自愿参加。到 2015 年，镇山村每年交纳农村医保的人占总人数的 97%，有 3% 的人交纳城镇医保。2021 年镇山村参保人数 647 人，个人缴费标准 280 元，共缴纳 181160 元。门诊就诊人次 1164 人次，发生金额为 69044.66 元，减免金额为 30312.49 元；门诊慢病就诊 49 人次，发生金额为 118893.61 元，减免金额为 106989.55 元，大病保险减免为 862.58 元；普通住院 51 人次，发生金额为 216247.87 元，减免金额为 128677.8 元，大病保险减免为 1706.39 元，医疗救助为 5905.25 元；重大疾病住院 5 人次，发生金额为 31175.88 元，减免金额为 25600 元，医疗救助为 6400 元。

2022 年，镇山村参保人数 641 人，每人缴费 320 元，缴费金额为 205120 元。2022 年门诊就诊人次为 2473 人次，发生金额为 128556.87 元，减免金额为 62057.65 元；门诊慢病就诊为 196 人次，发生金额为 208623.91 元，减免金额为 186310.33 元，大病保险减免为 5124.21 元；普通住院 107 人次，发生金额为 738448.44 元，减免金额为 399389.25 元，大病保险减免为 45130.97 元；重大疾病住院 5 人次，发生金额为 23391.29 元，减免金额为 22400 元，医疗救助为 5600 元。

最低生活保障

2003 年 4 月，镇山村 27 人领取救济粮。2006 年，镇山村实行农村村民最低生活保障。2009 年，执行《贵阳市城乡困难群众临时救助暂行规定》，向 10 户 27 人发放 2011—2012 年冬春需口粮救助，共计 500 千克。2014 年 12 月至 2015 年 3 月，全村有因灾困难需救助农户 12 人，每人救助粮食 45 千克，粮食、衣被折款 225 元。2016 年，镇山村城乡临时救助 2 户，每户发放 5000 元救助金。全村低保人数为 9 人。2018 年，区政协向镇山村 22 户计生贫困户发放帮扶经费 22000 元。2019 年，镇山村于元旦、春节期间慰问残疾人 2 人，发放慰问金 600 元。建档立卡贫困户 1 户 5 人，无低保户。2022 年镇山村节日慰问残疾人 2 人，发放慰问金 600 元。

◉ 村民福利

福利补贴

2012 年，镇山村利用小商品市场、村集体山林承包金支付全村村民 2013 年度农村合作医疗资金，减轻村民资金压力，解决村民看病难问题；利用剩余资金从 2012 年 7 月起为全村年满 60 岁老年人每人每月发放 50 元生活补贴。对考入一本的大学生一次性补助 1000 元；慰问计生困难户，老弱病残党员困难户，计生对象等。2014 年，镇山村向 4 人发放贵州省大中型水库移民及子女学历教育和职业教育补贴 12000 元。2015 年、2016 年农村合作医疗资金由 2 部分组成：村集体每人筹资 70 元，村民自费 20 元，参加农村合作医疗总人数为 688 人，实缴人数为 679 人，村民自费共计 13580 元，村集体资金划拨 47530 元。2018 年，村集体出资 70 元，个人自费 50 元，共 120 元。全村共 663 人参加农村合作医疗，参合率 100%。2019 年，全村新农合应参保 160 户 709 人，实参保 159 户 670 人，参合率 94.5%。筹资（含村补助）14.69 万元，区相关部门补助 500 元，合计 14.74 万元。年内镇山村移民或移民子女接受职业技术培训 2 人，共补贴金额 7000 元。2020 年，镇山村向 9 人发放贵州省大中型水库移民及子女学历教育和职业教育补贴，发放金额 16000 元。2022 年，节日慰问残疾人 2 人，发放慰问金 600 元。

老年公寓

老年公寓是贵阳市大型民办养老机构之一，镇山村老年公寓于 2008 年 5 月建成，占地面积 8666.67 平方米，建筑面积 6000 平方米，分为 3 栋住宿楼、1 栋办公活动中心，共设床位 230 张。2020 年，入住老人 60 名，护工 20 名。2022 年，有老人 55 名，护工 15 名。

镇山村老年公寓

古村遗踪

镇山村除屯墙、武庙外，还有227栋传统建筑，其中，有1栋省级文物保护单位文物本体、14栋“三普”文物点、121栋传统建筑，占总建筑数量的60%。2013年，在第一次全国可移动文物普查中，认定镇山布依生态博物馆有可移动文物43件。

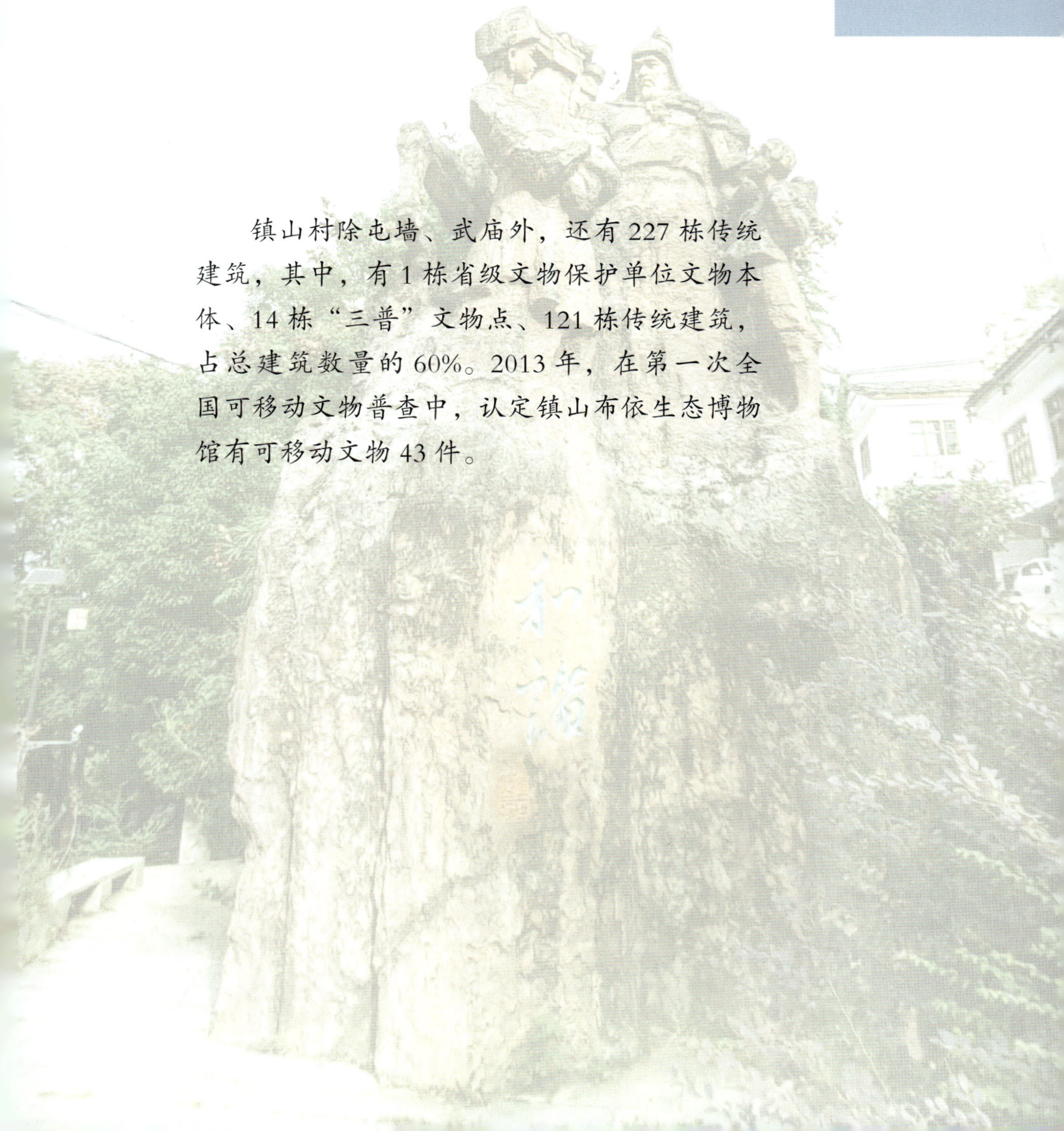

古迹名胜

屯 墙

屯墙是明朝推行的卫所制度的产物。镇山村屯墙始建于明万历二十八年（1600），播州之乱平定后李仁宇屯兵镇山，建屯墙的主要目的是防止土匪盗抢。

镇山村依山而建，通达村寨的只有一条远离主干道的盘山路，村寨北、东、南三面环水，成为得天独厚的天然屏障，将整个村寨环抱其中，与外界隔离起来。镇山村除了利用周围的山、水形成天然屏障外，还设计人工防御体边界——屯墙，屯墙全长1800余米，现保存完好的有700余米。屯墙蜿蜒将村寨的上寨围合起来，形成村寨的核心防护。

军屯城墙旧址（2022年）

修缮后的城墙

镇山村屯墙的墙身由大块方正厚石错位平铺砌筑，再灌以砂浆连接作勾缝处理，围墙从下至上逐渐变薄，所用石材的体积也由大到小，有利于降低墙身重心，墙体坚固、稳定性强。围墙的转角处采用大块直条形石材向墙体的两个方向进行搭接，这样的工艺类似于框架结构中的钢筋锚固，能够提高墙体转弯处的整体刚度和稳定性。围墙高度根据地形情况变化，大多高约5米左右，城门等主要防守位置的高度近10米。在村寨西面、南面靠悬崖峭壁处，利用悬崖高度差及临水区域作防护，将围墙高度调整为1米左右，主要以预警为主，并依托天险防御。城墙的南、北两侧各设有城门一座，城门高约5米，由大块的石材拱顶咬合而成，非常坚固。依托城墙上的掩体，可以瞭望、防

20 世纪 90 年代的屯墙南门

修缮后的屯墙南门

卫、射击。镇山村古屯墙依山势而建，高低错落，均不在一个等高线上，形成不同高度的“落差美”。

贵阳解放不久，镇山村屯墙仍发挥着作用。1950 年 2—3 月，花溪境内土匪猖獗，在土匪经过镇山村时，下寨村民便带上行李，牵着家畜到上寨躲避。当时，镇山村城门有 2 门土炮，每家负责守卫一段城墙，确保村民安全。

南门　南门位于村寨中南部，是连接上寨下寨的重要通道，寨门北侧因地势较高称为上寨，寨门南侧为下寨。该门是至今保存较好的石拱门，拱门上方的屯墙上，是俯瞰下寨和花溪水库的最佳观景点。南门高 2.73 米，宽 1.86 米，厚 1.40 米。

北门　北门位于村寨中东部，为巨型料石所砌石拱门，曾被损毁。1993 年，结合村寨实际通行需求对北寨门进行修缮，高 4.68 米，宽 3.78 米，厚 3.48 米。寨门外是一条连接村寨与水泥公路的石板路，石板路沿山体陡坡开凿，约 3 米宽，外侧用薄石板砌成半米高的防护，防护之外是一段约 30 米长的极陡山坡，其下便是花溪水库。

20 世纪 90 年代的屯墙北门

修缮后的屯墙北门

武 庙

武庙原名镇山寺，位于镇山上寨中部，是寨内重要公共建筑。

关于武庙的始建年代，有多种说法，一说始建于明万历年间（1573—1620），时任江西吉安府卢陵县协镇李仁宇受命与众多军户入黔平乱，播州之乱平息后屯兵镇山，为保佑子孙绵衍后世荣华而修建。一说建于明崇祯年间（1628—1644），《贵阳府志》载："镇山寺，在半边山寨，崇祯八年参将班应凤所建。"一说是李氏后人为纪念李仁宇的战功而建。一说是村民因信奉武财神关羽便在庙内供奉了一尊关羽像，武庙这一流传至今的名字也是从武财神庙简化而来。

武庙坐北向南，原有大门、倒座、两厢、正殿等，占地面积600余平方米，是穿斗抬梁混合式歇山顶木结构建筑。清咸丰、同治年间（1851—1874）毁于火灾。光绪三十四年（1908）重修，高15米，占地面积200余平方米。清末，诗人张偕仙到此游历时，有感于村寨的风土人情，特意在寺庙的墙上题了一首句句都含"半"字的诗。1953年，破除迷信时，镇山寺部分拆除。"文化大革命"期间破"四旧"，镇山寺关公塑像被销毁。1976年，镇山寺两个厢房及过厅损毁，仅剩正殿，但院落整体格局完整。1994年，文物部门修葺后，面阔5间，进深10米，通高15米，走廊穿枋，木雕工艺保存尚好。花溪区文物管理所将此辟为镇山文物陈列室，展陈图片200余张，反映镇山的历史和布依族文化。1995年，镇山村建筑群被列为贵州省文物保护单位，武庙是重要的文物点之一，同年对武庙进行修缮；修整后被省文化厅重新命名为"武庙"对外开放。后因缺乏有效管理和维护，破败日渐显现。2007年，村委会将武庙承包给商人经营，承包人加固大殿结构，修补粉饰墙面，

武庙

在原有两厢的位置增加围墙，保护建筑不受外界破坏，在中轴线上设朝门一座。大殿恢复关羽、关平、周仓塑像，大殿右侧观音像塑为送子观音。后因管理不善由村委会收回管理。

走进武庙，天井中一口石雕香炉鼎，供游人烧香用。两侧通过三步台阶进入到正殿，殿内正中央摆放着镇山村开寨祖先李仁宇的雕塑和牌位，还摆放有一尊武财神关公像和一尊观音菩萨像。武庙构架十分完整，全系穿斗结构，明间最顶层的梁架用圆形“托峰”相连接。柱础全系八棱形抱鼓，其上雕有花草。正厅前两根檐柱“斜撑”，全系镂空木雕，雕刻一头倒挂狮子，狮头向下，狮子前面是一面圆形抱鼓，栩栩如生，有极高的木雕艺术价值。两侧梢间为储藏间，通过次间墙面进入到档间，同时，两廊道也设置进入档间门，为了加强管理，把两门封闭，而通过内侧门进入，左侧梢间用于储藏，右侧房间已经不用。整个正殿后侧为石墙，两侧山墙为木板墙。明间与次间的走廊屋顶为轩篷顶，顶下则为雕花穿枋。屋脊为白色，正中间有一宝瓶，两侧为龙形纹饰。

2018 年贵州省传统村落示范村建设时对武庙院落进行再次修缮。武庙所体现出的尚武精神是镇山村军屯文化的重要历史见证，承载着班李姓祖先对后代宗族文化传承的希望。长久以来，武庙作为村寨重要的公共建筑，承担着村寨重要集会、祭祀、庆祝等使用功能。

将军墓

将军墓是李仁宇埋葬地，位于李村和天鹅村之间名为大树的山坡上。墓地坐西向东，用石头将泥土围城一圈，呈圆丘形，高 1.7 米，直径约 3 米。墓前有三块石碑，中间一块墓碑立于光绪四年（1878）六月，碑文主要记载李仁宇入赘镇山的历史；右侧石碑稍小，年代最久，因残缺磨损，年代不详；左侧石碑立于道光五年（1825）二月。碑文有“武德将军”封号，故当地人称李仁宇的坟为“将军坟”。在东侧的山上是李仁宇两个儿子的墓地，被明朝廷封为德武将军和振武将军。李仁宇夫人班氏葬在李仁宇墓不远处，墓碑是 1989 年新立，写着“明故诰授夫人班始祖妣墓”。李仁宇墓在中华人民共和国成立前曾被盗掘，1966 年重修。2005 年，李仁宇墓被花溪区人民政府列为区级文物保护单位。

李仁宇将军墓

古井

古　井

立寨时开凿的古井位于村北入村步道悬崖下方，由井亭、井窖、清洗池组成，占地面积约 100 平方米。古井宽 2 米，深 5 米。场地一侧为人行步道，井亭靠山面水布置，为木结构、石板盖面的两坡顶休息亭；井亭正下方是古井井窖，古井为垂直地面下凹的方形水池，四面整石镶嵌；井亭北侧沿步道一侧是两个并排布置的清洗池，规格、材质与井窖相似。镇山村有正月初一挑“新年水”（又称“聪明水”）的传统，每到正月初一，寨内的布依主妇们争先恐后地去挑一担“新年水”。

梓树

古　树

镇山村内原有 6 棵古树，村寨河边码头处有一株 1250 年的楠木。至 2022 年，古树已全部枯死。

古银杏　位于镇山寨北部牛山上，前往镇山村，未进村寨，就先望见挺拔高大的古银杏树。每逢“六月六”，村民都要到古银杏树下举行祭祀活动。

古巷道

上寨古巷道（包括若干支巷） 分布在镇山村屯墙内，主巷道有两条，分别为南北走向和东西走向，呈“丁”字形布局，交汇点位于武庙院外，南北向的主巷道长约 200 米，平均宽度约 2.5 米，自北门起通往南门，与下寨巷道相接；东西向的巷道自武庙前院为起点，往西逐级抬升至牛山的村寨最高处，巷口是镇山村最吸引人的节点之一，巷道两侧逐级抬高的几十户石板民居三合院，形成石阶、石墙共同围合而成的石板巷弄，与主巷道串联的几条垂直于主巷道的支巷，形成鱼骨形平面布局。巷道既是上寨村民出入的主要通道，也是串联各个传统民居文化空间的通道。

根据巷道两侧的主要构成要素，可分为三段：一是北门至武庙段，属于单边围合，西侧分布有建筑和石墙，东侧为晒场；二是武庙至牛山顶段，是镇山村内纵深感最典型的石头巷道，巷道较窄较长，两侧的传统建筑遗存较多，串联了几十户三合院传统民居，该段被村里人称为“爬山巷”；三是武庙至南门段，巷道较宽较短，两侧的传统建筑留存较少。

下寨古巷道 从南门开始一路下坡直至码头北侧的交叉口，中间有多处垂直、斜交于该主巷道的支巷连接两侧三合院或排屋，古巷一侧靠屯墙或民居石头墙，一侧凌空，可看见层叠的石板屋顶和秀美的花溪水库。古巷以石板乱铺的路面为主，长约 100 米，平均宽约 2 米，至今仍发挥着村民生产、生活通道功能。

古巷道

码 头

位于村寨南部、花溪水库沿岸，由码头和码头遗址共同组成。码头位于村寨正南侧，从水面至村寨内部呈“八”字形延伸，由三级共约 50 步大台阶、休息平台、2 棵古树组成；码头遗址位于现码头东侧约 60 米处，半圆形，青石乱铺地面，隐约能见逐步往水里走的青石梯步。

◉ 古民居

镇山村传统建筑以就地选用的石材为主要特色，形成石板屋顶、石墙、铺石院坝的石板屋景观，建筑结构为穿斗式木质结构，建筑墙体围合材料大量使用规则石板，屋顶大量使用不规则石板，村民日常用具如水缸等也多是石制品，镇山村被称为“石头砌筑的村庄，石板的露天博物馆”。1999 年 4 月，时任福建省委副书记习近平到镇山村考察时说：“镇山村很美，石板盖的民居很有特色”。

屯墙内上寨的传统民居建筑形式以三合院为主，沿着鱼骨状的爬山巷，几十户三合院民居建筑呈垂直等高线布局，逐级抬高，以相对独立的三合院建筑为构筑单元，分布在整个村寨中地势相对较高的位置。三合院的朝向顺应地形，采用穿斗式悬山顶形式，正屋三开间或五开间，朝向地势较低方向，明间设有吞口，正房两侧或一侧配

石板民居

有厢房，门开往巷子，均有一定侧角，俗称“歪门斜道”，正屋明间大门和院落朝向都配有独特的腰门，建筑屋顶采用不规则石板盖顶，墙体多采用规则石板嵌入木结构屋架。上寨三合院居民分别是一、二、三组，共 90 户 468 人。

屯墙南门段以外的下寨传统民居建筑多以联排布局的排屋形式为主，1958 年因修建花溪水库，搬迁至南门外，现存的四幢联排民居建筑，顺应等高线连续布局，联排长度超过 30 米，由 3—4 栋三开间的民居建筑连续排列组合而成。每一栋之间没有间距，包括明间和次间，明间有吞口，形态类似上寨建筑，建筑朝向高低顺应地形朝向，联排民居房前有通长的石板院坝，形成几户共用的长条形庭院。下寨居民共 32 户 187 人。

民居布局

镇山村民居依山势而建，呈阶梯状层层叠叠、错落有致。民居多顺着山体走势排列，沿着等高线布局，平行于等高线呈线性依次展开，并垂直于等高线呈阶梯状高低有序排列。由于具体地形的不同，上、下寨民居也呈现出各自不同风格。上寨位于山体的西部山坡与东部北端的一个山丘之上，此处山体呈“西高东低”之势，坡面宽阔舒缓，虽东端略有不同，但并未影响上寨所在山体的整体形态。上寨民居顺势为之，西侧民居随着高度逐渐下降的山体，由高到低、由西及东有序排列，并依山势沿等高线将各民居向两侧展开。东侧并未依据西侧“西高东低”的“大势”，而是因地制宜顺应该处小丘陵地貌，灵活采用“中心高四周低”的方式排列。下寨所处位置实际是一个“西北—东南”向的山坳，此处山体坡度除山坳中部相对平缓外，其余各处特别是两侧的山体坡度均较大，用地环境复杂。因

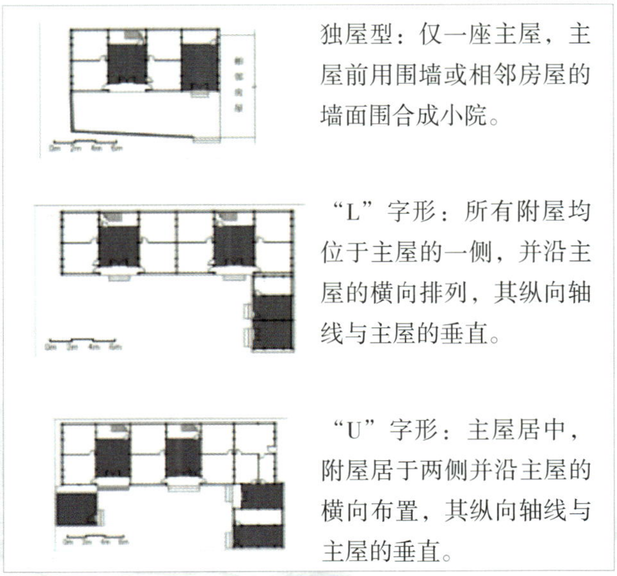

上寨民居形式

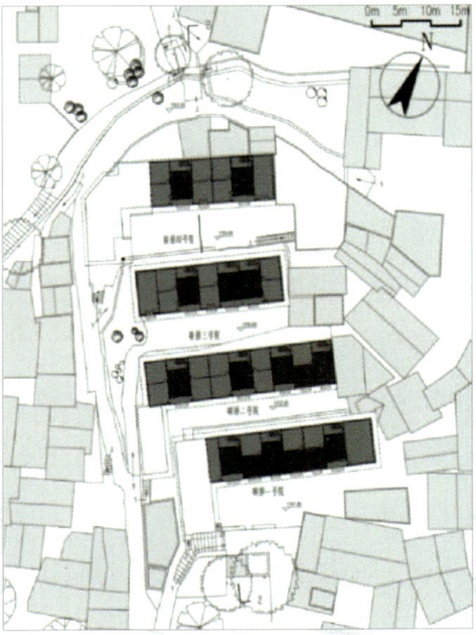

下寨民居形式

古民居

此，下寨民居在坡面相对开阔的中部延续了上寨民居的排列方式，而在两侧地形复杂的山体上，则采取自由、灵活的方式，将一处处民居嵌入下寨多变复杂的山体之上，与地形和谐相生。

镇山村的传统民居单体以“一正两厢”平面为单元，并结合上、下寨各自特殊的地形以及布依族的居住生活习惯，经排列、组合后形成三合院民居与联排民居两种形式。以居中的开间为主，且开间多内凹，使两侧外露，以便次间在此处设门，并直接与外部空间联系。

上寨的民居单体为合院式，其平面布局自由，以三合院为主，也有其他形式的院落形态。合院民居的平面布局分为三种，合院民居主屋与附房的相互位置并不一致，但主屋朝向确有明显规律：均背依坚实山体，正面开阔视野。上寨西部西高东低，民居主屋均面东而建，东部的主屋便环丘而筑，高低错落。各合院民居的入口大都位于院落一角，具体位置根据院落与道路的相互位置而定，并无统一方位。

下寨民居单体以联排式为主，辅以自由布局的独立民居，并呈联排民居居中、独立民居两侧而立之势。下寨民居的院落形式稍显复杂，中部四行联排民居并非原始布局形态，而是 1958 年为修建花溪水库将其从原来靠河岸的位置搬迁至屯墙南侧。此次整体搬迁保留了传统民居的屋架结构形式、屋顶构造等极具地域风格的特征，仅改变了下寨民居的单体形式，由以前的三合院变为联排民居。四行联排民居均坐靠西北山体，面对东南的花溪水库，与远处的半边山遥相呼应，具有极佳的视觉观感。两侧起伏的丘陵上自由分布了众多独立民居，均为 20 世纪 90 年代新建，多作旅游休闲之用。

形成条件

自然条件 镇山村传统民居建筑的形成与它所在的自然环境与地理位置息息相关。镇山村布依族民居建筑有别于传统布依族“干栏”式建筑，镇山村民居建筑布局遵循“负阴抱阳，背山面水，依山而建，就地取材”的原则，当地盛产石板，其厚薄天然生成，大致在1—1.5厘米之间，工匠们只需将其裁成菱形或方形便成天然石瓦。其余建筑材料均来自其赖以生存的地理环境，对周围生态基本不产生破坏。

经济条件 民居建筑发展水平的好坏反映区域经济水平的高低。农耕稻作、养殖放牧是镇山村村民的主要劳作方式，村民农闲时间会制作一些刺绣、蜡染、土布等日用品自产自销，常年保持着一种“养猪为过年，养牛为种田”的传统农村经济模式。石板房一般由主屋、厢房、厨房、牲畜圈房、院门、围墙、茅房组成，房间正面和里面两侧都开有小窗，从里面可以看到院落外的农田。这种民居建筑的构造和功能，满足了当地原生态劳作模式的基本需求。

历史条件 镇山石板房建筑是汉文化与布依族文化相互渗透、相互影响的产物。明万历年间（1573—1620），李姓先祖李仁宇因北调南征来到这里，与布依族班氏女子联姻。之后汉文化大量流入黔中，使镇山布依族的传统民居风格发生很多变化，形成诸多颇具汉文化特征的石板建筑，其建筑设计和表现形式不仅具有实用性，也体现汉族文化对后期布依族文化的影响。镇山村因明朝屯兵于此，并长期与汉民族交往，当地居民的语言、生活习俗、建筑风格、人文思想等深受汉族文化影响。

建造工艺

采筑同步施工法 传统石板住宅所用石料多取自房基范围内的山坡岩层，这样能利用开凿的一壁山岩做住宅后部院落围墙。由于岩石节理分层，开采出的同层石料厚度相等，上下面自然平整，无需耗工凿平。民间利用这一特点在墙体砌筑方面创造出“层赶层”方法，即采一层石料，砌筑一层或几层墙体。“层赶层”使砌筑的同一厚度保持相等，墙体水平缝自然平直，纹理色泽协调一致，随采随用，省工省料，有较好的经济效益，但也存在需要边采石材，边砌墙体，造成工期较长的问题。

合朋石屋面施工法 用不规则的毛石板盖的屋面，可以保证数十年不漏雨，只需局部维修，不需要采购新的石板，把漏水处的石板重新搭接好即可。搭建这种屋面需要高超技艺，而这些高超技艺逐渐随着老师傅的减少而消失；现在新建的合朋石屋面，多采用0.5平方米的石板搭盖，因为普通师傅只能搭盖这种简单的屋顶，耐用年限也降低了。用200毫米 ×300毫米的玻璃板将局部石板替换就可以在屋顶上开个小天窗，给阁楼带来自然光，改善储藏空间照明；在玻璃还没有成为采光建材之前，有一种“伸缩窗”——屋顶石板中一块活动石板，在晴天打开，给阁楼采光；雨天关闭，又恢复遮蔽功能。合朋石屋面的工艺要诀在于：选用优质的石板、屋面四分水、厚薄参差、单向搭盖。优质石板不易风化，不吸水，这个性能比黏土瓦在防渗漏功能方面更优越。“四分水”指的是屋面坡度，约 20 度。在这一坡度条件下石板无需固定连接就可以靠重力稳定在特定位置上，并常年保持无位移，这一坡度还能顺利排除雨水，有效防渗漏；“单向搭盖”是指以厚石板错叠为主，薄石板嵌缝衬底为辅，每个垂直断面上形成 3—4 层石板防护；“单向”是指同一个坡面，石板总是顺相同方向搭盖，朝左下屋角可以，朝右下屋角也可以，与风向、建筑朝向无关。

木构架制造　镇山村民居采用的是穿斗式悬山顶木构架，为西南山区居民建造房屋的常见做法。当地统称中柱以外的木柱为边柱，最靠近中柱的为边一柱，往外依次为边二、边三柱，最外侧称边尾柱即檐柱，以适应穿斗体系落地柱多的特点。镇山所见落地柱均直接落于石台基，直径普遍较细，加工粗糙，部分呈弯曲状，或许是因为屯堡军事建设时间紧，木料没有足够的存放晾干时间，湿度大易变形开裂所致。穿枋与柱交接时一般在柱身开通榫穿过，并在枋头嵌入木销以防脱榫。

建筑特点

传统三合院民居主要分布在镇山村上寨范围内，比较典型的三合院民居文化空间包括班有光宅、班晓雁宅、班家洪宅、班有文宅、李秀良宅等。三合民居主体建筑为穿斗式木结构，墙体多采用石板嵌入木构架与嵌入木构架的混合方式，悬山坡屋顶上覆盖当地不规

“一”字联排布局的木屋

则石板，院落地面铺设青石板。建筑材料和室外材料大量使用石材，但是主体结构仍使用木结构。民居正房多为面阔三间或五间，堂屋设有吞口，除设置大门外，还另置有腰门。大门上方有门簪，多采用向日葵图案或“福禄”字样。

三合院民居为典型的穿斗式木结构悬山顶建筑，建筑的主体结构都采用穿斗式木结构。建筑正房以三开间居多，明间内凹设吞口，居中为堂屋，内设木雕神龛，堂屋是一家重要的公共区域，传统的会客、祭祀等都在该区域举行。堂屋后面为“后灶”，现在多为储物间，两旁次间则为火堂、卧室和厨房等。建筑的屋顶和维护构件中，大量运用了当地石板，石料主要用于院坝铺地、基础、部分墙壁、屋面盖顶等。木材主要用于主体结构（柱子、梁、椽皮、檩条）、门窗、部分墙壁、上下连接的楼梯等。镇山村的石头墙和主体木构架的组合方式为石头墙面嵌在柱子之间，从建筑外立面可以看出建筑主体木构架。

传统排屋民居主要分布在镇山下寨，典型代表建筑包括班仕勇宅、班晓利宅、班仕端宅、班有德宅、班有才宅、李宏兵宅、班仕强宅、李仕贵宅等。排屋民居是多户连排共用一个院落的布局方式，位于下寨中心区域的四排呈台地式分布的石板民居，并非传统的建筑原始形态，而是经历一次整体搬迁之后，村民根据地势条件，截取多个原三合院的正房部分构建进行重组、排接而形成的建筑平面组合。这些排屋建筑原来是建于河边的三合院，1958 年修建花溪水库，水位上升，村民将原本建于河边的三合院正房整体搬迁至现在的位置，由于沿等高线层叠分布的地势闲置，建筑形制由三合院布局变成顺应层叠等高线布置的“一”字排屋联排布局，建筑坐西北朝东南、背山面水，一组排屋由 2—4 家组成，主体为木结构，板壁由木板装饰，连排硬山坡屋顶上覆当地石板，长排院坝地面铺设当地青石板。

石板屋面

屋面构造

屋面曲线 屋面沿横剖面方向的坡度是影响屋面形象的首要因素，其设计方法当地称为“水法”。镇山村上寨传统民居中首先存在是否有举折或举架两种，即屋面横剖面是一条直线还是曲线的区别。一般进深较小的民居如三间五架的厢房，屋面为一条直线；进深七架甚至九架的正房，因屋面较大往往做曲线。首先按进深大小来确定中柱、边尾柱（檐柱）高度，再按匠师的经验定其余边柱高度。在中原和江南地区，明以后屋面设计方法基本由举折（先定总举高，每一架再按额折减）转为举架（先定起架即檐椽的举架，再按每一架举高推算至中柱）。在镇山村上寨，依然保留着类似于举折的古老实例，是十分珍贵的遗存。20 世纪 60 年代新建的下寨，无论屋面大或小，均已为直线，屋面曲线工艺正逐渐消亡。取上寨直线型和曲线型屋面各一例进行测量分析，所测量直线型和曲线型屋面总举高均为四举左右，较江南地区起架即五举甚至六举要缓和很多。这与当地的气候地理条件及石板当瓦的习俗有关。贵州自古就有“天无三日晴，地无三里平”的说法。缓和的屋面有利于采光，不易遮挡到后边的建筑。同时可以减少屋面面积，从而减轻屋面荷载，而平缓的屋面也可防止瓦片下滑。屋面较大时若仍采用直线型屋面，则易发生屋盖整体滑落现象。设计为曲线，顶部较陡、檐部翘起，可以使石板瓦挤压得更紧、更稳固。

屋面椽子 西南地区气候温和，无严寒，不需要做屋面基层来保温，一般在通长的板椽上直接铺瓦。镇山村石板民居延续这一特征，相比冷摊小青瓦对椽截面、椽间距及椽铺设有固定要求。石板屋面基于瓦宽度较大，且截面为直线的特征，所用板椽宽 80—150 毫米不等，椽间距也较自由，满足受力要求即可。

石板屋顶

屋面瓦　镇山村石板房所用石板厚度在 2 厘米左右，檐部较大，脊部较小，有利于塑造屋面曲线。以檐部石板为例，其尺寸为 60—70 厘米宽、100 厘米左右长，重约 15 千克，再大则不便于人工搬运。铺瓦时首先在檐部板椽上钉一根木枋，再在其上铺第一道石板，使檐部翘起更高。一般石板长边平行檐口，铺第二道错缝的同时，遇到第一道石板的缝隙会旋转石板，使长边垂直于檐口，将第一道石板缝隙全部盖住。其后继续铺错缝。第二道石板瓦盖住第一道 40 厘米左右，压二漏一，以保证每一截面都有 2—3 块石板，提高屋面防雨性能。

屋檐、屋脊构造细部　镇山村石板房檐部构件较江南地区传统工艺要简洁粗犷许多，穿枋直接伸出边尾柱（檐柱），其上拼合一根挑枋，辅助支撑挑檐檩。檐口至边尾柱中心达到一米以上，出挑深远，且不用斜撑。在多雨山区这样的大出挑对以石木为主的房屋很有帮助，可以保护正面木板壁及木柱不受风雨侵蚀。檐部也是外部形象主要组成部分，石板房少有的装饰也集中于此，如封檐板底部蝙蝠形豁口，象征“福”到。主要作用为保护椽头、稳定椽间距，同时也可以起到滴水的作用，防止雨水沿构件渗入室内。挑檐檩下可见随檩枋，枋与梁头交接处有雀替，外形为蝴蝶状，较其他构件使用自然形态居多而言，雀替可谓十分精致，其表面隐刻蝴蝶翅膀纹路，轮廓曲线也饱满圆润。蝴蝶为西南地区少数民族传统图案，“蝴”谐音“福”。通常盖屋顶中最重要的是做屋脊，俗称“压脊”。而石板房屋脊较简单，因其自重较大，不需要用泥水砂浆压脊。镇山村西南靠山，常年盛行风向偏东，一般朝东或南的屋面在屋脊处比西北向的多铺一层石板即可。

屋顶　镇山村石板房屋顶全部用大约 2 厘米厚、1 平方米大小的薄石板高低叠压而成。

房基　镇山村传统民居依山而建，一般民居台基比室外高三阶台阶，“人为奇数牲畜为偶”，这样的结构使牲畜用房与室外形成半地下的关系，方便看管牲畜。

门　布依族的门共有 2 扇，在外一扇为门的一半，在夏季既能保证通风降温又能避免小孩外出。下部也留有较高的门槛，但在门洞上方都留有两根椽木，方便贴对联。

窗　窗的开口较小，为木架结构，因此也会有一些窗花，在形式上一般为方形，极少见圆拱形等。

堂号和祭祖空间　堂号。李仁宇来自江西庐陵县，李姓唐代兴起于扶风郡，因此镇山村的家家户户都以“扶风堂”作为堂号，神榜上“扶风堂上、历代宗祖”就是最好的见证。

祭祖空间　镇山村家庭信仰的中心是自家的堂屋，一般正对大门，堂屋上设有神龛，神龛上贴有神榜，供奉着保佑家人的各路神明，同时设置祖宗牌位、画像或照片以供奉自家先祖。堂屋不但是供奉神灵和招待客人的场所，更是镇山布依族婚丧嫁娶举行仪式的神圣殿堂。镇山村的房屋居室没有固定朝向，但有固定设置。明间以隔扇和隔墙一分为三，大门（隔扇）前为吞口，供热天乘凉和休息之用。中间为堂屋，堂屋隔墙上有神位，供奉诸神和祖宗牌位。神位正对大门，一进门就能看见神榜。后半间称为神道背后，此间只能是最高辈分的男性长者居住，其他人不得享用这间房子。次间同样是以隔墙一分为二，右次间后半间多用作厨房，前半间为家人的卧室，但已婚儿子的卧室不能在此间。左次间里间为父母卧室，外间为其他家人的卧室，家里人少的则作为冬天取暖之用，楼上一般用于储粮储物。

民居装饰

门头文化　一些村民家里，会在大门或堂屋门口看到八卦图、镜子、剪刀等装饰物，据说可以用于辟邪。太极八卦图可表示这家人得以风水平安。镜子则是用来驱赶鬼怪的，传说每当有妖魔鬼怪来到门口时，他们会看到镜子里的自己，最后被自己吓跑，所以家家户户为了防止妖魔鬼怪入侵,就在自家门口挂上镜子。还有一些寓意吉祥的图案,如“福禄寿”“五福临门”等。“福禄寿”是民间信仰的三位神仙,他们代表是幸福、吉利、长寿，表达了当地人对生活的美好愿望。

图腾文化　在镇山村各处均可看到大小不一的图腾，具有装饰效果或某种特殊寓意，不少布依族居民在自家民居的门檐、栏杆、门框、庭院桌柱脚等位置绘制雕刻图案，常以龙凤图案为主，表达了人们祈求风调雨顺的愿望。

典型石板房

镇山村有挂牌传统石板房 16 家，建于清道光年间（1821—1850 年），主要分布于镇山村大寨，均被列为省级文物保护单位。

班家光三合院　户主班家光，班、李第 13 代孙，以农耕为业，占地面积 250 平方米，建筑面积 160 平方米。三合院坐落在上寨，建于清道光年间，穿斗式悬山顶木结构，石板天井，木板装墙，井字格木窗。厢房刻有“双凤朝阳”等壁画。坐北向南，房基较高。该院为省级文物保护单位。

班士祥三合院　房主班士祥，为班、李第 15 代孙，以农耕为主，第三产业为辅。建筑占地面积 90 平方米，建筑面积 40 平方米，原为三合院，现为一字排开的单体建筑。建于清道光年间，穿斗式悬山顶木结构。1959 年因修水库，整体搬迁至此，现为四榀三间，带吞口，石板天井，木板装墙，坐西北向东南。该院为省级文物保护单位。

班家厚宅 为班氏在镇山村传承15代，以农耕为主，兼做小生意。班家厚宅始建于明代，原为三合院，坐北朝南。现存正房3间，前带吞口，石板装墙，通面阔5米，通进深7米，穿斗式木结构悬山顶。

班仕华宅 为班氏在镇山村传承15代，以农耕为主，兼做小生意。班仕华宅始建于明代，原为三合院，坐北朝南。现存正房四榻3间，前带吞口，石板院坝，石板装墙，通面阔5米，通进深7米，穿斗式木结构悬山石板顶。

班仕华宅

李秀良宅 始建于清道光年间，原为三合院。现存正房5间，石板院坝，木石板混合装墙，“井”字格、冰裂纹窗棂，通面阔17.5米，通进深7米；右厢房面阔2间，通面阔7米，通进深3.7米；左厢房面阔2间，通面阔7米，通进深3.7米。

班家运宅 始建于清道光年间，原为三合院。现存正房四榻5间，前带吞口，石板院坝，石板装墙，“井”字格、冰裂纹窗棂，通面阔17米，通进深7米，穿斗式木结构悬山石板顶。左厢房面阔3间，通面阔9米，通进深3.7米，右厢房面阔2间，通面阔7米，通进深5米。

班有文宅 为班氏在镇山村传承15代，以农耕为主。民居始建于清道光年间，原为三合院。现存正房四榻5间，前带吞口，石板院坝，石板装墙，“井”字格、冰裂纹窗棂，通面阔17米，通进深7米，穿斗式木结构悬山石板顶；左厢房面阔1间，通面阔4.5米，通进深3.7米；右厢房面阔1间，通面阔4.5米，通进深3.7米。

班有文宅

班家光宅

班仕端宅

班小令宅

班家光宅 始建于清道光年间，原为三合院。现存正房四榀3间，前带吞口，石板院坝，木石板混合装墙，“井”字格木窗棂，通面阔4.5米，通进深3.7米，穿斗式木结构悬山石板顶；左厢房通面阔4.5米，通进深3.7米；右厢房通面阔4.5米，通进深3.7米。厢房有“双凤朝阳”等壁画。

李仕贵宅 始建于清道光年间，原为三合院。现存正房四榀3间，前带吞口，石板院坝，石板装墙，通面阔5米，通进深7米，穿斗式木结构悬山石板顶。

班仕端宅 为班氏在镇山村传承16代，以农耕为主，兼做小生意。宅院始建于清道光年间，坐北朝南，原为三合院。现存正房四榀3间，前带吞口，石板院坝，石板装墙，通面阔9米，通进深7米，穿斗式木结构悬山石板顶。

班小令宅 为班氏在镇山村传承16代，以农耕为主，兼做小生意。宅院始建于清道光年间，坐北朝南，原为三合院。现存正房四榀3间，前带吞口，石板院坝，石板装墙，通面阔9米，通进深7米，穿斗式木结构悬山石板顶。

班有德宅 为班氏在镇山村传承15代，以农耕为主，兼做小生意。宅院始建于清道光年间，坐北朝南，原为三合院。现存正房四榀3间，前带吞口，石板院坝，石板装墙，通面阔9米，通进深7米，穿斗式木结构悬山石板顶。

班有德宅

班仕洪宅　为班氏在镇山村传承15代，以农耕为主，兼做小生意。宅院始建于清道光年间，原为三合院。现存正房四榀3间，前带吞口，石板院坝，石板装墙，通面阔5米，通进深7米，穿斗式木结构悬山石板顶。

班仕荣宅　为班氏在镇山村传承15代，以农耕为主，兼做小生意。宅院始建于清道光年间，原为三合院，坐北朝南。现存正房四榀3间，前带吞口，石板装墙，通面阔9米，通进深7米，穿斗式木结构悬山石板顶。

班仕荣宅

班洪兵宅　为班氏在镇山村传承13代，以农耕为主，兼做小生意。宅院始建于清道光年间，原为三合院，坐北朝南。现存正房四榀3间，前带吞口，石板院坝，石板装墙，木板上有“光裕堂”3个字，通面阔5米，通进深7米，穿斗式木结构悬山石板顶。

班有信宅

班有信宅　为班氏在镇山村传承15代，以农耕为主，兼做小生意。宅院始建于清道光年间，原为三合院，坐北朝南。现存正房四榀3间，前带吞口，石板院坝，石板装墙，通面阔9米，通进深7米，穿斗式木结构悬山石板顶。

村落保护

全村有16处文物点，包括两个部分：1995年贵州省人民政府公布的镇山村古建筑群省级文物保护单位2处文物点（镇山武庙、镇山屯墙）；2008年第三次全国文物普查确定的14处未核定等级的文物点，均为传统民居建筑。花溪区通过制定保护规划，实施保护性发展，镇山村空间形态结构、山体水系环境、历史环境要素、地方历史建筑、布依族传统文化和民俗得到保护。

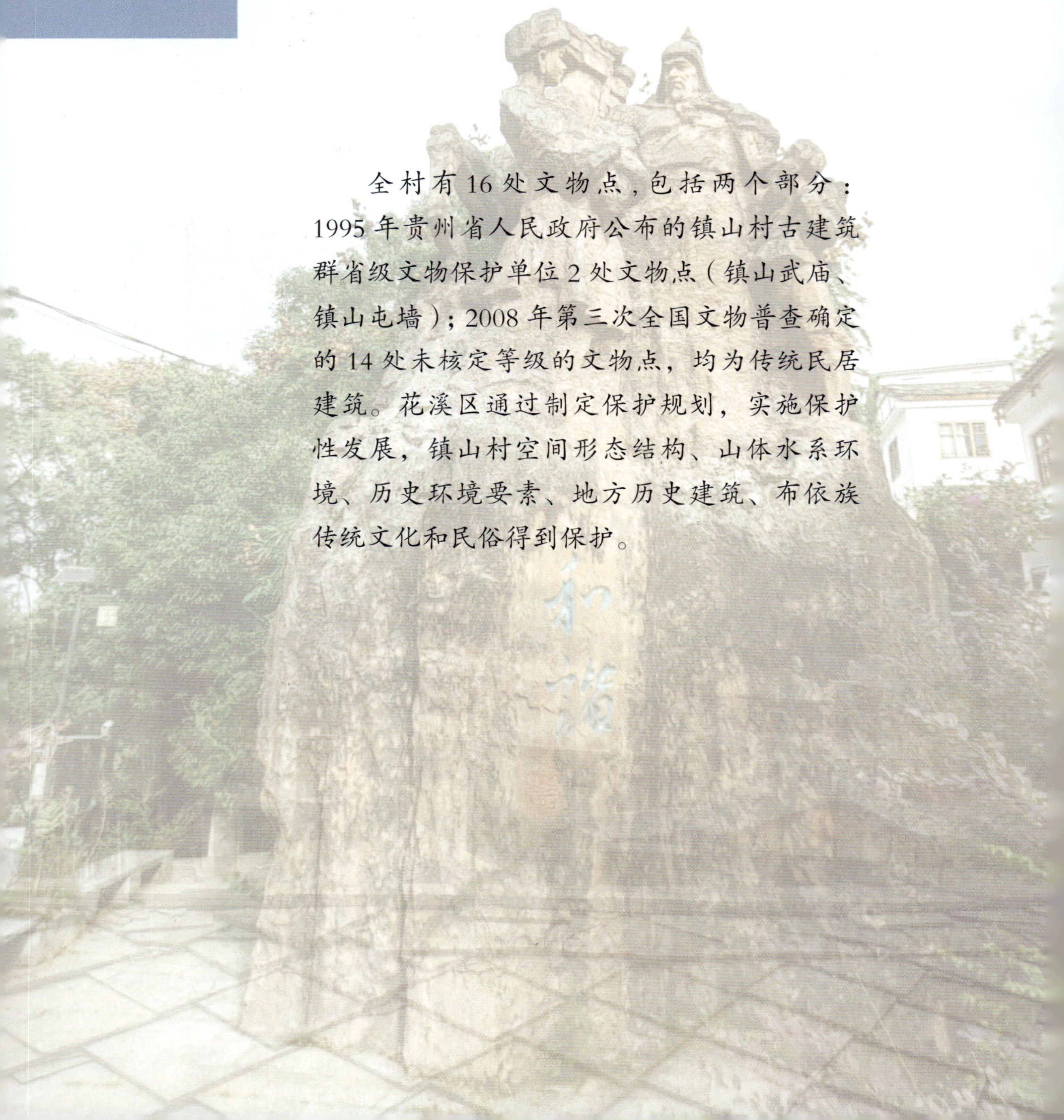

保护发展历程

修建花溪水库时易地搬迁保护

镇山村的保护历程最早追溯到1958年花溪水库建库时的易地搬迁工作，当时居住在原花溪河岸边的下寨村民搬迁至上寨屯墙以南位置，即现在所称下寨，在搬迁时，采用对原建筑构件编号拆装重组方式进行，保持原有建筑风貌和材料构造特征，只在建筑平面布局上根据地形有所改变，将原三合院形制演变成只有正房联排组成的排屋建筑。

贵州镇山民族文化保护村

1993年，贵州省文化厅、花溪区文体广电旅游局组成的调查组对镇山村文化遗存开展基础调查，调查报被呈报给省人民政府，镇山村省人民政府正式批准为“民族文化保护村”，同年底贵州省文化厅拨专款对镇山村的民族文化遗产和村容村貌开展一系列抢救性保护和整治行动。

民族文化宣传栏

镇山露天民俗博物馆

1994年镇山村被正式确立为民俗文化保护村，开始建立镇山露天民俗博物馆，旨在集中贵州民族建筑精品在镇山村集中展示，以镇山村为依托开展民俗表演活动。同年，花溪区政府确定了“四点线”旅游发展策略（花溪、小山峡、镇山和天河潭），将镇山村列为花溪四个重要景点之一。

贵州省文物保护单位

1995 年 7 月 7 日，贵州省人民政府将镇山村公布为省级文物保护单位，包括镇山屯墙、镇山武庙 2 处文物点，同年省文化厅拨款 10 万元对镇山武庙进行加固维修，并对镇山的保护问题明确提出了工作思路：文化保护与脱贫致富相结合；文化保护与提高贵州知名度相结合；文化保护与旅游发展相结合。

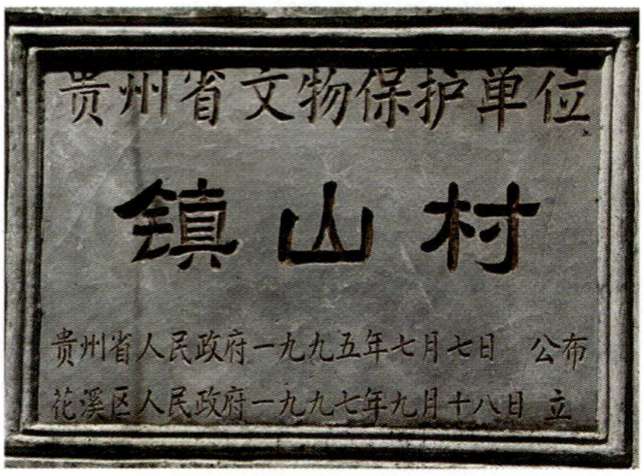

1995 年 7 月 7 日，镇山村被贵州省人民政府列为省级文物保护单位

花溪镇山布依族生态博物馆

花溪镇山布依族生态博物馆于 1995 年起经过初次考察、再次考察、意向选择，于 2000 年在中国与挪威签订《奥斯陆协议》之后正式成为中国首批中挪合资的生态博物馆之一，同年编制完成《中国贵州镇山布依族生态博物馆保护规划》，开始建设资料信息中心，并开展遗产调查工作。镇山布依族生态博物馆资料信息中心于 2002 年 7 月竣工，7 月 15 日（农历六月六——镇山村布依族传统节日）落成开馆并举办展览。2002 年成立了贵州镇山生态博物馆实施领导小组。2005 年 6 月，中挪贵州生态博物馆项目研究研讨会暨“生态博物馆国际论坛”举行。

镇山布依族生态博物馆

贵州省省级历史文化名村

2009 年,《贵州省人民政府关于公布第三批省级历史文化名镇和第一批省级历史文化名村名单的通知》将镇山村在内的 18 个村列为省级历史文化名村，并提出以下保护要求：历史文化名镇（村）是不可再生的珍贵资源，各地各有关部门要充分认识保护历史文化名镇(村)的重要性,按照《历史文化名城名镇名村保护条例》(以下简称《条例》)的规定，科学规划，严格保护，保持和延续历史文化名镇（村）的传统格局和历史风貌，维护历史文化遗产的真实性和完整性，继承和弘扬民族优秀传统文化，正确处理经济社会发展和历史文化遗产保护的关系。历史文化名镇（村）所在地县级人民政府要按照《条例》规定组织编制历史文化名镇（村）保护规划，按程序报批。省住房和城乡建设厅要会同省文物局加强对保护规划实施情况的监督检查，促进贵州省历史文化名镇（村）保护与城市经济社会的协调发展。2010 年，委托贵州省城乡规划设计研究院编制《贵阳市花溪区石板镇镇山村历史文化名村保护规划》。

中国传统村落

2012 年,《住房和城乡建设部 文化部 财政部关于公布第一批列入中国传统村落名录村落名单的通知》将贵阳市镇山村大寨在内的 646 个村落列入第一批中国传统村落名录，并同步下发《住房和城乡建设部 文化部 财政部关于加强传统村落保护发展工作的指导意见》。2013 年，委托贵州省城乡规划设计研究院编制《花溪区石板镇镇山村传统村落保护发展规划（2013—2023)》，规划遵循人与自然的整体性原则，注重村民参与，注重保护地域特色，注重可持续发展，近期规划至 2018 年，远期规划至 2023 年。规划对各类资源的特征进行详细分析，分级分类确定保护对象和保护范围，根据不同类型传统资源的保护需求制定保护要求和保护传承措施。妥善处理好改善村民生产生活条件与保持村落整体风貌、延续传统生活的关系，明确保护发展规划的实施机制。该规划在集中反映村落保护价值方面达到修建性详细规划深度，在典型传统建筑的修复整治方面达到建筑设计方案深度，对镇山村风貌的延续性保护起到积极作用，有效遏制了村寨民居的无序建设。

2012 年，镇山村被住房和城乡建设部、文化部、财政部列入第一批“中国传统村落”名录

中国少数民族特色村寨

2017年,《国家民委关于命名第二批中国少数民族特色村寨的通知》将含贵州省贵阳市镇山村在内的717个村寨列为第二批“中国少数民族特色村寨”，要求抓紧开展第二批中国少数民族特色村寨命名挂牌工作，依照首批中国少数民族特色村寨牌匾样式要求，统一制作并颁发牌匾；民族自治地方的中国少数民族特色村寨的牌匾，按照国家有关法规制发，可以同时印制当地通用的少数民族文字；各地要以此次村寨命名挂牌为契机，按照命名挂牌意见的有关要求，巩固成果，再接再厉，进一步加强和规范特色村寨保护与发展工作，不断提升特色村寨的品质，做好特色村寨的考核验收和日常管理工作。同时，加大宣传推介力度，宣传党的民族政策和好的村寨典型，扩大少数民族特色村寨知名度，更好地发挥示范和辐射作用；要积极争取地方各级党委、政府对少数民族特色村寨保护与发展工作的支持，加大资金整合力度，齐抓共管、合力推进；要加强特色村寨中长期保护发展规划的编制和实施工作，保持民族特色，促进特色村寨可持续发展。

2017年3月，镇山村被国家民委列入第二批“中国少数民族特色村寨”

贵州省中国传统村落保护发展示范村

2018年6月,《关于2018年全省传统村落示范村保护发展实施方案编制和备核的通知》将含贵阳市花溪区镇山村在内的15个传统村落列入“2018年贵州省中国传统村落保护发展示范村”名单。2019年，花溪区住房和城乡建设局组织编制《石板镇镇山村传统村落示范村保护发展项目实施方案》，开展了为期2年的建设，于2022年通过区级验收评估。

中国历史文化名村

2019年,《住房和城乡建设部 国家文物局关于公布第七批中国历史文化名镇名村的通知》将含贵州省贵阳市镇山村在内的211个村列为第七批中国历史文化名村，要求各地把中国历史文化名镇名村保护与改善镇村人居环境和弘扬中华优秀传统文化有机结合。要理顺名镇名村保护工作机制，完善保护管理规定，切实做好名镇名村保护规划编制、实施的指导和监督管理工作，坚决

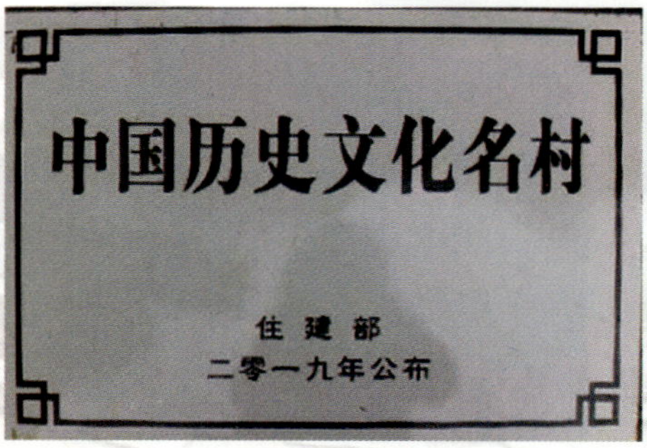

2019年，镇山村被住房和城乡建设部、国家文物局列入第七批“中国历史文化名村”

杜绝违反保护规划的建设行为，严禁将历史文化资源整体出让给企业用于经营。住房和城乡建设部、国家文物局将对名镇名村保护工作开展评估检查，对保护不力致使名镇名村历史文化价值受到严重影响、历史遗存遭到破坏的，将依据《历史文化名城名镇名村保护条例》有关规定进行查处。

◉ 保护规划

镇山生态博物馆保护规划

2000 年，贵州省文化厅等单位委托贵州省建筑设计院编制镇山生态博物馆保护规划。该规划对镇山的寨容寨貌给出具体规划措施，并规划“村民新区”以缓解人口增长与居住空间狭小的矛盾。

镇山村历史文化名村保护规划

2013 年，花溪区政府按照传统村落保护发展规划的要求精神，委托贵州省城乡规划设计研究院编制《镇山村历史文化名村保护规划（2011—2025）》。2014 年 9 月 3 日，贵州省人民政府批复同意实施。规划由总论、现状评价与保护规划策略、专项规划体系、规划实施措施组成。保护范围为：东至花溪水库河岸护堤，南至下寨游船码头，西至镇山村古屯墙，北至上寨寨门旅游接待处，面积为 4.1 公顷。建设控制地带范围为：东至民俗文化新村入口停车场，南至民俗新村码头，西至镇山村生态博物馆，北至镇山村通村公路，面积为 5.7 公顷。规划范围包括镇山村上寨和下寨，用地共 4.1 公顷。保护规划明确，依据“保护优先、保护与发展相结合”“整体保护、突出重点和特色”的原则，确保历史文化街区及周围片区的原真性、整体性和协调性，对规划区进行分区、分级保护。“线”的保护。“线”的保护主要指道路石巷空间和沿湖岸线的保护。从公共停车场到北寨门、从南寨门到表演场地、从游船码头到资料信息中心的游览步道，随曲就弯，随高就低，规划道路保持亲切自然的线性，且紧急时消防救护车可直通至南寨门。位于武庙前一条东西向的石阶巷要保持原有的空间尺度和古朴厚重的韵味，两侧的建筑要维护和加固好，不得随意拆除或重建。对沿湖的保护要重点考虑水位涨落不同情况，按照生态要求进行绿化处理，重要部位重点美化，选择乡土种树，营造四季景观，禁止开山采石和挖沙取土，防止水土流失，同时搞好环境卫生，维护风景环境的自然本色。“点”的保护。对上寨和下寨有特色的典型民居要进行原样整修，并整治院落环境，一般不得改变布局朝向、层次高度、结构材料等，维护原有的建筑风貌，使用性质要与旅游服务功能结合起来，民办官助，政府与房主签订保护责任书，政策上给予扶持，经济上给予优惠，经营上给予指导。

镇山村传统村落保护发展规划

2015年，花溪区住建局委托贵州省城乡规划设计研究院编制《花溪区石板镇镇山村传统村落保护发展规划（2015—2030年）》，并经花溪区人民政府审批同意。该规划包括总则、镇山村传统村落保护规划、镇山村传统村落发展规划、实施规划的措施与建议、附则。规划期限分两阶段实施。规划的保护区范围主要包括镇山村上、下寨及周边区域，规划总面积38公顷。规划区划分为文物保护单位、核心保护区、建设控制地带及环境协调区4个层次。保护和维修现存各古街巷的青石路面、石阶梯等。对现有各街巷恢复青石板铺地及石阶梯的维修整理，在广场、硬地庭院铺砌中考虑采用当地民间图案，以增强文化气氛。参考历史资料，对各古街巷所依托的古墙垣、城门、护坡等进行维修恢复整治，包括清理恢复其周边场地、道路、环境，结合利用茂密树林覆盖的山头，打造良好的旅游生态环境。配合对名村不协调建筑的拆迁，将拆除后的空地改建为街坊间小型憩息绿地，游人在观赏、探访的过程中获得了可贵的休息空间，为调整游览节奏，改善当地居民的生活环境，减弱建筑密度提供了扩大镇内绿地面积的可能性。维修原有街巷的同时，增设部分疏散通道，构成完整的路网体系，将广场、绿地等户外空间串联起来，形成街道（广场）→巷道（小型休闲绿地）→住宅（庭院）等多重点、线、面空间系列，各路口配置导向识别标牌，引导游人对名村作全面的探访考察。保护、维修现有路边古水井，按传统形式设置古井台、吊架，并对水井周边环境进行处理和绿化，加休息石凳等，形成自然和人文相结合的景观点。在下寨和民俗新村按历史传统风貌恢复和建设石砌古码头，延续名村历史风貌，打造滨水人文景观。建立古树名木的档案和标志，划定保护范围，加强养护管理。对所有古树名木进行拍照、挂牌，标明树名、学名、科属。在古树名木周围加设护栏等防护设施。

镇山村传统村落示范村保护发展项目实施方案

2019年8月，为做好镇山村传统村落示范保护发展相关工作，根据贵州省传统村落保护发展工作领导小组办公室《关于2018年全省传统村落示范村保护发展实施方案编制的通知》，按照《贵州省传统村落保护和发展条例》《贵州省人民政府关于加强传统村落保护发展的指导意见》，花溪区编制《石板镇镇山村传统村落示范村保护发展项目实施方案》，规划编制单位为贵州大学勘察设计研究院和贵州卓城规划设计有限公司，建设单位为贵阳花溪城市建设投资发展有限公司。该实施方案包括主要目标、主要任务、示范目标、特色及建设要点、实施步骤、保障措施。方案以传统村落保护发展指导思想为原则，着眼于实际需求与保护发展的规模和各项建设指标，符合保护发展规划要求；结合镇山村的山、水、田、林、村的独特格局，因地制宜；深挖文化基因，保护传统村落历史文化，彰显镇山村地域文化要素；与贵阳市花溪区乡村振兴发展目标紧密结合。项目建设主要内容为文物保护修缮 1422.6 米，传统建筑修缮 1302.5 米，现代建筑改造 702.8 米，文化空间修缮 1319.6 米，传统街巷修缮 673 米，传统村落保护对象挂牌 48 块。

表 5　2019 年镇山村传统村落示范村保护发展项目建设一览表

序号	建设内容	建设数量	单位	备注
1	文物保护修缮	1422.6	平方米	修　缮
（1）	班家光三合院修缮	318.8	平方米	—
（2）	武庙院落修缮	208.3	平方米	—
（3）	屯墙修缮	895.5	平方米	—
2	传统建筑修缮	1302.5	平方米	4 户 5 栋
（1）	CT1 传统建筑修缮	119.3	平方米	—
（2）	CT2 传统建筑修缮	189.5	平方米	含牲畜房改建
（3）	CT2 传统院落修缮	232.3	平方米	—
（4）	CT3 传统建筑修缮	448	平方米	含危房加固
（5）	CT4 传统建筑修缮	91.2	平方米	修缮沿巷道部分
（6）	CT4 传统院落修缮	222.3	平方米	—
3	现代建筑改造	702.8	平方米	5 栋
（1）	GZ1 现代建筑改造	210	平方米	—
（2）	GZ2 现代建筑改造	106.8	平方米	—
（3）	GZ3 现代建筑改造	100.6	平方米	—
（4）	GZ4 现代建筑改造	97.6	平方米	—
（5）	GZ5 现代建筑改造	187.8	平方米	增设坡屋顶
4	文化空间修缮	1319.6	平方米	修　缮
（1）	南寨门文化空间修缮	350	平方米	—
（2）	码头文化空间修缮	309.6	平方米	—
（3）	屯墙休息平台修缮	660	平方米	—
5	传统街巷修缮	673	平方米	修　缮
（1）	北寨门至爬山巷修缮	206	平方米	
（2）	南寨门至码头街巷修缮	467	平方米	
6	传统村落保护对象挂牌	48	套	增　设
（1）	传统村落保护标志牌	1	套	—
（2）	保护建筑标识牌	16	套	—
（3）	传统风貌建筑标识牌	15	套	—
（4）	历史环境要素标识牌	7	套	—
（5）	古树名木标识牌	1	套	—
（6）	文化空间标识牌	8	套	—

保护建设

村落改造

20 世纪 80 年代前，镇山村对石板房的保护工作，一般是由村民自行修复。

1993 年，贵州省文化厅和花溪区文广局调查组对镇山村的文化遗存进行调查。同年 7 月，省文化厅将调查报告呈报省人民政府，省人民政府批准镇山村为“民族文化保护村”。1993 年底，省文化厅拨出专款对镇山民族文化遗产和村容村貌进行抢救性保护和整治。1995 年，省人民政府批准镇山村为省级文物保护单位。

2009 年 6 月，由市政协牵头、全市多部门联合打造的重点工程——镇山村保护性改造工程启动，工程包括城墙维修等在内的 21 项建设、改造项目，同时在入寨口处新建高 7 米的群雕塑像，纪念镇山村始祖李仁宇。2010 年底，工程全部完工。

2017 年，镇山传统村落规划总用地面积 17.8 公顷。2018 年，投资 800 万元，实施镇山村保护发展项目，涉及古村保护的工程包括保护对象挂牌、传统建筑整体修缮、镇山村建筑修缮及改造技术导则编制等。

2019 年，镇山村委托贵州大学勘察设计研究院、贵州卓城规划设计有限公司，对班家光三合院等文物保护项目进行修缮工程勘察设计，包括三类文物环境（传统民居、不协调建筑、历史街巷及文化空间）进行修缮及整治，修复后的传统建筑，达到修旧如旧，风貌一致。

表 6　镇山村文物保护单位一览表

文物保护单位名称	所在地	保护级别	批次	公布时间	文号	类别	年代
镇山村	石板镇镇山村	省级	第三批	1995.7	黔府函〔1995〕116 号	古建筑	明代
古城墙	镇山村	省级	第三批	1995.7	黔府函〔1995〕116 号	古建筑	明代
武庙	镇山村	省级	第三批	1995.7	黔府函〔1995〕116 号	古建筑	明代
李仁宇墓	贵筑街道李村	区级	第三批	2005.7	花府通〔2005〕27 号	古墓葬	明代

改造后的城墙

武庙 20世纪80年代，镇山村组织村民捐资，对镇山寺进行修复。1995年，镇山村被列为省级文物保护单位，省政府拨付专款10万元用于整修正殿。修整后的正殿被省文化厅重新命名为“武庙”对外开放。1997年，进行一次维修。2008年，对武庙院落进行修复。2009年，文物保护部门设置文物保护牌，并进行日常的维修管理。2012年，镇山村完成武庙修缮工程。

屯墙 清代曾对屯墙修葺，主要用青石砌筑。至20世纪90年代初，原城墙大部分倒塌，仅存城基。贵州省文化厅拨款7万余元，对镇山村的道路和古城墙、城门进行改造、修复，镇山村出上千个工日，恢复坍塌的城墙123米。2009年文物保护部门设置文物保护牌，并进行日常的维修管理。2009年以后，以新农村建设为契机，由市政协牵头进行旅游文化精品村打造，各级政府部门共投入资金1000多万元，整治项目包括古城墙维修等。按原样恢复城墙长1600余米，高5—10米，基宽3—4米，城墙厚3米，设有栈道等设施。

古井 2016年，镇山村争取上级“一事一议”项目政策资金，实施镇山村大寨组古井改造，对原井进行修缮，新建便民用水池。古井保护廊为木质结构，长3.5米，宽2.5米，古井周边及保护廊屋顶铺装本地青石板。2018年，实施镇山村保护发展项目，对古井等保护对象进行挂牌。

观音洞 镇山村古井小路方向1000米左右有个天然洞穴，洞内有石钟乳，长得像人形，传说是观音菩萨下凡时的一个居住地，被村民命名为观音洞，由村民自发修缮，并立观音菩萨像供奉。

北门 20世纪90年代，镇山村村民从半边山开采石头，加工成40厘米 ×65厘米和40厘米 ×30厘米的长方形条石，建成5.3米 ×4米的石拱门，北门得以重现。

镇山村保护发展示范村建设

2018 年 6 月，镇山村被列入“2018 年度贵州省中国传统村落保护发展示范村”，镇山村省级中国传统村落保护发展示范村的建设内容主要围绕文化空间修复和活化利用展开，共修缮文化空间 5 组，涉及建筑规模 3100 多平方米、院落及场地规模近 2000 平方米；增设标识牌45块，包括传统村落标识牌1套、文化空间标识牌40套、历史环境要素标示牌4套。

风貌不协调民居建筑整修　整治改造 5 栋不协调建筑，规模 724 平方米，包括班有年宅（西楼）106 平方米、班有年宅（东楼）100 平方米、班有志宅（厢房、倒座）210 平方米、班七玉宅 120 平方米、班小清宅 188 平方米。

传统三合院民居建筑保护修缮　按照修旧如旧原则，保持原形制、原结构，运用原工艺技术，对班家光宅、班有志宅、班家益宅、班有加宅、李文珍宅等几处三合院民居建筑和院落进行保护修缮，修缮建筑面积 1600 平方米。对建筑屋顶、墙体、柱、门窗、楼地面、院落等进行修缮，对民居正房、厢房木结构屋架进行加固，对歪斜的柱、柱根糟朽严重的采用打牮拨正歪闪木柱、墩接柱根的方式修缮。采用传统工艺对石板屋面揭瓦修缮，更换糟朽椽皮、檩条，更换糟朽的墙板和门窗，补配佚失的门窗，拆除后期加装更换为传统木窗。拆除后期加建的墙体，恢复原石墙，按原工艺补配院落破损老青石地幔，重砌存在安全隐患的院墙，恢复建筑历史原貌及院落空间，适当增加庭院绿化和休息设施。

活化利用改造前后对比

修缮后的巷道

武庙保护修缮　修缮武庙院落，规模 200 平方米，修缮内容包括整修地幔、围墙、栏杆等。在镇山武庙院落范围内进行保护修缮，以保护已经延续 100 多年历史的现有厢房及倒座建筑遗址格局为原则，拆除后期加建的院墙、后期铺设的不协调地幔及相关附属设施，采用传统工艺铺设可供村民休息驻足的青石地幔和座凳设施，作为正殿文物建筑及周边文物点的重要展示空间观察点。

古巷道保护修缮　修缮北门至爬山巷，规模 151 平方米，修缮内容包括整修铺地，改造增设沿线围墙栏杆等。采用当地 8 厘米厚自然面青石板更换现状破损青石板和后期改建的水泥铺地，清除爬山巷石阶上后期加建的坡道，保持历史街巷传统风貌。修缮下寨古巷，规模 207 平方米，修缮内容包括整修铺地、改造增设沿线围墙栏杆等，采用当地 8 厘米厚自然面青石板更换现状破损青石板和后期改建的水泥铺地；拆除后期加建的砖砌护栏，更换为传统样式石砌护栏，保持历史街巷传统风貌。

古屯墙及南门保护修缮　古屯墙修缮：拆除后期加建的砖砌花池，将其缩小至场地西南部，采用 30 厘米宽、40 厘米高石砌花池围合绿化空间；地面采用 50—100 厘米长、30—50 厘米宽、8 厘米厚青石板规格变化错缝铺设；调整与屯墙连接的石台阶和坡道的数量及坡度；在树池边增设青石整石休息座凳；清理现状杂乱的植物，保留长势较好的乔木，增补部分乔木及灌木；以保护延续 400 多年历史的现有屯墙格局为原则，采用传统工艺对歪斜、开裂、佚失的墙体进行修缮，拆除后期铺设的不协调地幔，铺设与屯墙历史风貌协调的青石地幔，恢复镇山屯墙历史原貌，作为镇山屯堡文化的展示空间，传承文化价值内涵。屯墙休息平台修缮，修复现状破损青石板地面、青石台阶和石砌围墙，新建青石围墙；拆除后期加建的砖砌桌凳，更换为青石桌凳；采用30厘米宽、40厘米高石砌花池及树池围合绿化空间；在树池边增设青石整石休息座凳；清理现状杂乱的植物，保留长势较好的乔木，增补部分乔木及灌木。南门修缮：修缮南门周边环境、屯墙、屯墙休息平台，规模共121平方米，修缮内容包括整修地幔、改造增设花池座凳、改造增设围墙栏杆、整修种植绿化植被等。

古码头文化空间保护修缮　修缮码头及其周边环境，规模220平方米，修缮内容包括整修地幔、改造增设花池座凳、改造增设围墙栏杆、整修种植绿化植被等。拆除后期加建的砖砌花池及树池，采用30厘米宽、40厘米高石砌花池及树池围合绿化空间；地面采用50—100厘米长、30—50厘米宽、8厘米厚青石板规格变化错缝铺设，清理现状杂乱的植物，保留长势较好的乔木，增补部分乔木及灌木。

文化空间标识牌设置　对文化空间认定后的结果进行阐释和传播，开展文化空间标识牌的设置，包括中国传统村落标识牌、传统民居文化空间标识牌、古屯墙文化空间标识牌、古巷道文化空间标识牌、各类历史环境要素标识牌等40余套。通过标识牌的设立，引导村民和外来访客在认识文化空间、理解文化空间、使用文化空间过程中，持续增强文化自信意识。

培育“传统村落＋艺术家工作站”联动模式　镇山村依山傍水的空间格局、三合院落、石头建筑、古屯墙、古石巷等独具特色，吸引周边高校学生及画家到镇山村写生。从2017年开始，镇山村多处三合院民居建筑出现空巢趋势，也对经常到镇山村采风的艺术家们产生了较大吸引力，因此镇山村传统村落保护发展示范村建设项目将镇山艺术家村的培育作为重要发展方向，主要做法是将空巢的三合院民居建筑及院落作为艺术家的创作、生活一体化空间活化利用，将入住三合院的艺术家培养为镇山村新村民。截至2022年，镇山村吸引艺术家20余名入住，通过开展三合院传统民居文化空间的认养活动，形成镇山艺术家集群，举办“谭印象”活动展览、镇山国际影像周等知名活动。镇山村传统村落＋艺

画家在镇山村写生

术家工作站联动发展示范项目成为镇山村独具魅力的特色发展名片。通过艺术家驻村，对传统民居文化空间的认定、阐释和利用，盘活闲置的传统民居院落，构建了镇山村“传统村落＋艺术家工作站”联动发展模式。

文化空间阐释促进生态博物馆标准化建设模式　1998年，国家文物局中国博物馆学会与挪威文博专家将镇山村列为中挪文化合作的国际化项目，建设花溪镇山村布依族生态博物馆，开展文化遗产收集整理、文化记忆采录存储、文化传承人培训奖励、文化活动资助奖励、传统工艺扶持开发、文化资讯编辑出版、组建文化传承工作队等活动。2020年，镇山村申请“2020年省级重要博物馆文物征集修复和展览资金”支持，开展镇山村布依族生态博物馆标准化建设工作，包括展陈提升、氛围营造、标识标牌完善、数字化采集等。

文化空间传播培育民族村寨共同缔造振兴模式　2019年开始，以认定、识别、阐释和传播村落文化空间为基础，在镇山村多次开展美好环境与幸福生活共同缔造系列活动之“民族村寨文化空间千村寻”及志愿者工作营培训交流会，贵州省住房和城乡建设厅、贵州省文物局、贵阳市住建局、花溪区住建局、花溪区文旅局、石板镇人民政府、贵州山和少年研学教育有限公司等单位，以及镇山村村民、驻村艺术家、贵州大学设计师等志愿者参加活动。该项活动使村民和访客深度理解文化空间保护传承的意义，帮助村民和访客找到文化线索，树立文化自信，有效提高了村民对本民族文化遗产保护传承的积极性、自信心和自觉意识。在保护文化空间本身的同时，激发村民和社会各界力量保护发展传统村落的潜力，具有重大的文化普及教育和文化传播的公益性意义。通过举办“文化空间千村寻”公益活动，构建民族村寨型传统村落参与式文化遗产保护利用创新模式，强化了人们对民族村寨非物质文化遗产中文化空间的识别和认知。

消防管理

20世纪90年代后，镇山村自购器材成立微型消防站。2000年以后，成立组织预备队，由党员及部分村委会工作人员、村民等组成。结合“新农村”建设、“美丽乡村”建设和精神文明创建工作，成立义务应急队。2004年9月，镇山村成立镇山消防安全领导小组，组建30人的义务消防队，并制定相应的规章制度，设有专门办公室和消防器材保管室。在村内安装3个消防栓和消防管道。2009年后，结合文物保护工作，镇山村安装消防栓。2010年，区消防部门加强对消防设施的不定期检查，要求乡镇加强对村落内住户电气火灾安全隐患情况的排查，及时更换损坏的设施，确保消防设施的正常运行和其他消防安全，加强对消防队员的业务培训，提高消防队员的业务能力。2011—2020年，每年签订石板镇森林防火责任书和年度村级消防目标责任书。2017年，考虑到镇山村部分消防设施老化、消防水池离村寨太远等原因，更改村消防水池位置，建设新增消防水池距离最远的消火栓不超过500米，同时增大消防水管口径，增设增压泵等消防设备。

旅游

镇山村有“石头砌筑的村庄”之称。其得天独厚的自然环境，独树一帜的民居，丰富的非物质文化遗产，构成镇山村丰富的文化景观要素，处处体现着镇山村的特色。从 20 世纪 90 年代开始，镇山村开始发展旅游业，至 2022 年，旅游成为村民收入的重要来源。

半边山和花溪水库

旅游资源

半边山

半边山位于镇山村偏东北方向，地理上称为“青龙山”，海拔 1219 米。山峰一半陡峭，一半平滑，就像被削去半边，故称“半边山”。

花溪水库

1958 年，花溪水库开始修建，在镇山村麓形成最宽约 300 米的水面，花溪河畔镇山村居民向两岸山上迁徙，形成镇山大寨、关口寨两个自然村寨，大寨形成半岛形村落。1959 年 11 月大坝主体完工。1960 年 6 月，水库蓄水运行，正常蓄水水位高程为 1137.9 米。其水利枢纽主要由此大坝、溢洪道、引水管道、坝后厂房、放水底孔、花阿联库等 6 个工程组成，是一座以供水为主兼具发电功能的中型水库。每年可向贵阳市区供水 5880 万立方米。坝型为双支墩空腹大头坝，正面题有“花溪水库”四个擘窠大字，字体倾斜，颜精柳骨，龙飞凤舞，遒劲深峻，飘逸隽美，为时任省委第一书记兼省长周林所题。

花溪水库建成后，过去蹚水过河到李村进行生产劳作的镇山村民改用渡船解决交通。镇山村水面向东南直抵花溪水库大坝约 4 千米，两岸是悬崖峭壁，半边山倒映其间，形成一道美丽的峡谷风光；向西北方向延伸可达天河潭风景区。湖光山色，千姿百态，清澈的湖水，时而碧波荡漾，时而水平如镜，是夏天近悦远来的避暑乐园。

镇山生态博物馆

1995 年 4 月，省文化厅特邀中挪(威)文博专家到镇山村进行考察，通过考察，中挪文博专家意向性地将镇山村列入生态博物馆群的建设计划。1998 年 4 月，挪威驻华大使白山到镇山村考察。10 月初，国家文物局、中国博物馆学会与挪威文博专家再次到镇山村考察，正式确定将镇山村列为中挪文化合作的国际性项目——贵州生态博物馆群之一。1999 年 3 月 16 日，挪威环境大臣古露·弗耶兰格在北京与国家文物局局长张文彬签订《关于中国贵州生态博物馆群合作意向书》。次日，环境大臣古露·弗耶兰格率挪威国家文物局官员到镇山村考察。4 月 23 日，挪威前首相、工党主席托尔比扬·雅克朗偕夫人在挪威驻华大使白山先生的陪同下到镇山村考察。9 月，青年博物馆学家安来顺受国家文物局和中国博物学会派遣赴挪威起草《中国贵州生态博物馆群项目文件》。12 月 9 日，省人民政府批准建立贵州花溪镇山生态博物馆。至此，花溪镇山布依族生态博物馆纳入贵州公共博物馆系列。2003 年 3 月，生态博物馆资料信息中心竣工。5 月，举办陈列试展，7 月 15 日（六月六布依歌节）开馆。资料信息中心具有会议接待功能，拥有 10 间按酒店三星级标准修建的标准客房。

镇山生态博物馆是中国和挪威王国文化合作项目之一，全馆分文化遗产区、博物馆资料信息中心、传统农业耕作区和村民新区。其中文化遗产区 4.1 公顷，村民新区 1.65 公顷，资料信息中心 0.59 公顷。镇山村布依族生态博物馆原封不动把整座村寨连同其居民的习俗进行集中展示，是没有围墙的“活体博物馆”，保存了文化遗产的真实性、完整性和原生性，是一个少数民族社会的活标本，对于研究中国西南区域少数民族文化历史及演变，具有极高的科学价值。

1995 年 4 月 10 日，热情的村民为远道而来的挪威生态博物馆学家约翰·杰斯特龙（右）敬酒

文化遗产区　文化遗产区是以镇山自然村寨为载体，保存村寨的原始布局、民居特色和生活习俗，是镇山生态博物馆的核心区域。

传统农业耕作区　传统农业耕作区主要位于资料信息中心西面及居民新区西北侧，这片肥沃的土地是镇山村布依族同胞赖以生存的粮仓，数百亩梯田层层连白云，沃土片片接平川，在春播时节，处处展现出“布依云中播五谷，苗家赶马走千山”的动人场面。一片接一片的经济林中林木吐翠，空气清新，果实累累，鸟语花香。在整个传统农业耕作区里，一年四季可看到传统的农业耕作情形，犁、耙、锄头、镰刀等传统工具仍在继续使用，肥料仍以农家肥为主，传统的耕作方式使传统的农耕文化永不失传。

居民新区　居民新区（又称社员新区），位于文化遗产区正西面。

生态博物馆资料信息中心　生态博物馆资料信息中心建于 2007 年，是展览展示、研究布依族生态与历史文化和开展交流接待活动的场馆，地处博物馆西侧，其外观体现布依族建筑风格。中心占地面积 5900 平方米，建筑面积 1284 平方米，内设展厅、电教室、文物保管室、文化研究室、贵宾接待室及多功能厅等，通过陈列实物、纪录音像及生动形象的民族表演，展现贵州布依族的文化发展过程。

资料信息中心为两层建筑，均为石斗墙体，墙面是用高粱色如枕木式的木料馆的仿穿斗屋架。资料信息中心展厅和多功能厅之间连接着四层高的碉楼，资料信息中心北面是停车场，东南面是观景台。进入大门之后是宽大的过厅，右边是一个弧线形的浅黄色柜台。正前面是一壁玻璃墙，透过玻璃墙可以看见位于建筑之间的一方绿色露天草坪。往东南行几步即是宽敞的多功能厅，由于没有吊顶，空间尺度让人感到空旷，没有建筑带来的压抑感。东南面是一排约 15 米长、2 米高的玻璃窗，采光非常充足。透过玻璃窗，可以看见碧蓝的湖水、半边山。在该厅的北墙上嵌放着一幅巨大的油画，画的是 400 多年前江西庐陵县奉命入黔将军李仁宇骑着枣红马入赘镇山班门为婿、镇山村民迎亲的场景。在该厅的南面墙上挂着一幅银幕。离开多功能厅往前行折向东南，逐级而下，就是碉楼，可登梯至四楼观景；向南是展厅，步入展厅，映入眼帘的是具有动感的半边山倒映于湖水中的风景画面。画的台座斜面嵌放着隶书“镇山生态博物馆”7 个大字。东面是用石块砌成的台基，台基上嵌入黑色的大理石，为长方形，其上半部分是用黄色隶书写的“前言”，下半部分是白色的英文对照。

镇山布依族生态博物馆馆内陈列

画的对面白墙是展览的第一部分，通过实物和照片反映“镇山村沿革”，在陈列手法上没有对镇山村的沿革作冗长叙述，不是将镇山村的历史定格在某一个历史阶段，看不到镇山村在历史长河中的传承、变迁和发展的承接关系，而是注入生态博物馆的“文化记忆”理念，将各个时期镇山村的变化通过照片进行衔接。在陈列的照片中，有 20 世纪 50 年代的镇山村、20 世纪 80 年代的镇山村、2001 年的镇山村，每一张照片都打上了这一时期历史的烙印。在镇山村的自然环境一节中，以镇山村为基点，扩展到贵州布依族同胞生活的地域环境，照片中反映布依族生活的自然环境有红水河、苗岭（云雾山）、南盘江、北盘江、花溪、黄果树、红枫湖等。

折向西面墙壁，是陈列的第二部分至第四部分。第二部分是“镇山的民族融合”，民族融合在镇山有特殊性，它是贵州民族融合共性中的个性。这种个性在于镇山村的班、李二姓同宗共祖，共一个族别——布依族，以班、李始祖李仁宇将军及其夫人班氏的墓葬和《班李族谱》为证。在镇山，虽然李姓的汉族族别完全变成了班氏布依族族别，但汉族文化在镇山无处不在，如修族谱就是汉族文化，建筑的理念特别是村寨中的祭祀性建筑、堂屋祭祖的神龛等，两种文化和谐并存于一个村寨之中。

第三部分是“镇山村的文明形态”，是通过实物来表现的，是镇山村传统文化的物质和非物质文化两个方面。实物主要是工艺品，如蜡染、刺绣、竹编、雕刻、银器服饰（男女装）。展品就是社区居民自己使用的生产、生活用具。在表现非物质文化方面，通过唱本、器乐、光盘作为实物陈列。

第四部分是“前进中的镇山”，这一部分主要反映镇山布依族村民从一个纯粹的农耕社会走向旅游经济社会、市场经济意识逐渐得以增强的变化过程。该部分复原了一栋民居的生活场景，从堂屋到卧室等都忠实于布依族民居的陈设。居室由一壁石墙和石拱门、木板壁构成了明次 3 间，堂屋大门为双扇门，门枋贴有红纸书写的对联；两边为万字格窗，石板屋檐下晾有金黄色的玉米棒子。进入堂屋正面是神龛、八仙桌、条凳，左面是一对靠椅，中间放一张高脚茶几。有几尊布依族老人塑像放置其中，他们头包青帕，衣着青色服装，坐在火盆边取暖，有两个年老妇人靠在石墙边在交谈。右面的墙壁上挂有二胡、唢呐、鼓等乐器，下面是两个小孩相对坐于四方桌前读书。堂屋左次间是多功能手工工艺房，主要是纺纱织布，左壁处放置一架织布机和纺车，一位布依族老妇人正在纺纱。卧室布置简洁，放有带帐架的双人床一铺，床上是印花青色土布垫单，帐架挂有青色蚊帐，帐檐为红布，其上绣有喜鹊闹梅；靠床的右边摆放一个衣柜(当地亦称为“亮柜”)。此外，还利用展厅的过道临窗放置生产、生活用具，生活用具有磨子、甑子、风簸、盆、罐、擂钵、火盆等；农具有犁、耙、锄头、钉耙、镰刀。

雕塑工作室

布依文化创意园

20 世纪 90 年代初期，部分专家学者参与镇山旅游的前期开发，使镇山村寨旅游一开始就在学术界占有一席之地。随着村寨旅游规模的不断扩大，民族性与历史性等多方面的文化价值日益凸显，吸引许多不同领域的专家学者前来写作、摄影、写生、考古以及科学研究。部分高校的美术、旅游、建筑等专业俨然将镇山村作为实习基地，长期居住于此进行研究。2009 年以后，镇山村建立布依文化创意园、大学生实习基地、布依文化主题小院，为全国艺术家、各院校大学生来镇山创作、摄影、绘画写生提供场所，同时深入挖掘布依特色文化元素，形成整个村寨浓郁的布依文化氛围，最终成为特色突出的布依艺术村、旅游村，贵州省乃至全国文化创意产业基地。至 2019 年，武庙的古建筑几乎全部出租给大学教授、艺术家作为艺术工作室创作基地，主要从事摄影、雕塑、陶艺、刺绣、蜡染等。文化创意园内共有

陶艺工作室

服饰设计制作工作室

10名艺术家，其中有6名为大学教授，有3名从事摄影，2名从事雕塑，1名从事陶艺，1名从事刺绣，1名从事蜡染，1名从事设计，1名从事疗愈，做展览时艺术家更多。有10间工作室，大学教授、艺术家们将其布置成独具特色韵味的庭院。

班家益宅、班有香宅、班小海宅、班有文宅、吉学亮宅被改造为民宿、文化展览空间及摄影艺术家工作室。

李老汉布依族物文园

李老汉布依族物文园

李老汉布依族物文园建于20世纪90年代末期。“李老汉”是镇山村居民李秀良给自己取的称呼。李秀良是石板镇文化所工作人员，镇山村人，他从20世纪80年代初期开始研究镇山的历史与文化，编写了《花溪流韵》《中国贵州镇山布依族风情》等。旅游开发以后，李秀良利用自己的房屋开办民族文化展览，展示布依风情。展室主要有历史室、生态室、古具室、婚俗室、服装室、民族舞蹈室，此外还有绣品展示与出售。李老汉布依族文化展览馆集镇山村寨真山真水、历史古迹和民族建筑于一体，原生态的民族民俗文化与村寨自然景色完美结合，构成旅游资源多样性。村寨民族生态旅游既可满足游客对乡村生活和田园风光的向往，又可满足对民族文化的探究需求。

旅游基础建设

道路建设

20世纪60年代以前，镇山村的道路是泥巴路。70年代，石板公社投资建设从石板镇到镇山村的砂石路。1992—1993年，交通部门投资110万元，修建从石板镇到镇山村的三级沥青路。1994年开始，镇山村实施包括道路建设在内的传统村落保护基础设施建设。

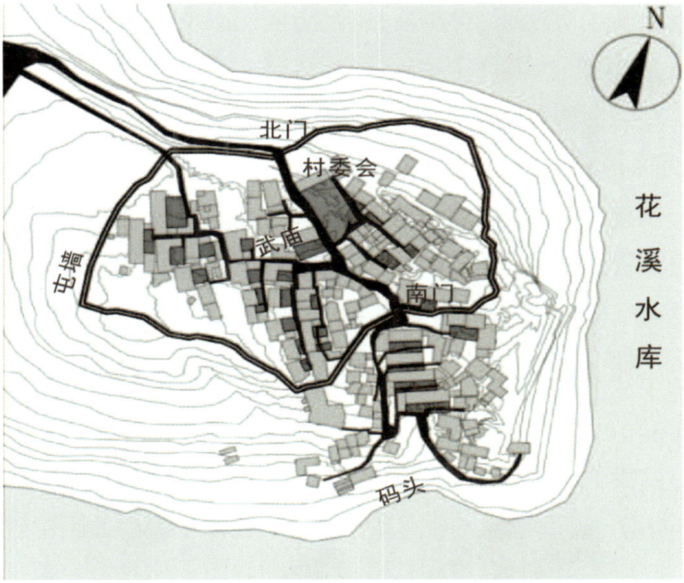

镇山村道路示意图

包括柏油路建设及街道小巷的维护，村寨主要道路铺设成石板路。2001 年，花溪区交通局投资 80 万元修建 1.6 千米的石板镇至镇山村的沥青公路。2002 年,镇山村出资 1700 元，平整关口寨街道，解决村民行路难问题。2003 年，镇山村投入资金 1500 元，平整村内人行道路 50 米。2009 年 6 月底至 2010 年，由市政协牵头，启动镇山村保护性改造工程，包括入寨道路建设。2010 年后，市政协牵头打造旅游文化精品村，投入资金 1000 多万元，整治项目包括寨内路面维修等。2011 年 10 月，镇山村修建关口寨进村道路。2012 年 3 月，修建关口寨至大寨组沿湖小路，完成村寨道路指示牌安装。2013 年 11 月，完成牛坡小路路面硬化。2015 年，镇山村申报“传统村落‘一事一议’项目”，石板镇政府投资 15.49 万元，完成进寨青石板路建设项目，青石板路长 650 米，宽 3.5 米。2016 年，镇山村利用重点传统村落基础设施建设省级补助资金 51 万元，修建码头栈道。2017 年，镇山村对外交通道路宽度为 4.5 米，由西向东进入村落，是村落唯一对外道路。村落内道路均为 1.2—1.8 米不等的步行石板路面。2018 年，由省、市、区三级政府共同出资 800 万元（省 400 万元、市 300 万元、区 100 万元），实施镇山村保护发展项目，包括街巷修缮等道路工程，改善了镇山村的交通状况。2022 年，对进村道路进行维护，全长 1000 米，宽 8 米，安装路灯 15 盏。

镇山村的道路交通呈“树状”分布，即以对外联系的道路为主干，向两侧延伸出各支路，从而将各处民居连接起来。传统民居与道路的关系为“道路—院落—民居”，各传统民居均由院落作为连接内外的过渡，通过与支路的连接，将民居与村中道路系统联系起来。上寨遵循“内部空间—院落空间—道路空间”的空间过渡形式,这与上寨所在地形特点有关。下寨民居的空间过渡形式为“内部空间—道路（院落）空间”，将院落与支路合一，甚至取消了院落，除了中部的联排式传统民居外，均取消了院落，将民居与支路直接连接起来。联排民居也没有房屋内部空间与道路空间的过渡，其院落虽为该民居住户使用，但更像是扩宽的“道路”，将两侧自由布置的民居连入主路。外界到镇山村的公路有省道 S105 贵阳至鲁布格公路，县道 X116 石板至镇山公路长度 1.66 千米，路面宽度 0.55 千米。有 23 路公交经停镇山村路口站。

停车场

2003年，镇山村新建小型停车场1个。至2022年底，镇山村停车场占地面积1000平方米，可停车80辆。

镇山村停车场

旅游厕所

2005年，镇山村启动大面积改厕工作，共改厕130户；在主要旅游干道两边把简易卫生厕所改为无害化两格式水冲式厕所。同年，省旅游部门投资10万元，建设高标准的旅游卫生间。2015年，镇山村利用“传统村落‘一事一议’项目”，投资5.73万元，完成旅游公厕1个。同时，对村内公厕内部进行翻修改装。2022年，有公共厕所3个。

旅游厕所

旅游配套设施建设与提升

1996年，由贵阳市文化旅游中心出资修建的演出场地完工并投入使用。至2005年底，村寨可提供水上游览、交通、停车、娱乐、购物和住宿等服务，旅游基础设施日趋完善。2010年后，政府各级各部门投入资金1000多万元，整治项目包括民族文化活动广场等。2012年，镇山村完成表演场、停车场路灯安装，安装路灯47盏；完成村综合大楼改造工程。2016年，镇山村争取上级政策资金，实施“一事一议”项目5个，其中旅游基础设施项目4个。镇山村大寨组水库旁游客服务管理房建设项目：花溪水库旁游客服务管理房长9米，宽5米，木质结构，屋面及平台铺装本地青石板，外围装预制栏杆。镇山村大寨组入口游客接待房建设项目：入口游客接待房平台长9.5米，宽6.5米，平台及下部分为钢筋混凝土结构，管理房为木结构，平台及屋面铺本地青石板，混凝土预制栏杆。镇山村大寨组民族文化墙建设项目：民族文化墙墙体砖结构，总长32米，高3米，墙面下部1.2米、上部0.8米，贴本地青石板，中间部分为民族彩绘。镇山村大寨组观景长廊建设项目：观景长廊平台总长14米，宽4米，平台及以下为钢筋混凝土结构，观景廊为木质结构，屋面及平台铺装本地青石板，外围装预制栏杆。

2018 年，投资 800 万元，实施镇山村保护发展，涉及旅游基础设施建设的主要项目有标识系统提升、镇山村牌坊修建、文化空间修缮、镇山村建筑修缮及改造技术导则编制等。2020 年 9 月，花溪旅游文化投资开发经营有限公司采购全域旅游导览标识牌在镇山村安装。2022 年修建观景台，投资 35 万元。

旅游服务与管理

旅游发展概况

20 世纪 80 年代，镇山村旅游资源被发现，并迎来一批日本的游客。此后贵州大学的学生也经常到镇山村写生。

20 世纪 90 年代，镇山村因其布依民族文化、区位优势和自然环境成为贵州省首批实施旅游开发的村寨之一。

1993—1997 年，是镇山村旅游业的初创期。1994 年夏天，旅游部门将镇山村列入花溪公园、小山峡、镇山和天河潭“四点一线”特色旅游线路后，镇山村的旅游服务业开始起步。当地村民通过布依族歌舞表演和拦路酒等特色活动吸引游客。这一时期，境内游客人数每年有一两万人，并逐年增长。

1998—2005 年，镇山村旅游业进入高峰期。这一时期，人们生活逐渐改善，收入日渐提高，镇山村开始出现在各种报道和宣传中，开始被人们所关注。2000 年，镇山村旅游接待量超过 10 万人次。到 2001 年，镇山村接待的游客累计超过 100 万人次。2000 年后，游客到镇山村除参观古村落、自然风光、布依族生态博物馆以外，划船、烧烤等也逐渐成为镇山村旅游的主要项目。此外，还有一些村民从事出售工艺品、卖水果、卖农

花溪水库边观景长廊

产品等行业。2003 年，贵阳市内利用双休日到镇山村休闲度假的游客人数上升，达 13 万人次。2004 年后，受周边景区发展的冲击，加上镇山村在旅游业项目上缺少创新，发展开始放缓，年均游客量在 10 万人左右。由于游客人数不断减少，始于 20 世纪 90 年代的进入村寨的欢迎仪式被取消。2007 年，镇山村旅游接待户占全村总户数的 30%，非接待户占 20%，二者兼营的占 50%。一些生活条件稍差一些的村民，农忙时在家务农，平时就参与旅游服务。2008 年，镇山村年接待游客 12 万人次。

2010—2014 年，镇山村年游客接待人数降为 7.6 万人次左右。2011 年旅游收入最多，达到 308.29 万元；2014 年最少，仅 177.35 万元。至 2014 年，有 70 多户村民成为划船、烧烤等行业的股东，约占全村总户数的一半。

2015—2020 年，是镇山村旅游业恢复增长期。这一时期，镇山村的客源主要以贵阳市内散客为主，省外旅游团队也占有一定比例，但基本都是一日游线路。至 2016 年，镇山村有近 40 家持卫生许可证正式挂牌的“旅游接待户”，占总户数的 20% 以上。

至 2020 年，镇山村有旅游商品经营户 57 户，平均年收入 2 万元，利用自家老民居开展民族文化展示的 4 户，平均年收入 1 万元。

旅游接待

20 世纪 90 年代初，镇山村旅游业主要是农户提供农家饭为主的自主旅游接待。1994 年 5 月，花溪区文管所组织镇山村 15—45 岁村民进行为期 20 天的培训，内容包括音乐基础知识、民族舞蹈、民族乐器、基础英语对话、普通话和布依土歌等，培训后选拔部分村民组成迎宾表演队。1996 年，花溪区政府组织厨师到镇山现场传授厨艺，村民开始开发新的菜品，逐渐形成以山野菜为主的特色餐饮。此外，各家各户纷纷利用自家房屋开办农家乐，提供餐饮、卡拉 OK 和棋牌等娱乐活动。农家乐很快成为镇山村旅游业的支柱项目。2000 年后，镇山村村民参与旅游接待的方式逐步形成以下几种：村民利用自家房屋开展住宿、餐饮接待服务；部分家庭购置游船，出租游船，开展水上观光业务；部分村民向在水库游泳的游客出售泳衣、毛巾，也提供更衣室和出租游泳圈等物品；出售烧烤和小吃，烧烤主要是在炭火盆上用铁丝网烤些豆腐片、小鱼、小虾、火腿肠和土豆片等，小吃以粉面为主；部分居住在主要道路边的家庭开办小卖部，出售土特产品和手工艺品。

至 2020 年，镇山村 80% 的家庭直接或者间接参与旅游接待工作。2022 年，镇山村有农家乐 10 家，民宿 5 家，户均年收入 5 万元。规模较大的有外婆家农家乐、金满福农家乐、德月楼农家乐、青舍民宿、隐林院民宿、尚寨民宿。

农家乐　1993年开始，镇山村商业发展与旅游业发展有机结合起来，开始发展农家乐。到2005年，镇山村有餐饮接待户45户。2008年，镇山村的农家乐整合为36家，其中3家可以为旅客提供住宿。2009年后，随着乡村旅游的不断升温，镇山村采取政府扶持发展、农户自主经营的模式，一批传承布依族建筑风格，兼具休闲、娱乐为一体的休闲度假型“农家乐”和家庭式“农家乐”逐步发展。独特的农家风味和逐渐改善的服务，深受游客欢迎。2012年，镇山村农家乐有36户，年均收入6.5万元。2016年，镇山村有农家乐40户，年均收入为5万元。2017年，镇山村农家乐数量增至43家，年均收入为6万元。2020年，因新冠疫情影响，镇山村农家乐数量降至20家，年均收入为2.1万元。

小英家。位于镇山村大寨组中间，占地面积500平方米。可以品尝纯天然的食物，如车前草鸡蛋、灰灰菜；还可以吃到新鲜糟辣鱼、青椒河虾等。

李景轩农家乐。占地面积250余平方米，房屋建筑基本以石板为主，由溪边叠层而上，在这里可以品尝到山野菜、纯养跑山鸡、小虾、小白鱼，农家自制土豆片、阴辣椒、腊味制品等。

浓情布依园山庄。位于镇山村大寨4组，占地面积为500平方米，由石头、木头和砖头建成。

金满福山庄。占地面积为700平方米，可品尝糟辣鱼、辣子鸡、腊肠等农家菜，并且店家会为客人提供蒸好的糯米，让客人体验自己打糍粑。

河边二妹自助烧烤。2007年开业，主要经营烤小豆腐、洋芋、小鱼、小虾等食品，占地面积占150平方米左右，生意最好时日客流量达60余人，年收入10万余元。

外婆家。成立于1998年，最初的店名为近水楼，主要接待旅行社的顾客，日均收入3000余元，周末日收入最高时达8000余元，最多时带动4个村民的就业。

外婆家农家乐

民　宿　1993 年后，镇山村依托当地旅游资源，发展民宿产业，打造民宿旅游新业态。2010 年后，市政协牵头打造旅游文化精品村，政府各级各部门投入资金 1000 多万元，整治项目包括特色民居改造。随着开发保护与建设力度的不断加大，至 2015 年，镇山村形成以山地型旅游为主的度假村，集山地度假、住宿、餐饮、信息与交通于一体的旅游中心。2020 年，镇山村民宿发展到 6 家。

青舍。位于镇山村大寨组 66 号，由大理石建成，占地面积 1000 平方米。提供客房、用餐、小型会议、室外烧烤、游船服务。

隐 · 林苑。前身是一个经营 20 年的农家乐，2022 年改建成集吃、住、娱乐为一体的多功能民宿。位于古城墙边，由石头、木头建成，占地面积约为 2000 平方米，曾是花溪文联挂牌的文化交流中心。

尚寨。位于镇山村上寨入口，民宿为居家自理式入住，提供私房菜、团体聚餐等服务。

旅游管理机构

1999 年 9 月，镇山村由村民自发组建，受镇山村“两委”直接管理的旅游管理机构，之后镇山村旅游管理机构被上级政府部门接管，2006 年经镇山村申请，旅游管理机构交由镇山村管理。2010 年，由村“两委”牵头组建“贵州山水镇山布依文化旅游开发有限责任公司”，在全村进行集资入股，入股资金为 500 元一股，法定代表人由村支部书记担任。旅游开发有限公司直接替代原有的镇山村旅游管理所，并且镇山旅游开发公司与镇山村委会脱钩，实行自主经营、独立核算、自负盈亏的经营机制，公司的经营方针以及发展由股东会议决定，实行企业化经营和管理。

旅游规划

《镇山村历史文化名村保护规划（2011—2025）》　镇山村的游览路线，即水路和陆路：水路从花溪水库大坝或天河潭景区出发，在村寨东南游船码头上岸，游人经过下寨表演场，顺着石阶步道依次游览下寨和上寨，在武庙旁的民族风情广场观赏或参与民族风情表演后去资料信息中心，最后返回游船或停车场乘车继续游程；陆路来的游客首先经过画家村新区到公共停车场后，从寨门进入上寨和下寨，再沿湖边小径到资料信息中心参观后返程。

《花溪区石板镇镇山村传统村落保护发展规划（2015—2030）》　西部板块：村域北部至 001 县道，即镇山村入口作为农业观光区，以绿色产业形象作为镇山村入口展示；在西部板块中部根据现场踏勘，其用地较为平整，用地多以农田和荒地组成。规划考虑在该地作为镇山村村民新区，作为今后镇山村民集中安置用地以保证传统村落的完整性；西部板块东侧即传统村落作为核心保护区，同时也是镇山村旅游接待的核心区，

结合镇山村历史文化以古村文化游为主的主题区；根据现有镇山村的发展以及水源保护区沿水库向西方向发展以苗圃种植为主，靠中心区域奇石加工为辅的苗圃种植区。东部板块：镇山村东部和西部之间以花溪水库相隔，根据现场踏勘以及与村委会干部的多次对接，规划可绕花溪水库边缘新建一旅游观光道路，由西部通向东部村民组，东部打造特色农业发展旅游体验区，同时该旅游线路的修通也能解决东部村民至西部的交通问题。

古村落旅游分区。整个规划区由 5 个功能区组成，即上下寨老寨、镇山民俗文化新村、生态博物馆综合展示区、滨河景观休闲带及周边山林休闲区。

传统文化展示及游览路线组织。在主要文物保护单位名村入口传统建筑、构筑物等处，根据特点可分别设置古朴感较强、有广告宣传功能和外观材质贴近融于自然的标示牌和介绍牌等。

旅游管理措施

1991—2020 年，镇山村旅游接待过程中的重大事情主要由党支部委员会和村民委员会决定，先后制定《镇山村旅游餐饮接待制度》《镇山村游船管理暂行办法》，与游船经营户签订《镇山村村委会游船管理协议书》等。另外还有民间社团组织，如游船协会制定《镇山村游船协会章程》。对水库游船，由花溪区海事部门牵头，招募村民投资，以集体统一经营的方式有序进行，包括统一售票、统一安排游船。

1999 年，贵阳市开始对游船规范管理，花溪区禁止在水库中使用木船从事旅游盈利。村民统一购买铁船，经过游船驾驶培训，统一颁发执照，并且在船上配备救生圈，相对以前的木船游览安全。

2004 年，镇山村制定农家乐排号接客制度，并聘请 6 名村民担任专职监督员。制度强制执行到 2005 年 9 月 12 日，由于游客人数减少导致村委会旅游收入降低，专职监督人员工资给村里财政带来极大压力，村里被迫取消排号接客制度。

2005 年后，镇山逐步形成在国家文物保护、民族文化保护和生态博物馆建设基础之上，以家庭为主导的农家乐旅游接待，非全民参与，村民自建公司经营管理，政府有限参与的旅游发展模式。

镇山村码头游船

村寨治理

旧时，镇山村推行保甲制度和寨老制度。中华人民共和国成立以后，村“两委”依法开展乡村治理，实现乡风文明、环境优美。2020 年，镇山村被中央文明委评为第六届全国文明村镇。2022 年，被司法部、民政部评为第九批“全国民主法治示范村（社区）”。

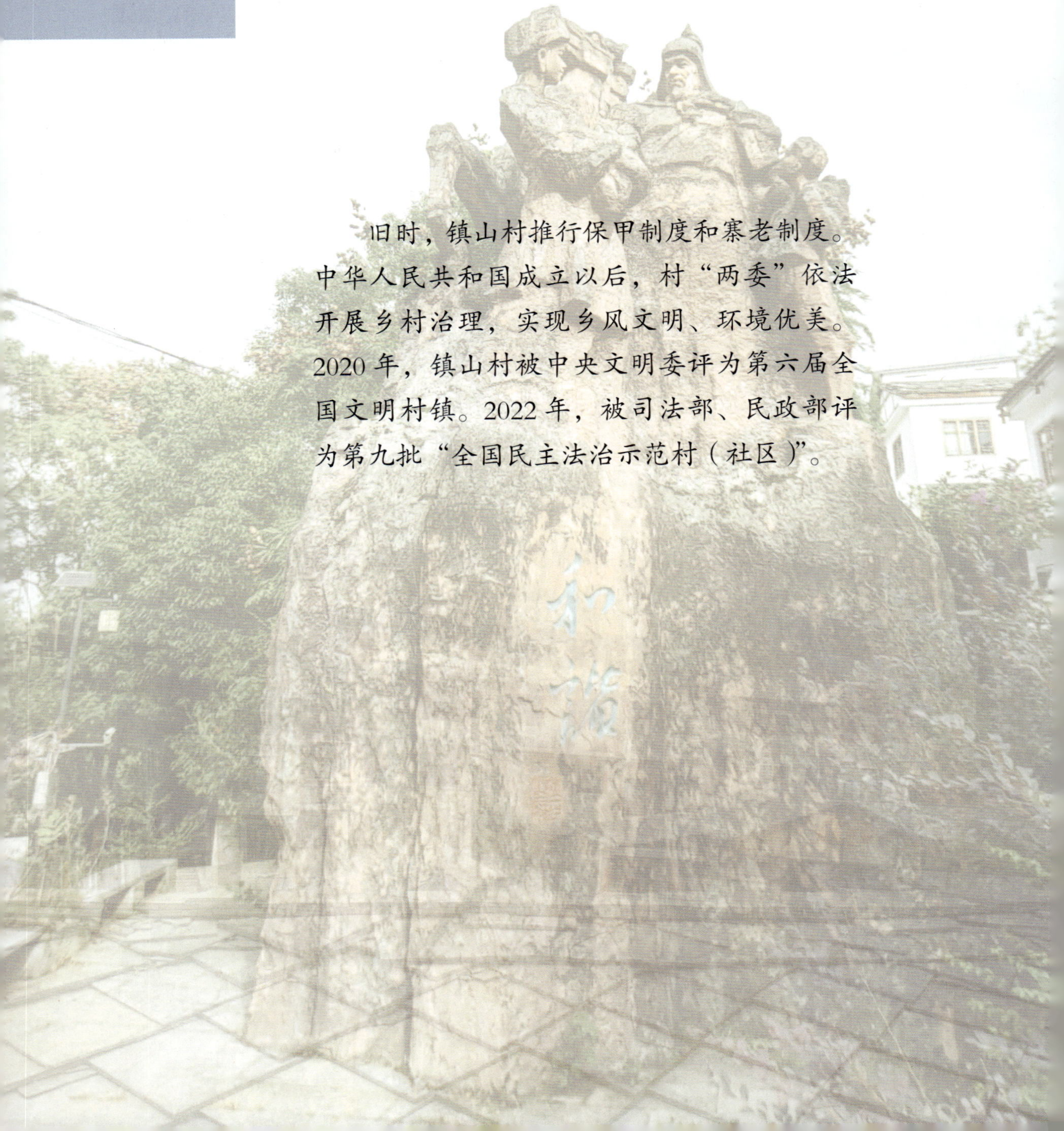

⊙ 传统村庄治理

寨老制度

布依族村寨具有很强的封闭性，每个村寨都有村寨组织和村寨头人。镇山村村寨范围之内，外乡人未经允许，不得擅自迁入，不得私自放牧、砍伐树木或开垦荒地，擅自开荒必然引起村寨与村民之间的纠纷。村寨之间的界线是很严格的，为了维护同村人的共同利益，调节村寨内部各家族的关系，维持正常的社会秩序，各村寨自发地建立起村寨组织。村寨组织由寨内各家族的头人组成，每姓一位家族头人。头人是由各家族推选的，他们德高望重，办事公平，在群众中享有很高的威信，如果其中有个别人有负众望，失去信任，自然就被罢免，无须通过什么手续另选一人充任。如果头人去世，大家又拥戴出新的头人。头人是群众公认的自然领袖，又是义务为群众服务的公仆，他们有威望而无特权，可以“执法”而不能谋私，他们是家族的代表，同时又是村寨的代表，所以头人也称“寨老”。村寨一旦有事，头人们就自发聚集协商，凡是村寨之间的矛盾，寨内的民刑案件、婚姻纠纷、财产纠葛、邻里纷争等都由寨老、头人出面调解、处理。他们对内负责管理村寨，对外负责办理交涉，对上则以村寨代表的资格出面处理各种事务。寨内的乡规民约及几个村寨共同的协约条款都由他们拟定，祭奠祖先、寨神、土地神、山神等祭祀活动也由他们主持办理。

保甲制度

镇山村距离贵阳较近，长期受汉文化的影响。保甲制度是国民政府时期为维护其统治而实行的县以下基层行政组织制度。

家庭管理

镇山村布依族家庭传统上是男子当家理财，妇女不同程度受封建礼教如“三从四德”的束缚和“三权”（族权、神权、夫权）的压迫，没有参与当家的权利，只有担负家务和劳动生产的义务。中华人民共和国成立后，这一现象得到明显改变。镇山村布依族家庭只要老人健在，都由老人当家，内外事务和经济安排都由老人作主，儿子只有建议权，没有决定权。如若老人不在，则由长子继承。在布依族中流传着“长哥为父、长嫂为母”和“有风吹大坡，有事找大哥”的说法。在家庭关系中，对哥嫂是很尊重的，旧社会弟兄多的人家，分家时要先除“长子田”，分房屋由哥哥先选，余下才拈阄。

现代村庄治理

农村“五治”

2021年至2022年，镇山村推进农村“五治”工作（治房、治水、治垃圾、治厕、治风）。在“治房”方面，鼓励村民利用农村闲置房和闲置庭院，通过“1+1+1+1+N”模式，即“村委支持+新乡贤引导+企业参与+学院创新+村民实践”的方式，自筹资金打造农家特色风格庭院，发展庭院经济。在生活污水治理方面，镇山村建立农村饮水安全工程和市政供水双渠道保障体系，供水覆盖率100%；实施镇山村停车场周边88户污水管网提升改造项目，实现污水管网全覆盖，污水处理率达100%。在垃圾治理方面，通过石板镇“村寨大管家”，将镇山村环境卫生服务外包，设立可回收和垃圾分拣点2个，绿色超市1处。在“治厕”方面，完成改厕4户。在“治风”方面，建立健全“一约一会”，完成村规民约修订，建立红白理事会，打造便民利民服务广场1座。制作“五治”景观小样2个，提升改造文化节目、民俗节目等，将农村“五治”内容纳入其中，创新宣传方式，创作《“治风”顺口溜，倡导文明新风》。

文明创建

1996年以后，镇山村将文明创建作为保障和改善民生的重要载体，在全村范围内营造践行社会主义核心价值观的浓厚氛围。镇山村把文明创建工作与新农村建设、美丽乡村创建、人居环境改善、基层党建等工作结合起来。特别是2015年以后，镇山村结合实施“积分评奖”行动，村民通过垃圾分类、尊老爱幼等获得积分，就能到村里的“励志超市”兑换生活用品。

镇山村以“四在农家·美丽乡村”创建、“文明在行动·满意在贵州”活动、新时代文明实践活动为契机，成立“碧水蓝天”“全域旅游”“教育服务”“理论宣讲”“文化服务”等7支志愿服务队，开展志愿服务活动144场，讲习活动60余场；开展“五好家庭”“星级文明户”“知行模范”等创建活动，评选“星级文明户”30余户、优秀共产党员8人；向区精神文明办推荐“身边好人”20余人，其中获区级最美人物4人。

2020年11月，镇山村获全国文明村镇荣誉证书

镇山村定期开展“道德评议”，每次以敬老爱老、环境卫生、产业发展等不同的主题，通过身边人讲身边事、道德风尚大家议，选出先进典型、评出后进群众，形成示范带动作用。与村民签订“门前三包”协议，制定奖惩办法，提升村民文明意识、环保意识和卫生意识。将文明创建与农村“五治”结合起来，在文明创建过程中开展治房、治水、治厕所、治垃圾、治风。在治风中，将“婚事新办、丧事简办、其他不办”等规定事宜纳入村规民约。2020 年，镇山村入选第六届全国文明村镇。

纠纷调解

调解组织。镇山村村委会内设调解委员会，有专职调解员，也是村委会成员之一，由村民选举产生，职责是预防和化解矛盾。

调解程序。镇山村调解地点一般是在纠纷一方当事人家中。在具体调解过程中由调解员邀请村委会的其他成员或村中有一定威信的前辈参与，一般为 3—4 人。在传统上，因为村寨的布依族都是一个祖先，民间发生纠纷以后，一般请寨中的长老出面调解，不愿意借助外部的势力。在为村民调解纠纷时，先是由纠纷任何一方当事人向调解委员会提出调解申请，调解员在同意调解并做相应准备后告知另一方当事人调解的时间和地点。调解时，调解员及寨老在分别听取矛盾双方的陈述后，在法律允许的前提下，组织调解，促成双方达成共识，最终形成处理纠纷的协议。该协议有口头和书面两种，口头协议是在调解员及寨老见证的情况下，矛盾双方对争议问题互相作出承诺。口头协议就可解决的纠纷，一般比较简单。

特色经验。镇山村村民委员会对民间纠纷的调解，使一些历史传统保留下来，形成自己的特色：村民委员会在具体调解过程中都会邀请村中有一定威信的前辈参与，这实际上是传统上寨老调解纠纷制度的延续，使村民委员会调解与寨

镇山村调解委员会

老调解制度很好地结合起来，深得纠纷当事人的信任，保证调解的成功以及调解协议的顺利实现。村委会的调解工作，在适用普遍性规范方面，传统的文化理念发挥着主要规范作用，力求双方满意，在国家法律与民间规范之间取得很好的协调效果。

民主法治建设

“十三五”时期，镇山村以创建民主法治示范村为目标，不断加强基层民主法治建设，在民主法治建设的过程中，坚持法治、德治和村民自治“三治融合”，坚持把群众法治意识、思想道德的“里子”和村容村貌、群众福祉的“面子”同步推进，让百姓在“富口袋”的同时也“富脑袋”，实现物质、精神“双丰收”。2022 年，镇山村荣获“全国民主法治示范村”称号。

广大群众办事依法、遇事找法、解决问题用法、化解矛盾靠法，有力促进了经济社会健康稳定和谐发展。

法治文化宣传栏

环境综合治理

镇山村的传统农耕方式是人畜共居，卫生条件较差，存在环境污染。从二十世纪八九十年代开始，镇山村结合历史文化名村保护，积极开展植树造林、排污设施建设等，改善提升村寨环境。

村庄绿化　20 世纪 50—70 年代，镇山村的植树造林工作与当时全国其他地区一样，每年给各生产小队布置“四旁”植树任务，并与社员的工分收入相挂钩。80 年代后，将植树造林与党建工作结合起来，定期开展义务植树。同时结合联产承包责任制及合作社运行，鼓励村民在荒山、荒坡植树。90 年代后，政府结合对古村的保护工作，实施一系列包括植树造林在内的环境绿化美化工程。至 2009 年 7 月，花溪区林业局在镇山村新种植大小树木 150 余棵。2016 年，镇山村对村路两侧、绿化点树木设专人管护，定期修剪，严禁在路旁树下堆积柴草杂物。2017 年，镇山村成立种绿护绿小组，设组长 1 名，由村支书担任，成员 4 名。

排污设施建设　1994 年后，省文化厅、旅游局投入资金改善镇山村基础设施，其中包括生活污水设施建设。2008 年，镇山村疏通排水沟 1200 米。2009—2020 年，各级各部门结合古村保护工作，先后投入资金 1000 余万元，整治项目包括排污设施建设。2012 年，镇山村安装排污管道 4100 米，并启动污水处理系统。2017 年，镇山村有排污明沟 500 米，在下寨建有 80 吨 / 天污水处理池。2018 年，实施中央节能减排补助项目，用于生活污水处理厂建设。至 2020 年底，镇山村有污水处理系统 2 套。2022 年，镇山村有排水沟 400 米，污水管道 1200 米，污水处理池 2 个，各 80 立方米。

镇山村可回收物收集点

垃圾管理 20世纪90年代初，镇山村结合旅游开发工作，加强村落环境卫生治理，包括清扫家禽牲畜粪便和统一处理生活垃圾等。村委会专门组织一支垃圾清扫队伍，每天对村内的垃圾定时、定点清扫。同步开展“卫生户”评比活动，镇山村2002年出资200元修建关口组卫生池，设专职脱产保洁员2名，解决倒垃圾难问题。村创卫领导小组专人负责除“四害”工作，以灭鼠为重点定期开展除害防病活动，定期投放鼠药，堵鼠洞，做好对蚊蝇滋生地的消杀治理。2003年，镇山村投入3100元整治白色垃圾，对村内各经营户白色垃圾进行回收。2008年后，镇山村结合新农村建设和“美丽乡村”创建工作，落实“门前三包”责任制，并写入村规民约。2012年，镇山村在村寨主干道上增加20余个垃圾桶。2013年，在主干道和村民聚居地设置16个垃圾箱。2022年，投放垃圾桶4个，垃圾箱10个，配备清洁工26人，做到垃圾日产日清。

2016年，对村内垃圾实行定点倾倒，保持村主干道及小广场清洁卫生。设专职清洁员4人，配置垃圾车1辆，并在适当位置设立垃圾堆放点。2018年后，开展垃圾分类工作，推出“积分评奖”等激励措施，村民通过垃圾分类等获得积分，就能到村里的“励志超市”兑换生活用品。2018年，投资800万元，实施镇山村保护发展项目，其中也包括环卫设施提升工程。

厕所改造 2000年前，村里还没有排污系统，厕所均为旧式厕所。2000年，镇山村实施改厕85户。2001年大面积改厕130座，占全村总数的85.5%，2005年，镇山村启动大面积改厕工作，共改厕130户，改为无害化两格式水冲厕所。至2008年底，镇山村共新建厕所132座。至2019年底，镇山村共有卫生户厕167个。2022年，改厕6户，至此水冲式厕所普及率100%。

贵阳花溪石板源泉水务有限公司

供水保障

旧时，镇山村民多居住在河边，洗漱用河水，饮用古井水。1976 年，花溪区建委筹建花溪水厂，由贵阳市自来水公司负责工程设计，市政府拨款 40 万元，利用 1964 年在碧云窝建成的 500 吨清水池和修建了一半的普通滤池加以维修改造，在花溪水库大坝下约 1 千米处建一级泵站，1977 年初步投产。1979 年，完成过滤池、漂白粉加药池等改造工程，日供水量 2000—3500 吨。2002 年，镇山村出资 1200 元，扩建镇山大寨水井，将人畜饮水分开。2003 年，村内有牛坡、新井两口水井。扩建水井，分流人、畜、洗衣 3 个水池。2009 年 7 月，花溪区水利局完成镇山村供水管网改造 5000 米。2013 年，石板镇人民政府在镇山村修建水厂，协调土地 20 余亩。至 2022 年，村民全部用上自来水。

水利建设

中华人民共和国成立前，镇山村水利工程，一般由族长牵头组织实施，根据灌溉面积和受益情况派工或捐资，再请工匠具体指导修建。1959 年，花溪水库开始蓄水，镇山村下寨被淹。1963 年，国家拨付 10 余万元建设抽水站（现改成整个石板片区的饮水站）。1994 年后，实施农业灌溉设施建设。2007 年，政府启动花溪水库流域（石板井—摆门）水土保持综合治理项目，2009 年完工，项目涉及镇山村在内的 7 个村，治理面积 2000 公顷，具体措施为坡面整治 418.97 公顷，营造水土保持林 111.66 公顷，种植经果林 418.5 公顷，封禁治理 1050.87 公顷，蓄水池 68 口，沉沙池 68 口，维修改造沟渠 17 千米，作业便道 5 千米。总投资 600 万元，其中国开行贷款资金 360 万元、区级配套资金 240 万元。2012 年，镇山村修建农田灌溉大沟。

古村古俗

镇山村的风土民情融合布依族文化、农耕文化、军屯文化，形成镇山村独特文化。

婚丧习俗

婚 俗

镇山村布依族传统婚俗包括相亲、托媒、问亲、论婚、过礼、接亲、回门等流程。

相亲　男女青年利用节日、集会等，互唱情歌沟通，称为“朗哨”。

托媒　请村里能言善辩的媒人说合，作为婚姻关系的证人和双方对话的桥梁。

问亲　这是最重要的环节，一般往返多次，直到女方收下礼品后才确定。媒人说媒时需带着糖与糯米酒到女方家问亲，媒人到达女方家后女方家长设宴款待媒人，饭后媒人与女方家长独处，媒人开始问亲，内容一般涉及夸赞男方家境殷实、容貌端庄、年富力强，而前几次问亲女方家长一般会以自己高攀门第、女儿不能胜任妻子责任等缘由故作推脱，待媒人往返多次后才收下礼品。

论婚　包括取八字、排八字、回八字、认亲等程序。

过彩礼　媒人和男方家长、亲戚组成8—16人或更多的“过彩礼客”，携彩礼到女方家举行合家“礼节”。仪式共要进行3天，第一天男方家庭到达后吃饭休息；第二天早饭由座媒招待，安排座媒在哪一家，由女方母亲决定，吃过座媒饭之后开始办过彩礼手续，当日晚餐是过彩礼正席，餐后组织男女围绕新亲新喜群体对歌；第三天早饭后送走“过彩礼客”，女方家会准备一只雌鸡装进男方事先准备的装有雄鸡的鸡笼中由男方带回，这只雄鸡唤作“拐鸽鸡”。

接亲　传统婚俗的重要环节。接亲队伍包括2个“皇帝客”（未成年男孩）、2个押礼先生（接亲活动的总指挥）、2个伴郎，送亲队伍包括2个小客（未婚女性）、若干大客（娘家送亲客）。新郎队伍到达新娘家门口时，新娘家会安排几名妇女，手执酒壶杯盏分站两行，拦路要求新郎队伍对歌，新郎队伍对歌满意后方才允许饮酒入席。晚上对歌，自由组合，新娘家要给对歌的人准备宵夜，夜宵后玩到通宵。镇山村的新娘出阁是在凌晨，出阁的时辰由“八字”先生推算。吉时到来前新娘家长须在名堂燃烛焚香祭告祖先，因为布依族群众视蜡烛熔化如同祖先因不舍新娘离去而难过流泪，香案上不摆贡品。新娘着盛装接受父母的祝福，之后在小客的搀扶下到堂屋拜别祖先。吉时到来后由新娘的兄弟将新娘背上迎亲轿子，待一切准备妥当后鸣炮出发。

结婚　新娘到达新郎家后，未到进亲时间不能进屋，必须在外面等着。进亲时的摆设：堂屋内点上大红喜烛，桌上摆糖果糕点，在家族中选“富贵双全”的两位老人来主持仪式，新娘过街时用伞遮住头，不让外人看见，新娘一进堂屋就放鞭炮，全家人都要让开（以免冲撞，日后不和气），拜堂的念词一般是一拜天地、二拜祖宗、三拜堂公伯叔、四拜三亲六戚，五是夫妻互拜。结婚酒要办三天，吃结婚酒最讲究礼仪（主要是对送亲客），晚上要对歌，席上要唱歌。

晚上对歌的程序：先唱《贺主人歌》，接着是《做客歌》《摸黑歌》《洗脚歌》《分烟歌》，把礼俗歌唱完后，才唱《古歌》《盘歌》，到最后一夜就要唱《限期歌》《分离歌》等。席间礼仪：送亲客从第一天晚上开始就固定了桌位，任何亲戚都不能到那几桌去坐，正席晚上安桌时，这几桌的杯盘碗筷都用红纸封着，凳子只放两张，且架在桌底。入席时先说解桌凳词、解杯壶词，说完后，招待客人者才把凳子送来，坐下后马上唱《筷子歌》，礼节周到后才能就餐，否则就会被人视为不懂规矩、不讲礼貌。另外，在新娘坐的一桌，要多加一碗陪亲菜（一碗皮未切断的盐菜肉），姑娘们就叫接亲的童子把端菜用的“方盘”拿来，凡是桌上有的菜，每盘拈一箸用调羹装起连同陪亲菜，放上两包或四包香烟、一个红包（当地人称为红封）、一张毛巾、一壶酒、两个杯子，由送亲的几个年轻小伙端着到厨房去请厨官师傅，上梯子就说“四句”，到厨房要唱《敬厨歌》，向厨官师傅敬酒，表达谢意。厨官师傅要唱《简慢歌》作答。礼节完成后厨官们根据端来的菜另外准备一桌，由接亲小伙端回新娘一桌，同样放上香烟。另外，婆婆伯娘叔娘来候席时，新娘必须站起来，把所有的席候完才能坐下，否则，会被别人说没有教养。

晚上要吃夜宵，食品主要是葵花、毛栗、水果、糖果之类，另有几个下酒菜。入席时舅舅们要念“发烛、合桌”词，方能就座，主人家来斟酒要唱《敬酒歌》，客人要唱《答谢歌》。斟完酒后男主人来陪客要行《酒令》，程序是先选“主考官”“副主考官”和“监考人”，选出后，要唱《贺主考歌》，请主考大人就位，宣布考场纪律，然后出令。《酒令》有两类，一种是随母令，一种是随口令，考不起的要罚（酒），违令的也要罚。例如，“说得过推杯过，说不过，双杯连一座（即一盘）”，这就是双方互考，如双方都是行家，欢闹到天明都散不了席。对新郎外婆又要特殊些，桌子安在堂屋，入席时到门口要唱《开门歌》，主家妇女作陪，席间要唱《敬酒歌》，接着要唱《留媳歌》，客人要唱《答谢歌》等，有时欢闹到天明。

回门　即婚礼各项仪式结束过后，新郎新娘回新娘家拜望的礼节。分为即时回门或跨月回门两种礼仪，就是“从星宿上过”或“从星宿下过”，两种礼仪在时间和细节上都不同。

丧 俗

镇山村布依族的丧葬俗称“白喜”，分为家祭、外祭、上山、复山和洗孝等程序。由魔公（巫师）择吉日上山，上山前一天举行外祭，外祭前天举行家祭。

家祭 又称为内祭祀，子女身着孝服，族人将猪羊宰好制成供桌。一切准备就绪后，孝子手持一把伞，二人吹唢呐随其后，到大宾（大宾需多儿多女、年龄大、福气好的老人充任）家请大宾点主……

外祭 死者的外家以及媳妇的外家带上猪羊等祭品前来祭奠。由魔公指挥，包括“三献礼”、砍牛祭祖、淘米蒸粮等步骤。

上山 外祭后的第二天抬棺上山安葬，出家门时要由魔公念“发词”，然后送殡，女子只送出寨门即回，送殡队伍到土葬地点后，要举行“跳井仪式”。

复山 葬后 3 天，死者亲属要到坟前磕头添土，查看新坟的牢固状况。在这 3 天里，家中的任何东西不能外借。

洗孝 70 天（死者为女性）或者 90 天（死者为男性）以后为洗孝日，这一天要洗干净家中所有孝衣孝帕，同时设筵款待宾客。

送终 当家中老人快要去世时，用一道门板将其移到堂屋，并按男左女右靠边停放。老人去世后要立即放爆竹，一是表示送其上西天，二是告知寨邻族人家中老人去世，人们听到爆竹声后即到主家帮忙后事。

入棺 老人死后要用艾蒿泡水清洗遗体，并换上事先准备好的寿衣和鞋袜。对男性死者要剃头，戴宫廷帽；对女性死者要梳头，戴头帕。男性服装是丝绸长衫、八团花图案马褂、长裤。女性服装外穿丝绸右襟齐藤长衫、长裤，或穿布依族菠萝衣、百褶裙。不论男女均是单数，一般 3 件、5 件或 7 件。死者若是女性要请人带上一瓶酒，酒瓶上系一张孝帕前去讣告娘家，娘家人看到酒瓶和孝帕后，就知道家中的姑妈或姑奶已去世，就会带上 3 张纸钱和 3 炷香前来看自己的亲人最后一眼，娘家人看后，丧家才能封棺。棺内要用生石灰垫底，忌放铁钉铁器，铺草纸、白棉纸，用白布兜单将死者移入棺内，死者口中放一块碎银。

设灵堂 棺材要竖停在堂屋中央，头朝神龛，脚朝大门。根据家族风俗，也有的横停在堂屋中，横停的头朝向也要按男左女右方向停放。不论横摆竖放都要在棺材脚下点一盏菜油“长明灯”，以照亮死者到生界去的道路。棺材前放一张大方桌，桌上放香烛和一碗半生不熟的米饭竖插一双筷子，俗称“倒头饭”。布依族人因此吃饭时忌筷子竖插在饭碗中。门前大树上置望山钱，由直径 1 尺 6 寸的圆圈组成，每 10 岁一圈按死者年龄制作，不满 10 岁的也按一圈算。过往行人一数几个圈，就可知死者年龄。祭礼中还有纸马、香伞、秧碑，秧碑记写死者生平及事迹。

砍牛 丧期要举行砍牛仪式，即在田坝中立 1 根 1 丈多高的木柱，牛拴在木柱上，经师头戴斗笠，肩扛长刀口念经文，带领手拿燃香的孝子、孝媳、孝女、孝婿等围着牛转 3 圈后，由孝女将煮熟的糯米饭酬劳将要被“砍”的牛，经师扛着大刀对着跟前的牛做欲砍的样子 3 次后，把牛的耳朵砍破一小点口子，再用纸钱蘸血做血祭，以此举代替真砍。砍牛是一种祭祀方式，其所念经文有《送食经》《送农经》《请师经》《经头》《黄牛经》《响咐经》《请土地经》《送乌鸦经》《解陷塌经》《嘱马经》《生死离别经》，最后是《分花树经》(《分花树经》只限为年轻死者颂唱)，其目的就是希望亡人到阴间后有饭吃，有衣穿，有先生教书识字，有马骑，有土地耕种，有钱用，有高房大屋住，亡人到的是一个极乐世界。所砍的牛由女婿提供，“摩公”(莫词)唱颂完《殡凡经》(又称《砍牛经》)后，才将牛宰杀。牛肉除一部分祭供外，全部用来款待宾客，丧家不能食用。

出殡 年轻死者若父母还在世，必须戴孝入棺。出葬时孝子手握哭丧棒在前，孝婿提灯笼引路，另一人上前丢买路钱纸。据说花溪地区的布依族是明朝洪武年间(1368—1398)调北征南时从江西省迁徙而来，故死后葬身此地要付买路、买地钱。棺材上要覆盖一床红线毯，并在上系一只称为“站笼鸡”的大红公鸡。棺材抬出门后，不能随便放在地上，若要换人抬，须用板凳支垫，孝子要下跪迎候。若要过桥，孝子必须横躺在桥上让抬棺的人跨过，俗称“背棺”。祭祀用的纸马、秧碑、望山钱等要拿到坟上烧祭。媳妇、女儿不能送到墓地。

安葬 下土安葬前要“暖井”，阴阳先生念诵经文，其他人将“引子秆”(苏麻秆)和纸钱放入坑内焚烧，并把“站笼鸡”赶进墓穴内。喷洒白酒后，公鸡跳出，众人将棺材放入穴内。孝子将第一铲泥土先放在棺材上，其他人用石灰拌泥盖满墓穴，捶紧夯实，最后垒成坟丘，坟丘上要放“倒头饭”。垒完坟后要用艾水洗手，艾是用来驱鬼的，意在不让鬼跟着回来。

复山 埋葬后第三天举行“复山谢土”仪式，要到坟上送酒饭给亡人食用，家中要给死者立牌位。仪式结束后，返回到半路时要把杯碗打破，筷子折断，并嘱咐亡人杯碗已破，不再来送饭了，自己到家中吃去。

守孝 孝子要“七七四十九”天后才能理发，大门哀联当年用白纸，第二年用绿纸，第三年才可用红纸，红纸表示守孝期已满。

立碑 布依族称“立碑”为“立朝门”，立碑时要通知主要亲戚朋友参加，酒席款待。

中华人民共和国成立后，推行殡葬改革，部分有封建迷信色彩的旧习俗已逐渐淘汰。

旧时信仰习俗

仲家不进庙

村民家中供奉的天地君亲师位（2005 年）

民间信仰是镇山村布依族文化的重要组成部分。“仲家不进庙”是生活在镇山村的布依族对自己信仰的普遍概括。具体来说，镇山村的村民认为自己是布依族（仲家），只在家中堂屋敬奉祖先，没有进庙的传统，他们也不去祭拜村中的武庙，只有周围的汉族和游客才会拜庙里的神像。同时镇山村保留着布依族传统的摩文化，这可以在葬礼、扫寨、没水饭等仪式中反映出来。

镇山村布依族的信仰包罗万象，囊括儒、释、道、巫的神明，村民家中神榜上的儒释道诸神之名就是印证。镇山村村民虽然不进寺庙，却家家户户都有堂屋（当地人称为“神道”），堂屋中有神龛，神龛上贴有神榜，神榜之上写有信仰的诸神之名，每逢节日、婚嫁、丧葬等日子，家中都要祭拜神龛，可以说神龛是镇山村布依族的信仰空间和精神空间，村民神榜上供奉的神灵主要有以下几类。

天地君亲师，或天地国亲师
南海岸上救苦观音，或观音大士
神农黄帝，或神农炎帝，神农始祖
五谷大神
值年太岁，或当年太岁
文昌帝君，或梓潼帝君，或文昌梓潼帝君
杜康先师
太上老君
文武二将
至圣先师，或大成至圣，或大成至圣先师孔子
至德尊神

四员官将
关圣帝君
灶王府君
丑午二王
大稷帝君
求财有感神，或文武财神
元始天尊
虚空地姥元君
镇天真武祖师
黔省荣禄大夫
班氏宗祖，或班氏门中历代祖宗
扶风堂上历代祖宗
庐陵府中历代祖宗

土地崇拜

土地崇拜是布依族自然崇拜的一种形式，也是神灵信仰的代表。镇山村布依族认为，凡是土地都有神灵掌管。这里所说的土地不仅指村民耕种的田土，而且包括他们居住的房屋和牛圈、猪圈所属的土地等。土地神除管理田地、山水，还要管理土地上的人丁，保佑村寨人丁兴旺、六畜平安、五谷丰登。相传人死后，灵魂也要进入土地庙归土地神掌管，因此土地神是镇山村村民除祖先之外每家都会供奉的神明。在每家堂屋神龛的下方都会有土地神的神位，平常日子除祭拜祖先外，还必须祭拜土地神。镇山村原来有两个土地庙，上寨和下寨各有一个，里面供奉着土地公的石像。两座土地庙在“破四旧”运动中被拆除。

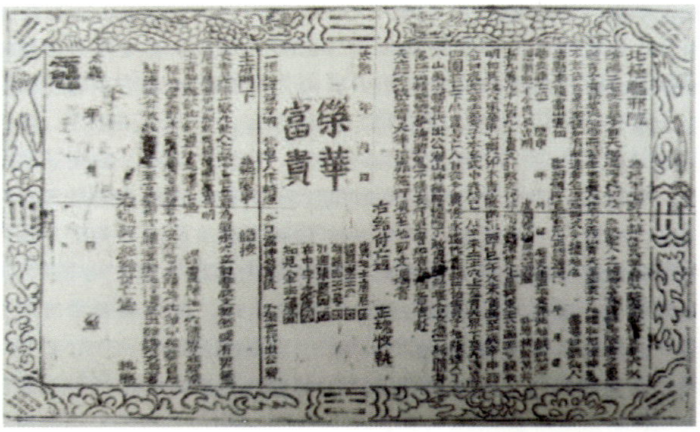

谢土仪式中所用到的地契

“谢土”是镇山村布依族现存的敬奉土地神的主要仪式。谢土一般是指房屋或坟墓建成后酬谢土神的一种祭祀形式。在镇山村，谢土分为谢家土和谢山土两种，家土是指家中的土地神，村民认为家中发生的不顺之事都可能与土地神有关。而谢山土则指祭拜埋葬祖先的坟山的土地神。在镇山村，如不特殊说明，谢土一般指谢家土。

谢家土　谢家土的原因主要有两种：一种是新房落成，一种是祈求家庭生活顺利。镇山村流传的说法：修一座房子，修的时候，就把一些土神惊动了，土神到处乱走就不能安定一方，就会扰乱凡人，因此需要找到一些位置让他们去住，让他们安稳，就能保佑我们这些凡人平平安安。另一种是祈求家里生活顺利，如果家庭做事情不顺利，比如种的土地或者做的东西会坏，养猪养牛经常不成功，就需要敬一下土神。

镇山村谢土敬的是五方五土神，又称为“五方五土龙神”，分别是东方青帝土府宅龙神君、南方赤帝土府宅龙神君、西方白帝土府宅龙神君、北方黑帝土府宅龙神君、中央黄帝土府宅龙神君。五方五土龙神即掌管五方土地龙脉的神明。谢土的时间也因谢土原因而不同，如果是盖新房，谢土一般在新房建好之后；如果是因家中不顺祈求家中平安顺利，则在立春之后进行，一般在正月。立春以后的日子分进宫日和出宫日。在进宫日选择好的天气，出宫以后就算天气再好谢土也不起作用。进宫日和出宫日在谢土古书中记载：“看土神进宫日，庚午人至丁丑出，庚子人至丁未出。”不在这个宫内就不生效。甲子当中有七分。“甲申人至癸子出，甲寅人至癸亥出。”谢土仪式有的 3 年一次，有的 5 年一次，有极少数家庭每年都会谢土。谢土仪式需要用到镜子、剪刀、尺子、秤、扫帚、簸箕等日常生活日用品。除此之外，还需要一种谢土专用的文书，叫作“谢土纸”。这种“谢土纸”一般分为三大类——文告、地契和符箓。文告相当于祭文，用来写明祈求保佑的内容；地契则在形式上代表祈求土地神保佑的范围，是村民对土地神宣告土地所有权的一种象征；符箓则包括了各种道教的神主牌位和符咒。共有 20 余张纸，是一种特制的印刷品。

谢家土的地点是在家中的堂屋里，先在堂屋正中画八卦和摆设地龙。首先，先生（祭师）根据堂屋的东南西北四个方向，在堂屋正中画八卦，八卦的方位要与房屋的坐向相一致，先画上一个圆圈，在圈内写“中宫”或“龙”字。画好以后用簸箕盖在上面，簸箕上放一只烧鸡，代表地龙的身体，然后用 4 只筷子代表鸡脚，用饭瓢代表鸡头，用洗锅扫帚代表鸡尾。地龙上放 1 斗稻谷，稻谷上还要放 1 升米，米上面再放一个红包（当地称为红封）。红包里封上一定数目的钱，一般取有吉祥意义的数字，可以是 1.2 元、3.6 元，或者 12 元，12 代表一年的 12 个月，表示整年平安。“地龙”旁还需要摆放剪刀、尺子、酒药、鸡蛋、明镜、戥子（一种量具，现在一般用秤代替）。谢土书上记载为：“桃弓柳箭，升斗等秤，安排齐整。”同时还需要“斋粑豆腐”，即粑粑、豆腐和猪肉，多少没有限制，但必须要有，也摆在地龙的旁边。最后将谢土纸摆放在相应的位置上。

东西摆放齐整之后正式开始谢土仪式，主要步骤有请土、谢土、谢灶等。第一步是请土地神降临，称为“请土”，即恭请掌管各方土地的土府宅龙神君来到堂屋。请土必须按照东南西北中的顺序——东方青帝、南方赤帝、西方白帝、北方黑帝、中央黄帝，并在其后加土府宅龙神君的尊称。请土时先生要跪下来念请土咒语，先生主要通过念诵谢土书上的咒语将各位土地神请到家中。神灵请来之后开始谢土，先舀半碗水用来画符，左手端碗，右手持三炷香，念谢土咒，谢各方土地，谢完土地，还要用象征性的桃弓柳箭射杀诸方恐鬼。每到一个方位先要射箭，然后烧掉放在此方位上的谢土纸。谢土之后紧接着还有谢灶的步骤。谢灶即谢灶神，有两种谢法，一种是在灶前谢灶，另一种是在堂屋中正对写有“灶王府君”的神榜谢灶，同时要念诵谢灶咒。谢灶之后就要扫八卦，即将谢土最开始画的八卦扫掉，念诵扫八卦咒，之后是送筛盘。送筛盘时，谢土开始用的水碗，由主人家将里面的水倒在门外，然后将大门关上；先生要将簸箕亲自送到门外最近的三岔路口位置，意味着送鬼出门，念送筛盘咒。先生回来后，还要举行开财门仪式，谢家土仪式才算完成。完成后，先生要写一副特殊的谢土对联贴于门外。

谢山土　在半边山及周围村寨，在葬礼中都要在垒好新坟后举行“谢山土”仪式。这一仪式的目的是通过祭拜山脉之龙，以达到墓穴与山之龙脉相合之目的，因为只有这样，亡灵才能得以正确且合适地安置并庇佑后人，而不至于成为伤及后代的力量。谢土仪式有一套专用纸符，当地人称为“谢土纸火”，共分为两类，一种用于在坟地垒起时，即“新坟”；另一种则是通用的，即用于“旧坟”。两套纸火在版面上并无区别，包括土府神君位、疏奏、土龙符等各类符纸各 5 张，置于东南西北中五个方位，只是新坟所用纸火要比旧坟用的纸火多出一张“地契”，此地契印于一张约为八开的白纸上，作为拥有坟地的凭据，也是保佑后人繁盛的“信物”。在谢土仪式中，先生会先用鸡冠之血点于地契之上，让孝子将地契披在背上。然后，先生在前方一边滴鸡冠血于地上，一边喊“卖地”，孝子跟在其后答“买地”，如此绕坟一周，以示鸡血滴成的圈内之地都为向土府君买下的墓地。

祖先崇拜

祖先崇拜是镇山村布依族的主要民间信仰之一。祖先崇拜在现代化的今天仍然保留较为完整，除了清明挂纸以外，对祖先的祭拜通常都在家中堂屋进行。春节、四月八、六月六等节日都要在堂屋中祭拜老祖公，为祖先敬饭敬酒；七月半要为历代祖先烧包，即烧纸钱；每隔三五年就要更换堂屋的神榜，并进行安神，新屋建成或搬迁也需要安神。葬礼上随处可见对过世亲人的尊敬，体现祖先崇拜在村民心中的地位，祖先在葬礼后经过儿女的守孝才可以进入神道，成为神灵，保佑子孙后代。

祭祀人员

“摩师” 摩教的祭司称作“布摩”，也称为“报摩”“拿摩”等，镇山村一般称为“摩师”，是布依族摩文化的实践者、主持者和传承者。“摩师”均为男性，主要职责是超度亡灵和主持祭典。在各种仪式中，“摩师”主要以诵读相应的经文和祷词为亡者或鬼魂超度，也会主持村寨之间或全寨、宗族的大型祭祀活动。“摩师”非世代承袭，而是通过拜师学艺传承。一个人如果希望成为“摩师”，首先要向村里的“摩师”提出请求，得到准许后，跟随参加仪式，在实践中学习仪式的念词和程序。当可以基本记清并能熟练朗诵摩经时，就可以亲自主持祭祀活动。直到熟练主持后，即可通过特定的仪式正式出师，自己单独主持祭祀活动，这个过程称为“交摩”。布依族摩教的经文一般有《殡亡经》等，其中的《嘱咐经》又是《殡亡经》中最核心的一卷。布依族历史上没有文字，摩经就用汉字记录，因此“摩师”一般是布依族中文化程度比较高的人。另外，布依族“摩师”进行仪式的主要方式是通过诵读各种经文来完成的，而这些经文都需要用布依语讲述，因此熟悉布依语也是成为“摩师”的必要条件，即“摩师”必须同时精通汉语和布依语。镇山村已经没有“摩师”，但是“摩师”在布依族的礼仪中却是必不可少的，因此镇山村在举行祭祀仪式，特别是葬礼时，要到其他村寨寻找“摩师”，经常被邀请的“摩师”来自原小河区一带。

“先生” 是镇山村现存祭祀仪式的主要组织者和实践者。“先生”类似于堪舆先生或风水先生，他们能独立完成镇山村在春节、盖新房、婚礼等活动中的谢土、安神、谢米魂等仪式；他们一般还通晓阴阳八卦、选定吉日、看墓穴风水等事宜。他们所主持的仪式，如谢土、安神等都受道教仪式的影响，但又均带有镇山村特色。这些仪式的古书（师父传下来的仪式文本）都是本村祖传，因此寨子里的仪式和经文虽然与其他邻近村寨大致相同，但也有自身的特点。一般来说，镇山村布依族会就近选择村里的“先生”主持仪式，但村民有时也会请其他村的先生来家里做仪式，也有村内外几位“先生”配合完成一个仪式的情况。“先生”在镇山村也面临着失传的境遇，受商业社会、现代科学理念等影响，镇山村举行仪式的频率降低、时间缩短、仪式从简，每年举行安神、谢土等传统仪式的家庭不足 10 户。年轻人虽表面上说希望传承这些仪式，但实际上并没有人真正认真学习，这些仪式在镇山村的传承面临着与传统断裂的风险。“先生”虽然也从事祭祀活动，但是他们自己觉得从事的仪式活动与“摩师”、“迷拉”不同，他们做仪式有古书为依据，不是乱来的，看风水、测八字也有书本，是有理论依据的。这些“先生”一般读过书、文化程度较高，村里人也认为他们有文化、懂得多。

禁忌

布依族的禁忌有生产禁忌、生活禁忌、节日禁忌、礼仪禁忌。

生产禁忌　忌在正月十五以前下地耕种，初一至初三忌动土，忌冒着雷雨耕田，忌吹风打雷收割，忌点牲畜数目。忌女人触摸猎具，忌摸木匠刀斧，遇“龙虹吃水”（彩虹）时忌往井边、河边挑水。

生活禁忌　忌踩门槛，忌说粮食或饭吃完了（要说“吃满了”）。忌敲打碗筷，忌吃饭时筷子插于饭上，饭后忌把碗翻伏在桌上。

节日禁忌　老人去世的日子不能杀猪。除夕忌说“死、病、穷、杀、败、霉、鬼、狐”等不吉利的话。正月初一至十五，忌在屋内梳头、剃头，忌在院内晾晒衣服，忌推磨，忌在供祭祖宗的碗盘内放置辣椒子。四月八，忌用牛耕地耙田。

礼仪禁忌　忌与长辈一起洗脚，忌直呼长辈名字，忌不同辈分的男女坐一条板凳。走路时忌男人同孕妇正面相对而行。

祭祖

祭祖空间　堂屋是镇山村家庭信仰的中心，一般正对自家大门，堂屋内设有神龛，神龛上贴有神榜，供奉着保佑全家人的各路神明，同时设置祖宗牌位、画像或照片以供奉自家的老祖公。堂屋不但是供奉神灵和招待客人之所在，更是镇山布依族婚丧嫁娶举行仪式的神圣殿堂。镇山村布依族信奉的神灵名目繁多,祖先只是他们供奉神明的一部分。然而，镇山人却认为堂屋最重要的作用就是供奉祖宗，其中包括历代宗祖，自家已故的父母、兄弟或其他亲戚。父母过世之后必须将父母之位供奉到神道上，否则亲朋好友和同村人就会认为子女不孝。每逢布依族重要节庆和家中的重要事件,都要在堂屋烧香点烛,焚烧纸钱,以示对祖先和神明的尊重。

安神　镇山村人认为亲人的鬼魂变成“神”就可以享受家中子孙的祭奠和崇拜，但鬼魂是缥缈无形的东西，为寄托对祖先等神灵的崇拜，镇山村人需要一个具象的物质为象征来表达对神的祭奠，这种具有象征意义的物的代表就是神榜。神榜上记录了家中所敬的各种神灵的名目，因此对神榜的拜祭，也就是对神的崇拜和祭祀。但并不是随便什么人用红纸写一张神榜就会有神灵依附其上，如果要神榜对祈求保佑的人发挥神力，书写和张贴神榜都需要进行一系列复杂的仪式，这一系列仪式的名称就叫作安神。安神就是安置神主的意思，就是将神灵安置到家中的神榜上。随着电脑在村中的出现和打印的普及，现在出现塑封的新式神榜，先用红纸打印出来，外面包上一层塑料或玻璃框架，贴在神堂上也比较美观。更重要的是这种神榜使用寿命长，不容易褪色和破损，因此很多村民选择使用这种新式神榜。

祭祖仪式　春节祭祖。镇山村布依族一直与周围的汉族、苗族在历史上有着密切的往来，在节庆上也吸收汉族、苗族的节日，形成自己的节日文化。镇山村的节日有春节、清明节、四月八、六月六、七月半、九月九等。在这些节日中，祭祖都是必不可少的仪式之一。而在祭祖活动中，请祖先回家吃饭、烧纸钱、点香烛是最常见的祭祖方式。节庆中的祭祖与其说是祭拜，不如说是邀请祖先与家人同庆佳节。春节是镇山村最为隆重的节日，春节里的一切活动都是围绕着祭祖进行的。腊月一到，杀年猪、打粑粑和酿酒是镇山村几乎每家都要做的准备工作。春节祭祖首先要在除夕将祖先请到家中，除夕祭拜，请祖先和家人一起过年，春节过后再送走。除夕当天的傍晚，家人先在家中堂屋内将供品准备好摆在桌面上，随后准备去土地庙接祖先回家。请祖先时要怀抱一只鸡，带上一些糯米、一个火焰包、半碗米、一个鸡蛋、擦脸帕子和一个用白纸剪成的马，到寨子里的土地庙接自家的老祖公回家过年。火焰包用稻草编制，每隔一段束起，在路上火焰包不能熄灭，回到寨中走到朝门口时，要将火焰包打散烧掉，避免有妖魔鬼怪和无儿无女的祖先灵魂随着进家。烧火焰包时还要在口中念词，大体意思是有儿有女的祖先灵魂就跟随自己的儿女回家过年，家中无儿无女的在朝门口烤下手就回去吧，因此无儿无女被认为是很凄惨的。将祖先接到家中以后就开始祭拜祖先了。

在镇山村，好的食物都要和祖先共享，家里准备好饭菜之后要将最好的菜摆在神龛前的供桌上，先请祖先享用，之后家里人才能用餐。一般固定的是 3 盘或 5 盘，可以一直摆放到正月十五，其他的菜挑选好吃的摆在供桌上，待祖先用过后再从供桌端下供家人享用。供奉老祖公常见的菜肴有腊肉、腊肠、盐豆腐、鱼等。有一样菜是镇山村的布依族在春节祭祖中必备的，就是猪小肠炒青菜，被称作“青菜长行”，其具体含义已不可考证，是区别镇山村布依族和其他村寨布依族的标志。除了丰盛的菜肴，还要在供桌上摆上一碗米饭、5 只酒杯、5 只茶杯，倒满美酒和香茶，旁边放好 5 双筷子，请祖先享用美食美酒，以前祭祖还要敲磬（铜钹）。祭拜祖先要按照一定的顺序，首先祭拜神榜正中的天地君（国）亲师位，然后祭拜神榜右侧神位，如太岁和班氏始祖之位，最后祭拜神榜左侧的神位，如灶神、孔子和父母之位。与神榜相对应，神龛上面有 3 个香炉，祭拜时按“先中间，后两边”和“先右后左”（右为上）的顺序分别在每个香炉中点燃两支红蜡烛和 3 支香。接下来同样将两支红蜡烛和 3 支香插在神龛下方的香炉中祭祀土地神。再将两支香分别插在堂屋大门两侧，用来祭门神。厨房的灶神也要同样祭拜。最后一支香放在朝门外，祭因非自然死亡而不能进家的祖先。香烛插好后就要给祖先送些银钱，即在堂屋烧纸钱，烧纸钱时按照族谱中由远及近的祖先顺序念诵过世亲人的名字，并请他们回家吃饭，同时将 5 杯酒和 5 杯茶洒一些在地上，表示祖先们已经品尝完毕。敬供完毕点燃鞭炮，之后家人就可以共用团圆饭了。吃过晚饭后，全家人坐在一起准备守夜。过去除夕晚上不允许睡觉，全家人坐在火边一起烤火守岁，除夕晚上一定要烧大火，取红红火火之意。现在的除夕，一家人守岁的习惯几乎消失，村民们看完了央视春节晚会就都睡下了。放鞭炮在村里十分盛行，因为大家都认为多放炮就是多聚财，第二年一定生意兴隆、财源滚滚。

大年初一早上的祭祖和除夕仪式相同，但是在供奉的食物上又有不同，初一早上一定要给祖先吃炸粑粑，初九（又称上九）、正月十五早上亦是如此，如果家里贫困没有油，就用糯米蒸甜酒煮粑粑供老祖公。过年需要的甜酒事先都不允许品尝，必须敬供祖先之后才能自己享用，甜酒、腊肉、糯米粑粑一样都不能少。“布依族过年兴摆粑粑”，每家每户摆放粑粑的方式十分讲究，粑粑要分 3 堆、5 堆或者 7 堆，每一堆都整齐地垒起 7 个粑粑，在每一堆倒数第三层必须放一片腊肉。最上面的一块要用事先供奉过祖先的粑粑——这些粑粑是在刚打出来时就盛到神龛上供奉的。将这 3 堆、5 堆或 7 堆粑粑放在大桌周围，中间摆放祭祀祖先的饭菜，还需要用黄纸全部包起来，不允许透出一点粑粑。过去有金银锞子（锞锭），再将金银锞子放在顶上一层，使其看起来更加美观。粑粑用钱纸包起来具有特别的含义，因为在初一这天，村里任何人也不能说起“粑粑”二字，更不能吃粑粑。大人们有自制力，会按照传统约束自己，但是小孩子童言无忌，难免不小心说出“粑粑”二字，为防止小孩子看到粑粑说出来，就干脆将粑粑封好。敬供祖先的甜米酒坛口也要放一块粑将其盖好，意思是“粑粑堵嘴”，不允许任何人提“粑粑”二字。至于为何不能说“粑粑”二字，村中老人也不得而知，只说“这是祖传”。大年初一晚上需要送祖先回去，将摆在供桌上的几堆粑粑堆放在桌子边，对祖先说“我们送你回去了，这些粑粑送给你带回去吃”，就算是送别祖先了。过了初一表示新年已过，初二以后，甜酒和粑粑就都可以食用了。

七月半祭祖　镇山村传统的祭祖节日还有“七月半”，在每年农历的七月十三，要给过世的亲人烧包袱。包袱即纸封，如同信封一样。每个包袱上面要写上过世亲人的名字和辈分，还要注明供奉人的名字以及与亲人的关系。刚过世的亲人如父母送的包袱较多，一般 20 包，祖父、高祖父等过世较早的亲人供奉 10 余个。七月初十就要将这些包袱放在一个门板上，置于堂屋中供奉 3 天。七月十三晚上将这些纸钱端出放在自家院坝里，烧的时候人要跪在地上，背对堂屋、面向外面。烧包袱不是一张一张地烧，是一包一包烧，将整个包袱一起烧掉。烧包袱的时候还要跟老祖公讲话，大体意思是“这些钱烧给你，给你用一年到头”。除了供奉包袱，同样还需要在堂屋供奉饭菜、茶酒和水果等。现在村里已经没有人做包袱和烧包袱了，而是改为烧纸。

清明节　每年清明是苗族布依族的扫墓上坟、祭祀祖先的节日。这天人们炒上几个供菜，带上香蜡纸烛，一起上山祭坟。自己的祖坟上要挂白纸，坟前烧纸钱，再把祭菜摆在祖坟前供一下。这种习俗有两层意思，一为祭祖，二为老带小认识自己的祖坟，使之不忘，世代相传。

此外，四月八、端午、六月六、九月九等节日祭祖程序与春节祭祖大体相同，分为请神、祭拜和送神三步，现在省略了请神和送神部分，只留下祭祖仪式。祭祖一般在节日当天的中饭和晚饭两次正餐之前进行，做好饭菜之后将饭菜摆在八仙桌上，倒好5杯酒和5杯茶，摆好5双筷子，燃香点烛祭拜各方神明，包括神道左中右三方神明、土地神、灶神、门神和门外的天地众神神位，之后烧纸钱，请祖先回家吃饭。做完这些仪式后点燃一挂爆竹，随后家人才可以围坐在一起进餐。

建房仪式

择地　镇山村修建房屋择地要请地理先生（阴阳先生）看地，地理先生用一个装满米的碗平放在选好的地上，安装房主的“八字”，再将罗盘平放在米碗上进行定位和定向，先生所定的方位是不准改变的，建房时必须按照此方位行事。

下石　屋基选好后就要进行下石奠基仪式。在选定的土地上放一张八仙桌，摆上祭品祭神，并放上石匠师傅的工具。师傅口中念念有词，祭完后主人要包一红封（数十元到上百元不等）送给师傅，红封内钱的数目必须有1和6两个数字，以预示主人“有衣有禄”。

架马　与下石的仪式差不多，意在敬奉木工祖师鲁班。仪式由木工师傅举行，把木工工具如斧头、凿子放于桌上祭祀鲁班。主人也要送木工师傅一红封，与下石所给红封一样。架马仪式结束后，木工师傅就可以进行备料和排扇，完工后就可以择日进行立房仪式了。

立房　立房所需的大梁一般都是舅爷家送的。立房前一天，舅爷家由多名未婚青年抬上挂有红绸的梁木，请乐师们吹打送到主家。正梁、燕梁须在立房前一天或当天现砍，不能提前砍好。梁是一幢房屋的最高领头，关系到这家人的安宁兴旺发达，所以砍倒、削皮、修整，以及到抬上中柱安放之前，均不能有人从它上面跨过。立房一般选择天亮之时，众亲友邻居都前来帮忙，此时木匠要举行“掩杀”仪式，将三脚木马放于新房侧面，用白米1升，其上燃香点烛，摆好酒肉，杀公鸡，将鸡血滴在新房周围，然后用凿子将鸡及3张纸钱、生猪肉一片一并钉入木马上。同时要念立房词：“日吉时良，天地开张。今日立房，百世吉昌！”整个立房过程仪式繁多，有固定的祝词和仪式歌20余首，众多的祝词一首比一首优美动听，仪式和场面俨然一个大型诗歌朗诵会，热闹而壮观。如《抛梁粑歌》：

脚踏云梯步步高，王母娘娘摘仙桃；
仙桃要等仙人讨，梁粑还要弟子抛。
主人接一双，牛马满山岗；
主人接两双，鸡牲鹅鸭满池塘；
主人接三双，年年置田庄；
木匠留一双，年年起华堂。

开梁口、上梁、钉梁　上梁前先由木工师傅主持开梁口、点梁、钉梁，主人要准备一本两头大（正月和腊月大）的历书、两锭墨、两支笔、五谷盐茶和一块1尺2寸8分长的红布，请木工师傅包梁，木工师傅将这几件东西用红布包成菱形放在梁的正中，再将主人家早已准备好的4个银元或4个面额5分的硬币连同这些实物钉在梁上。梁钉好后，再从木工师傅的墨斗内取出与梁一样长的墨线缠于梁上。缠毕，便可按照地理先生选定的吉日上梁。梁上好后，木工师傅上房举行压梁和抛梁粑仪式，木工师傅用梁粑等物品祭祀完后，再将3个糯米粑分别压在梁的两头和中央，口念祭梁词。

钉门、点门　由木工师傅主持。在新建房屋的堂屋设香案，然后敬祭鲁班祖师爷，再举行钉门仪式。点门是一个重要过程，把一只公鸡的冠子扎出血，把鸡血点在大门上规定的位置，一边点一边念钉门词和点门词。同时，房主要用3尺6寸长的红布给木工师傅的斧头挂红。钉门、点门仪式结束后是踩门和开财门。这个仪式由木工师傅和一位富贵双全、人财两旺的老人共同进行。用木钉把门钉好后，把门关上，木工在门内，老人在门外，双方朗诵吉利词，完毕之后打开大门，让老人进堂屋。这类吉利词很丰富，表达一种祝福和期望，如“左手开门金鸡叫，右手开门凤凰鸣；两扇大门大大开，迎接诸君进门来。四季财门我踩过，一股银水涌进来，恭喜恭喜！元宝摞起。”念完祝词，全部建房仪式才算结束。

◉ 民俗活动

跳场（跳花节）

跳场由来　镇山村是以布依族为主、杂居18户苗族的村寨，苗族的传统节日在寨内延续多年且规模较大，是因为镇山村的苗族跳场活动承载着一段镇山村的古老故事。相传其五世祖班国和是游击将军，在广顺羊角屯剿匪被俘，布依人几次营救都未成功，请苗人相助，苗人用芦笙歌作为暗语成功将其救出。自此以后，为了感谢苗人的救命之恩，布依族人每年都要提供场地，请苗人到村寨吹笙跳场。

跳场地点　镇山村跳场的场地经过多次迁移，最初的地点在半边山脚下的河北岸一块田地，名为“杀鸡田”。随着参加跳场人数的增多，半边山苗族居民太少，无法接待如此众多的来客，花场迁到三岔河以南邻近天鹅村的一块田地，称为“跳场田”，“跳场田”邻近天鹅、大树脚、竹拢3个村，居住着更多的苗族居民，能接待更多的来客。花溪水库修建后，跳场田被淹没，跳场也被中断。1972年，恢复跳场，人们在枯水季节把跳场田的土捧到新的跳场地点——上寨水井以北一条小路旁的平地中，由于这是平时去石板哨赶场的小路，新的花场被称为“赶场路”。20 世纪 90 年代，镇山村“跳花场”被开发为民族节日“跳花节”，并对广大游客开放，以吸引游客在旅游淡季来镇山村旅游。花场搬迁到村寨停车场西南的一块田地中，称为“烧鸡田”。2007 年，花场迁到水泥地面的停车场，距离村寨核心区域入口北寨门约 170 米，占地面积约 3400 平方米，南北向最长处约 90 米，东西向最宽处约 55 米，水泥地面。跳场周边布置民居建筑、小卖部、商店、停车管理岗亭等，是进入村寨核心区域的重要前置空间和游客集散场地。

跳场时间　苗族跳场是镇山村的传统民俗活动，每年正月十一、十二正式跳场，正月十三扫场。活动举行期间周边村寨的苗族居民都会赶来跳场，前来参加或观看跳场的人多达上万人。

镇山村的花场不是年年都跳，一般隔单数年才会举办一次，即组织一次跳花场，一般隔一、三、五、七年之后再举办下一次。两次跳花场之间具体相隔几年一般由村里的寨老决定。寨老们如果决定当年要举办跳场，正月初四就放出信号来，当地称作“放场”：镇山村在跳场田中竖起一个高大的旗杆，旗杆上挂一面龙旗，这个旗子就是放场的标志，只要放上这面旗，周围的苗族居民都明白“今年有场”。不用正式通知，自然有很多苗族居民来参加跳场。

跳场流程　镇山村寨的苗族跳场具体活动内容包括起场、踩场、跳场、扫场等环节。

起场。镇山村跳花场从正月初九开始起场，包括正月初九、初十两天。寨内的人就要在“跳场”的场子中央立着的丈余高的花树上挂标语条幅，标语内容类似“国泰民安”等，起场需要敬神（即跳场神）。镇山村比较特别的是布依族和苗族都要来敬神，但因为花场是镇山村布依族放的，所以祭祀的时候布依族在先，苗族在后。镇山村的仪式由镇山村的“先生”来主持，苗族一般请本村或邻近村寨的苗族“鬼师”来主持。起场敬神需要用到一种豆制品，称为“扎包”。“扎包”是用盐豆腐和血豆腐切片混合，再捆在一起做成的。所谓跳场神就是专管跳场的神灵，就在跳场田中间立起来的旗杆上，用“扎包”敬过旗杆也就代表敬过了跳场神。传说敬过神的“扎包”是好运的象征，吃了可以一年到头平平安安。因此，一般敬完神，组织者就会将扎包分给寨子里的孩子们吃。

踩场。敬完神明之后就是踩场，所谓踩场就是指本寨的几个后生（年轻男性）和别寨的几个姑娘一起绕着花场顺时针绕旗杆 3 圈，起到正式跳场之前的预热和带动作用。正场的 3 天，每天开场前也同样需要后生和姑娘踩场。踩场的后生是从镇山村在寨子里挑选的 10 多岁的年轻男性，同样，其他寨子也会选同一年龄段相同数量的小姑娘来踩场。后生和姑娘踩场的范围就是花场的范围，跳场必须在边界之内进行。

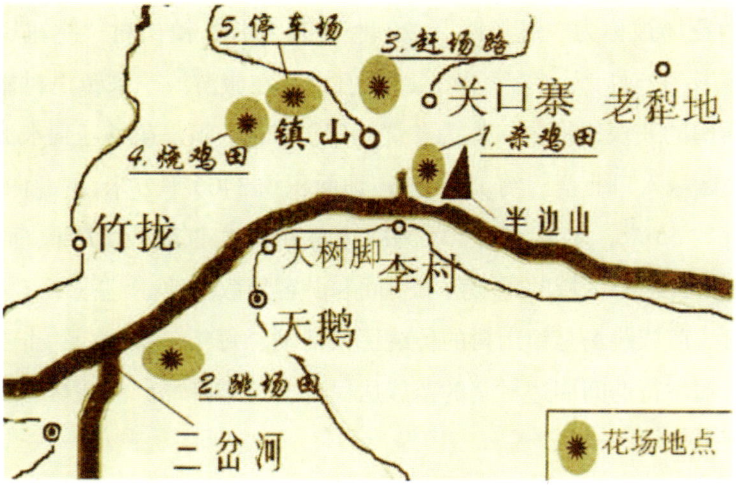

镇山村跳场地点变迁示意图（汤芸著《以山川为盟》）

正场。正月十一、十二两天镇山村的跳花场开始进入正场阶段。来镇山村跳场的苗族主要是青苗和花苗，来自惠水、青岩等地。到了跳场的这天，苗族人会穿上盛装，在花场里跳舞吹芦笙。镇山村专门制定一套场规来管理花场。场规规定：跳场这天只能苗族进入花场区域跳场，其他民族来到镇山村花场就只能观看；苗族人跳场必须着盛装，女孩子要“穿花”（即穿绣花的苗族盛装），男孩子要带芦笙，这样才准下场跳场，如果没有穿花、带芦笙，就只能在外围看热闹、唱歌，不允许进入花场。镇山村还有一个很有趣的场规：苗族人来跳场并不是来到花场就可以立刻下场，而是一定要等镇山村管场的人拿一块竹片打他们，将他们赶到场上去。镇山村的场规对在外围看热闹的群众也有要求：跳场的时候镇山村管场的人会画一条红线，人在红线里边必须规规矩矩的，不准打架闹事。

扫场。苗族跳场的最后环节。村寨内的长老把酒、茶、猪肉等祭祀用品摆在花树下，并在花树四周提前放好的白萝卜蜡台上点香、烧钱化纸，以此祭奠牛王，祈求神明护佑、祈愿风调雨顺、国泰民安、五谷丰登、六畜兴旺等。然后由场主带领三四名小孩芦笙手入场，围着花树顺时针 3 圈、逆时针 3 圈边吹芦笙、边祭拜，还要燃放鞭炮祭祀。祭祀结束，长老把花树放下，上面的树叶分由寨里各家各户争相抢夺，象征着来年的好运气，长老再把祭祀的肉分给在场的小孩，希望他们活泼可爱，身体健康。把茶和酒分给老人和在场的朋友，希望大家得到神灵的保佑。

最后，跳场的旗杆也要妥善处理，而不能随便扔掉，因为跳场不是镇山村一个寨子组织的，还有附近其他几个村寨协助出人、出力、出物品，跳场结束后要将放场时挂旗的竹竿分成几段，给各村带回去做筷子吃饭用，据说这样可以保证寨子一年平安无事，生活顺利。

六月六（六月六歌节）

镇山村有过“六月六”的习俗，“六月六”布依语叫“庚香绿”。节日可在农历六月初六过，也可以于农历六月十六或二十六日过，过节的依据就是看全村是否已“关秧门”（满插满栽），因此也称为断秧日。

关于“六月六”的来历，传说在人类早期，布依族始祖“盘古”会种水稻，若干年后盘古于六月初六去世，为了纪念他发明的水稻种植技术，确保五谷丰登，每年农历六月初六大家杀猪宰羊供奉盘古，世代相传形成民族节日。

六月六镇山村家家户户都要包粽子，镇山村的传统是包双色粽，传统的镇山粽粑是一种很有地方特色的乌米粽，准备好糯米和乌米，用 3 张粽叶拼成一端尖角，由左手拿着，右手放入稻米，用一支筷子打紧，再拿一根粽草，将牙齿咬住草的一端，右手拉住草的另一端，将圆锥体形的粽子底端捆两圈系紧，变成独特的“乌米粽”，黑白分明，独显特色。随着时代的变迁，现在的粽子花样品种变多，常见的包括黑米粽、肉粽等。节日期间，镇山村还会举行布依族歌会、古树祭拜、杀鸡祭祀灶神等。除祭祖外，镇山村最重要的祭祀活动就是祭拜炎帝，“要炎黄帝佑五谷丰登，不要出蝗灾”。在晒场未修建之前，村民们在武庙门前搭台唱歌，举办布依歌会，晒场建成后，每年“六月六”的集体活动场地迁移到晒场，活动内容也从单一的布依对歌变成多样化活动，但布依族歌会仍然是最重要的内容。

镇山六月六山歌迎旅客（2005 年）

“六月六”到来之前，当班人员须一家一户去收款，集资买猪或牛用于祭土地神。人们借此机会游乐社交，也祭神祭祖；还在白纸马、三角旗上染上猪血、鸡血，插于田中、地头，以求消灾，祈祷五谷丰登。户主寨老则聚集举行祭神活动，以保庄稼不受损害，全寨人畜平安。祭祀当天，当班人员先把猪或牛宰杀打理好，寨老及本寨辈分高、年龄大且有一定威望的 7 位男性村民身穿灰色土布长衫，头缠花格帕子，洗净双手，有序给土地庙扫灰尘、念咒语、上香、摆碟、酌酒、上猪头供品等。寨老念颂词，7 名老人列队站两边，全村各家男主人有序上香、化冥纸，分批三跪九拜。此时，长号吹、唢呐奏、锣鼓敲、鞭炮鸣、人欢呼跳跃。然后 10 人一桌，席地而坐，大家尽情地谈笑逗乐，猜拳行令，直至酒足饭饱才散席。村民们还利用这个机会，商量制定乡规民约。“六月六”这一天杀猪、杀鸡、祭神、祭祖。六月六也是布依族男女青年的传统歌节，是结交异性朋友的一种形式，届时到处都是古歌、山歌、木叶、月琴声，青年男女穿着盛装，相邀相约成群结队，赶六月坡，六月桥，唱歌娱乐，以歌会友，以歌传情，非常热闹；小孩子就跟着父母要点钱去赶场，买点好玩、好吃的东西。

九月九（祭祖节）

农历九月初九即“重阳节”，镇山的苗族和布依族都要用当年新收的糯米打糍粑，这天的主要食物就是粑粑。传说重阳不吃粑，来年庄稼不好，只要在重阳这天吃了粑，来年的稻秧不落虫。2009 年，贵阳市政协将“九月九”命名为“镇山村祭祖节”，并将跳花节、六月六歌节和九月九祭祖节确定为镇山村布依族的三大节日品牌加以重点开发和打造。在此过程中，节日中的庆典由“后台”转为“前台”，加入了现代的歌舞表演，节庆的社区功能转变为服务游客。

四月八

镇山村苗族、布依族在“四月八”这一传统节日，家家户户做乌米饭，布依族妇女要在节前采集乌米叶、李子皮、酸汤秆等植物，经过加工后，分别把糯米染成红、黄、蓝、黑、紫五色，蒸熟后成为彩色糯米饭，在农历四月初八这天食用，布依语称“豪凡”。乌米饭做成后要先敬祖先，再给家中小孩吃。将制作好的乌米饭、鹅蛋、腊肉等美食装进绿色、红色、黄色等彩色竹编花饭篓里，各家孩子提着花饭篓过河爬山到附近村寨去玩，相互分享自家美食，俗称“包饭过河”。

◉ 饮食习俗

食不离米

布依族种植水稻的历史较为悠久。布依族人闲时每日两餐，忙时三餐。以大米为主食，有木罐、鼎罐炊饭、焖饭，二合饭（大米掺玉米），苞谷粑，米线，饵块粑，豌豆粉，米凉糕等花色品种。

乌米饭　乌米饭也称油炸黑糯米饭。为“四月八”而做，其制作方法为：先采集一种植物，俗称乌米叶子，将此叶洗净，放进石钵内碾细成水浆，再把叶水挤出，用纱布过滤杂质，将糯米放进乌米叶水泡一夜后滤干蒸熟，便成了黑色的乌米饭。可以晾干，需要食用时也可油炸。

粽子　镇山村布依族为过“六月六”而专门包制，他们先到野外采好粽叶，准备糯米和乌米，由妇女包制，制作方法与“六月六”包双色粽相同。

杀年猪

临近春节，镇山村家家户户杀年猪。按照镇山村的传统，每家每户只要条件允许，过年的时候都要杀年猪，少则一头，多则几头。杀年猪是一件大事，但村民一般不自己杀猪，而是要找专门的杀猪匠。虽然是杀猪匠操刀，但是村里的亲朋好友都会来帮忙，部分农户还会叫来外村的亲友共享美味。一头三五百斤的肥猪可满足一家人一年食用所需。新鲜的猪肉切块，加入盐、胡椒和辣椒腌一下，在巧妇的手中变成可以储存的腊肠腊肉，是款待宾客的佳肴。新鲜猪血可以做成具有当地特色的血豆腐——将豆腐磨碎，加入猪血和肥肉，外面包裹大片菜叶，与腊肠腊肉一起用烟熏，熏后的血豆腐容易保存，可食用一整年。杀年猪的场面相当热闹，杀完年猪主人家要烹饪一桌丰盛的杀猪菜，来帮忙的亲朋好友一定要留在主人家吃饭喝酒，内脏等不易储存的部分是这桌杀猪菜的主要食材。

杀年猪蕴含着丰富的文化内涵，偏爱肥猪既因为肥猪象征着主人家的勤劳、富足，又具有炫富的意味。宰杀成猪前，村民往往会借来工具，称称猪的分量，如果是头肥猪，帮忙的亲友就会啧啧赞叹，主人家也觉得脸上有光。同时，杀年猪还是亲友互动的重要方式——猪体格硕大，移动和宰杀成猪需要集体合作，而且大部分村民家中都需要杀年猪，互帮互助成为一种不成文的规矩。猪不仅为食用，还有文化上的象征意义。镇山村的婚丧嫁娶等重大仪式都需要杀猪，既是杀猪祭祖，祈求祖先保佑，又是为款待专程赶来的宾客。当地偏爱黑猪，因为“白色”在镇山村象征不吉，特别是在婚礼中，杀白猪是一种忌讳，最好宰杀黑猪，但是现在此禁忌越来越淡。镇山村几乎没有人再喂养黑猪，因为黑猪生长慢、个头小，黑猪的种源已经被村民淘汰。

镇山村的主要猪肉制品有腊肉、腊肠和血豆腐等，过去除了过年和婚丧嫁娶之外是很少杀猪的，这些肉制品是山里人一年到头主要的肉食来源。随着旅游业的发展，这些猪肉制品升级为当地特色食品，因受到游客的喜爱，过年时制作的数量大增，以满足游客所需。

腊肉　是将鲜肉经腌制后，经过烟熏烘烤等工艺制作的半成品。腊肉的防腐能力强，能延长保存时间，并增添特有风味，这是与咸肉的主要区别。因为大多是在农历腊月腌制，故称腊肉。腊肉的美味让人们久久不能忘怀，故腊肉的制作工艺广为流传。

酿　酒

布依族是一个喜爱饮酒的民族，在各种宴席庆典中都离不开酒，即所谓无酒不成席、无酒不成宴。以前，镇山村村民几乎家家酿酒、人人饮酒。镇山村村民自酿米酒分为黏米酒、糯米酒和刺梨酒。前两种酒的酿造工艺完全相同。酿酒需要准备这样一些工具：大缸、大锅、酒甑、簸箕、天锅、水缸。酿制一缸米酒需要米近 20 千克。

米酒酿造流程。打一斗米淘洗干净后，用干净的冷水将米浸泡 5 至 8 分钟，然后将水过滤干，再把米倒进甑子里面蒸熟，将蒸熟后的米倒进大簸箕里摊开冷却，温度降至 10℃左右时，把酒药均匀撒在米饭里，再把米饭放进缸里压紧，并在米饭中间刨出一个小窝，最后将缸口用盖子盖严实。这样密封 24 小时左右，即打开缸盖，此时可以闻到一股浓烈的酒香，米饭就变成了甜酒。再过七八天，酒糟就会变辣，此时需要往缸里掺冷水浸泡两天，之后再把酒糟倒进大铁锅里，用酒甑罩住。在甑子顶部放一口天锅，天锅里装上冷水，然后在大灶里加火煮沸酒糟，酒就会从酒槽里面分离出来，要随时观察天锅里水的温度，不能超过 20℃，当温度过高时要从天锅里舀出热水，加入冷水。

刺梨酒酿制。镇山村村民还喜欢酿制刺梨酒。制作刺梨酒的流程与米酒差不多，但原材料有所不同。酿造刺梨酒首先需要在每年的农历六七月从山上采摘野刺梨，用刀把刺梨一个一个地切成四片，晒干，再用碓舂，把刺梨里层的籽和外层的刺舂掉，舂完后再用筛子把皮和籽筛簸出去。这样就算完成了刺梨的清除工作，把干净的刺梨拿到酿酒间里，先按照米酒酿造流程做好米酒，后将刺梨再次清洗蒸干，待冷却后倒入甜酒缸里搅拌均匀，然后将米酒倒入缸里浸泡刺梨 7 天，用一个小竹箩压进酒缸里，就可以取出饮用了。

甜酒。用自制米酒一缸，再用糯米甜酒酿少许，放入小锅内煎熬成红色糖浆，倒进米酒缸内搅匀，酒变茶红色为宜。

酿酒步骤

原材料大米

浸泡原料

蒸米

搅拌酒曲

发酵

蒸馏出酒

特色文化

镇山村依山傍水，在这片神奇的土地上生活着布依族等民族，在数百年的历史中，创造了布依族服饰、刺绣、石板建筑技艺、布依古歌等数不胜数的特色文化。

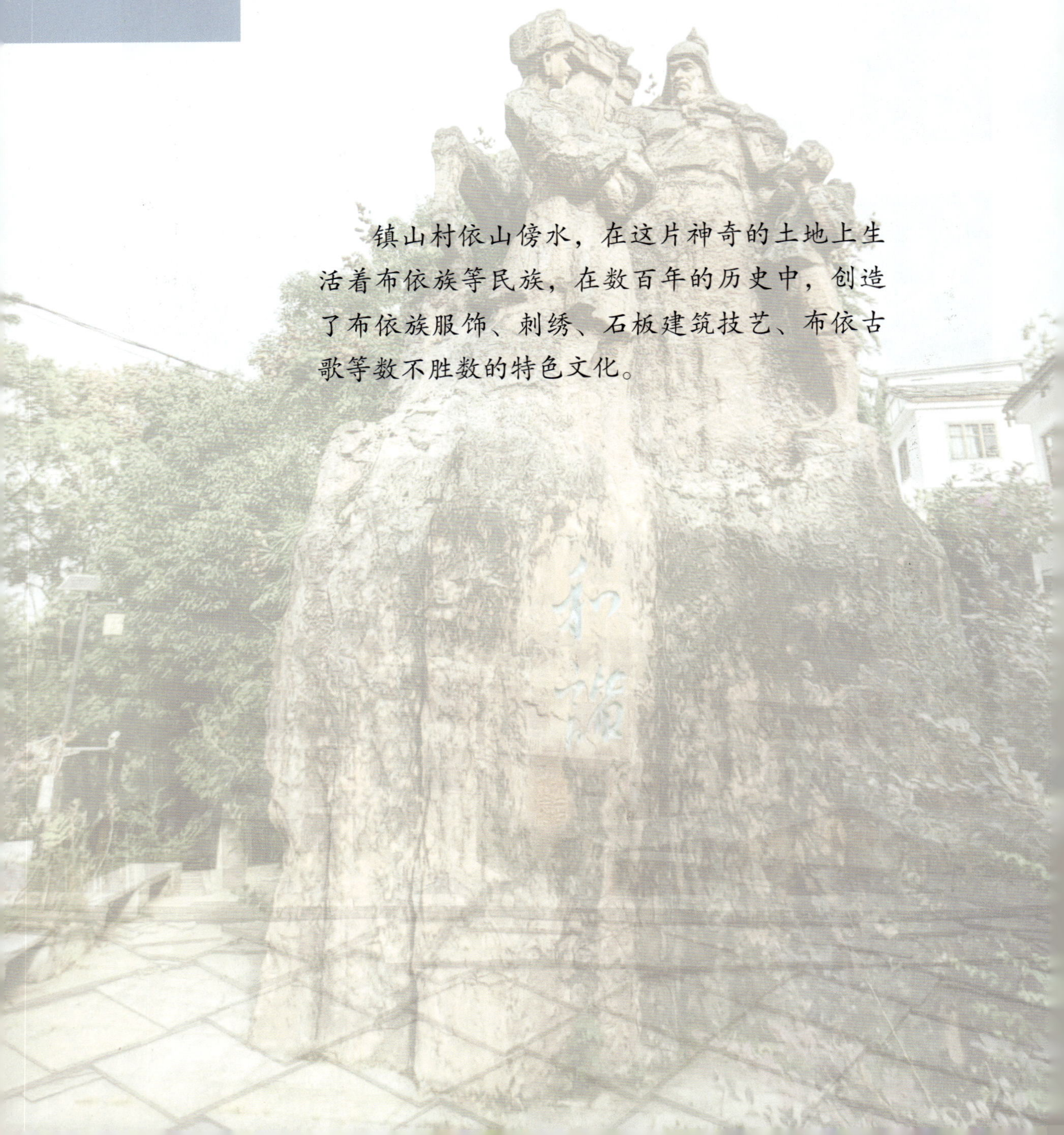

◉ 非遗传承

与镇山村相关的非物质文化遗产共计24项，其中，布依族服饰、布依族刺绣2项属于国家级非物质文化遗产代表性项目名录；大寨地戏、布依族“六月六”等4项属于贵州省非物质文化遗产名录；布依族叙事歌、印染技艺等4项属于贵阳市非物质文化遗产名录；布依族古歌、布依族丧葬习俗等7项属于花溪区非物质文化遗产名录，石板建筑建造技艺、布依族传统婚俗等7项尚未列保。

镇山村相关非物质文化遗产分为传统技艺类、传统美术类、传统舞蹈类、传统戏剧类、传统音乐类、民间文学类、民俗类7个项目类别。其中，传统技艺类6项，包括印染技艺、石雕技艺、花溪地区布依族竹编工艺、乌米饭制作技艺、石板建筑建造技艺、木雕技艺；传统美术类1项，即布依族刺绣；传统舞蹈类1项，即花溪芦笙花鼓舞；传统戏剧类1项，即花溪大寨地戏；传统音乐类2项，包括花溪区苗族、布依族唢呐音乐、花溪木叶吹奏；民间文学类3项，包括花溪区布依族叙事歌、班李氏族谱文化、花溪区布依族古歌；民俗类10项，包括布依族服饰、布依族“六月六”、花溪区苗族跳场、苗族“四月八”、花溪地区布依族丧葬习俗、花溪地区布依族头饰、布依族传统婚俗、布依语文化、赶圩文化、军屯文化。

土布制作

制作流程　弹棉花并加工成条状；纺线、挽线、上白芨浆、煮线、晒纱；染纱，绕线果，布线，定格，梳理，绕轮，布经线；梭子放置纬线，用摆子撞实。

制作器具　染缸、脱籽车、弹棉器、干棉杆、纺车、挽线器、绞车、布线器、布线支架、分线器、小竹桐、织布机、大活轮、小活轮、梭子、雕扎针、竹块等。

制作原料　染料（主要是蓝靛，补助一些红、黄、紫等色料制剂），线、白土布等。

制品　白土布、青蓝土布、大小花格土布、笆折布、反纱布等。主要缝制衣、裤、围腰、长帕、垫单、棉被、背带、各种花纹扎染垫单等。

布依族服饰制作

布依族服饰有男便服、女便服、女子节日盛装、童装和妇女老人仙逝后入棺用的“菠萝衣”。其中，男装一般是布扣对襟衣，而做法、款式最为考究和精致的是女子节日盛装。女子节日盛装由服饰和银饰两个部分组成，服饰有头帕、绣花长裤、绣花衣服、绣花围

布依族女性服饰（2009 年）

腰、白衬衫等，银饰包括银手镯、银项圈、银戒指、银围腰链等。上衣为布扣大襟式样，领为旗袍式衣领，衣服长至膝盖以上，布扣布局为双排式 8 颗，预示着“要得发不离八”的古俗，衣服的上部有精美的绣花部件。现在，镇山村村民中常见的布依族传统服饰以老年人着装为主，年轻人多在传统节日、婚宴酒席、丧葬仪式等场合才着传统服饰。

布依族服装的布料有绸缎、贡缎、土布、粗布，其中土布、粗布工艺细致，服装盘肩、袖口、裤腿等必须用棉线裹 2—3 道，围腰和围腰带须绲边，用标布夹押，用自编的辫子绲边与花边钉隔在中间。

布依族纸染绣花制作技艺

印染是镇山村制作布依族传统服饰的前期准备工作，从纺纱织布到印染成布，其基本程序包括纺纱—织布—染色—上浆—曝晒—打磨—浸染—漂洗等。印染通常选择在夏季进行，夏季适合天然植物染料采摘、布料曝晒等。镇山的印染采用刺梨根打磨的浆液进行浆洗，仅浆洗曝晒工序就需要反复 6 次才能完成，浸染过程在村寨南侧河岸上染坊进行。印染的布料有以青蓝色为主的毛蓝布、深蓝布等，也有当地人称的果子巾、十样锦等花色布样。

纸染绣是布依族的传统技艺。纸染绣以白棉布打底，用毛笔把花样画于白棉布上，再用白棉纸剪成纸条，缝于所画花纹上染制而成。

绘制图案

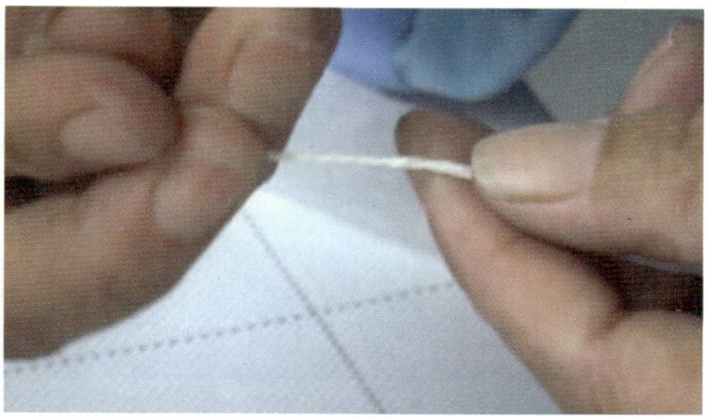

白棉纸做芯

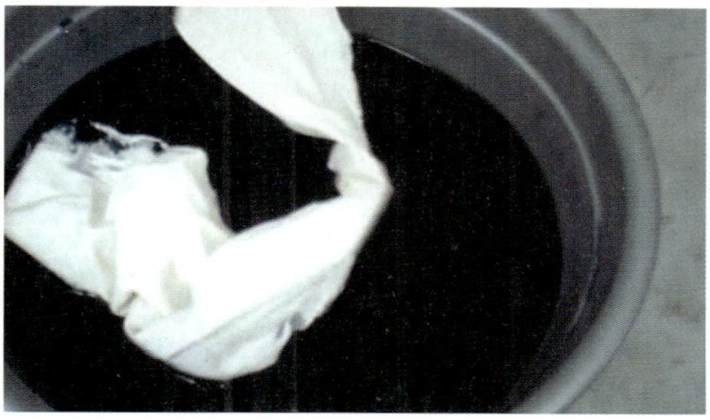

染色

成品

布依族刺绣

刺绣是镇山村布依族人精致生活的重要体现，刺绣常用于装饰衣服领口、裤脚、围腰、手帕、垫单、鞋面、婴儿背带等，其中，衣服上的绣花部件宽一寸，长约二尺五寸，位于衣服的上部，裤子的绣花部件位于裤脚上方约三寸。制作针法、刺绣花样无固定样本，全凭刺绣者自己“打样”，图样素材来源于村寨周边的自然要素如刺梨花、喇叭花、竹子、蝴蝶、小鸟等，刺绣者按照自己喜好选取素材、绘制花样，按花样刺绣，也有不擅长“打样”的人，可相互借用打好的图样参照刺绣。镇山村的布依族刺绣技艺是以母传女学的方式传承。刺绣的针法包括绣花、挑花等，仅针法就有多种，常见的有“平绣”“贴绣”“十字挑花”“抽纱”“窜花”“辫子”“缠绕”“吊三针”“滚边”等。

图案　镇山村传统的布依族刺绣是用丝线在自制土布上刺绣，后来除了丝线也有用“开司米”、棉线等在布上刺绣。镇山村布依族刺绣作品主要为帐沿、背扇、鞋、帽、衣服、裤子、枕巾、包单等等。布依族刺绣图案十分丰富，最常见的有喜鹊花、公鸡花、蝴蝶花、鲤鱼花、狗牙瓣花、水草花、辫子花、水仙花、牡丹花、竹花、梅花、荷花等。

刺绣图案

针法　布依族刺绣针法有多种：常见的有平绣、贴绣、十字挑花、抽纱、窜花、辫子（用辫架及辫砣加工）、缠绕、盘绣、架纱、吊三针（又名跳三针，倒钩针）、绲边、抛纱等。制作一套节日盛装，所需布料 20 余尺，数十组花线。技术高超的能手也需 60 余天方能完工。

种类　镇山村布依族刺绣分古刺绣和现代刺绣。刺绣种类多，挑纱、穿纱需自己织制的土布，青、白、蓝三色，丝线也一样是青、白、蓝三色绣制；标针绣可用贡缎、绸缎等布料。种类有最古错纱、古镂纱、马尾绣，近代镂纱分单针镂、三针镂和古标绣、现代标、穿纱、正绣反看的错纱绣和现流行低标绣，作品主要是帐沿、背扇、鞋、帽、衣服、裤子、枕巾、被单等等（不用绷子）。

木　工

镇山村民居多为三合院民居木构建筑。大门上方有门管，有木工向日葵图案或“福禄”字样。堂屋设木质神龛。明间或次间窗户木雕图案精美。木材取之较为容易，木材的大量运用及装饰需求形成了镇山村木雕文化。

改革开放前，镇山村的木工是一项重要手工业，全村木工有 2—3 个，一般是通过父子或师徒独家传授。木工一般能制作犁架、耙架、木质耙齿、锄柄、扁担等生产工具，床、桌、凳、椅子等生活用具，还能修理房屋、猪圈、牛棚、鸡舍等。

竹 编

布依族竹编始于明清时期采用竹子编制生活用品，分大、小提篮（菜篮）、高挑箩、背篼、笆篓、鱼篓、推笼等传统竹器，形成独特的竹编文化。竹编工艺最有特色的是提篮，提篮呈长方形，篮底的4个角钉有2只用竹片削成的脚，放在地上，既稳当又沥水；高挑箩，长方形，用8片坚实的竹片在箩底相交叉互穿，以免装满谷子受重压会陷进泥田，适合高榜田稻农使用；摆箩，正方形，体积比高挑箩大，工艺程序和高挑箩一样，适合平坎田的稻农和菜农使用，可多装，节约往返时间，既厚实又经久耐用。

工具

原材料竹子

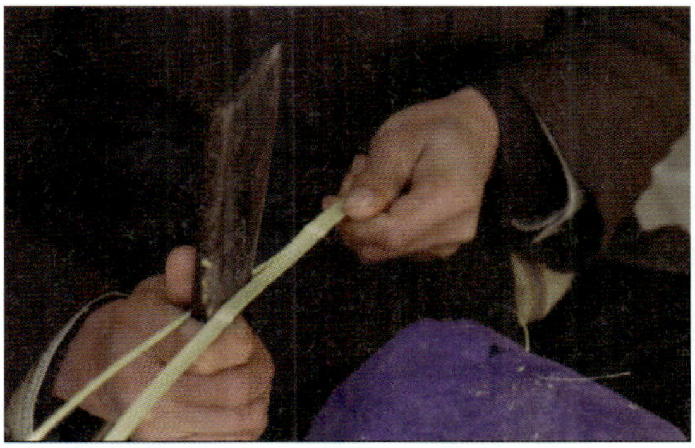

分篾

半成品

石雕技艺

镇山村的石雕技艺主要运用在公共建筑、日常生活器皿、墓碑之上。石雕技艺在建筑上的体现最具有代表性的是在武庙的阶沿石，其雕刻图案精致；常见的石水缸、石猪槽、石碓等日常生活用具，一般用整石雕刻，犹如浑然天成，曾经是镇山村每户必备的石头器皿；墓碑碑刻是石雕传承较好的一种。

花溪区布依族头饰

镇山布依族头饰，正如贵州大多少数民族传统一样，是人们区别年龄、身份和文化的象征，其主要体现在帽子上，女性帽子分四等，男性帽子分三等。头饰类别包括女孩的鱼尾帽、男孩的皇帝帽、青年女性裹帕、已婚妇女裹帕、成年男性的瓜帽，以及男女老年帽。

鱼尾帽是布依族小女孩的头饰，因其后面有像鱼尾般装饰而得名，帽子两侧耳朵部分装饰有精美的布依族刺绣；青年裹帕，又称打凉帕，是布依族未结婚少女或未生育年轻女性所戴的头饰，用藏青色的布折叠几层最后连成一个环，外沿装饰一圈黑色线编织的麻花辫、右额头上方装饰红色绢花；妇女裹帕是已生育布依族妇女的头饰，把头发扎成发髻，再用 6 尺长的裹帕层层包裹；皇帝帽是布依族未成年男性的头饰，由顶点分出的 6 根线条把帽子分成 6 个部分，帽子前沿点缀宝石，皇帝帽寄托着长辈对家中男孩健康、乖巧、帅气的美好期望；瓜帽，是布依族成年男性的头饰，由 12 块布片拼接缝合而成，12 片象征着一年 12 个月；男女老年帽是老年布依族男女头饰，老年帽外形朴素，打理方便。

乌米饭制作技艺

“乌米叶”生长在特定的地方,镇山村常用的“乌米叶”采摘自花溪区北部的麦坪镇，也有人采摘之后到镇山村进行售卖。将“乌米叶”经过捣捻、过滤后，浸泡糯米一夜后上锅蒸熟，黑色、喷香、独具特色的乌米饭便制作而成。

关于镇山村布依族、苗族吃乌米饭的来源，村内流传着一段苗族、布依族共同智斗敌人的传说。相传布尤（苗族）、布依族在黑洋大箐与皇帝官兵打了败仗，布尤头领被抓，为了让布尤头领能吃上人们送去的饭，苗族和布依族的村民找到乌米饭叶把糯米染成黑色做成乌米饭之后送给布尤头领，黑黑的乌米饭成功逃过被看守官兵偷吃的命运，送到布尤头领手里。后来，还用染丝线的黑颜色染米饭哄骗看守官兵吃下，为布尤（苗族）、布依族赢得这场战争争取了机会，而布尤头领在四月初八这天在战斗中中箭身亡。为纪念布尤头领，后来人们把农历四月初八这天作为重要节日，家家户户在这天都要吃乌米饭。

石板建筑建造技艺

石板民居是指外墙与屋面选用石板作为主要材料的建筑，俗称石板房。黔中一带石板房建造历史悠久，保存数量较多，仍在使用并传承营建，素有“贵州有八怪，石板当瓦盖”的说法，具有较大研究价值。石板房材料主要取自村落周边，运输成本低，造价低，耐火性能好，在高密度聚居的情况下，对防止火灾蔓延有一定效果。山区常有野兽出没，以石板建房居住更安全。采用石板建房的聚落在花溪镇山和安顺屯堡都可以看到，镇山村为布依族聚居地，建设屯堡时，随时面临着地方势力的威胁，相对于砖瓦利用黏土烧结而言，石板的开采利用要快很多，便于军队迅速驻扎，同时防御性能也大大提高。

布依歌舞

布依古歌

镇山村的民歌以惠水布依族的“好花红”曲调为主调，歌词是随口编唱的，非常灵活，充分显示镇山布依族的聪明才智。

镇山村布依族古歌调的内容比较丰富，主要分为情歌、时政歌、风俗仪式歌、猜歌等。其中情歌又分为交情歌、抒情歌、爱情歌等；风俗仪式歌又分为筷子歌（结婚时用）、孝歌、立房歌等。在歌唱形式上分为独唱、对唱、齐唱等。内容丰富多样，唱词中既有歌谣，也有哲人箴言、先知告诫、民间故事、地方传说等。歌词段落反复，旋律等方面都有大量的即兴创造。它属民间无文字记载的口头传承文化，产生和形成年代不详，也无史可查，是随布依族的历史进程而形成的，也是通过布依族人民在劳动和生活中的体验、感受而自编、自吟自唱、自娱自乐、以歌代言的交流方式。体裁分生育歌、婚仪歌、赶场（集）歌、洪水歌、干旱歌、立房歌、挽歌，不包括情歌和短小的山歌（布依语演唱）。

布依族是一个酷爱音乐的民族，他们拥有丰富多彩的民歌曲调，有的高亢激昂，有的悠扬婉转，有的活泼轻快，有的深沉含蓄。布依族人民出口成歌，见山唱山，见水唱水，借以抒发情怀。他们有时以歌为礼，有时以歌作贺，尤其是青年男女，常以唱歌作为表达爱情的重要方式。

布依族叙事歌

歌谣作为一种重要的民间文学样式，在布依族文化生活中同样占有相当突出的地位。在这些歌谣中，情歌占比较大。对歌是青年男女恋爱的主要方式，恋人们以歌代言、借歌传情。对歌最先是唱《赞美歌》，接着是女问男答的《盘歌》，有《盘花歌》《盘古歌》《盘八仙》等；唱到高潮处是《情歌》，这时男子转答为问。经过如此一段时间的对歌了解后，男方家才请人到姑娘家提亲。除此之外还有更多更好的类似歌谣，如布依族的《筷子歌》《亲家歌》《消夜歌》《敬酒歌》《藏礼词》《竖房词》等，各类歌谣丰富了他们的文化生活。

半边山隔水相望，为布依族叙事歌的传承提供了生态空间，山山水水也给布依族叙事歌带来了灵性，在祖国大家庭里，布依族和各兄弟民族一样，有着悠久的历史和丰富多彩的民间文学。布依族民间文学，有神话、古歌、传说、故事、叙事诗、歌谣、童话、寓言、戏剧等。布依族叙事歌是以布依族古歌调唱诵的。

花溪布依族叙事歌属布依族古歌种类之词，主要有哲人箴言、先知告诫、民间故事、地方传说等，并以独唱、对唱、齐唱等形式表演，是布依族口头文学的精华。大街小巷，村村寨寨、村镇集市、车上、火边，都飘荡着布依族叙事歌的动人旋律。叙事歌与民间礼仪息息相关，与布依族人生死相依。花溪布依族古歌调的萌生、发展和最终形成，经历了漫长的历史，与布依族的民族史、文化史一同演进。它全面、完整、生动地体现了这一民族、地区的文化传统。

节日欢唱（2009 年）

民歌形式　在各种不同的环境和条件下，布依族唱歌有着不同的形式。

传统节日（春节、正月十五、农历三月三、端阳、农历六月六等）里，男女老少都喜欢聚集一起唱山歌，但参加者绝大多数是青年男女。

家中来客时，到晚上，男女青年便来“闹家”，主客之间男女互邀对歌。像这种以歌为礼的方式，是布依族的一种别具风格的传统礼节。

筵席上，唱歌祝贺主人或相互祝贺，并以唱歌行酒令。尤其是在喜筵上，参加婚礼的亲友必须唱个尽情尽意才罢休。

此外，村头田间、坡上河边的轻声讴歌和情歌对唱，更富于诗情画意。

布依族唱歌大多是两人结伴唱，在男女双方对歌中，往往是两男两女对唱，而且每一方都是以一人为主，一人帮腔。

歌词特点　布依族民歌唱词题材多种多样，内容丰富多彩。唱天唱地、唱古唱今、唱花鸟草木、唱人神鬼怪，有歌唱者耳闻目睹的，有凭自己臆想的。歌词内容有歌颂、有叙述、有议论、有抒情，也有风趣和幽默，辛辣的讽喻更是屡见不鲜，更有用唱歌来发泄对对方的怨恨。

布依族民歌的歌词结构，一般是七言八句为一首，分为上下两节，两节同歌不同韵。如：

后寨高坡头上盖，姐在千里路上来，
郎有情来姐有意，情意花红节日开。
后寨高坡头上生，姐在千里路上行，
郎有情来姐有意，情意花红节日兴。

又如：

吃了早饭叫到来，来拢半路太阳晒，
心想不来怕表呕，来到花园花才开。
吃了早饭叫到行，来拢半路太阳阴，
心想不来怕表呕，来到花园花才生。

随着时代的发展变化，布依族民歌演化出新的形式和内容。如：

枯木逢春丫对丫，兄长十七姐十八，
全国号召搞四化，跟着形势变枝花。
情意好似水样明，刀割不断心连心，
桃红柳绿相结来，四化路上一条心。

除七言八句歌，还有七言四句短歌（俗称四句歌）、五字句也比较多，而三字句、六字句虽有则不多。

虚词的大量运用是布依族民歌的一个突出特点。在一首七言四句短歌里，少则四五个虚词，多则 10 余个。这些虚词虽然没有任何确实的含义，却给歌曲的演唱增添了韵味。

民歌唱腔　土歌调。是根据歌词的布依话的声调来改变主题旋律的，或加或减地自由延伸，话长音多，话短音少，一般一个旋律句只配一句歌词，每句话都配以特定的终止型，分长歌与短歌。一般只在上年纪的人口中流传，二三十岁的青壮年，多数听不懂，不会唱，也不愿学。

四平腔。四平腔因平稳好唱，故俗称“平腔”或“四平腔”。其特点是：速度与力度都处于适中状态，曲调平稳，感情显露，虚词少，易唱易听，正因为有这种朴实的长处，故被广为传唱。北边（乌当的新堡、黄连）与南边（花溪的大寨、沙坡）的四平腔各有各的特点，南边的高亢，北边的真挚，其曲调旋律也不尽相同。四平腔曲调的演唱，女声用大嗓、男声用小嗓，是布依族民歌演唱的特点。

三滴水。此曲调的第二、三、四小节的第一个音符都是曲调的最高音，这三个音唱出来就像三滴水一下一下地掉下来的声音一样，故称“三滴水”。此腔的特点是：速度较自由，力度较强，曲调委婉动人，感情含蓄，虚词的运用和演唱在这种曲牌之中比较重要、具有特色。当然这种曲调也存在着北边与南边的差异，北边的除以上特点之外，还含有变（离）调乐句，情调更内在含蓄，南边的比较单一。这三滴水曲调无论男女多用小嗓演唱。

酒歌调。在酒宴上出现的歌调称为酒歌调。这类曲调并不像四平腔和三滴水那样有着浓厚的民族味，而是带着汉族音乐的色彩。其特点是：旋律流畅、节奏丰富，明快的曲调之中夹杂着浓郁的打击乐器的风味，给人以热烈感和舞蹈欢腾多变的节奏感。丰富的虚词运用使歌曲更加富于色彩性。在演唱环境和演唱者的特定条件下，形成酒歌调中曲调异常丰富，色彩和风格多变。

民歌类别　按照民歌的体裁形式和歌曲内容，大致可以分为以下几类。

山歌。这类歌曲的内容丰富多彩，它包括生产、斗争、生活、爱情、新人新事等等。一般歌曲的曲调短小精练、结构简洁，易学易唱，因而得以广泛流传。

赶表歌（也称“连表歌”）。布依族青年男女谈情说爱的社交方式，往往都是通过唱赶表歌来完成的。他们靠歌认识、靠歌传情。此类歌因与恋爱、婚姻直接牵连，故一切内心复杂的感情都得以表现。传统的赶表歌色彩别致、曲调深邃委婉，而随着时代的发展，一些新编的赶表歌往往与新的形势、新的政策相联系。传统的赶表歌曲有：开场歌、想念歌、恋乐歌、情歌、逃婚歌等。

礼俗歌。指那些传统的葬歌与孝歌，以及鬼师、巫婆进行祭祀活动时的“鬼师歌”。

排歌与台歌。这类歌曲少则四五首，多则10余首排列在一起，由歌者一气唱出。一般说来，排歌依时间、季节、物质等为歌唱顺序；台歌则是叙述一个完整的故事或以某一事件为歌唱内容。

土歌。即用布依语演唱的歌曲，多用古老的曲调演唱一些远古的历史事件与故事。也有演唱新内容的。土歌有长有短，一般来说，长的有时几首可以唱个通宵达旦。

夹簧歌。指在一首歌曲里同时用汉语与布依语演唱的歌曲。

布依族民歌反映贵阳地区布依族的社会风貌、生产方式、生活概况、心理素质、习俗传统和风土民情，以及他们强烈的爱憎感情。

酒礼歌。酒礼歌是围绕主人与客人之间相互敬酒、劝酒，以及表达好客、谦虚、感谢、祝福之意而形成的一种情感表达和沟通方式。主人在向客人敬酒、劝酒时要唱酒歌，客人在接酒、喝酒时也要唱酒歌。

斟酒时，客人要唱：舀斗糯米白如霜，亲自拿来把酒酿；人说心灵手又巧，主家酿酒满屋香。新做米酒醇醇香，不断流进大瓦缸；把缸窖在糠壳里，要等三年才出缸。三年窖酒装满缸，客来开缸十里香；主家下河洗坛子，酒味醉倒老龙王。科技兴农喜洋洋，丰收谷米堆满仓；满坝鸡鸭鹅肥壮，圈里肥猪比牛壮。

听了客人的赞美之词后，主人唱：门前喜鹊叫喳喳，远客嘉宾到我家；亲朋好友来相会，欢笑谈论话家常；门前喜鹊叫一声，远客嘉宾到我村；亲朋好友来相会，欢笑谈论起风声。

听到主人的欢迎辞后，客人又表达感谢之情，唱道：

走到主家真热情，很快让我坐上行；席上满座有酒肉，金壶斟酒我要明。主家窖酒拿来斟，杯杯美酒敬我们；酒未沾唇人先醉，情醉人了酒醉人。桌上喝酒唱酒歌，主人先唱我来和；双手祝贺主人家，年年幸福生活乐。亲家多谢罗多谢，害得主人劳累多；客话我们多谢少，美酒我们吃得多。远看蜡梅花已谢，近看桃花含蓓蕾；我们酒歌唱到此，多谢散席把家回。远看蜡梅花已过，近看桃花蕾成坨；我们酒歌唱到此，把您主家去传说。

主人为了表达对客人的热情和真诚敬意，要对客人不断地唱劝酒歌助兴：

赌你喝来赌您喝，赌您跳过九层坡；铁打栏杆赌您过，双杯米酒赌您喝。赌您抬来赌您抬，赌您跳过九层岩；铁打栏杆赌您过，双杯米酒赌您抬。

客人回唱：

左一排来右一排，刺梨美酒端起来；满杯好酒来敬起，推杯不喝难下台。左一边来右一边，敬酒好歌唱半天；主家情义我们领，双杯美酒我们干。

见到主人劝酒，客人也进行反劝，客人唱：

您家住在花溪河，守在河边不口渴；有酒有肉招待我，这杯美酒敬主喝。您家住在花溪园，守着公园看花鲜；有酒有肉招待我，这杯美酒敬主贤。一个杯子亮晶晶，不讲酒味看主心；酒吃人情肉吃味，要请主人双杯明。一个杯子薄又薄，不讲酒味看手脚；酒吃人情肉吃味，双杯美酒主要喝。

见到客人反击，主人又劝，唱：

一个杯子薄又薄，众位亲家难会着；酒逢知己千杯少，这杯淡酒请您喝。一个杯子圆又圆，众位亲家难团圆；酒逢知己千杯少，这杯淡酒不要嫌。

布依族在通过劝酒表达对亲朋好友的真挚欢迎和祝福时，他们的酒歌也展示其谦和、质朴的情感和美德。主人的歌要表达自己“没有酒肉”招待客人的“不安和歉意”；客人则要表达对主人的好酒好肉无比感谢和对主人的美好祝福：

主人唱：过了大河翻大坡，客人到家笑呵呵；我们仁义虽然好，没有美酒送您喝。过了大江翻大山，客人到家笑开颜；我们仁义虽然好，没有美酒送您干。

客人唱：大河涨水小河翻，主家美酒几大坛；美酒开坛香千里，想到美酒转来玩。大河涨水小河汪，主家美酒几大缸；美酒开坛香千里，想到美酒转来逛。

主人唱：一张桌子四角方，三碗萝卜四碗汤；端在席上莫见笑，简慢亲戚转回乡。一张桌子四角平，三盘豆腐四盘芹；端在席上莫见笑，简慢亲戚转回城。

客人唱：主家来了众客人，酒酒肉肉待我们；来到主家无简慢，我们回家去传名。主家来了客人多，香甜米酒待我喝；来到主家无简慢，我们回家去传说。

主人唱：一个盘子圆又圆，我家淡酒不香甜；我家贫穷不富贵，乞望客们中状元。一个盘子平又平，我家淡酒不香醇；我家贫穷不富贵，乞望客们做官人。

客人唱：天上下雨下得多，金杯斟酒送我喝；金杯更比缸子大，酒酿更比井水多。天上下雨下得长，金杯斟酒送我尝；金杯更比缸子大，酒酿更比蜜糖香。

主人唱：我家红喜来贵客，桌上一样都不得；桌上一样都不有，大家相聚好闹热。我家红喜贵客来，桌上一样都不挨；桌上一样都不有，大家相聚“好的买”。

客人唱：堂屋点灯亮辉煌，十盘八碗还有汤；喝了您家红喜酒，恭祝您家凤朝凰。堂屋点灯亮铮铮，十盘八碗还有羹；喝了您家红喜酒，恭祝您家出贵人。

小孩子出生后的满月之日，家庭也往往要宴请宾客，婴儿的舅舅舅母、外公外婆及其他亲友都要来进行祝贺，当亲友到来、酒席准备好之后，主人就要进行敬酒。

主人唱：吉月吉日家添丁，惭愧大家贺上门；家里贫寒无准备，薄酒一杯待亲人。吉月吉日家添娃，惭愧众人贺上家；家里贫寒无准备，冷水一杯也当茶。

客人唱：送子娘娘在天庭，手里拿的酒仙瓶；柳枝蘸酒洒下界，主家福来得儿孙。送子娘娘在天台，手里酒瓶拿得歪；柳枝蘸酒洒下界，生下儿孙福气来。

小孩的出生是让其舅舅、外公外婆家最高兴的事儿，于是他们送来很多礼品进行祝贺，小孩的爷爷全家非常感激，因而唱道：天上彩虹弯又弯，我家添丁喜事传；远山远水上门贺，外家送的吃和穿。天上彩虹像座坡，我家添丁喜唱歌；远山远水上门贺，外家送的酒礼多。

小孩的外家唱：贵府得子喜盈门，外婆舅妈笑开声；三亲六戚都来到，月米酒歌唱满村。贵府得子喜讯传，外婆舅妈笑开颜；三亲六戚都来到，月米酒歌唱不完。

酒令

镇山村酒令是以饮酒为中心的娱乐方式，它涉及更多的生活、社会和历史文化知识，是一种更富于考验人们思维能力、应变能力和表达能力的娱乐活动。酒令通过人们之间知识比赛、竞技比赛的奖惩机制推动席间轻松、快乐气氛的酝酿和形成，便于人们更好地交流和娱乐。其基本要求是，如果不能按照要求较好地应答给出的酒令，那么回答者就要被罚喝酒。酒令对人们的生活、文化知识是一种全面的考验，需要人们能够熟练地运用各类知识进行灵活应对。酒令内容主要如下：

日常生活和劳动知识。如：一去二三里，烟村四五家；楼台六七座，八九十枝花。口不读书，眼不识字，以农为本，也知二十四节，正月立春雨水，二月惊蛰春分，三月清明谷雨，四月立夏小满，五月芒种夏至，六月小暑大暑，七月立秋处暑，八月白露秋分，九月寒露霜降，十月立冬小雪，冬月大雪冬至，腊月小寒大寒。说得过填杯过，说不过，双杯连一座。

民俗知识。如：手拿壶瓶把，满满斟酒我不怕。饮干这杯酒，要讲几句江西湖广苗族汉人几样话。金叫响，江叫缸，赤叫碧，碧叫白，金响江缸赤碧白。我不想令倒酒干，甘乐十二为臣相，相为毕公，公也长第五,五福寿，寿比南山，山伯友，有朋自远方来，来者不白，白者不来，众位朋友笑开怀。

历史文化类。如：上大人，亲内己，顿下金杯从头起，小小金杯圆又圆，斟起酒杯满斯贤，先从大学读在前，读大学，讲大学，读过如切如磋，读过如琢如磨，汤之盘名曰，脚下有句说不清，师之乎，又起头，君子而适中，要把中庸读得通，读过“博学之，审问之，慎思之，明辨之，笃行之，”交代以实之，别样随你说，莫要说我之，说得过填杯过，说不过，双杯连一座。

再如：我在北京城，随带一首诗，诗三百，伯夷叔齐，齐景公，公输子之巧，巧言令色，舌难，男子请见，见不散，善哉问，问君而长诸，诸侯之宝山，三人行，行福富贵，贵富争贤，贤者一乐之乎，福人不言，言必有重，仲尼主属尧舜，舜为天子，子路问子君，君子之道，道千舜之国，国有道，众位亲戚莫见笑。

酒令在席间的各个环节中都有相应的内容予以表达，如客人要想就座、发蜡烛、几桌合为一桌、发酒壶、发酒杯、倒酒、发筷子等等时刻，都需要进行酒令的对答。

就座令。主人：斟者斟酌者酌，“如切如磋，如琢如磨，”客们要坐桌，先把四句说。客人：“如切如蹉”者，“如琢如磨”也，言迟口顿，害羞人矣。

发烛令。主人：我家座的茅草房，竖起之日不得装，白天全靠风扫地，夜晚全靠月亮光。今夜客人来到此，上堡下寨借烛光，借得烛来不会点，要请贵客来帮忙。客人：福喜，福喜！天上金鸡叫，地下紫鸡啼，一不早，二不迟，正是主人叫客发烛时。发烛要见发烛心，发烛要请老先生，先生语言说得好，荣华富贵皆到老。老吾老，以及人之老，幼吾幼，以及人之幼，有上有下有左有右，诗曰："邦畿千里，"不是栽秧就是割米。诗云："如切如磋，如琢如磨"，我们先把四句说："一发骑马进朝廷，二发狮子配麒麟，三发三元三品重，四发四季保纯红，五发五子登科早，六发六位得高升，七发天上七姊妹，八发神仙吕洞宾，九发天长地久，十发地久天长，发烛已毕，红喜大吉。"

发完蜡烛后，主人要把分散在各桌的客人合并到一张或数张桌子上，使每一桌坐满，这时需要主人说唱合桌令，主人：我到山上去砍木，扛得树木三尺六，拿到家中打桌子，两脚落地两脚空，板凳脚脚叉对叉，两只小来两只大，少人少手安不好，要请亲戚来合桌。

客人：天上金鸡叫，地下紫鸡啼，一不早，二不迟，正是弟子合桌时，不说合桌由自可，说起合桌有根生。房屋电灯照辉煌，主人海味摆三江，千般美味都摆有，剩下桌子不得安，安起桌子客们坐，恭喜主人点状元。一安东，主人代代永兴隆，二安南，桌上美味有千盘，三安西，主人中武举，四安北，武状元主人得。梓木山上青油油，鲁班师傅大斧修，打得板凳四只脚，君子贤其贤，小人乐其乐，乌木板凳脚下长，三亲六戚站两旁，乌木板凳摆四方，汉文桌子登中央，宏英大喜满吉昌，合桌已毕，百年大吉。

大家都坐到一起后，主人就要准备上酒，端来酒壶，每桌发一壶酒，于是就说唱酒壶令：天上金鸡叫，地下紫鸡啼，一不早二不迟，正是主人发壶时，不发壶来由自可，发起壶来有根生。银匠在云南省，锡匠在贵州城，请银匠来打壶瓶，上面打起波罗盖，中间打起凤凰形。又是金又是银，一对金鸡压壶身。发壶已毕，年年大吉每桌拿到酒壶后，客人中就开始每人发一酒杯，于是有散杯令：堂屋天井添光辉，等我小弟散金杯。金杯出在金州地，银杯出在银州城。金杯银杯桌上有，三星拱照五金魁。主人堂前亮光辉，桌子高上摆金杯。金杯银杯成双对，调羹碗盏齐整整。一杯三盏四季红，三盘四碗五金魁。筷子壶瓶成双对，富贵荣华福芳飞。散杯已毕，大吉大利。

当每桌有了酒壶、每人有了酒杯以后，就要开始行酒令了，酒令按照其考问别人的方式，可以分为很多种类，如跟官令、各择令、暗令、随口令、藏头令、贺令、十字歌、古今令等。下面简述其中几种：

跟官令。一人出令，别人跟令，即重复所给出的令词，如果没有跟错，喝一杯过路酒，如果有跟错的地方，就加罚一杯酒。令词如：一二三四五六七八九十，十九八七六五四三二一，一两三四五六七八九十，十九八七六五四三两一，一去二三里，烟村四五家，楼台六七座，八九十枝花。花枝十九八，座七六台楼，家五四村烟，里三二去一。一去两三里，烟村四五家，楼台六七座，八九十朵花，花朵十九八，座七六台楼，家五四村烟，里三两去一。说得过，填杯过，说不过，双杯连一座。

各择令。是指定一个范围或原则，个人自选朗诵。一般要求辞令里带头带尾，带花带籽，带对联诗歌。诗词句子必须押韵，内容必须有祝贺婚姻之意。如对联“红梅花并蒂，绿竹长燕窝。”诗歌“昨夜扁舟雨一蓑，满江风浪夜如何？今朝试卷孤蓬看，依旧青山绿水多，四季常青是棵杉，开花结果是枇杷，有头有尾是乌鸦，摘枇杷，打乌鸦，叫出声音是发家。”

绕口令。绕口令实际上也是一种跟官令，即要求跟令者听了所出的令后进行完整无误的复述。由于绕口令对吐词表达和记忆能力的要求比较高，所以当人们酒至半酣的时候，头脑有点糊涂不清，言语表达也更为吃力，所以这时候进行绕口令对人是一种更大的考验，也正因如此，绕口令才能带来更大的趣味性和戏剧效果。如：绕口令“鸡走粑，粑粑巴鸡脚，鸡脚巴粑粑，鸡吃粑，粑粑巴鸡嘴，鸡嘴巴粑粑。”“您家后园有棵劣脚扁豇拐角豆，我家有只劣脚扁颈拐角羊，去吃您家劣脚扁豇拐角豆，您家有只劣脚扁颈拐角狗，去追我家劣脚扁颈拐角羊，不知劣脚扁颈拐角羊，吃了您家多少劣脚扁豇拐角豆，不知劣脚扁颈拐角狗，咬了劣脚扁颈拐角羊多少口，您要我赔劣脚扁豇拐角豆，我要您赔劣脚扁颈拐角羊，您要我去栽好劣脚扁豇拐角豆，我要您去管好劣脚扁颈拐角狗。说得过填杯过，说不过双杯连一座。”

暗令。是指出令者模糊地给出令词，听者识得破，就填杯过，识不破的，就罚喝酒。如出令“有胡摸胡，无胡摸壶。”“有胡子的摸胡子，没有胡子的摸酒壶。胡胡胡，问有还是无？有就说有，无就说无。”“若您留有胡须，就说‘有’字；若您是青年，就说‘无’字。吃酒，要吃龙干，要吃龙叫，要吃龙笑，不许龙爬坎，会吃一杯过，不会吃者，四杯加一座。”

谈古今令。即主客之间用包含古今知识的口令进行应和、问答。

布依族唢呐音乐

布依族村民吹唢呐

镇山村的民族民间乐器也比较多，有芦笙、唢呐、姊妹箫等。曲调有芦笙调和唢呐调，悦耳动听。

镇山村布依族唢呐常作为领奏乐器或与锣鼓结合演奏，适于表现热烈、欢腾的气氛，尤其适于演奏豪放、泼辣的曲调，能够深刻而细腻地抒发内在的思想感情，是一件表现力很强的乐器。唢呐的特点是音量宏浑有力，音色高亢明亮，常用于室外演奏，是民间婚丧、建房及迁居等场合以及吹打合奏中的主要乐器。唢呐由哨、气牌、侵子、杆和碗 5 部分构成。在木制的杆上开有 8 个音孔，杆上端装有铜质侵子，侵子上面套有气牌和芦苇做的哨，杆下端安着碗。曲调主要有老调、老牌调、吹牛调、立房调、丧调以及挑逗调等。传承至今，唢呐在镇山村最常见的场景是丧事场合，唢呐队分主家唢呐队和宾客喷呐队，主家唢呐队一般会在丧事期间进行演奏，宾客唢呐队随姑妈等重要公宾客于出殡日前夕而来，和主家唢呐队交替演奏，陪同送葬队伍上山，直至丧事结束。

花溪木叶吹奏

镇山村的祖祖辈辈都十分擅长民族乐器。木叶吹奏正是民族乐器之一，其传承方式为家族内教学，在历史长河中，吹木叶成为镇山村民的一种习惯。花溪木叶随时随地都可以吹奏。当干农活累了，就停下来吹吹树叶放松一下。要想吹出来音质好，树叶的选择很重要。冬青树、香樟树和橘子树的树叶最适合吹奏。另外，树叶厚薄要合适，往往没被太阳晒到的树叶，韧性最好。

芦笙舞

芦笙舞是镇山村苗族群众在“跳花场”时常跳的舞蹈。表演时手挽手、身体前倾、顺圈往前跳，动作比较简单。参加舞蹈的人数常见为 12 人，队形呈 3 人一横排、4 人一竖排的长方阵。

芦笙舞舞曲。芦笙舞曲一般都有引子（准备起舞）、主部（伴奏舞蹈）和结尾 3 个部分，主部作多次反复变奏。芦笙运用各种吹奏技巧，通过高低音芦笙不同音色的变化及特有的和声配置，使音乐更加活跃生动。快舞曲与慢舞曲两种，快舞曲多用于节日的比赛，气氛甚为热烈，舞姿也较开朗活泼。慢舞曲在平时吹奏，音乐缓慢抒情，轻松愉快，舞姿柔弋而平稳。

芦笙舞动作。以“探路步”为基本舞步。“探路步”舞者左脚提起往左侧空划小半圆落地，右脚左靠，身体同时往左侧横移，微右斜腰，右脚又做对称动作。这种前行中又有向左右两侧横移的动律，有着自己浓烈的民族特色。除“探路步”“双踏浪”等稍微简单点的动作外，还有如“跪地下腰”“板凳下下腰”“滚地笙”“双腿蹬天”“望家乡”等一些难度大、技巧高的动作和组合。

语言文字

布依语言

布依族语言属汉藏语系壮侗语族壮傣语支，在发展过程中，形成 3 个土语区，镇山村属于第二土语区。贵阳方言已经取代布依族语言成为该地的主要生活用语，村内居民大多使用贵阳方言或普通话交流，能用布依语交谈的人极少。2019 年，镇山村村中 60 岁以上村民有 85% 能够听、说布依族语言，且比较流利；40—60 岁人群中，能听懂不能说者占 70% 左右；20—40 岁人群中，能听不能说者不到 30%。

布依文字

历史上布依族没有文字。1956 年，人民政府为布依族创造以拉丁字母为基础的布依文，在花溪、乌当等布依族居住地区推行。布依族长期以来只有口头语言，没有文字，其优秀的文化遗产，宝贵的生产经验，全靠一代一代的口传心记流传。布依族人曾造方块字记录布依语资料，主要是巫师用以记录“经书”“咒语”，是一种汉字变体的民族文字，只流传于少数民族巫师之中，师传也不尽相同，用字不一，不能互读，只是一种消极的辅助记录方法。1956 年，人民政府曾组织民族文字专家，用拉丁字母帮助布依族设计布依文字方案。20 世纪 50 年代，贵阳地区曾举办培训班，试验推行点。1981 年，贵阳市又开办布依族文师资格培训班，设立布依文推行点，花溪区亦列入推行试点之一。各地布依语内部在语系上有细微差异，其原因有行政隶属长期不一、交往不平衡的原因，也有母语特征差异的原因。

艺文杂记

镇山村系典型的布依村寨，有着独特的自然山水和人文景观，保存了布依族地区的主要文化元素。20 世纪 90 年代开始，境内的民间文化工作者，把这里流传的民间故事传说予以整理，逐渐引起人们的关注，大批记者、作家、大学教授、大学生等到镇山村进行采访考察，也因此留下不少诗词、小说散文等。

诗词　楹联

无　题

〔清〕张偕仙

是谁勇猛执秦鞭，劈得名山半未圆。
半堵江流半着位，半偕牛硐落金锁。
半陪风水半沉川，半依猴峰鸟岛穴。
好把半船留此据，半参儒礼半参禅。

武庙联

胡朝相

越四百载，不见烽火狼烟，但有布依巧手绘出民族锦绣画廊；
跨千重山，豁然水天一色，乃见半边山隅藏石头山寨布依村。

镇山，石板覆盖的山村

北枫

镇山不仅镇山
也镇山

“半边山”负责古村的冷暖
路上铺的，房顶盖的，家中用的
它都提供

村子三面临水，这里的白云
被湖水洗得干干净净
很像苗家姑娘的脸

秋来，石板路上染了些露水
光合作用下
好似蜡染刺绣品

我不忍在苗饰活化石的
脸上，烙印

过花溪镇山村

全文选

雾锁花溪又一重，山村景色已朦胧。
沙石小径悠然过，疑是桃源在梦中。

诉衷情令，镇山村访古

曾晓鹰

当年平藩立功勋，晋爵授将军。镇山开创屯堡，布越喜招亲。
瓜蔓茂，李班分，是同根。一衣带水，两姓和居，永结芳邻。

封妻诰命作夫人，荫子位同尊。遂为名阀望族，遐迩尽知闻。
修武庙，供忠臣，祭戎魂。化龟昂首，见证沧桑，叱咤风云。

城墙古老有残存，修复石龙身。迂回盘绕营寨，此乃镇山屯。
枯白果，敝苍鳞，遍伤痕。鹊巢修筑，构树滋萌，梦断烟尘。

游船乞渡试摇唇，十侣赴南村。英灵特派苗裔，引路极殷勤。
披杂草，斩荒榛，谒遗坟。爱妻长伴，骄子遥趋，检校松筠。

注：曾晓鹰，1954 年 7 月生，四川内江人。贵阳学院文化传媒学院教授。中华诗词学会会员、中国楹联学会会员、中华辞赋家联合会常务理事。

游花溪镇山村

黄润蓬

依山傍水布依村，石瓦石墙隐绿荫。
古树葱茏遮丽日，碧波画艇可销魂。

近水楼中聚晚餐，农家菜饭色香全。
红肠腊肉炖鸡块，鱼脆虾酥米酒甜。

镇山村

孟东伟

一水半山石板房，桃源恍入沐清凉。
俗风依旧情依旧，米酒飘香醉梦乡。

镇山村

张广生

层林尽染气氤氲，石板楼台野趣吟。
三面环波浮翡翠，神仙到此也颠魂。

游镇山村

李玉森

乘船十里到村边，喜见布依歌舞欢。
绿树参天湖水瀚，青石铺地庭院宽。
乡烹陈酿玉杯饮，野菜鲜鱼翠果餐。
莽荡清新无秽气，农家乐处享天然。

清平乐·镇山村

罗庆芳

水山相伴，湖水三方漫。巨斧劈山山去半，林茂兼丰花艳。
石街石巷石桥，片石屋顶坚牢。院坝石铺砌坎，工技艺前茅。

访镇山村

竹　风

布依山水带娇羞，天赐薄纱作盖头。
山色空漾藏秀丽，水光闪烁显风流。
依稀烟景楼中客，飘缈清歌梦里游。
米酒三巡人半醉，淳风作迳可通幽。

◉ 碑　刻

布依族名源碑文

中华布依，源远流长。
百越后裔，雄立夜郎。
开拓西南，世代荣昌。
万千聚落，棋布八方。
族称不一，文明难彰。
一九五三，集会贵阳。
群贤毕至，族名共商。
统称布依，源清本扬。
优秀传统，光大弘张。
振兴中华，共谱新章。
刻石以志，万古流芳。

国家民委1958年10月10日批准
贵州省布依族学会
2004年7月22日

布依族名源碑

乡禁碑

盖闻国以民为本，民以食为天。自因乡规未启，盗窃滋犯，比户不支。吾侪各乡等，因是合同相商，酌定乡规，刻为碑记，永免贼害。

一议贼入境盗窃家财、六畜等，不光齐集本寨，鸣锣吹角，分路追赶；临（邻）寨闻声，各守要路，拿获送交县官究治。

一议盗窃草厂、菜、谷、草□总甲、除赔还外，再议□罚。

一议六畜践踏五谷者，拿获交甲长，相地赔还。如不遵者，再投总甲设罚。

一议失遗有田，准给搜寻□□油，不得转行坐驴，违者送县官究治。

一议毒鱼、打鸟者，拿获罚钱一万□千文；倘见者不说，□亦罚钱五百文。

一议乞丐入寨，除老弱以外，不准□文。

一议违令该罚之人，如有持横不依者，交县官究治。

以上诸条，皆由众定。一寨有事，各寨同体。倘有坐视公同议处。如再不遵禀官究治。所定乡规，春秋两禁，每年约定六月十五日一会，如有一人不至，罚钱一千。

天鹅寨、半边山、龙场坡、小高寨、大高寨、摆巷、摆笼井、猫洞、芦茨寨、茨凹。

咸丰八年六月十五日　　十寨公立

注：该碑位于花溪区石板乡野狗坡苗寨，为半边山（镇山村）等 10 苗寨共立。

布依古歌民歌

送郎三步

送郎三步下石梯，毛风细雨打湿衣；
心想脱件给哥换，男人不穿女人衣。
送郎三步下石岩，毛风细雨打湿鞋；
心想脱双给哥换，男人不穿女人鞋。
送郎送到院坝边，层层乌云遮满天；
惟愿老天下大雨，留郎回家耍几天。

时时想你在眼前

牡丹花开四月间，时时想你在眼前。
我愿变根小扁担，时时放在你的肩。
牡丹花开四月间，时时想你夜难眠。
我愿变颗小扣子，时时挂在你胸前。

哥为妹来妹为哥

哥为妹来妹为哥，鸟为青山鱼为河。
鸟为青山死在岭，鱼为清水死在河。
哥为妹来妹为郎，鸟为青山鱼为塘。
鸟为青山死在岭，鱼为清水死在塘。

只爱情妹好人才

大河涨水淹半岩，金花银花顺水来。
金花银花我不爱，只爱情妹好人才。

姐意盖过万重山

清早起来爬大山，手拿木叶丢下滩；
木叶盖过千江水，姐意盖过万重山。

情歌

一

太阳出来照白坡，金花银花掉下河。
金花银花我不爱，只爱情哥好山歌。
太阳出来照白岸，金花银花掉下来。
金花银花我不爱，只爱情哥好人才。

二

这山没有那山高，两山拿来搭栋桥。
千军万马桥上过，然何不见哥过桥。
这山没有那山平，两山拿来搭个城。
千军万马桥上过，然何不见哥进城。

三

记你哥来记你哥，记你一脚卡翻坡。
记你情意实在好，记得情意又来约。
记你人来记你人，记你一脚卡翻城。
记你情意实在好，记得情意又来约。

四

想哥想得死起来，死了三天抬去埋。
抬从哥家花园过，闻到花香活转来。
想哥想得病恹恹，不想吃饭几十天。
不想吃饭几十顿，出门玩耍要人牵。

五

想哥想得昏沉沉，想到河边去照人。
河中照的绿布景，明镜照见喊不应。
想哥想得病恹恹，想到河边去找来。
河中照的绿布景，明镜照见喊不来。

六

想哥多来想哥多，想哥多多病来魔。
吃了好多药不好，要哥指头化水喝。
想哥多来想哥多，想哥多多病来魔。
三天不吃一颗米，一心只想去见哥。

七

生要连来死要连，想成夫妻在人前。
砍头其如风吹过，坐牢其如坐花园。
生要跟来死要跟，想做夫妻在人前。
砍头其如风吹过，坐牢其如坐花林。

八

三块石头支口锅，壳膝头上蹲缸钵。
只要讲得心合意，情愿跟哥蹲崖脚。
三块石头支口缸，壳膝头上蹲沙缸。
只要讲得心合意，情愿跟哥蹲崖山。

九

后院韭菜冷幽幽，一刀砍掉几十蔸。
只要讲得心合意，三天冷饭不嫌馊。
后院韭菜冷深深，一刀砍断几十斤。
只要讲得心合意，三天稀饭不嫌清。

十

一更得梦一更想，二更得梦想成双。
三更得梦想到你，四更得梦想到郎。
五更得梦金鸡叫，金鸡叫来天亮光。
天亮光来天亮光，打开蚊帐穿衣裳。
穿衣不快披衣走，穿鞋不快撒鞋帮。
一脚卡在大门站，二脚卡在小门方。
手提火钳去整火，眼泪滴湿我衣裳。
别人说来你不信，果然美貌世无双。

十一

为了玩耍要争先，挨打挨骂不喊冤。
沙啦啦的杨柳，哗啦啦的水。
尖刀扎在妹心上，亲家还在妹心间。
沙啦啦的杨柳，哗啦啦的水。
为了玩耍争自由，挨打挨骂泪不流。
沙啦啦的杨柳，哗啦啦的水。
尖刀扎在妹心上，情哥还在妹心头。
沙啦啦的杨柳，哗啦啦的水。

亲家歌

太阳出来照白坡，金花银花掉下河。
金花银花我不爱，只爱亲家的好山歌。
太阳出来照白岩，金花银花掉下来。
金花银花我不爱，只爱亲家的好人才。

做客歌

一

吃了夜饭要洗脚，三朋四友就来约。
别人约你去开会，我们约你来唱歌。
吃了夜饭就摆街，上街摆到下街来。
别人约你去开会，我们约你来开牌。

二

贵客来到闲人家，来了半天不煨茶。
怪我手长衣袖短，少来装烟少倒茶。
贵客来到闲人家，来了半天不煨茶。
怪我手长衣袖短，得罪亲戚到哪天。

三

今天不是礼拜三，没有买到豆腐干。
没有买到豆腐果，两碗酸菜招待客。
今天不是礼拜六，没有买到豆腐皮。
没有买到豆腐果，两碗酸菜招待客。

四

梨子好吃树难栽，白米好吃田难打。
鲤鱼好吃网难抬，山歌好唱口难开。
梨子好吃树难生，白米好吃田难耕。
鲤鱼好吃网难撒，山歌好唱口难行。

五

不会唱歌不要来，关门在家打草鞋。
一堆草鞋一碗米，慢慢讨乖慢慢挨。
不会唱歌不要行，关门在家打草鞋。
一堆草鞋一碗米，慢慢讨乖慢慢行。

六

你要唱歌快唱来，主人捎去三捆柴。
柴在柴山要人砍，水在水中要人抬。
你要唱歌快唱行，主人捎去三捆藤。
藤在藤山要人砍，水在水中要人挑。

七

我家住在大山脚，大山脚下有条河。
我到河里去挑水，挑到水来当酒喝。
我家住在大山边，大山边上有个潭。
我拿水桶去挑水，挑得冷水当酒干。

八

我家住在大路边，吃根白菜要用钱。
吃根白菜要钱买，你说可怜不可怜。
我家住在大路沟，吃根白菜要去偷。
吃根白菜要去偷，你说害羞不害羞。

九

有人来到我的家，将钱买包向阳花。
管它丝烟好不好，只要院子秋满屋。
你们来到我的屋，将钱买包向阳竹。
管它丝烟好不好，只要院子秋满屋。

婚礼歌

一

喜羊羊啊，老羊羊
主家喊我来把床嘞
自从今天把过后啦
儿子儿孙滚满床嘞

喜羊羊啊，老羊羊
恭贺新郎接新娘嘞
有缘千里来相会
夫妻恩爱情意长嘞

喜盈盈嘞，老盈盈
恭贺新郎接新人嘞
自从今天来相会
夫妻恩爱情意深嘞

二

我家门口紫荆花
新郎幸福来到家嘞
自从今天接过后
明年生个胖娃娃嘞
明年生个小宝宝
一家老小笑哈哈嘞
紫荆花来紫荆藤
今天我家接新人嘞
自从今天接过后
明年添个胖孙孙嘞
明年添个小宝宝
一家老小欢盈盈嘞

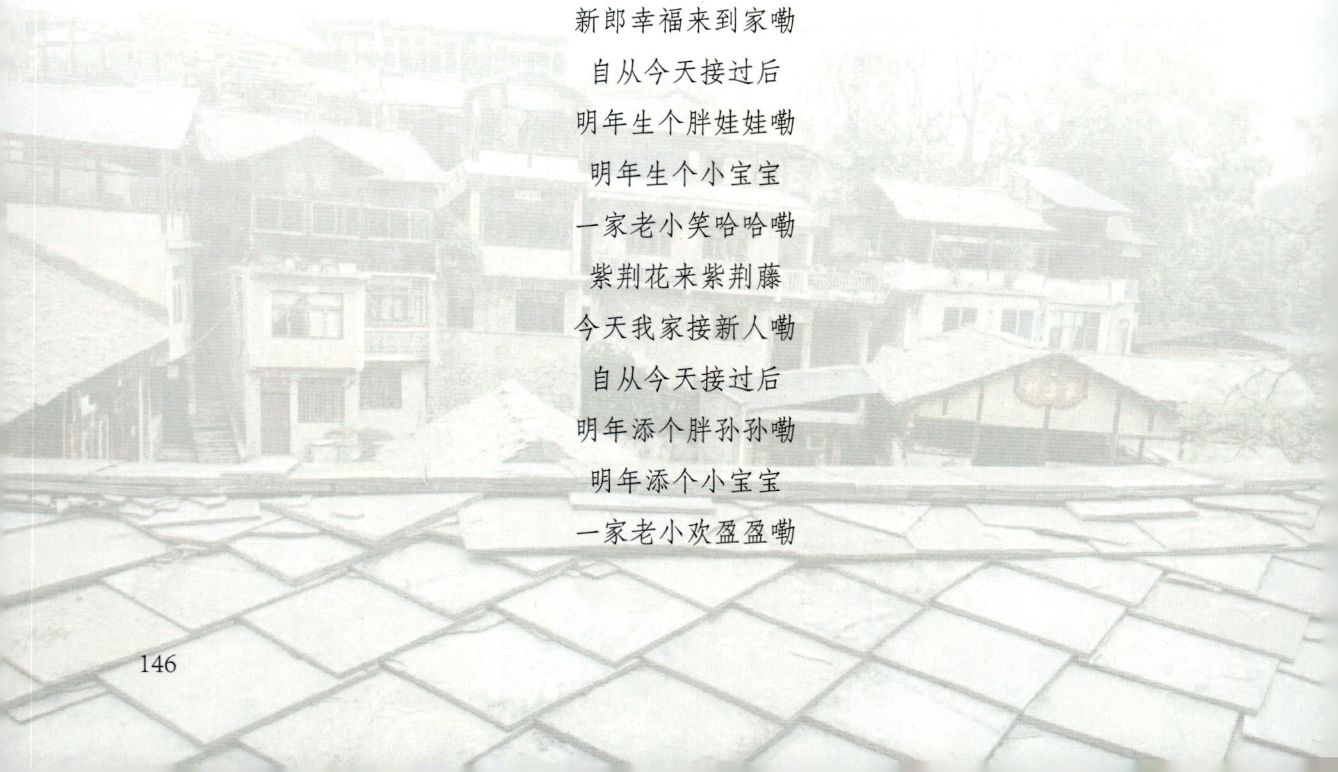

◉ 回忆录散文

源起半边山

班林燕

想想，再想想那些山水，该怎样说起，先沉醉，再喝酒！或有由云里雾里的源头？对，是真实的云雾里，穿过他一身光泽水润，上溯五百年：镇山村的早晨，李仁宇将军饮马河边，正好，那班姓女子，她在浣衣，她在吟唱，她在水中央！

很久很久以前明万历年间……老太奶故事的开端，悠长又久远。她布依语的“更迷更，嗷了迷，唠里鸡么嘢咕唠叨”常常横渡在镇山河上，那些孙儿便知道归家“更着”了。石板房炊烟四起，谷物沉甸甸的热闹。李将军威武如山，像立在河边的半边山。关于传说，关于历史，有层层页页的青石板泛着光，隐约耳语的海百合，秦始皇的赶山鞭，把五百年前的李将军拖进了历史更深处。至今，这命过硬！

河是温柔的，温柔的班氏。她环抱着村庄温暖泛滥。鱼虾各自有宿命，在她手指间脚趾间穿梭拥挤，跟她回家。她是河，是仙，白衣飘飘！那个远山远水跋涉而来的将军哟，只为遇见，只为停留！石头围了一方城堡，他的士兵举着矛拿着盾，哟嚯，哟嚯！誓死保卫，这就是家园。城头上的将军威武，威武，真的威武！班氏迷了魂，失了魄，转刹红尘五百年。

一切都有迹可循，顺着河流，沿着山路。寨佬长满皱纹的手，摸过布衣绸缎，庄稼一茬又一茬地磨过岁月。石板路青青光亮，石城墙金戈耀眼，铁蹄震耳。脉脉，源源……血，一直惊艳！彼岸花自顾自凋零。每一年都要散布些谣言，谁的谁又投到这人世间，这一方山水的木林石里真的是母亲吗？乳汁充满了田间地头，山涧河流。犁头翻开了泉眼，老井就有了开头。一个古村该有的性格，比如鸡鸣犬吠，比如花影月疏和醉。新嫁娘的米酒就着花香绻眷在风里，不动，不动！一挥袖的回眸，定格了半边山的守望。另一半在水里荡啊荡！

他们说秦始皇的赶山鞭有神奇的力量，修路赶山，不止于长城，还要填海。海，那么深远到今天。填进去的记忆有水族的家室，岩石上还有风干鱼虾的骨骼笔直。好吧！化石，化水，化风。某年某月某一天，他在这还不叫镇山村的地方，原本独立，原本完整。他们又说在彩云之南还南，半边山的另一半在等，在遥望。秦皇啊，算你狠，你怎生造如此相思，一脉两地的离间，把古琴弦绷紧，只怕一拨忧伤断裂，砰！

其实乡味更多。镇山河的水缠啊绕啊，半边山他向远方，向远方蜿蜒，方向明了。是牛马归家的时候，每一幅移动的漫剪影，投在黄昏，黄昏的镇山河。另一半在水里活色生香荡啊荡！

忍住回忆，回忆有蛇。它会纠缠，吞噬，放毒。这么多年经久不衰。外婆的回忆给了我，那么是谁的口口相传，如今虽然版本不同始终同归。放蛊人的蛇原是救人的药，惧怕与邪恶只一念之差。中蛊至深，情蛊始于五百年前的兵荒马乱。张爱玲说一个城池的沦陷成全了爱情，是么？感谢屯兵备战，李将军由西向南步履匆匆，命中注定的停留，成全山水间的红尘。一留，五百年，镇山公元年，班李姓一家亲缘起，绵长！

那时候有没有山歌？敢不敢私会心上人？上弦月正好想要圆满，将军和士兵们挥着腰刀斧头造天设地，老树根盘好座入地长，号子声震天响，今天很古的城墙还有潮湿的温度。那时候汗珠子的味道一定很雄性，布依姑娘在有月的夜里一定唱起过情歌。他是她的将军她的王，他懂，月如钩一照经年！

城墙围她于中心，石板瓦木头柱，小轩窗绣梅花。屋外风大雪盛，室内柴炉煮黍。他在城墙立军旗猎猎，守护她的安心。剑与矛都可以播种，染指的泥疯了的漫延翠的绿。

他是将军，他是农夫，他是她的英雄，她的王，他是镇山村的始祖。是怎样的深情怎样入骨透心的爱，那个年代，哪样的境遇，他的两个儿子一个随父姓，一个随母姓。要有多少深情厚谊才足以表白，爱在骨髓里不动声色。

村庄就这样落地生根，这不是传说是历史，因为身体里长满了同样的脉络，朝向一致！所有路途经过的坟墓芳草青青，期期艾艾的诉说，风一过就弥散。外婆跪拜的祖坟，碑文渐浅。拥抱的泥土千年，万年！前尘已去，未来已来，此时静止静默。外婆五体投地，匍匐，匍匐听见："好啊，好啊，子孙多美好！"先辈福佑我辈，外婆不哭，我们回家。高高的高楼上，树栖雀也歇我。根还在土地深处，我必不离不弃。点香绕过的三分地，纸钱买路，燃尽四月的阴雨。年年岁岁反反复复，先祖安息！

山有木兮木有枝，心悦君兮君不知。村有屋兮屋有君，心恋家兮君亦然。呵呵，《越人歌》多美，美如村。流水在前，枕山被靠。鱼儿不说话，他吻过布依姑娘肚兜下的娇体。从上到下，白天黑夜。山野里有了原始的放纵，开乱的花纷纷扰扰的拥簇。舍不得放下脚，花儿会痛。石头它也不说话，以各种姿势沉默着。山间拱了桥铺了路，在村庄站成人的样子。围起来就是家，这是石头的使命，从来如此。它竖了墙做了桌成了凳，不再冰冷冷。想笑就笑，抚着长发白须，附了魂魄成精成仙。痛了就咳嗽呻吟，同屋顶的炊烟一段一段地飘向远方，有来龙去脉的痕迹。

每个屋檐下的男人都姓班或李，每个屋檐下都有故事，情爱的爱情的，就喜欢这种赤裸裸的粗犷："妹妹花园一支花，哥哥摘起捧回家。一起种豆结大瓜，生生世世不离她""生不分来死不分，今生决定把哥跟。泥巴裹脚算哪样，刺梨蓬下把根生"。山歌至纯得简单，简单得粗糙，然后种庄稼生娃，一起变老，幸福着谁的幸福。一头老牛在夕阳的河边，仿佛很远，仿佛很近的画卷。

总是要有些忧郁的气质，诗有诗的面目，村庄有村庄的模样，一切终归要轮回，可好？我是前世的牧童还是白狐，来自同一颗桃花符，村庄空落落的寂寞，柴门紧闩。望那前世赶考的书生，一把泥土掩去了功名。今生他回不来，不回来。回来的人最好都喝孟婆汤，不相认不相思，好叫这村庄不悲伤。前尘世往往多情，路过的人那么多，你只消拿半块石头认亲，严丝合缝山水作证。

很多人离开了村庄，抽离了最后的元气。村庄越来越瘦越来越薄。思念已经害了病，不知是娘想儿还是妻念夫。一些人去另一些人的远方，进行一场相思的博弈，谁想念得多便是输了。终于是正大光明地离去，去城市灯火深处！就是镇山河的鱼虾，他在城市白生生的瓷盘里换了一种死法。只是河流他自己奔腾欢快，他有他的方向。只是山他不惊不慌地荒芜，他有他的等待。石板房下的窗口，每晚老娘挑亮着灯。

古寨新姿——镇山村保护开发小记

潘廷映

今日的镇山村，已公布为贵州省文物保护单位远近闻名，在国外也有一定的影响。挪威国外务大臣驻华大使和生态大臣也前来参观过，并与国家文物局和贵州省共同投资兴建“贵州镇山布依族生态博物馆”。镇山村现已成为贵阳近郊的旅游热点，中外游客不期而至，人来车往，一派热闹景象，促使村民脱贫致富，令人欣喜。十多年前，我在省文化厅分管文物工作，曾是调查保护镇山村的组织参与者，最近又走访这个村，感慨万千，往事难忘。现将过去如何发现保护，以及近年开发旅游的情况作一记述。

一、秀丽的山村、悠久的历史

三十多年前，我在省的宣传部门工作，要为《红旗》杂志写篇民族团结、“农业学大寨”的文章，经贵阳市和花溪区宣传部门推荐，与写作组的同志到镇山村调查采访后，由我执笔经集体修改，于 1970 年 11 月号的《红旗》上发表了《红日照苗岭，镇山换新颜》的文章，由此引起相关领导的重视，该村成为当时的先进典型，盛名一时。20 世纪 90 年代初，国家文物局提出要重点调查保护民族文化村，时任贵州省文化厅副厅长的我，便想到了镇山村。

在写那篇文章的年月，文物属于“四旧”，不可能言及对古树的保护。但对镇山村秀丽的山光水色、石头房，奇特的民居建筑以及悠久历史和乡风民俗的印象却是深刻的。经与厅文物处和花溪区文化部门的同志共同调查后，一致认为镇山村作为自然民族村庄、特具保护开发价值，在省内的民族村中不可多得，当我把保护开发这个自然村庄的想法向时任文化厅厅长、党组书记的王恒富同志汇报后，立即得到他和其他同仁的大力支持。

镇山村位于著名风景区花溪水库和天河潭之间。从天河潭流来的清溪碧水，在村前绕了一个弯，与村子东北边的一条支流汇合后，形成高峡平湖，再向东南流去，从而使镇山村处于三面环水，一面临山的极佳境地，令人赞叹称奇。其地形形成的两座峰峦，似若人水游龙，村庄则恰在龙头之上。有墙石瓦石窗的布依族民居依山而建，层层叠叠，由上而下，直抵湖边，从上往下看，村子浮在水云间，从下往上看，村庄被树绕山环。紧靠湖湾的东南岸，耸立着一座挺拔的小峰，它的一半好像刀劈斧砍与镇山村隔水相望，这鬼斧神工之力，尽显钟灵毓秀。这座山原名盘龙山，神话传说是秦始皇统一六国治理天下时，用神鞭撵至此，盘龙山却不走动，天上王母娘娘看见，助一臂之力，一鞭打下，留下半边，故名半边山，镇山村之名由此而生，留下许多美妙的传说。

由于镇山村三面环水，故只有一条石板路的南北通道，自上而下从村庄通过，长约一华里。屯堡两旁民居一般不面道开门，而是在主干道两侧延伸若干小道通往许多幽静小院，各院之间都有石板路相通。这些小院有自己独立院门，用石块墙作为支架，以石板代瓦盖顶建成。据村民们说，院门朝向很有讲究，居室大门不能与院门同方向，应各有朝向与山向，说这样才风水好，人财旺。

镇山村是一个名副其实的石头世界，其所属地层为理岩结构，山上的石料极其丰富，有厚薄适度平整的板块石、碱石、条石等，呈灰白色，皆为天然生存。村民们称这些石为青石、麻子石或片麻石、片青石。根据需要将石料开出来后，稍作加工切割即可使用，一幢幢别致的石板房在此山间应运而生。石板房以石条或石块砌墙，用石灰或水泥砂浆黏合，墙可至五至六米高，屋顶选择薄型石板，厚约二厘米，加工成一平方左右，高低叠压，错落有致，不仅可挡风雨，既冬暖夏凉，还可抵御贵州山区春季常见的冰雹袭击；房的四壁也用石板与木条议而成。总之，除檩条、椽子、窗子用木料外，其余全是因石制官，甚至家庭日常用的桌、凳、钵、水缸、养猪、鸡用的食槽等都是石头凿制而成。

石板路、石板房、石板院坝、石头城堡，记录着镇山村的古老历史。据村上班士达、李秀良等几位年高有文化的老人保存的族谱了解，相传在明朝万历年间，南方发生叛乱，朝廷派江西吉安府卢陵县人氏，时任协镇的李仁宇以军务带兵入黔，屯兵安顺，及黔中平服，广顺州粮道开通，遂携家眷到石板哨镇山建堡屯兵，其妻因水土不服病逝，遂与布依族班氏老祖太结亲，定居镇山。婚后养育二子，夫妻商定，以长子姓李，次子姓班。镇山班、李二姓，名为两姓，实为一个家庭，今已传至 17 代，有 105 户，500 余人，距今 400 多年历史。

镇山村顾名思义是个村，但其建筑不是一般的村，是个古村，更是一座军事城堡。利用三面环水地形，有河的以水设防，没有河的部分砌有厚 3 米高 2 至 4 米周长 700 多米的城墙，还设有战道设施。进入城堡，只有一个通道，两头各有一道石头城门把守，关隘森严，易守难攻，固若金汤。建有关帝庙一座，因李氏系行伍出身，为祭祀关羽而修建。

据族谱记载，班李后代不忘“将门”的遗训，勤奋习文练武，自李仁宇之后，任游击将军（武官）之职相继五代。这里还传说着许多“游击将军”的故事。五世祖班国和是府上的游击将军，在广顺羊角屯剿匪被俘，布依人几次营救未成，请苗族兄弟相助。苗人来到广顺羊角屯，见戒备森严，无法劫狱，于是，夜半时分，苗族兄弟选一善吹芦笙者，躲在监狱附近的小山上吹笙、唱歌，用歌传递信息。歌唱意思是：班国和，今夜五更天，你从监狱爬出，我们来救你。之后又用芦笙吹奏：嘟啊！嘟啊！看守不多，你能逃出。看守不懂，国和知音，到五更时分，趁狱卒疲惫打瞌睡时，班国和逃出，获得营救。从此布依人不忘苗家人救命之恩，两族亲密团结，长期和睦相处。每年正月初九至十三，布依人都要提供场地，在场地中央竖一“花树”，请苗家人前来吹芦笙跳场，共度住节，同享欢乐。跳场也是青年男女为爱情而欢聚的地方，热闹非凡，每天参加人数均在万人以上。十三日是跳场的最后一天，镇山的布依人都要磨豆腐、赠酒、送肉打平伙，席上互相祝酒，共叙两族深情厚谊，尽欢而散。苗布两族共过患难，这里已成为他们的共同家园。即使是在 1958 年兴修花溪水库时，沿河的低洼民居要迁出，但他们不愿分离，有的仍迁原镇山老村与布依人为邻，除迁往河对面李村的属花溪乡外，迁半边山山居关口寨的 20 多户苗家人仍与镇山同村。

镇山村除了过传统的春节、端午节、七月半、中秋节等之外，还有自己的民族节日“三月三”“四月八”“六月六”。能歌善舞的布人和苗家，每逢这些节日都要以歌唱、跳舞、吹芦笙等形式来庆祝或祭祀。“四月八”是两个民族都要隆重欢庆的节日，各有其独特的祭祀活动。相传布依人六世祖班斌和遇祸被官府抓捕入狱，欲以饥饿敛死，亲人送去的饭菜悉被扣下。他们探知这一情况后，便用一种植物叶泡糯米，煮成乌米饭后送去，狱卒见了这种饭后不再扣留，斑斌和有饭吃了得以保全性命生还。“四月八”这一天，家家户户都要吃乌米饭，以示对先祖蒙难的纪念。

二、恢复原貌、落实保护

镇山村与其他村有很多不同，他具有文化内涵丰富，历史脉络清楚，古堡骨架完好，民风民俗淳朴，历史军事地位重要，军事攻防体系严密等特点，真实地再现了布依人祖先的生活原貌，真正体现了“天人合一”的哲理，是一座生动的不可多得的民族户外露天博物馆。我们一致认为，把它维修保护好，具有历史、文化、科学和经济价值。这样的观点得到了省文化厅和花溪区领导的认同，从而把镇山村的保护工作提上了日程。

经历岁月风雨沧桑，加之修花溪水库占地，村民人均耕地减少，生活贫困，昔日的石板路、古城墙、寨门以及一些民居年久失修，有的破烂不堪，甚至北寨门、关帝庙等已荡然无存。由于长期无人管理，乱搭乱建亦多，村前最佳景观湖湾地段已成为垃圾场，湖水污染，又脏又乱，大煞风景。据此情况，我与文物处副处长胡朝相等同志多次进村，反复做村干、村民的思想工作，使他们自觉认识到，抢救古村就是珍惜祖先遗产，保护环境就是保护自己的家园，恢复原貌以自然风光引来游客就是为自己开辟财路。

“众人一条心，黄土变成金。”采取民办公助的办法，发动村民办好第一件事：修路。文化厅先后拨出 7 万多元为材料资金，于 1993 年冬至次年春天，全村付出 2400 多个工日，开采 1438 立方米石料，把 150 道梯坎 600 平方米石板路全部修复，坍塌的 123 米城墙也恢复了原貌。早已不存的北大门，经镇山的能工巧匠们开山采石，加工成 40 厘米 ×65 厘米 和 40 厘米 × 30 厘米的长方形石块搭着木架，像修石拱桥一样，硬是把一座 5.3 米 ×4 米的石拱大门修成，再现了当年古城堡的历史风貌。此情此景，使镇山老幼看到了希望，精神振奋。这年春节之后村民们再接再厉要在村前湖湾的最佳位置上修建水码头。他们采石料，清淤泥，挖基础，嵌石板，32 条坎，70 多平方米的水码头在春耕大忙之前也告完成。水上码头的建成方便村民划船由水上通道的捷径到田间地头从事农事活动；与周围环境协调的石板码头为镇山增添了新的景观。

镇山村保护维修的初步成功，引起了省有关厅局和省府有关领导的重视，他们前来参观指导，充分予以肯定并留言题词。在入村进寨的石拱大门上挂有一块刻着“贵州镇山民俗露天博物馆”十一个隶书大字的牌子，为时任省长陈士能题写。失修无存的关庙由省政府拨 25 万元专款，也于 1995 年在原址上恢复，有 100 平方米面积，成为展览陈列的好场地。不久镇山村即被命名为贵州省民族村寨保护单位，使保护和管理逐步走上了规范。

三、保护古树、促进旅游

镇山村尽管有丰富的人文资源景观，但过去村民的生活相当贫困，有半数人家生活在温饱线以下，真可谓端着金饭碗讨饭吃。古村得以恢复保护，又公布为省级文物保护单位，省市和中央新闻媒体多次进行宣传报道，名声大振，游人日增。村民们根据游人需要餐饮，各家发挥自身优势，先后开发了水上游览、交通、停车、娱乐、购物和住宿等服务项目，既为游客提供了方便，又使村民受益，从中尝到了保护开发的甜头。

花溪区政府对于开发镇山村，从头至尾始终给予大力支持，为了修好从大路口至村寨 1.7 千米的路，他们组织交通部门投资 110 万元用两年时间修好了通往镇山村的三级油路，还建起可停 150 辆车的停车场。区旅游部门投资 10 万元建起高标准的旅游公厕，使该村的旅游设施日趋完善。

为使村民脱贫致富，鼓励支持村民“八仙过海，各显神通”。“民以食为天”，游人需吃饭，村民们便办起农家饭庄。镇山村的农家饭菜很有名气：腊肉、灌香肠、豆腐与猪血凝成的血豆腐、从村前花溪水库打捞起来的银鱼小虾、酸汤鱼非常可口；鲜炒野菜、豆豉、咸菜、豌豆凉粉，又酸又辣又香，爽极了。村民们自酿的刺梨糯米酒，味醇后劲足，喝起来悠远绵长，令人陶醉。游人们享了眼福又享口服，来了还想来，所以这样的农家饭庄由一家发展到三十多家，双休日和节日，家家客满，生意红火。

村民们还利用村前的高峡平湖，添置 50 多条游船供游人划船荡舟游览，生意也不错，据他们说，双休日和节日生意特好，每只船每天收入平均 100 元以上。由于有玩的，有吃的，就有游人要求住宿，于是有几户人家办起山村旅馆。前不久，我到镇山村拜访老村长班有余，就碰上在接待平坝黎阳机械厂的 12 位职工在家食宿，他们称赞这里的山水美，服务好。我问他们怎么知道这地方？回答说：从中央电视台和报上的宣传介绍中知道的。其中一位工段长还说，他不是第一次来，这是第二次了，今后还要约人来玩。

由于这样的村落已经难见，近年有考古、建筑诸方面的文化人纷至沓来，或赞叹为“贵阳第一村”“贵州村”，或称之为“一部形象的布依族古民居建筑史”。美术院校的师生们，还有摄影者，闻风而至，用心地要将某隅移入和摄入他们的画幅和镜头中。这样一来，镇山村接待游客的人数一年比一年多，2001 年达 5 万人次创造 250 万元旅游收入，加上带动效应，一年创造的经济价值 370 万元左右。镇山村已脱贫致富，成为石板镇最富裕的村。据了解，全村三分之一的户解决了温饱，三分之一户过上小康生活，三分之一户走向富裕，全村人均纯收入 3000 元。随着经济收入的增加，彩电、冰箱、电话、卡拉 OK、摩托车等已进入村民家庭。为提高生活质量，也为接待需要，在保持原貌、保持环境的前提下，不少人家已对住房进行了维修改造，从外观看依然是石头建筑原貌，但室内明亮、宽敞、清爽。

村长班有辉带我参观了我国与挪威国共建的镇山村生态博物馆。该馆占地 8000 多平方米，建筑面积 1650 平方米，投资 400 万元人民币，计划今年农历六月六开馆。整个设计新颖，功能齐全，具有布依族建筑风格，又具有古典园林特色，所在风光好！山水入画来。别致的建筑群落与镇山村协调统一，交相辉映，是这里的又一道景观。

镇山村的明天，将更加美丽动人。

（原文发表于贵阳市政协文化文史与学习委员会主编《贵阳文史》2002 年）

民间传说

半边山的传说（布依族）

相传秦始皇灭了六国之后，为抵御外族蛮夷入侵，实现江山永固，就从全国征召了几十万民夫去修筑万里长城，民夫们运石挑砖，从早到晚地劳作，得不到休息，年轻力壮的还能忍受一时，年迈老弱的就惨了，动作稍微慢一点就要被鞭打，苦不堪言！

有一天，观音娘娘云游路过，见此情形，非常同情民夫，于是，就化作一个穷苦的老太太向民夫们乞讨，民夫们虽然自己也吃不饱，但还是把饭分了点给老太太，老太太就说："我也没有什么能报答你们，每人送你们一根红丝线，把它系在扁担上，担子就不重了！"

说来也怪，第二天监工看到民夫们挑的担子都是轻飘飘的，像是一点重量都没有，感到很奇怪，就偷偷地探听，费了一番周折后，最终知道了红丝线的秘密，于是就上报给了官长，官长又层层上报，很快神奇的红丝线就传到了秦始皇的耳朵里。话说当时，秦始皇一门心思地想着怎样才能长生不老，曾先后派了许多人去海中蓬莱岛求仙，结果都是一去不复返，当他得知红丝线的法力时，心想，一根丝线竟有如此法力，如果我把它们全部收集起来，做成一根鞭子，不就可以把山赶到海中，铺一条通往仙山的路吗？于是，秦始皇就下令将所有的红丝线都收上来，做成了一根鞭子，那红丝线做的鞭子果然厉害，只要轻轻一挥，便地动山摇，附近大大小小的山都陆陆续续地被赶到海里。可是秦始皇赶山过程中，镇山所在的这座山很是顽劣，被秦始皇一鞭打去半边，一半留在了花溪，另一半则甩到了云南。于是，当地百姓就称呼这座山叫半边山，屯兵的屯堡则叫镇山寨。

传说，在古时候月神的一个女儿要到东海龙宫去看她的外公——海龙王，但必须经过布依族寨子附近的一口水井，才能到达龙宫，于是她就变成一条小金鱼，跳进井里，回来时恰巧被来挑水的布依族后生阿六舀进了水桶。阿六见桶里有一条小金鱼，非常高兴。他把鱼和水挑回家小心地倒进缸里，观赏了片刻便匆匆忙忙地干活去了。

月神的女儿第一次来到布依族人家，觉得一切都很新奇，就变成一个布依族姑娘，在阿六家转来转去。到了吃早饭时还不见阿六回家来做饭，就到厨房帮阿六做饭。阿六收工回来看见一个美丽的姑娘，已经为他做好了饭，就好奇地问："姑娘，你是哪个寨子的，为哪样到我家来做饭？"姑娘腼腆地回答说："我是天上月神最小的女儿，变成金鱼经过你挑水的井，去龙宫看望了我的外公东海龙王，回来时刚到水井，碰巧正遇到你挑水，想不到你竟把我装进水桶挑回家来了。我见你为人心地善良又很勤劳，如不嫌弃，我愿意今后为你做饭，陪伴侍候你一辈子。”于是二人就生活在了一起。婚后不久生了一个儿子，取名“天王”。丈夫每天下地劳动，妻子料理家务，抚育儿子。

后来有个财主听说阿六娶了一位贤淑漂亮的媳妇，趁阿六出工不在家时，派家丁来抢去当他的第十一个老婆，面对这突如其来的横暴，她对小天王说：“儿呀！我走了以后，你和你爹不要难过。遇到哪个为难你们，就到月宫中来找我。”小天王哭着说：“娘呀，儿不知道上月宫走哪条路呀！”她安慰小天王说：“只要你们为人正直善良，到时候自会有人给你们指路的。”

傍晚，阿六收工回来听了儿子哭诉，痛心地对儿子说：“乖儿子！人贵自立，你就自己在家慢慢地学着种庄稼吧，我要去找财主算账。哪怕是上刀山，下火海，我也要把你母亲找回来！”

阿六历尽千辛万苦后走到一条大河边，口渴想喝口水再赶路，哪知到了河边，手还没捧上水就疲惫不堪地睡着了。隐约中，忽见一位和善的白头老翁对他说：“你的妻子被财主的家丁抢走，在这里过桥时，用手上戴的手镯摇了两下，河流上空就出现了一道彩虹。接着，桥突然断塌，财主的家丁全都掉进了河里，被急流卷走。你的妻子变成一只蝴蝶，顺着彩虹飞上天去了。”老翁主动向阿六指点去寻找月神女儿的途径。阿六心里一喜，竟惊醒过来，而那位慈祥的老翁，却毫无踪影了。

阿六依着老翁的指点，很快到了天上的月宫，找到了他心爱的妻子，诉说了他和儿子对她的思念。月神的女儿见阿六这样对她忠贞不渝，感动不已，就带他去拜见父亲月神，月神很是高兴，就留他在月宫住了几天，并让女儿同他一起回凡间去接外孙来一块生活。因天上的一天是凡间的一年，阿六在天上住的几天，凡间却已过了好几年，他们的儿子已经成了布依族小伙子中种庄稼的能手了。

寨中邻里们见小天王勤劳勇敢，心地善良，就凑了些盘缠，叫小天王去找他的父母。小天王离开寨子寻找父母的途中，同样遇到指点他父亲的白头老翁，他向老翁道出这次出门的原因，老翁就叫小天王牵着他的衣角，闭上眼睛，睁眼时正好看到要到凡间接他的父母亲，小天王向父母倾诉了别后的种种遭遇和众乡亲对他的恩情。月神的女儿指着白头老翁对他们父子说：“这是天庭的太白金星，他是玉帝派到凡间访查了解善恶的。”父子俩始恍然大悟，齐向老翁叩谢。

原来，太白金星到凡间访查时，遇上阿六一家的遭难，就帮助他们找到了自己的亲人。回到天庭后，太白金星向玉帝报告了这些经过，玉帝对凡间为富不仁的现象极为震怒，立即下了一道诏书，命天庭的蝗虫和蠹虫在“六月六”这天下凡去吃恶人的庄稼和咬恶人的衣物，以示惩罚。因好人和坏人田里的庄稼与柜里的衣物都一样，蝗虫无法分辨。玉帝怕误伤好人财物，就托个梦给布依寨子的寨老说：“玉帝六月初六那天，要派蝗虫和蠹虫下凡来惩罚恶人，哪块田是好人的，就插个标示做记号，蝗虫就不会去吃。善良人家的衣物，就在六月初六那天，叫他们拿出来晒。蠹虫也不会去咬。”所以，从那以后，每年的农历六月初六这天，凡是布依族村寨，家家户户都要筹钱给寨主买一头猪和一只公鸡来杀，供祭天庭分管蝗虫和蠹虫的神灵。杀猪和宰鸡时，家家都用白绵纸剪成条条，洒上猪血和鸡血。凡是好人的田，每一块都插一条作记号，祈求天神保佑庄稼免遭虫灾。同时，家家户户也都把衣物和精致的刺绣品书籍等拿出来晒，祈望天神不要让蠹虫咬坏。这个习俗就这样流传到今天。还有六月初六这天晒衣物，如果是遇到下雨，布依族村寨就认为是灾害的预兆。所谓“淋湿龙袍，大旱四十天”的传说，也是由此而来的。

每年“六月六”这天，凡是布依族地区，家家在包粽子祭祖。但同时，还要用五谷盐茶等包三个倒挂粽子，用丝线捆着，挂在神位上，这是表示感谢和纪念阿六一家对大家的关心和爱护的。用糯米和乌米饭包的粽子，除用来祭祖外，还用来作节日礼物，送给回娘家过节的姑妈、姑婆们。这天，布依族村寨男女青年，为表示倾慕和纪念阿六和月神女儿自由幸福的婚姻，就相约到风景秀丽的地方集会对歌，以抒发彼此的感情，并互换信物，到秋收后就与自己心爱的人结成百年之好。大家都祈愿能同阿六一家子那样，和和美美地生活。

人物

镇山村在历史长河中英才辈出，古有李仁宇建堡开村，近代有班菊英等优秀少数民族代表。在镇山村建设生态博物馆的过程中，苏东海、约翰·杰斯特龙等国内外专家学者做出重要贡献。

⊙ 人物传略

李仁宇

李仁宇（生于明万历年间，具体生卒年不祥）男，江西人，封振武将军。明万历二十八年（1600），率军平定播州宣慰使杨应龙叛乱，驻扎在镇山，筑石墙，建住宅，与当地布依族班氏通婚，育二子，一姓李，一姓班，系镇山村李、班两姓共同始祖。据镇山班、李氏所著的族谱记载：“昔我祖仁宇居于江西吉安府庐陵县大鱼塘李家村，出生科第，官至协镇。明万历间，南方扰攘，明朝调北征南，遂以军务入黔，领兵数千，于安顺等府驻扎。及黔中平服，乃迁居于石板哨，当时各大宪即命坐镇其地。”另据《李仁宇将军墓志》记载：“明万历二十八年（1600）明廷平藩，时江西吉安府庐陵县协镇李仁宇奉命以军务入黔，屯兵安顺，及黔中平服，广顺州粮道开通，遂携家眷移至石板哨镇山建堡屯兵，其妻因水土不服病逝，李仁宇入赘镇山，与班氏结缘，生二子，长子姓李，次子姓班，有 400 多年的历史。”

⊙ 人物简介

李秀良

李秀良（1939—2016）男，1939 年 8 月生于贵州省花溪镇山村，6 岁读私塾，7 岁进公学二年级，10 岁初小毕业后务农。1956 年 6 月有幸到贵筑县农产品采购局工作。1957 年下半年，贵筑县划分为花溪、乌当两区，同时采购局合并到供销社。从此，就在乌当区供销社工作直到退休。

李秀良早在 19 岁时就因故失去右手，但是他身残志坚，长期坚持用左手练习写字，刻苦攻书，学有成就。他年过花甲之龄，满怀对祖国对家乡对本民族的深厚感情，以坚韧不拔的毅力撰写了《中国贵州镇山布依族风情》一书，用写故事的手法完整地记叙了花溪地区布依族的婚俗。接着他又将之改编成 15 集电视剧本，笔耕 18 万多字。李秀良于 2016 年逝世。

班菊英

班菊英出生于 1938 年，女，布依族，镇山村人。1957 年国庆节，代表花溪少数民族到北京观礼，受到毛泽东等国家领导人的接见。

班有作

班有作出生于 1946 年，男，布依族，镇山村人，中共党员。1959 年，进贵阳矿山机械厂工作任安装电工；1961 年，回村；1962 年，在区财政局举办的财务学习班学习，1963 年，在市党校学习；1965—1972 年，任镇山大队大队长，从 1969 年起镇山大队多次被评为贵州省农业生产先进典型，受到中央《红旗》杂志、《人民日报》载文表扬，曾出席 1970 年、1971 年全省学习毛泽东思想的积极分子会议，并受到表彰。2004 年被选为镇山村村委会主任。2005 年 6 月代表镇山布依族生态博物馆出席贵州生态研讨国际论坛，《贵州班氏族谱》编纂委副主任。

班家龙

班家龙出生于 1947 年，男，布依族，镇山村人，中共党员。就读于青岩中学，1965 年 8 月考入原昆明军区军医学校学习，毕业分配在部队工作，先后担任检验员、医生助理、军医。1975 年，转业到云岩区工作，先后任黔东办事处党委副书记，云岩区委办公室副主任；延中办事处主任、党委副书记；云岩区监察局局长、区民委主任；区政协常委，区商务局书记；区残疾人联合会常务理事、贵州省布依族学会理事。

班世杨

班世杨出生于 1948 年，男，镇山村人，民间艺人。为人谦和，勤奋好学，刻苦钻研，擅长木工、起房造屋、家具雕刻。热心传承布依族地戏，精心制作地戏大刀、宝剑、锤锏等道具，他拜孟关西寨明师王思桐学堪舆，又拜本寨明师罗明良学谟经，学以致用逐步精通。乐于助人，不分寨内寨外，不分族别。凡有求谋，从不推辞，竭力相助。老人过世，为之超度，择吉安葬，认真负责。所学知识，乐于传授给青年一代，耐心教学，孜孜不倦，很受尊重。为《贵州班氏族谱》编撰发起人之一，并捐资 1 万元编撰族谱。

李晓霞

李晓霞出生于 1964 年，女，布依族，镇山村人，中共党员，本科学历，副教授，省委党校教师进修学院院长、对外培训部主任。2009 年参与完成国家级课题《贵州民族文化传承与保护》，主编《秘书学概论》《中国国情与贵州省情概论》，参与参编《法制史》《领导干部写作》《案例选编》等。2010 年获学校精品课奖，2011 年获学校优秀教师奖。

名人与名村

苏东海

苏东海（1927—2021）男，中国革命博物馆陈列部原主任、中国国家博物馆终身研究馆员、著名博物馆学家、中国博物馆研究的拓荒者和奠基者。1995 年，任职中国博物馆学会常务理事、中国革命博物馆研究员的苏东海提出在贵州建中国第一座生态博物馆的构想，并担任课题组组长，于 1995 年 4 月 19 日到镇山考察，其后多次到访镇山，推动和指导镇山布依族生态博物馆的建立，为保护镇山的特色文化和生态环境发挥了重要作用。因病医治无效，于 2021 年 8 月 16 日上午在北京逝世，享年 94 岁。

约翰·杰斯特龙

约翰·杰斯特龙（1952—2001）男，挪威生态博物馆学家，中国贵州生态博物馆科学顾问。为建成贵州生态博物馆群，他不远万里，于 1995 年、1998 年、1999 年、2000 年，4 次来到贵州镇山村等地考察和工作，他尊重少数民族地区人民的风俗习惯，热爱贵州的民族文化，受到贵州少数民族人民的爱戴。他深邃的学术思想、严谨的科学态度及忘我的工作精神，深深地感染了中国文博工作者。为了纪念这位国际友人，贵州生态博物馆社区人民在镇山村种下一棵树，定名为约翰·杰斯特龙树。2001 年 4 月，他在俄罗斯西伯利亚考察，因心脏病突发去世，年仅 49 岁。

安来顺

安来顺出生于 1962 年，男，国际博物馆协会副主席，中国博物馆协会副理事长兼秘书长，《中国博物馆》杂志主编，《中国大百科全书》博物馆学科主编，上海大学文学院教授（二级），复旦大学、浙江大学兼职教授，浙江自然博物院理事长。1999 年 9 月，受国家文物局和中国博物学会的派遣到挪威参与起草《中国贵州生态博物馆群项目文件》，对促成镇山布依族生态博物馆的建立起到重要作用。

大事纪略

镇山村在400多年的历史里，发生了很多重大事件，特是中华人民共和国成立以来，在中国共产党的领导下发生了翻天覆地的变化，旅游事业蓬勃发展、人民收入日益提高、生活环境更加宜居，先后获中国传统村落、中国历史文化名村、全国文明村、全国民主法治示范村等称号。

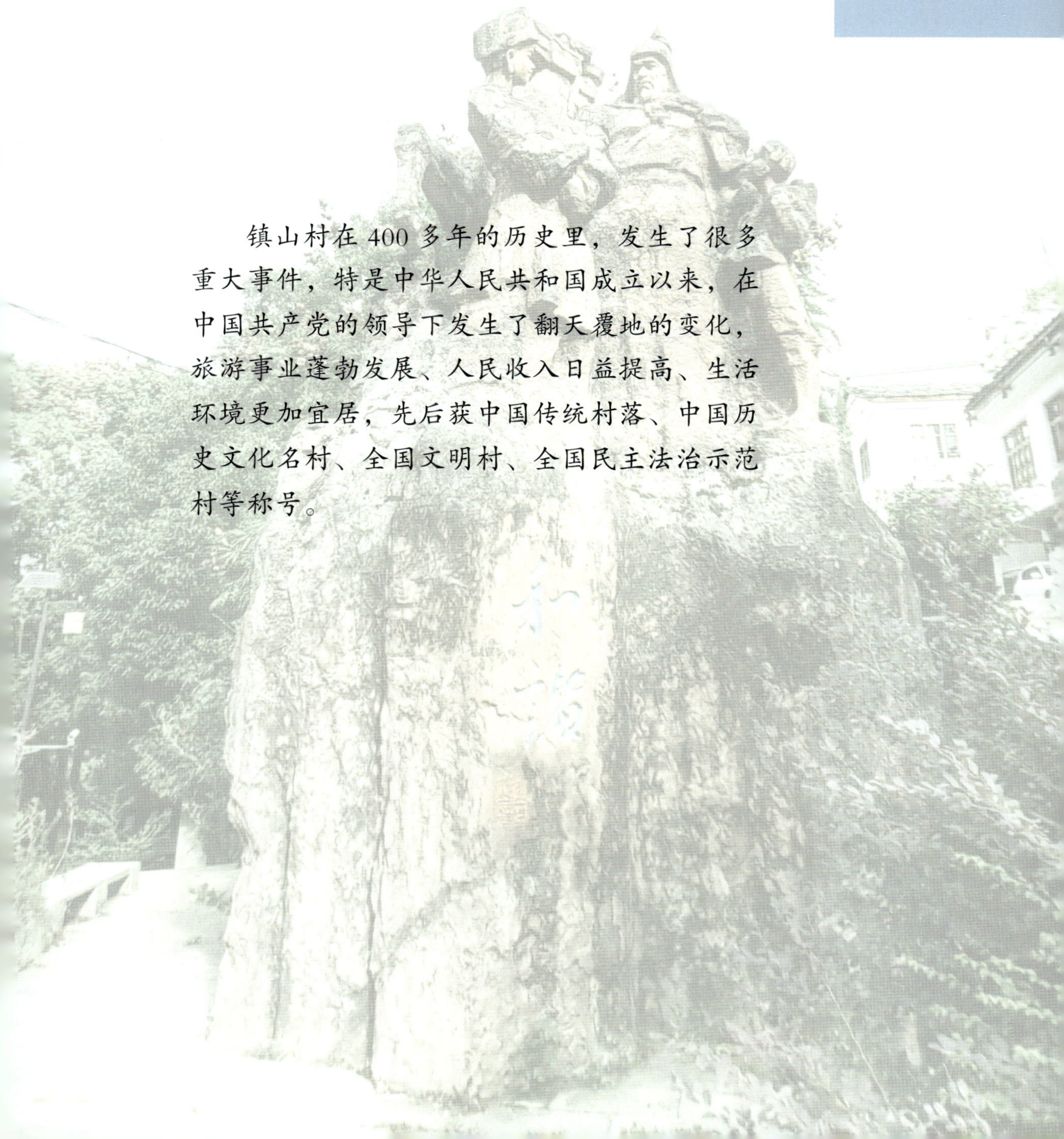

明万历年间镇山建堡

明万历二十八年（1600），明朝平定播州之乱，江西吉安府庐陵县协镇李仁宇奉命以军务入黔，屯兵安顺。及黔中平服，广顺州粮道开通，遂携家眷移至石板哨，在花仡佬河北岸建半边山寨（镇山）。清咸丰、同治年间（1851—1874），镇山村大部毁于兵燹。光绪年间（1875—1908）重修。

明崇祯年间建镇山寺

明崇祯八年（1635），班应凤建镇山寺，供奉观音和关帝。清咸丰、同治年间（1851—1874）毁于火灾。光绪三十四年（1909）重建。1953 年，破除迷信时，镇山寺部分拆除。“文化大革命”期间破“四旧”，镇山寺关公塑像被销毁。1976 年，镇山寺两个厢房及过厅损毁，仅剩正殿，但是院落整体格局完整。1994 年修葺后，花溪区文物管理所辟为镇山文物陈列室。1995 年，镇山村建筑群被列为贵州省文物保护单位，镇山寺是重要的文物点之一，同年对镇山寺修缮；修整后被省文化厅重新命名为“武庙”对外开放。

1958 年下寨为花溪水库建设搬迁

1958 年，花溪水库动工修建。为支持花溪水库建设，原居住在花溪河边台地上的下寨村民，整体搬迁到上寨屯墙以南位置，民居建筑的布局、风貌以及使用人群均保持原貌。1960 年，水库开始蓄水，原下寨田地房屋被淹没。

1970 年《红旗》杂志刊载镇山文章

1970 年 11 月号《红旗》发表《红日照苗岭，镇山换新颜》的文章，记述镇山村民族团结、“农业学大寨”相关事迹，镇山村成为当时的先进典型。

1993 年镇山村建立贵州民族文化保护村

1993 年 7 月 10 日，花溪区人民政府在区文化广播电视局会议室主持召开专门会议，研究解决贵州省文化厅文物处在镇山村建立贵州省民俗博物馆的有关问题。与会人员一致认为建立贵州省民俗博物馆对于保护民族历史文化遗产、弘扬民族文化具有重大的意义，同意并支持在镇山建立民俗博物馆。8 月 23 日，省人民政府办公厅《关于在花溪镇山村建立贵州民族文化保护村的复函》，同意在花溪镇山村建立贵州民族文化保护村，下拨花溪镇山民族村文物保护专项经费5万元（后增补到10万余元），主要对镇山村寨容寨貌进行维修，其中包括铺设道路，修复屯墙、城门，修建码头等。“民族文化保护村”成为镇山村旅游发展进程的第一个里程碑。

1995年镇山村开始打造文化旅游精品村

1993年，镇山村开始发展农家乐。1995年6月，花溪区旅游局在镇山下寨发展11户旅游接待户。以此为标志，旅游业开始在村寨中迅速发展。2009年6月5日，花溪区召开石板镇镇山村打造文化旅游精品村动员大会。8月27日，贵州画院贵州大学艺术学院创作基地在镇山挂牌。2011年12月，镇山村被评为省级生态村，被授予“贵州30个最具魅力民族村寨”称号。

1997年心连心艺术团到镇山村进行慰问演出

1997年1月21日，中央电视台心连心艺术团到镇山村进行慰问演出，歌唱家刘秉义、李谷一、马玉涛、卢秀梅等为观众演唱自己的代表曲目，并与观众合影留念。花溪区民族文工队、石板镇分别组织部分文艺节目与艺术家们同台演出，观众达2万余人次。此后，镇山村知名度得到提升，游客蜂拥而至。

1999年挪威王国贵宾考察花溪镇山村

1995年4月4日，为考察中国与挪威王国合作项目，建设镇山民俗博物馆，挪威王国博物馆学家约翰·杰斯特龙第一次到花溪镇山村考察，国家文物局和贵州省文化厅的有关负责人陪同。4月20日，杰斯特龙又在中国博物馆学会会刊主编苏东海陪同下再次到花溪镇山考察。1998年11月2日，杰斯特龙第三次来到花溪镇山考察。1998年4月5日，挪威王国大使白山在省市领导和专家陪同下到镇山考察。1999年3月17日，挪威王国环境大臣古露·弗耶兰格女士率团到镇山考察生态博物馆筹建情况。1999年4月24日，挪威王国前首相雅格朗在白山陪同下前往镇山考察镇山生态博物馆，表现了对生态建设的极大关注。2000年9月5日，挪威政府文化部门官员达格同贵州省副省长龙超云在奥斯陆签订了正式建立中国贵州花溪布依族生态博物馆的决定。

2002 年镇山村布依族生态博物馆开馆

1994 年 11 月 17 日，贵州省人民政府决定以镇山村为基础建立露天民俗博物馆，定名为“镇山露天民俗博物馆”，其思路是集中贵州的民族建筑精品在镇山展出，以镇山为依托开展民俗表演活动。1995 年经贵州省人民政府批准为省级文物保护单位和民族文化村；1998 年 10 月，镇山村被确定为中国和挪威文化合作的国际性项目“贵州生态博物馆群之一”；2000 年 9 月 5 日中挪签订《奥斯陆协议》正式确定贵州生态博物馆群建设项目，同年编制完成镇山生态博物馆保护规划，在挪威政府资助下，开始建设资料信息中心建筑，并进行遗产调查工作，此后其旅游发展开始步入兴旺时期。2002 年 7 月 15 日（农历六月六，镇山布依族传统节日），镇山生态博物馆资料信息中心落成开馆并举办展览。生态博物馆的日常管理由花溪区文物管理局实施代管制度。布依族生态博物馆，由文化遗产区、博物馆资料信息中心、村民新区和传统农业耕作区四个功能区组成。前三区占地面积 6.84 公顷，其中文化遗产区 4.1 公顷，村民新区 1.65 公顷，资料信息中心 0.59 公顷。文化遗产区是以镇山自然村寨为载体，保存村寨的原始布局，民居特色和生活习俗，是此馆的核心区域。资料信息中心建筑面积 1650 平方米，用于收藏、整理和研究布依族的生态与历史文化，通过陈列实物，形象表演及音像储存展现布依族的文化发展过程。信息中心内设展厅、电教室、文物保管室、文化研究室、贵宾接待室及多功能厅等，主要用于展览、接待和交流活动。整个建筑体现了布依族建筑文化特色，依山傍水，风景秀丽。

2009 年镇山现象恳谈会召开

2009 年 8 月 27 日，贵阳市政协、花溪区政协在镇山村组织召开“镇山现象市民谈”主席约谈会，各级政府、周边布依族村寨、媒体、企业以及学者、游客代表等，针对镇山村旅游发展中存在的问题进行研讨，提出“炒作”镇山旅游。同日，贵州画院贵州大学艺术学院创作基地在镇山挂牌。会议之后，贵阳市政协将镇山村正月跳花节、六月六歌节和九月九祭祖节定为镇山的三大民族节日，作为宣传镇山村的窗口和契机，镇山村旅游迎来新的发展。

2009 年镇山村实施保护性改造工程

2009 年 6 月，由市政协牵头、全市多部门联合打造的重点工程——镇山村保护性改造工程启动，工程包括城墙维修等在内的 21 项建设、改造项目。为更加丰富其“艺术家村”的文化内涵，还在入寨口处新建高 7 米的群雕塑像，纪念镇山村的始祖李仁宇。2010 年底，工程全部完工。

2012 年镇山村入选第一批中国传统村落名录

2012 年，传统村落名录列保制度正式推行，12 月 19 日，住房城乡建设部、文化部、财政部等七部委公布第一批中国传统村落名录，镇山村入选。2018 年 6 月被列入“2018 年度贵州省中国传统村落保护发展示范村”名单。

2017 年镇山村入选中国少数民族特色村寨

镇山村以其年代久远、民族风情古朴、民俗文化丰富，于 1993 年 8 月 23 日被省人民政府批准为“贵州镇山民族文化保护村”；1995 年经省人民政府批准为省级文物保护单位和民族文化村。1999 年 11 月镇山村被贵州省人民政府列为全省重点保护与建设的民族村寨之一。2017 年 3 月 3 日，镇山村被国家民委评为中国少数民族特色村寨。

2019 年镇山村入选中国历史文化名村

1993 年 8 月 23 日，经贵州省人民政府批准，镇山村被确定为贵州省民族文化保护村。2009 年 9 月 29 日镇山村被贵州省人民政府公布为第一批省级历史文化名村。2014 年 9 月 3 日，贵州省人民政府批复同意《镇山村历史文化名村保护规划》。2019 年 1 月，住房城乡建设部、国家文物局公布 60 个镇为中国历史文化名镇、211 个村为中国历史文化名村。镇山村名列其中。

2020 年镇山村入选全国文明村

镇山村把培育文明新风、提升思想道德的“里子”与整治村容村貌、增加群众福祉的“面子”同步推进，让群众在“富口袋”的同时也能“富脑袋”。定期开展“道德评议”，每次以敬老爱老、环境卫生、产业发展等不同的主题，通过身边人讲身边事、道德风尚大家议，选出先进典型、评出后进群众，建成看得见、摸得着、学得到的“身边好人”队伍，调动群众的积极性和主动性。同时，村里通过完善村规民约，利用好公益资金，革除村民陋习。与村民签订“门前三包”协议，制定奖惩办法，从日常生活的点点滴滴入手，进一步提升村民文明意识、环保意识和卫生意识。镇山村还将文明创建与农村“五治”结合起来，在文明创建过程中开展治房、治水、治厕所、治垃圾、治风。在治风中，通过签订《文明节俭操办婚丧事宜承诺书》，入户发放《摒弃婚丧陈规事宜承诺书》，并将“婚事新办、丧事简办、其他不办”的相关规定事宜纳入村规民约，村里的文明新风势头更劲、乡村振兴动能更足。2020 年，镇山村入选第六届全国文明村镇。

2022 年镇山村被评为全国民主法治示范村

镇山村加强基层民主法治建设，坚持法治、德治和村民自治相结合，加大法治宣传教育力度，坚持道德熏陶与普法教育相结合，修建村级文化大舞台，组织乡贤文化队，开展法律知识讲解、跳广场舞、扭秧歌、打渔鼓等文化活动，寓教于乐。弘扬邻里间相亲相爱的文化风俗，制定村规民约，将学法守法、遵守社会公德、爱护环境卫生、维护社会秩序、参加公益事业、树立文明新风、勤劳致富等内容纳入其中，形成大家相互学习、互相监督的良好风尚，成立村调解室，采取首接责任制和两级四次的调解办法，实现矛盾纠纷“小事不出组、大事不出村”。2022 年镇山村被评为全国民主法治示范村。

贵阳市花溪区传统村落志

GUIYANGSHI HUAXIQU CHUANTONG CUNLUOZHI

批林村

PILINCUN

苗乡秘境　古寨神韵

批林村历史悠久，最早以“皮陵”一词见于元代文献。这里有优美的自然环境，浓郁的民族风情，丰富的文化遗存，是群山怀抱中的一颗传统村落明珠。批林村保留着射背牌、苗绣、芦笙制作、银饰制作等非物质文化遗产，2005 年以来，射背牌等陆续入选省级非物质文化遗产名录。2012 年，批林村被住建部等国家七部委列入中国传统村落名录。2018 年，批林村入选贵州省少数民族特色村寨。

批林村位于黔中高坡苗族乡西南隅，北邻高坡苗族乡杉坪村，南通高坡苗族乡硐口村，西靠惠水县濛江街道板长及中寨二村，东枕高坡苗族乡五寨村。距贵阳市中心城区62千米，距花溪区行政中心38千米，距乡政府所在地12千米。全村总面积5.27平方千米。下辖批摆、林道、桃子冲、营盘脚、漆木冲、大冲6个自然村寨，村名即取其中最大的两个村寨批摆和林道首字而称批林。2022年有人口253户，1303人。全村人口主要为苗族，约占全村总人口的78%，是典型的少数民族村寨。批林村作为国家传统村落，绵延苗岭山脉留住了当地苗族传统文化与生活方式。村庄主导产业以农业为主，主要种植水稻、玉米，种植面积约1.38平方千米。批林村平均海拔1.3千米。全村各自然寨镶嵌在典型的喀斯特地貌之中，择箐林作居，与丘陵为友，安然山水内，乐陶天地间。坝王河自北向南穿村而过，浸润着传统村落历史，孕育了民族特色文化。

批林村村道和农田

批林村历史悠久，有文献记载始于元朝，时称“皮陵”。明朝中期，批林村为高坡之西区。后明朝廷将该地区划给八番土司管辖。清朝时属贵阳府亲辖青岩外委土舍（同土司）。民国时期，批林村隶属于定番（今惠水县）。1951 年属贵筑县高坡，1956 年划属黔南布依族苗族自治州惠水县管辖，1961 年 3 月划回贵阳市花溪区，属高坡人民公社。1984 年建立高坡苗族乡，乡辖批林村。2012 年 12 月，批林村被列入第一批中国传统村落名录。2018 年 9 月，批林村入选贵州省少数民族特色村寨名录。

青山环绕的批林村，传统民居背山面水，隐匿于群山之中，徜徉于峰峦之外。文化底蕴丰富，生态环境优美，具有得天独厚的资源优势。独特的风水格局见证着批林先辈们的定居智慧与迁徙才智，宜人的居住环境繁衍了批林村世世代代兴旺人丁与璀璨文化，中国传统村落优秀文化在这里得以体现和传承。批林村具有独特的高原苗族特色，成为苗族文化重要的交流地。境内有溶蚀而成的中低山、低山、峰丛、洼地、槽谷、溶丘及谷地等典型喀斯特地貌，碳酸盐类岩石分布广泛，岩溶地貌发育丰富。平均气温 12℃—14℃，造就了温暖适宜、风景如画的批林村。

批林田园风光

群山怀抱，绿树缠绕，批林村拥有着独特的自然风光，森林覆盖率达 60%，是林下野生菌种植、林下土鸡养殖、林下康养、课外研学的绝佳胜地。由于自然环境、历史和社会发展等原因，批林村保存了较多的民族文化遗存，是一个民族文化信息和文化空间保存较完好的苗族村寨。其村寨的建筑布局保存较完整，拥有珍贵的民间古老竞技活动形式，是一个不可多得的少数民族竞技宝库，有斗雀、铲陀螺、斗牛、木板鸡毛毽、赶马蜂窝等多种形式。

批林村保存有苗族风格的民居 195 栋，占整个村庄建筑的 60%。建筑依山而建，错落有致，视界开阔；房屋朝向统一，基本坐北朝南，沿着山脚修建至山腰。传统民居为全木结构的吞口屋。常见为三间并列，上下两层，第一层居中房屋为堂屋，屋外壁内缩一柱形成吞口。房屋底下还有一层垒砌平整的石基，用以将吞口屋和土层隔离，达到防潮防湿的目的。泛着墨色的石基，庄重而肃穆，与传统建筑和村落内的祭祀桩、古井、古树、石碑一起，诉说着批林村厚重的历史。古树是批林村自然崇拜的代表，批林村古树多挺拔笔直，树皮坚硬粗糙，即使一些古树枯亡，其树桩依旧作为村民祭拜所在。2014 年，高坡乡先后组织编制《贵阳市花溪区高坡乡批林村村庄规划》《贵阳市花溪区高坡乡批林村传统村落保护发展规划（2015—2030）》《贵阳市花溪区高坡乡批林村村庄规划（2022—2035）》，加强对批林村传统村落和少数民族特色村寨的发展保护。

批林村非物质文化遗产丰富，主要有射背牌仪式、苗族飞歌、苗族情歌、芦笙舞、榜郎古歌、银饰制作、芦笙制作等，先后被列为省级非物质文化遗产。在巩固拓展脱贫攻坚成果同乡村振兴有效衔接中，保护非物质文化遗产对加强传统村落保护和挖掘少数民族特色村寨文化具有非常重要的研究价值、开发价值和利用价值。

批林苗族服饰多彩瑰丽，是对外标识和对内认同的文化符号，具有独特的品貌与神韵。男装较为简朴，以宽大松弛为要；女装多有繁饰，富有审美蕴藉。头饰是批林苗族服饰的重要文化因子，是民族自我认同和文化自信的重要标识，凸显了强烈的民族自我认同意识。

批林苗族女子盛装考究，饰片繁多，头上缠长 12 厘米、宽 2 厘米的黑色布条，呈“斗笠式”圆盘状，前部圆硕宽大，后部逐层垒砌上翘。缠包好的头饰上插 3 根银簪子，其间缀一把银梳子及 5 或 7 朵银星星。上衣为对襟无扣无领短袖开胸短衣，短衣上套贯首黄背牌，也称“大背牌”。黄背牌是整套盛装最为神圣也最为考究的饰物，前后背牌由两片镶有挑花及银泡的布带连接，前背牌醒目的“印章”四周，是环绕其间的银泡和银铃铛，后背牌上方以排列的“金山银山”环绕成衣领。下装着百褶裙，百褶裙由前后两幅片裙遮掩围护，前片为白色的挑花布片及黑色布片相间成套而成，后片则由猪血浆染的厚土布制成。腰缠草绿色丝绸带，在丝绸带上又系一条镶有精美刺绣图案的白色裙带。批林苗族女子盛装由古代“上衣下裳”的交襟装演化而成，属于对襟背牌裙装式，是贯首装与对襟装的完美结合。

批林村苗族传统服饰（2022 年）

背牌是贯首衣的演化，具有“幅中作孔，穿中而贯其首”的特点，形成于唐宋时期，史书记载为“通裙”。百褶裙则形成于楚汉时期，即在苗族迁入高山谷地的贵州之前就已经形成，是春秋战国时期楚服筒裙的演化。百褶裙褶皱繁多，每一褶都镌刻着浓郁的故土情节，每一褶都寄寓了批林苗族对祖先的崇敬之情。着盛装时，无论男女，颈脖上都要佩戴多环联锁的银项圈，项圈的环数多为 6 环。

女子便装为对襟短衣裤装，着白背牌，也称小背牌。女子便装不套百褶裙，不戴多环联锁银项圈。女子便装着头饰时，未婚者额不露发，头饰呈船型，前尖后方，与男子头饰类似，只是布条较长而显得更为尖细。未婚女子服装色调较为艳丽，已婚者则以素色为主，鬓发微露。

批林男子服饰较为简单，社交场合服饰以长约 6 米的黑色布条缭头，前尖后方呈船型，上穿蓝白色齐腰侧身开衩的斜襟右衽套衣长衫，下着青蓝色布裤，腰缠草绿色绣花丝带。祭祀娱神及丧葬场合服饰类型为交襟裙装式，以黑色及黄色为主。男子休闲便装主要由交襟短衣及宽大的筒裤组成，绑腿缠绕至膝盖处。男子头饰与女子便装头饰造型相仿，但较为宽大且布条略短。农闲时，男子携带弓弩狩猎，将猎物的皮毛及羽翼装饰在服饰上，是批林苗族征服自然的体现，赋予了服饰鲜活的生命力。

芦笙是苗族的身份象征和识别标识，有苗族的地方就有芦笙和舞蹈。批林苗族芦笙舞以芦笙吹奏为节拍，辅以生产生活中的动作姿态的一种群体舞。舞者以足顿地，亦进亦退，在摸索徘徊前行的同时，又折回牵引同伴，演绎了迁徙时跋山涉水手牵手的动作，体现大众团结协作的精神，凝聚群体共同繁荣的力量，是一种悠远淳朴的迁徙舞。

批林苗族芦笙舞具有以下特点：

第一是具有坚持不懈的奋斗精神。在迁徙过程中，虽遭遇艰难险阻，通过跳芦笙舞，仍继承和发扬了璀璨的文化艺术。

第二是具有厚重浓郁的劳动气息。舞蹈摆手的姿势仿效了耕耘、播种、薅锄、晒谷等劳动生产的动作，展示了生产过程和丰收喜悦的欢乐景象。

第三是具有简明欢快的生活情趣。跳芦笙舞时，无论男女老幼，均可以自由组合围成大小圆圈，随着统一的曲调翩翩起舞，徐徐向前移动，人人喜笑颜开，个个豪情满怀。芦笙舞并无竞技意味，只有宽宏的包容情怀。即便初始滥竽充数，混迹其中，假以时日也会技艺超群。

第四是具有朴实深厚的民族情感。批林苗族都有“芦笙一响，脚板发痒”的情怀，未婚男青年不会吹奏芦笙是一种羞耻，会被人们“唾弃”，在一些场合不会吹芦笙，还会遭到驱逐去“拾粪”“铡草”等的惩处，其目的是促使整个族群都要继承传统文化，凝聚成亲密团结的民族情感。

第五是具有庄严肃穆的自然崇拜。苗族芦笙舞最初是以纪念祖先和祭祀神灵而兴起的。在丧葬仪式中，吊丧曲必须由主祭师吹奏，且舞步的方向逆时针而行，曲调凄婉悲凉。逢丧，同宗族的芦笙手有义务吹笙守灵，姻亲也会约请芦笙手前往吹笙悼唁。吹芦笙具有自由性，也有一定的约束性。春节之后，人们开始播种，进入农忙季节，这时候是不准吹芦笙的。生活中遭遇自然灾害，或者寨子里谁家生活沉于灾祸，也是禁止吹芦笙的。这种约束性具有崇敬神灵祈求福禄的自然崇拜色彩。

批林苗族芦笙吹奏场合主要是丧葬仪式、正月跳洞跳场、射背牌仪式、舀“媒拉”仪式及腊月初八至整个正月期间的技能学习。从历史文化的角度来说，芦笙是苗族迁徙时吹奏的集结号，是族群之间联谊呼应的号角。在苗族的生命观里，芦笙是引领人们走向神圣世界的祭器，因此，芦笙除了作为乐器而外，还是苗族精神世界的圣物，具有娱人与娱神的双重功能，是苗族社会生产生活的至尊宝物。

射背牌活动（2011 年）

批林村是一个历史文化悠久、民族风情浓郁、自然风光秀丽的特色文化旅游村。每逢民族节日，这里都会举行斗雀、斗牛、对歌、芦笙会等活动，其中以“三月三”节日最为隆重。经过持续不断的乡村旅游建设和文化挖掘，批林村围绕民族节日、民族风俗、民族民居主打民族旅游品牌，实施绿化工程、亮化工程及环境卫生综合整治，增添路灯、标牌标识，民族特色传统村落的美誉度和知名度得到巨大提升。

过去的批林村，由于交通不便等原因，经济发展缓慢，人民生活水平不高。批林村在传承优秀民族文化传统的同时，正在寻求新的发展机遇，在小康社会的道路上坚定前行，利用当地特色，结合上级政策，踏出属于自己的发展道路。随着乡村振兴的不断深入，批林村通户通组路不断完善，为通往外界提供了便利的交通条件。在脱贫攻坚过程中，省、市有关单位结对帮扶批林村，派驻全面小康驻村工作组和乡村振兴工作组，协调资金、项目、技术，为批林村的发展带来助力。批林村不再是沿袭靠山吃山、靠水吃水的老一套发展模式，而是跟随时代潮流，积极向上谋求新的发展。批林村以独特文化氛围，造就了属于自己的村寨名牌，同时注重生态、文化、自然的协调发展，成为批林村的新发展契机。

现在的批林村，结合当地苗文化历史和手工艺品、苗药等产业，以六寨四境探索环线为线索，依托奇特的高山地貌、旖旎的自然风光和诗画般的田园风情，优化原乡村落景观格局、植入苗家街坊新业态、新建苗乡客栈聚落等，让游客深入体验风情古朴的苗乡腹地。

批林村，这片古老的土地，苗族世代生息的家园，孕育了丰富的民族传统文化，是中华优秀传统文化的组成部分。跨进新时代，踏上新征程，批林村人民更加坚定民族自信、文化自信，坚定加速发展文化旅游的信念，擘画乡村振兴新篇章，让千百年来的民族文化瑰宝焕发出新的生机，创造新的灿烂辉煌！

基本村情

批林村，苗语称为“茂批林道”。位于高坡乡西南面，距高坡乡人民政府所在地13千米。主要以苗族居住为主，民族风情浓郁。村的四面青山环抱，森林茂密，古树参天。

山峦环抱的批林村

建置沿革

村名由来

批林先祖是由杉坪、五寨两个苗族大寨选派而来。为防范外人从高坡南片侵入，杉坪、五寨苗族结盟，遣人到此设置卡点，久之形成寨子。“批摆”是从杉坪派出的罗氏形成的寨子；“林道”是从五寨派出的唐氏和王氏形成的寨子。后来取“批摆”“林道”首字相连称“批林”。

苗族大都自称“蒙”“茅”“卯”“髳”“茂”等，发音类似，记音不一。黔中花溪高坡一带苗族苗语自称“东苗”，称汉族为“东扫”，称布依族为“东耶”，把“人”称为“东恁”。“东”一音表示前缀，同时具有“孩子”的意思，但没有汉语词汇的方位之意。高坡境内苗族自称“茂饶”，称龙里湾滩河岱林一带苗族为“茂穰”，称龙里龙山镇原草原乡一带苗族为“茂坂”。“茂”在这里有“人”或“人们”的意思，记音的形式有别于其他族群，则意思是“苗”。“茂饶”是苗族当中一个分支系的自称名，是遵从文化持有者语境之下的记音，意为“森林里的族群”。批林苗族属“茂饶”苗族。

自然地貌是地名成因的原初形态。茂，本意非族名，而是指代人群，这里指苗寨。茂批林道，原应为“茂批摆林道”，为了二元对应，而又必须以“茂”起头称呼（高坡一带所有寨子都以“茂”首呼），所以叫成了“茂批林道”。在苗语思维语境，“批摆（陂岅）”，是一片山脚下的意思，而“林”，指“田”，“林道”是一丘田的坎下。两个大寨子，一个是一片山坡下的寨子——批摆，一个是一丘田的坎下的寨子——林道。

而有说“茂批/批摆”是因为以前该寨村民擅长打银，制作戒指，因此得名，即是“制作戒指的苗寨”。这样的称谓，是批林村银饰制作在2007年被列为省级非物质文化遗产名录后，外界相传形成的文化附会。

历史沿革

唐宋以前的批林 根据口述历史、指路经、口碑经典及创世苗歌，批林苗族最早生活在一个叫“夜老”的古国，拥戴一个叫“仰洛”的始祖，其经济文化中心在一个叫“格桑”的古城里。“夜老”指的是省城“贵阳”，这些名称均为汉语记苗音。西汉成帝河平年间（公元前28—前25年），夜郎王被作为汉使的牂牁王陈立所杀，夜郎国亡。至此，苗族先民多向交叉迁徙。批林苗族先民就是这样一支从夜郎古国迁出，隐匿于黔中深山腹地的苗族群体。

唐宋时期，高坡苗族休养生息，鲜见于汉族文献。

元明清时期的批林 高坡苗族最早被载入汉文献初见于《元史》：“至元二十九年，正月丙午，从葛蛮安抚使宋子贤请，招谕来附平伐、紫江、瓮眼、皮陵、潭溪、九堡等处诸洞苗蛮”。该条所记录的“诸洞苗蛮”均在今贵阳市附近地界，如“平伐”在贵定，“紫江”在龙里、贵定、开阳三县交界处，“瓮眼”在龙里，“潭溪”“九堡”在新添附近；而“皮陵”即是今高坡苗族乡批林一带。当然，当时所指区域并非仅限今时区域。

高坡地区同羊场、平伐等地属于水东长官司，历代官方修置驿道皆自黔中郡，过中曹司（含今青岩），直达定番（今惠水县），故批林村（皮陵）在当时成为高坡一带通往外界的门户。

清王朝推行“改土归流”政策，一些长时间作为“生界”的苗族地区也被开辟建置，中曹长官司通过石门山西侧的白纳长官衙门，在高坡一带修置驿道，流通商贾，编户齐民，实施政治管制。一些汉族同胞或从事酿酒等技艺讨要生活，或躲避灾祸而流入苗区，历经数百年，形成了今天批林村境内以苗族为主，同汉族同胞和谐共存的族居格局。

清末，贵阳府设四里、六土司，现高坡境分属青岩外委土舍（与司同）、中曹正司、中曹副司、百纳副司，批林与甲定、杉坪（原称“蒋台”“蒋呆”）、拐苏（原称“拐树”）等同属贵阳府亲辖青岩外委土舍。1914 年 1 月，贵州分设黔中、贵西、镇远三道，贵阳县属黔中道，批林村属南一区。1930 年 3 月，批林村属贵阳县第四区，与长寨、甲定、水塘、岩上寨、平寨等，同属青岩镇岩上乡。

新中国成立后的批林　1950 年，属贵筑县第十一区高坡区，1951 年 10 月 30 日建立高坡苗族自治区，辖批林村。1956 年 7 月，贵筑县撤小乡并大乡，批林村仍属原十一区高坡苗族自治区杉坪乡。1956 年 10 月，批林村随高坡苗族自治区划属惠水县管辖。1961 年 3 月，高坡区划回贵阳市花溪，改为高坡人民公社，辖批林村。1984 年 9 月建置高坡苗族乡，乡辖批林等 19 个行政村。

高坡苗族乡以五寨半坡岭至皇帝坡沿线为界，分南北片，批林村属南片。由于独特的自然环境和历史社会发展的原因，高坡地区的苗族形成自己相对独立的文化圈，批林苗寨便是这文化圈中的奇葩之一。

区位

自然地理区位

批林村地处贵州省中部，贵阳市南部，地理坐标为北纬 26° 13′—26° 15′、东经 106° 42′—106° 50′。位于花溪区东南部，高坡苗族乡南部，北邻杉坪村，南接硐口村，东靠五寨村，西枕惠水县濛江街道板长村。行政区划面积 5.27 平方千米。

交通地理区位

批林村距贵阳市中心城区 62 千米，距花溪区人民政府所在地 38 千米。乘车 2 小时可达贵阳市各重要交通节点，乘车 1.5 小时可到花溪区城中心。距乡人民政府所在地 12 千米，乘车半小时可达乡农贸市场。距 014 县道(青黔高旅游环线）6 千米。南行通至高坡乡硐口村，西走穿越惠水濛江大山可下惠水县城，村级公路四通八达，畅行无阻。

批摆进寨路

◉ 村　落

自然村落

批林村是贵州省第一批列入中国传统村落名录的村，村行政面积为 5.27 平方千米，耕地面积 724.5 亩，林地面积 6092.3 亩，耕地与林地折合 4.54 平方千米。辖漆木冲、桃子冲、营盘脚、批摆、林道、大冲 6 个自然村寨，分为 6 个村民小组，253 户 1303 人。漆木冲、桃子冲和营盘脚三个自然寨为一组，其中漆木冲和营盘脚各自户数只有 5 户，桃子冲户数最多；批摆寨分为二、三组；林道寨分为四、五组；大冲为六组。除了所辖的 6 个自然村寨，批林村还有很多小地名。

漆木冲　传统上这里盛产漆树，树干韧皮部割取的生漆，是一种优良的防腐、防锈涂料，有抗氧化、耐酸、耐醇及耐高温的性能。批林人将漆料用于漆浆棺木、家具等。漆木冲有 5 户人家都是姓龙，属批林一组。

营盘脚　清咸丰同治年间（1851—1875），贵州各地少数民族因不满朝廷管治而暴动，以黔东南黑苗张秀眉起义规模最为盛大。贵州各地纷纷修建营盘，批林营盘就是这个时候建成的。求取生计的批林陈姓先民逃难至此，谋得古营盘庇佑，于是选择定居下来，繁衍至今有 5 户人家。

桃子冲　地名来源于此地以前种了许多桃子，故名桃子冲，系批林村第一组。2013 年，桃子冲有 30 户 120 人。至 2022 年有 36 户 136 人，其中李家占 20 户，龙家占 10 户，陈家占 6 户；现就读高中的有 6 人，初中的 7 人。全组共 100 余亩田地，主要生计为年轻人外出务工，年迈村民留守种地。

批摆　批摆寨分为第二、第三组，全寨共 100 户人家，全部都是苗族，分罗、杨二姓，其中罗姓占比 80%，杨姓占比 20%。以传统农业种植为生，其中玉米地占 80%，田地占 20%，有省级非物质文化遗产传承人 2 名，从事芦笙制作、银饰制作、服饰制作等民族特色产业。

林道　分为第四、第五组，村委会所在地，户数有 90 余户。该自然寨全部是苗族，其中 95% 的人姓王，5% 的人姓唐。村寨的村民以年轻人外出打工为主，老年人在家种地为辅。主要种植玉米和水稻，其中水稻占 80%，玉米占 20%，2 户养牛。

大冲　系批林村第六组，位于批林通往硐口的大山冲，有 19 户 60 余人，全寨都是汉族，其中杨姓占 60%，欧姓占 40%。村民主要种植水稻和玉米，其中玉米占 70%，水稻占 30%。80% 的村民都种植辣椒，主要是自给自足。

四邻村寨

杉坪村　杉坪村与批林村北部相邻，包括杉木寨、平寨、长寨、白果寨4个自然寨，有5个村民小组，其中，长寨分为一、二组；平寨分为三、四组；杉木寨及白果寨合为第五组。全村242户1755人。杉坪村原有二户王姓，一户为五组原著，一户由五寨迁入，其余均为罗姓同宗。全村总面积6.10平方千米，耕地面积750亩，林地面积2794.7亩。

硐口村　与批林村西南部接壤，全村总面积9.03平方千米，耕地面积834亩，林地面积8700.1亩，辖7个自然寨，10个村民组，共计294户1408人，是高坡地区苗汉杂居的典型村落，有王、吴、杨、池、廖、田、姚、黄、包、魏、陈、何、邹等姓氏。硐口村地势较为低洼平坦，利于农业耕作。村落背山面水、自然山体、树木河流保护较好，全村森林覆盖率达53%，拥有蕨类、菌类、中草药材等多种野生经济植物资源；有古井、洞葬、溶洞、古银杏、红豆杉、象鼻滩等人文和自然景点。

板长村　与批林村西北部相邻，板长村隶属黔南布依族苗族自治州惠水县濛江街道，位于濛江街道大坝社区东部大约8千米处。板长村辖8个村民小组，总户数268户1262人。全村总面积8.68平方千米，耕地面积2335.8亩，其中水田面积1135亩，土地面积1200.8亩。全村95%均为杨姓苗族，该村为省级非物质文化遗产名录榜郎歌传承村寨。

大保村　与批林村西部相接，大保村位于惠水县濛江街道办事处东北面，距离街道办事处驻地16.9千米，距离县城22千米。全村辖大保寨（马家寨）、杨家寨、洞头、中寨（三组）、批弓（小寨、下寨、上寨、对门河、中寨）9个自然村寨，地域面积11.85平方千米，耕地面积3095.65亩。其中，田1556.14亩，土1539.51亩。林地面积8313.2亩。全村以苗族，布依族为主，少数民族占比87%，共430户2029人。

五寨村　与批林村东部接壤，全村总面积16.3平方千米，耕地面积1612亩，林地11847.3亩。辖有8个自然寨，13个村民小组，全村共551户3493人。是高坡面积最大、人口最多的苗族聚居村落。村寨姓氏主要为王姓和唐姓苗族，此外还现有李姓、田姓等汉族融入。五寨村境内有苗族同胞射背牌圣地——“坂尤货”，交通便利，生态环境良好，森林覆盖率高。

批林村道路

⊙ 自然环境

地质地貌

批林村境地貌类型为侵蚀—溶蚀成因的中低山、低山、峰丛洼地、槽谷、溶丘洼地及谷地。碳酸盐类岩石分布广泛，岩溶地貌发育，组合类型有溶蚀槽谷、谷地、洼与峰丛、峰林、溶丘，个体形态有溶洞、暗河、天窗等。

龙凤洞。山空似壳，洞在山中，地下暗流穿山过洞。溶洞分两层，上层发育成熟，有打鸡洞奇景。怪在下层，洞空无比，水流其间，时急时缓，急湍处如野马脱缰，平缓处则风平浪静。水有深浅，或没膝而过，或深不可测。

隐藏在丛林中的龙凤洞

气　候

批林村为东南部温凉湿润多秋风区，属高寒山区，气候温和湿润，雾多、凝冻大，霜期长，范围小。但垂直气候差异大，坡上、坡腰、坡脚气候各异，具有较典型的高原山地小气候特征。灾害性气候主要为秋季低温，其次是干旱、凝冻、倒春寒、霜冻、大风等。批林村年凝冻在15—30天之间，年均气温为12.5℃—14℃。年日照时数1274小时，年降雨量1178.3毫米，无霜期短，属高寒山区，气候寒凉，湿润，风大，多雾。

水　文

坝王河，发源于批林村批摆寨东北面溶洞，当地称“水井”，属珠江流域西江干流红水河段支流濛江的支流。流经惠水县、平塘县、罗甸县，注入濛江。批林村境内坝王河河道长2000多米，宽5米，水深1.5米，常年水流不断。坝王河从林道寨出境，还未有自来水前，批林村的村民饮用的都是坝王河的水。

自然资源

土地资源　批林村行政区划面积 5.27 平方千米。有耕地 725 亩，其中水田 302 亩、旱地 423 亩，有林地面积 6092.3 亩，耕地与林地折合 4.54 平方千米，全村森林覆盖率达 60% 以上。

批摆耕地

动物资源　批林村境内有陆生野生动物资源共 25 目 59 科 212 种，其中鸟类 15 目 39 科 152 种、兽类 7 目 13 科 28 种、爬行类 3 目 7 科 32 种。

矿产资源　批林村境内矿产资源较丰富，主要有煤炭、铝土矿、水泥用灰岩、地热水等。

植物资源　批林村植物资源主要有松树、白杉、红豆杉、白芝树、枫香树、金丝楸、香樟树、梓木、马尾松、梧桐、青杠、栗木、银杏。

自然灾害

批林村的自然灾害主要有冰雹、火灾、干旱、水灾等。

1971 年 4 月 24 日晚，批林村遭受历史上罕见的暴风雨和冰雹袭击，来势凶猛，延续半小时左右，袭击面宽，损失严重。

1972 年 3 月 25 日至 5 月 4 日，批林村先后遭受雹灾 4 次，林木被毁，庄稼无收成，房屋损坏，部分村民无家可归。

2005 年，批林村遭受干旱天气，150 亩水稻受卷叶虫害。

◉ 人　口

人口来源

批林村有 9 个姓氏，分别为王、罗、唐、欧、杨、李、龙、何、陈。其中，罗姓从高坡苗族乡杉坪村罗氏迁入，王姓和唐姓由高坡苗族乡五寨村迁入，明清至民国时期，先后融入杨姓苗族及其他姓氏汉族同胞。

批林王罗唐姓口述史　据批林村寨老人口述，祖上是从江西朱氏巷迁来，高坡临近的所有村寨说法相同，应是明王朝管控时留下的说辞。据批林老人叙述，先祖来到贵州先定居在“夜老”（今贵阳）。最先来到贵州的苗家祖先叫仰洛，仰洛死在了贵阳城，大家跑上山，逃到了牛郎关，到摆郎，然后到燕楼党武，再到惠水广顺一带，再后来到了贵阳的高坡这一带，这一支就在杉坪五寨定居下来。清朝年间，布依族同清兵攻打苗疆，高坡一带各个村寨苗家寨老商议后，决定委派五寨和杉坪的兄弟驻守此地，社会安定后，在这里开荒种地，娶妻生子，就成了现在的批林苗寨。

批摆杨姓苗族　据说杨姓苗族本姓陈，因为遇到灾祸，逃难到板长一带，被板长杨姓救了下来，认作兄弟，故陈姓改杨姓，后来又辗转批摆，被批摆罗姓祖先收留。

欧姓　欧姓老祖欧长毛从惠水移入，定居批林村到 2022 年，已发展八代人。

李姓　李姓由湖南芷江迁入。入黔始祖李大成，第十七代实富公和实用公迁居杉坪白果寨，第十九代昌清公迁入长冲，后移至桃子冲。桃子冲李姓与营盘脚陈姓是同父异母的兄弟，姓氏不同，字辈一样。

龙姓　龙姓老祖龙文秀从惠水县摆金镇大坡移居批林，到 2022 年，已发展八代人。

陈姓　陈姓老祖陈光荣从大红鸳鸯坡移居批林，到 2022 年，已发展八代人。

杨姓　批林村杨姓分苗族和汉族，苗族杨姓如前文述，汉族杨姓老祖杨德银从惠水濛江社区大保寨移入，到 2022 年，已发展八代人。

何姓　何姓老祖何文才从贵州遵义移入，到 2022 年，已发展四代人。

人口总量

2022 年，批林村人口 1625 人，其中男性有 670 人，女性有 955 人。2022 年 6 月，户籍人口 1303 人 253 户，其中男性 670 人，女性 633 人；0—17 岁 452 人，18—34 岁 307 人，35—59 岁 406 人，60 岁以上 158 人；苗族 1065 人，汉族 253 人，其他民族 5 人；批林村共 6 个村民小组，一组 49 户 206 人，二组 62 户 355 人，三组 35 户 195 人，四组 55 户 323 人，五组 31 户 157 人，六组 22 户 87 人。

表 7　批林村 2013—2022 年人口变化一览表

年份	户数（户）	人口数（人）
2013	208	1040
2014	264	1084
2015	315	1168
2017	262	1084
2018	261	1084
2020	258	1020
2022	253	1303

表 8　2022 年批林村村民组人口一览表

村组	户数（户）	人数（人）	男（人）	女（人）
一组	49	194	110	84
二组	60	354	173	181
三组	35	186	99	87
四组	55	323	161	162
五组	32	154	82	72
六祖	22	92	45	47
合计	253	1303	670	633

姓氏组成

传统苗名主要以父系血缘为中心，采取父子连名制取名，父名在后，子名在前。根据境内苗族地区尚存的碑记、石刻、家谱、祭祀词等记载，苗族姓氏名称，从父子连名到通用汉姓汉名，经历相当长的时间。明万历二十五年（1597）七月十六日，在今花溪区高坡苗族乡与惠水县、龙里县交界处批弓牛打场摩崖石刻有苗族人“阿口、阿他”等记录。清雍正九年（1731）五月初十日，大平伐长官司立的甲定高寨《碑记》，招民复业佃耕人员名单中，有人名“阿烈、阿沙”等，有名无姓。族内皆以父子连名相称，以子名，记父名。如杉坪平寨父名为当，子即取名送当，孙取名娘送，玄孙取名供娘，无姓，亦无文字记述，由家族祭师唱诵亡故祖名谱，口口相授，代代相传。往上溯及祖名同一者，为同宗，不同宗者方可通婚。批林王姓与罗姓分属不同宗，因此互为婚姻资源，缔结成非常密集的通婚圈。

随着封建王朝势力不断深入，布依族、汉族逐渐融入高坡这片土地，苗族聚居的封闭状态，逐渐被各民族杂糅同居的格局打破，开始了文化融合与仿效的进程。私塾教育走入苗寨，杉坪罗文魁是接受汉学的第一代知识分子，从此开启了高坡一带苗族接受汉文化教育的时代。

清嘉庆十六年（1811）八月，以杉坪人罗文魁为首，平寨、杉木二寨立的《龙村锁钥》碑，取有汉姓。自此，高坡苗族乡始有了罗、王、陈、蓬、李等姓。用汉姓初期，多按传统父子连名加汉姓，无辈分之分。光绪十五年（1889），杉木寨、平寨、批林罗姓四房，给尚未有汉姓前已亡故祖先茂广、茂九立坟碑时，亦在父子连名上加罗姓，即罗茂广、罗茂九之墓，其后代子、孙、曾孙、玄孙，分别用罗姓和字辈顺序列名，通行汉姓汉名。杉坪罗姓字辈为：文、德、有、政、国、朝、万、秀、明，但批林罗姓引入后，有了一定的更改，如“万”字辈用成了“廷”字辈，“秀”字辈用成了“向”字辈。

批林村九大姓氏中，除原住王、罗、唐三姓苗族为后学汉姓外，其余姓氏均为带姓迁入。其中，王姓占比 26%，主要分布在四组、五组；罗姓占比 29%，主要分布在二组、三组；杨姓占比 9%，主要分布在一组、二组；李姓占比 4%，主要分布在一组。

表 9　2022 年批林村姓氏户数统计表

单位：户

姓氏	一组	二组	三组	四组	五组	六组	总计
王	—	—	—	56	30	—	86
罗	—	49	47	—	1	—	97
唐	—	—	—	—	7	—	7

续表 9

姓氏	一组	二组	三组	四组	五组	六组	总计
欧	—	—	—	—	—	6	6
杨	—	10	—	—	—	10	20
李	15	—	—	—	—	—	15
龙	17	—	—	—	—	—	17
何	3	—	—	—	—	—	3
陈	8	—	—	—	—	—	8

表 10　批林村姓氏人口数统计表

单位：人

姓氏	一组	二组	三组	四组	五组	六组	总共	占总人口百分比（%）
王	3	37	21	255	93	2	411	31.54
罗	10	222	141	26	15	—	414	31.77
唐	—	6	5	1	25	—	37	2.84
欧	1	—	—	—	—	21	22	1.69
杨	23	7	—	26	13	53	200	15.35
李	61	—	8	—	—	—	61	4.68
龙	44	—	—	—	—	—	44	3.38
何	6	—	—	—	—	2	8	0.61
陈	29	4	2	1	—	—	3	2.76
马	1	2	3	12	7	—	25	1.92

民族组成和分布

批林村主要民族有苗族、汉族、布依族，其中，苗族占比 77.2%，汉族占比 21.6%，布依族占比 0.5%。苗族聚居批摆和林道两个大寨，汉族则居于漆木冲、桃子冲、大冲、营盘脚等寨，布依族则是零星分布。批林村因联姻形成民族融合，最早应属时任高坡乡人民政府乡长罗朝泰。罗朝泰早年赴朝抗美，回国后继续服兵役，后来回乡主政，与时任高坡乡粮管所所长朱女士成婚，朱为汉族。改革开放后，批林苗族走出深山，一些苗族后生带回了外族姑娘，一些苗族姑娘也嫁给了外族小伙，形成了各民族共同团结奋斗、共同繁荣发展的良好局面。

谱 系

苗族以祖名谱记诵祖先名字，唱词中在称呼父母时，以长子（女）名代父（母）名，如“爸 ××”，指的是“××”的父亲，而并非一个叫“××”的人。只有在称呼以本人之名举行敲牛祭祀仪式后的人，才直接称呼其名，如“YY”以本人之名敲牛祭祀，后人唱诵其名为“YY 公”，指的就是他本人。因此，批林苗族传统并无文字记载族谱。

批林桃子冲李氏于 2011 年清明节召开第一次修谱工作会议，主要由贵阳、惠水龙里地区桃子冲李氏一脉组成族谱编修委员会，其中批林村桃子冲泽武、泽平、泽林任编委会副主任，成员有桃子冲的高瑞、高明、高学、高全、高成、高林、泽喜、泽平、泽雄、泽兵、泽政、泽文、泽武、泽林、泽兴、泽洪、泽陆、泽忠、泽玉、泽良，营盘脚的泽周、泽美、泽文、笃海、笃溪、笃学、笃生、笃奎、笃刚、笃园。

《李氏族谱》

桃子冲李氏族谱共收录族人 900 余人，收录出生的族人截止时间为 2018 年农历腊月三十日，以后出生或去世的族人可登记在族谱之后的备用表内，已备后人续编。本书共印 91 部，族人共保存 83 部。其中批林村桃子冲泽洪各个族人各保存了一部，备后人查阅。

族谱图文并茂，族人的阴宅、阳宅等用图片展现，有利于后辈对前人居住地的查找和对照；坚持男女平等的原则，在收录族人名单时，也将女性族人收列在谱。

◉ 经济社会

农 业

批林村境内属于亚热带季风湿润性气候，土地肥沃，适合农业发展，豆腐产业做得很有特色。由于批林村地理位置偏远，通村路狭窄，严重束缚了批林村的经济发展。批林村主要采用传统的散户经营模式，以水稻、玉米等低附加值的农作物种植为主要经济来源。2012 年，批林村抓住入选中国传统村落名录的契机，立足自然生态良好、人文资源丰富等独特优势，完成批林村高标准农田自然灾害损害修复工作，推进特色农产品种植。2017 年，村“两委”大力支持批林村致富带头人开办的鑫泰养殖场，提高养殖能力，以企业模式带动村民发展；着力培养1—3户种植大户成为领头人，找出适合的种植品种，逐步带动村民形成产业。至2020年，村内有羊肚菌、香葱、生姜、刺梨、辣椒等种植业，促进了产业发展，解决了贫困户就业，增加了批林村集体经济收入，真正让闲置的资源活起来，让分散的资金聚起来，让农民的腰包鼓起来。2020年，全村人均可支配收入1万元以上。

水稻　批林村境内水稻种植由来已久，水稻是村民日常生活最主要的粮食作物。新品种引入后，种植面积增加，产量上升。20世纪60年代初，国民经济调整时期，批林村贯彻“以粮为纲”政策，水稻种植面积稳中有增。1978年开始，产业结构不断调整，水稻种植逐年减少，但亩产逐渐增加。2014年7月4日，批林村召开水稻种植保险统计会议，落实批林村水稻种植保险工作，为农户种植水稻提供保障。

油菜　1995年5月1—11日，批林村落实《关于做好九五年夏季油菜籽收购工作的通知》，按承包人口每人完成6千克油菜籽种植任务。同年，批林村836人，完成5016千克。1998年，批林村油菜种植面积80亩。批林传统农业中，油菜并不作为村民的主要作物，而是在秋后的荒田中随意撒种，长势好可收成榨油，长势不好则化作农肥。

玉米　中华人民共和国成立前，境内玉米基本处于农产品自发种植状态，品种杂乱，产量不高。20世纪50年代，全省统一引进推广优良品种，批林村也进行了推广。新品种推广后，玉米基本确保丰收。后来因为外出务工，种植面积逐年缩减。

羊肚菌　羊肚菌种植是批林村新引进的，2020—2021年，村民种植规模为8亩，年收益3万余元。但在种植过程中村民由于资金少、基础设施投入不足，导致在降雪期间大棚垮塌造成一定损失。村“两委”与驻村工作拟争取项目资金，以合作社入股方式，增加资金投入，从种植户中培育产业发展带头人，带动村集体经济与部分村民共同参与，扩大产业规模。

水稻种植

小型稻谷收割机

柿子 高坡批林、杉坪一带所产的柿饼个大，单果重达150克左右，大的可达200克以上，皮薄，皮、肉橙红色，肉质细、味甜、质佳、丰产，嫁接3—4年的柿树结果达近百斤，为优良的地方果种。

玉米种植

黑毛猪 批林村传统都饲养黑毛猪，一般是当做年猪喂养，或养一头母猪，产仔后售卖猪仔，并未形成规模。2017年，政府发展扶贫项目，在批林、五寨村养殖250头黑毛猪，高坡自然之园公司负责对养殖户进行技术培训和跟踪管理服务，并保底包收。2020年，批林村大冲寨依托鑫泰肉牛养殖场和小型黑毛猪养殖场，黑毛猪养殖逐渐走向规模化发展。

柿子

鸡 批林村村民有养鸡的习惯，多为农家土鸡家庭散养，自家食用。2014年8月13日，批林村草地鸡养殖合作社正式挂牌，是贵阳市“7+2同心扶贫工程”，市工商联以“商会+项目公司+农民专业合作社+农户”形式,发展养殖业,带动村民发家致富。

鑫泰养殖场 鑫泰养殖场于2016年建成，负责人为批林村的村民杨安凤。养殖场占地面积20余亩，带有牛圈、清除室、打料室、清毒室、管理房等。2016年饲养黄牛和水牛120余头，分批次拉到市场售卖，一批5—6头，一头牛市场价约2万元，售卖一批收入约10万余元，带动了批林村6个人就业。

草莓

草地鸡养殖

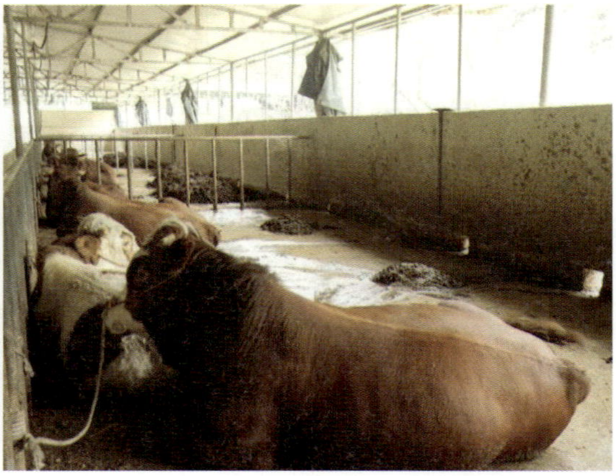
养牛场

鑫泰养殖场

蘑菇种植大棚

鱼　批林村四组的王云修建了 2 个鱼塘，分别为 600 余平方米、300 余平方米。

合作社　批林村先后成立了 4 个种养殖合作社，分别为批林种养殖专业合作社、鑫泰养殖场专业合作社、辛西种养殖专业合作社和陆顺种养殖专业合作社。

表 11　2020 年批林村专业合作社信息一览表

合作社名称	简要情况	负责人
批林种养殖专业合作社	未实施项目	李泽林
鑫泰养殖场专业合作社	带动 6 人就业	杨安凤
辛西种养殖专业合作社	带动 1 户 2 人就业	杨殿兴
陆顺种养殖专业合作社	带动 4 户发展产业，带动村民 30 人	王　勇

三产融合

电农融合　电农融合是2015年后批林村针对特色农产品销售探索的产业融合发展模式，即通过优化农产品质量、发展农村电商平台、培育农产品自有品牌、拓展农产品流通渠道等，将特色农产品的生产、销售、运输、服务等环节有机联结起来，打破外界市场壁垒，促进批林村生态农产品的推广和销售。村“两委”和驻村工作组确定批林村主要发展的特色农产品为红米、小慈姑和柿子。由村民委员会组织各村民小组系统学习关于生态农产品种植的理念和技术，引导农民规模化种植红米、小慈姑和柿子，并规范绿色食品质量标准和操作流程，种植绿色有机特色农产品。批林村成立“批林电商服务站”，专门为村内生产的红米、小慈姑和柿子等农产品提供销售平台，通过与淘宝、京东、苏宁、拼多多等互联网平台合作，促进农产品的销售和推广。同时成立专门的送货团队，为花溪区内的顾客提供快捷的送货服务。此外，举办以农事体验为主题的旅游活动，吸引外地游客前来参与和体验批林村特色农产品的生产和收获过程，从而提升批林村农产品的品牌知名度。农事体验环节不仅为村民销售农产品创造市场机会，通过游客宣传推广批林村农产品。2015年10月25日，高坡乡农村电商服务中心举办的“1元采摘野生柿子体验活动”在批林村举行，活动组织、报名等环节全部采取在线上进行，吸引100余名贵阳市民参加。2018年，花溪区商务促进投资局在批林村新建贫困村电商便民服务站。

工农融合　“工农融合”是指加工制造业与农业的融合，是2015年后批林村推动一、二产业融合形成的产业发展模式。以农业中的种植业和畜牧养殖业为基础，通过在村内建立产品加工基地，对种植的农作物和养殖的畜牧进行加工处理。利用村内良好的耕地条件和林地条件，发展以红米、小慈姑为主的种植业和以草地鸡、黑毛猪为主的养殖业，为市场提供绿色食品。成立批林村种养殖专业合作社，对农民进行种养殖技术、防疫抗灾知识等专业培训，为农民提供资金、技术、信息等相关服务，对种植和养殖过程进行监督，保障产品质量，并对种植和养殖过程中产生矛盾进行调节，促进种植和养殖产业规模化、标准化和绿色化发展。与相关企业合作，在村内建立农产品加工基地，将农产品进行加工制造，实现农产品多元化供给，支持村民以土地、技术、资源等入股，优先聘用本地村民，促进农村第二产业发展，推动农民就业和实现农民增收。

文旅融合　文旅融合是苗族传统文化与旅游产业的融合，是批林村充分利用当地资源，开发农村服务业的产业发展模式。批林村作为国家级传统村落和典型的少数民族村落，具有丰富的民族文化特色，包括传统建筑、古树、古井等物质文化遗产和射背牌、杀牛祭祖、芦笙制作、银饰加工等非物质文化遗产，这些文化形成批林村独具特色的旅游吸引物。打造节日庆典参与旅游，批林村是高坡苗族的典型聚居地，传统节日非常丰富，包括苗年、三月三、正月跳场等，吸引各地游客前来参与和旅游，让游客感受苗族节日的欢乐，品尝高坡苗族的传统美食，促进批林村旅游业发展。打造传统技艺研学旅游，批林村的芦笙制作技艺和银饰加工技艺被认定为省级非物质文化遗产，建立批林村苗族传统工艺展览馆，用于陈列村内自制的芦笙工艺品和银饰工艺品，供外来游客参观和游览。开设芦笙制作教学班和银饰制作教学班，为游客提供体验和教学服务。打造优质的传统工艺旅游商品，将银饰和芦笙进行创意加工，融入地方元素，形成地方特色。打造传统仪式体验旅游，建立小型电影院，将传统仪式的举行过程拍摄成微电影，为游客提供真实记录的观影服务。在主人同意的前提下，让游客切身参与苗族婚礼、射背牌和敲牛祭祖等活动，提升游客体验感。

教 育

明清时期的批林教育　苗族传统文化主要口耳相授，无文字教育。高坡地区真正接受汉文化教育是在清嘉庆年间（1796—1820）。随着封建王朝势力逐渐深入，布依族、汉族先后迁入定居，逐渐形成多民族融合杂居的居住格局。由于处于共同的生活空间，日常生活劳作逐渐产生交集，生计方式相互模仿，促进了文化习俗相互交流。

民国时期的批林教育　1917年，批林村开设私塾，由于无力缴纳学费，鲜有学生入学。后经战乱，学堂损毁，保留占地12平方米的私塾遗址，位于批林村林道寨内。1933年，布依族教师陈孔璠到杉坪开私塾办学，学生每年交三斗米、三块大洋、一斤叶子烟和一斤油作为学费，批林苗寨陆续有人入学。1935年，杉坪私塾学校转公，称“私塾改良小学”，陈孔璠在授课内容上既教“四书五经”，又教国语，也教算学。同一时期，民国政府在高坡街上创办“贵州省立高坡小学”，陈孔璠执教的“私塾改良小学”先后易名“贵州省立高坡小学杉坪分校”“杉坪保国民学校”。

新中国成立后的批林教育　1951年3月8日，高坡杉坪省立民族小学建成开学，学生免费入学，并从花溪等地派教师开展教学。同年，在甲定、硐口、批林设立分校，学生实行免费入学，学生的书籍、学习用具由教育厅供给，还发给助学金、服装及医疗费。

1963年，高坡杉坪省立民族小学开办初中班，改名“杉坪省立民族中小学”，至2022年，杉坪小学的公章仍用这个名称。9月，花溪区教育局在批林村开办批林初级小学。初建的批林小学是购置的林道寨3间木瓦结构民房，后迁建至现村委会大楼处。20世纪70年代，批林小学学生达100余人，新增木瓦结构教室3间，办5个教学班，有5名教师：李清臣、王有忠、王朝富、王应昌、罗家莲。1984年，将木瓦结构改为砖木结构，仍为6间教室。20世纪80年代末，恢复高坡乡中心完小，批林小学改为杉坪小学驻批林教学点。

1988 年，批林小学（民办）有教职工 2 人，学生 63 人。1992 年，学校有教职工 2 人，学生 67 人。1995 年，批林小学办成杉坪小学教学点，开设 3 个班级，有教职工 3 人，学生 60 人。1998 年，批林村入学率达 98%。

进入 21 世纪后的批林教育　党和政府加大对乡村教育投入力度，批林小学教学设施得到进一步完善。2005 年，批林村小学入学 53 人。2006 年 8 月，“两基”工作推进撤点并校，批林村教学点撤除。2007 年，批林教学点撤除后，村内小学废弃，学生步行到杉坪小学或高坡乡小学就读。2015 年，天安保险公司向批林村捐资 9 万元，为村里的学生购买一辆校车，专门用于接送学生上下学。2020 年，批林村有 30 余名小学生到杉坪小学或高坡乡小学就读。2022 年，花溪区教育局协调 2 辆小型交通车接送批林村学生往返杉坪小学。

批林村校车

由于教学点撤除，批林村尤其是大冲等自然寨步行到杉坪较远，村民选择离开家乡，到花溪附近务工，为孩子提供就近入学条件。也有子女随父母到省外，随亲务工就读。2022 年，批林村有在读小学生 200 人，中学生 100 人，主要在高坡中学、花溪一中、花溪民族中学就读。

批林村幼儿教育　批林教学点撤除后，教学楼一度弃置，后用作村委会办公楼。杉坪小学曾开设学前班教学，招收 5 周岁学生，但因为徒步太远，批林村很少有孩子选择就读学前班。21 世纪第一个十年后，家长开始重视幼儿教育，选择到离家较远的高坡乡政府附近幼儿园就读。2018 年 3 月，为满足村民幼儿教育，批林村建成幼儿园 1 所，分大、中、小 3 个班。2022 年，有幼儿 70 人，有教职工 11 人。

批林村村委会综合楼

文 化

文体设施与队伍 1995年，批林村筹集6000元资金，建起党员活动室；集资2500元，成立文化站和演出队。1996年，安装地面卫星接收站，村民电视机收视率达40%。1998年，市粮食局赠送给批林村彩电1台、高频电视接收机1个。2016年10月，批林村建成批摆寨农村体育工程篮球场，占地面积608平方米。2017年，省金融办、市财政局协调“一事一议”项目资金100万元用于建设民族文化广场。2018年，批林村苗族舞蹈队有50人。2020年，贵阳市民政局出资5万元，修缮村委会综合楼（综合性文化服务中心）；驻村干部派出单位贵阳市政协、贵阳市直机关工委、花溪区教育局共划拨驻村工作经费5万元，用于装修综合楼二楼房屋、购买会议室桌椅板凳。

“苗歌飞扬”社团 2019年11月，贵阳市聚爱助学公益中心在批林村儿童服务站招募对苗歌感兴趣的孩子，组建“苗歌飞扬”社团，从民间老艺人中聘请老师为孩子们上课，让孩子们了解苗族文化，弘扬和传承苗族古歌、苗族情歌、苗族飞歌、芦笙舞等民族民间文化。

文体活动 批林村传统文体活动主要依托民族性节庆活动时节，如正月（春节）、三月三等。批林村传统文体活动以篮球赛、斗牛、斗雀等为主，在村内组织开展活动，也组织队伍到别的村寨参加比赛，迎来送往，精彩纷呈。2016年，自正月初二至初六，批林村举办为期5天的“喜迎新春”民族民间文体活动。开展活动有篮球比赛、斗牛、苗族芦笙歌舞、苗族古歌对唱、广场舞、拔河、赛跑、斗雀、象棋等。

批林村篮球场

微电影拍摄　2019 年 9 月至 2020 年 1 月，批林村益童乐园携手贵阳 GREAT 儿童电影社团完成公益微电影《圣火》拍摄。2020 年 1 月 19 日，《圣火》在批林村儿童服务站正式放映。《圣火》主要讲述了留守儿童王大宝（小名大圣）和奶奶、弟弟一起生活的故事。一次火灾将他家房子烧毁，政府了解情况后，联合社会爱心人士的力量，为王大宝家捐款，帮助王大宝一家搬进新房。

表 12　2020 年批林村文体设施一览表

名　称	基本情况
批林村综合性文化服务中心	批林村办公大楼建于 2002 年，总面积 850 平方米，设立有文化服务中心，中心设置图书室、文体活动室、数字文化服务室、陈列室、影音广播室及志愿者服务室等配套用房。
文化广场	2018 年修建，为村中“一事一议”项目，室外民族文化广场 1500 平方米，配有篮球场、乒乓球桌子、文化长廊、葡萄架、卫生房屋、小舞台等，安装 9 盏太阳能灯，用作平时村中举行传统节日活动。
农家书屋	建成于 2008 年 9 月，面积为 30 平方米。至 2020 年，村内农家书屋藏书约 2700 余册。
批林村儿童服务站（批林村益童乐园）	2018 年 12 月，贵阳市聚爱助学公益中心完成批林村儿童服务站的初步建设，在当年寒假投入使用，为批林村近 110 名孩子提供寒假托管服务。除日常课辅活动外，还开设芦笙社团、苗歌社团、儿童电影社团等特色社团，同时开展儿童权利保护体系的工作。8 月成立儿童义工委员会。2019 年 11 月，批林村儿童服务站被评选为壹基金儿童服务站项目特色站点。2019 年，批林村儿童服务站全年服务 20247 人次。

卫 生

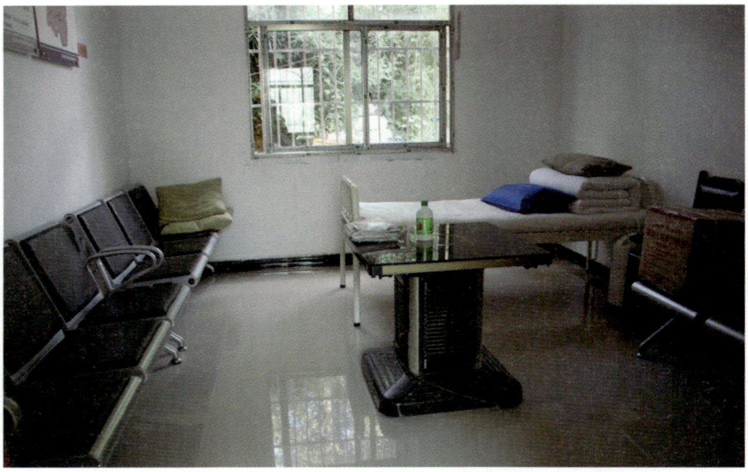
村卫生室观察室

批林村地理位置处于苗岭山脉中段的天山及云雾山相连支脉，重峦叠嶂，林深箐茂，盛产蕨类及中草药材。批林先民在长期的生产活动和与疾病、伤害作斗争实践中，积累了宝贵的民间中医药诊疗经验，对致病因素、疾病诊断、治疗及预防等都有较深刻的认识，在疾病分类和命名上具有浓厚的民族特色，临床处方用药方面，有许多的独到之处。批林村寨老掌握着如断骨接合、烫伤烧伤、止血去痛等疑难杂症治疗技术。

旧社会，批林村无医疗卫生机构，严重缺医少药，村民乱信偏方，致使病死率较高。1952 年，高坡设立卫生所，批林村经济困难的村民可以得到免费治疗。2016 年，批林村设立卫生室，位于批林村办公大楼一楼，占地面积 60 平方米，设诊疗室、观察室，药房、休息室。卫生室设有心率检测仪、药架、血糖仪、药柜、血压计、体温计等医疗器械，配备有 80 种以上常用药物，医生平均每 2 个月到高坡乡卫生院采购一次药物，有 2 张诊床。

2005 年，新型农村合作医疗批林村参保 112 户；2014 年，批林村新型农村合作医疗参合率达 80%，全乡排名第一；2018 年，批林村帮助 3 名残疾人缴纳新农合；2019 年，批林村享受高龄补贴人员 16 名，第四季度发放高龄补贴 21 人；2020 年批林村参保人数 700 人。

人居环境

村庄布局 在苗岭山脉沿线的苗族村寨，一般都是依山而居，水源都相对匮乏。批林村却临水而居，境内的坝王河好似一条玉带，自东向西，连接着批摆和林道两个大寨，由此，两个寨子也缔结成密切的通婚圈。批摆、林道两个苗寨占据着农业生产条件较好的山谷盆地，后来迁入的桃子冲、漆木冲、大冲等寨则隐匿在林深箐茂的山坳。21 世纪后，这种居住格局被打破，群众较多选择沿路而居，把房子都修建在公路沿线。境内仍有的传统民居，分布在山腰、山脚。

批摆寨

2021 年，批林村按照贵阳市花溪区统一要求开展农村“五治”工作。“治房”方面，做好“清、建、管、用”四篇文章，推进农村宅基地审批和房地一体确权登记工作，盘活农村闲置资源资产。“治水”方面，推进饮用水、生活污水、黑臭水体“三水同治”，完成农村供水工程，疏通以坝王河为主的黑臭水体治理。“治垃圾”方面，农村外运垃圾减量至 50%，规范村级可回收物及有害垃圾收集点 3 个。“治厕”方面，统筹推进治厕和治水同治、室内厕和室外厕同治、公厕和私厕同治“三个同治”，基本消除旱厕和无厕户。“治风”方面，坚持“婚事新办、丧事简办、其他不办”，红白理事会实现全村覆盖，文明新风深入人心。

道路　20 世纪 80 年代，批林村开始修建公路。1995 年，政府扩修批林村等村寨公路 23 千米；批林村筹集资金 1.2 万元，维修村公路 3.5 千米。1998 年，市粮食局投资 7 万元，帮助批林村修通批林至硐口断头路，建成批林至大冲公路 3.5 千米，并硬化水泥路面 1060 米。至 2007 年底，批林村寨内主干道、串户路已全部实施硬化，但缺少维护，绝大部分出现破损。2011 年，批林村的对外公路无排水边沟，部分路段较窄，错车困难；通组路路面差，坡度大，部分通车困难；村庄无停车场。各级政府加大农村基础设施建设，至 2013 年底，批林村进寨道路硬化率达 100%，通寨步道基本建成 1.2—1.5 米宽的水泥路。2014 年，批林村申报“一事一议”项目道路，改善批摆寨、桃子冲寨等一、二、三组串寨路，满足了村民出行及生产劳动条件。投资 37 万元，将 2.5 千米田间小道改建为宽 3.5 米的进寨硬化路（路基高 1 米），建桥 1 座（长 3 米，宽 4.5 米）；全年完成硬化路面 1.1 千米。

2015 年，修建批林村三组进寨硬化路，道路长 1.2 千米，宽 3.5 米；先后投入 10 多万元，建设生产便道 5 千米。2016 年，批林村道路建设投资 200.64 万元，项目包括：向省农委申报村内总长 3.2 千米、总投资达 90 万元的生产便道硬化项目；向区交通局申报 10 万余元的桥梁建设项目；"一事一议" 投入资金 25 万元，修建 1.2 千米的进寨硬化路；由市工商联支持 4 万元建设 5.4 千米的生产便道及防火通道。此外还有其他项目经费支撑。至 2016 年底，批林村所有自然村寨串寨路全部通水泥路。

2017 年，由省政府金融办支持，建成通组公路 1 千米。争取市农委项目资金 30 万元、南充银行 20 万元，修建批林村二组和三组机耕道，并全部硬化；投入资金 38 万元，修建四组生产便道 1500 米；完成批林 "同心桥" 项目建设，建设资金 15 万元。

2018 年，批林村利用"一事一议"财政奖补资金，完成红场土至三头坡机耕路硬化项目，道路长 1 千米，宽 3.5 米。至 2018 年底，批林村共建有机耕道 6.3 千米，桥 2 座（每座 6 米）。

2019 年，高坡乡投入资金 40 万元，完成批林村路面修复等工程。2020 年，驻村干部派出单位贵阳市直机关工委协调资金 49.6 万元，帮助批林村建成村民一组机耕道 1.1 千米。至 2020 年底，批林村境内道路交通条件依然不完善，主要表现为：部分通组道路损毁严重，路面破损难行，降雨后积水难排，严重影响群众出行；村辖区部分成规模耕地的机耕道配备不完善，其中村民一组缺少 1.5 千米、二组缺少 1 千米、三组缺少 1 千米、四组至五组缺少 0.8 千米，影响和制约着农业生产及村级产业的发展。2022 年，批林村在进寨位置到大树脚 200 米长道路铺装 10 厘米厚石板，维修路灯 40 盏。

村民修整批摆寨进寨路（2015 年）

林道串寨路

村硬化道路

桥梁　苗语里所有桥都为“拉”。批林村共4座桥梁，均横跨坝王河。

哪碱舟（桥）。位于批林村二组，横跨坝王河，1996年以前为木头搭的独木桥。1996年修为水泥桥，石墩跨度小，宽度2.5米。至2022年由政府出资、村民出力，修缮了桥面，铺上了石板，长3米，宽2.5米。

牛桥

牛桥。位于批林村三组，20世纪70—80年代为木桥，用4—5棵木头搭建而成，长约4米，宽约1米。苗族人认为万物皆是神，主宰着人间凶吉，以前批林村的人会通过杀牛来祭祀这个木桥，以保佑村民平安，风调雨顺。至90年代，村民已经很少杀牛祭桥，村里组织修建了水泥桥，长3米。至2017年政府启动串户路修建，便重新对桥面进行修缮加宽拉直，长约5米，宽约4.5米，能容一辆小轿车通过。

风雨桥

风雨桥。又叫郎桥，位于批林村委会正前方。该桥20世纪60年代修建，用木板搭建而成，桥上建长廊，盖小青瓦。因整个寨子世世代代挑水都要从桥上过，故叫风雨桥。后因年久失修垮塌。1995年，村里的寨老王应敏召集村民，要求一家砍一棵树搭桥。1997年，政府出资，村民投工投劳，修建成长6米，宽约2.5米的桥，并带有护栏。

新桥

新桥。位于四组，2016年建成。此前，村民在四组的坝王河对面有100余亩土地，下大雨时涨水，村民过河极为不便。2016年，政府出资，村民投工投劳，修建桥面长9米、宽3米、跨度长5米的新桥，并带有护栏。

输电电杆

电力设施　1984年前，批林村群众都用煤油灯照明。1981年开始，为水力发电做准备工作，包括测量、装电杆等。1984年，高坡乡在马蜂洞建起水电站，批林村村民开始用上电。2011年底，批林村电力由高坡乡10千伏电力线引入，但村内未完成农网改造；虽然每户都用上电，但电压强度不够，仍不能满足村民基本的日常生活，且低压供电线路较凌乱。至2013年，批林村通电率100%，电压相对稳定，但有些村组用电仍然不便。

2014年，由批林村委会投资，彻底解决四组、五组村民的用电问题。2016年，批林村在批摆寨与林道寨之间，安装太阳能路灯200盏。至2020年底，批林村寨内电源引自批林村变压器，采用标准的220/380伏电力线路输送。村内总用电负荷为195千瓦。2022年，更换电线100余户。

供水　批摆寨水井一直是批林村群众的重要水源。批摆寨水井建于1935年，以青石材、水泥浆砌成，保存完好，井水清澈，香甜可口，一年四季长流不枯，但涌水量不足，不能满足批林村全村村民使用。

2002年，为盘活小型水利国有资产，推动农村经济和水利体制改革，在花溪区水利局帮助下，批林村建起尤田坝提水站工程。提灌工程由花溪区水利局代管。同年在四、五组建水利提灌站一个，投入资金15万元，于2002年12月验收投入使用。2003年，批林村建成人畜饮水工程1个。2004年，批林村为解决村民用水，修建蓄水池1个。2005年，批林村为批林一组村民们建设水塘1个，为批林六组村民建水塘1个。同年，高坡乡部分村寨通自来水，但批林村村民用水依旧困难。至2011年，批林村绝大多数村民不得不继续把坝王河河水作为主要饮用水源。

2014年，批林村启动饮水工程建设，100户399人用上自来水。2016年，完成入户自来水管网铺设。2017年，批林村申报“一事一议”项目资金用于建设灌溉蓄水项目。2018年，实施批林村中坝天水沟建设项目，修建水沟20米。至2020年底，批林村村民全部用上自来水。

水利建设 2002年，花溪区水利局在批林村建成尤田坝提水站工程。该工程位于批林山头坡脚，装机容量30千瓦，变压器50千伏安，出水管100米，渠道长度906千米，保灌面积100亩，代管期为2002年12月至2012年12月。2003年12月10日，批林村启动人饮工程人畜饮用电提工程，于2003年12月通过有关部门验收。2004年，批林村修建水池解决村民用水问题。2013年，批林村修建排水沟渠1300余米，人工湿地2处，高位水池和小型提灌站各1座。2014年，贵阳市经济技术开发区贵合公司帮扶批林村3万元，乡党委、政府落实配套资金20万元（包括进寨硬化路配套资金），完成批林村部分水利工程。区水利局对批林村沟渠进行维修。2016年，全村有50%农田灌溉主要依靠坝王河抽水灌溉，原有农灌沟渠断面30厘米×30厘米，长2500米；水利部门投入资金49.7万元新建断面30厘米×30厘米的农灌沟渠2900米，拦水堰14米×0.7米×2.7米。2018年，批林村中坝天水沟项目，建成水沟20米。2022年，投入资金60万元，在四组、五组修建200立方米蓄水池1个，沟渠2000米。在二组、三组的坡顶修建200立方米消防水池1个。

村供水站

住房改造 批林村传统住房以木质结构为主，因经济和自然条件不同，盖顶的材料各异，有的用瓦、有的用草，也有的用石板。中华人民共和国成立以前，批林村苗族群众中的贫苦人家，有不少住的是草房或土墙房，有的住的是“千柱落脚、万柱瓜”的叉叉房。中华人民共和国成立后，批林人民当家做主，村民学习掌握木工技艺，开始修建自己的木瓦房。改革开放后，一部分村民开始修建小平房。进入21世纪，随着外出务工浪潮开启，外出淘金回来的村民大量修建三四层的小平房。家庭存在困难的人家，随着扶贫开发的深入和经济的发展，在各级党委政府的扶持下，也陆续建立起新的安全住房。

2014年，批林村开展人居环境住房改造工作，涉及住户6户。2015年，批林村共有农村危房户15户，其中一级危房3户，二级危房12户，年内全部完成了改造工作。2016年11月，南充市商业银行贵阳分行副行长杨栩松一行来到批林村，向批林村低收入困难群众及村委会捐赠项目资金36万余元，用于批林村5户村民危房改造。2018年，村内宅基地拆除重建19户，加固维修13户。2019年12月，实施高坡乡农村卫生厕所建设改造项目，在批林村建成卫生厕所。2020年，批林村村委围绕老旧瓦房整治、危房改造等全面摸底排查整治。2022年修缮二组、三组危房5栋，使用传统材料和工艺修复重点部位，对屋面瓦片拆除，换上了木制屋面、木制窗子、木制墙面，使房屋焕发新生的同时传承历史记忆。

传统民居

传统民居

村民生活

批林村位于崇山峻岭中，是典型的传统农业村寨。改革开放后，社会经济得到迅速发展，村民生活水平逐渐提高。

◉ 村民收支

村民收入

批林村地势偏远，交通不便，是少数民族贫困村。在传统生活中，采取种植和养殖业的生计方式，种植水稻、玉米、小麦等，间种土豆、白菜、黄瓜等，圈内饲养牛、猪两三头，一般出售用作日常开销，或自家留用，生产生活自给自足。1991 年，批林村年人均纯收入 369.8 元，1996 年，达 500 元以上，基本解决温饱问题。

进入 21 世纪后，大部分村民收入来源主要靠外出务工。

2009 年，批林村年人均纯收入达到 2086 元，2011 年达 4300 元，2013 年达 5300 元，2016 年达 5600 元。

2018 年，批林村年经济总收入 2303.28 万元，其中粮食收入 70 万元，村民家庭牲畜收入 20 万元，务工收入 1150 万元，花溪鑫泰养殖场收入 60 万元，集体经济收入达 30 万元以上。

2022 年，批林村将 230 亩土地流转给公司种植烤烟，每亩获收入 300 元，在公司务工村民每天获 100 元收入，村民年人均纯收入达到 1.2 万元。

村民支出

批林村群众支出主要为建房、婚嫁、人情消费、祭祀、缴纳合作医疗费用，购置家具、车产、衣物等，不同家庭消费不同。

建房　大部分村民是采购材料后，请一两名师傅，家人投工投劳，这样减少一大笔人工费。也有家里缺少劳力，且亟需完工的，就直接请小型工程队建房。建房费用来自外出务工所得，一般需要 20 万元左右。村民很难全款建房，一般是赚得部分购置材料启动，再向银行借贷部分，待新房建成后，再外出务工谋得收入用于还贷。

婚嫁　随着经济社会的开放，高价彩礼成了批林村民的主要消费。随着“治风”工作的不断深入，这种歪风得到有效遏制。

缴纳合医保险　批林村 2022 年个人交医保 350 元，国家补助 660 元。

社会保障

社会救助

1998年，贵阳市粮食局向批林村赠送1.3万元现金、5000千克粉条和5000千克大米。2014年7月，区工商联到批林村开展公益慈善帮扶活动。区政协领导班子成员李莎参加“7+2同心扶贫工程”，协调筹集资金，帮助批林村发展生产。协同贵阳市工商联开展“春节”慰问批林村贫困农户13户44人。帮扶粮款累计发放60户229人，共计发放救济粮7050千克。2015年，贵州省水滴公益之家为批林村困难户送去物资和慰问金30万元。花溪区工商联宣传动员非公有制经济人士开展光彩事业活动，向高坡乡硐口小学、批林村困难户捐款捐物，金额31.1万元。2017年，批林村农村低保对象获粮油供应发放54户54人，组织工作人员走访36户低收入困难户，为村民解决救济粮150余千克，申请民政急难救助5万元、医疗救助3万元。2018年，贵州十和田集团开展结对帮扶批林村暨“爱心助学”活动，送去慰问物资及慰问金2.6万元。2020年春节期间，政府协调资金7500元，为批林村15户贫困户、低保户、老党员、计生户、困难群众每户送去慰问金500元及米、油等生活用品。

留守儿童帮扶

2018年1月5日，志愿者支教团队为批林村益童乐园捐赠空调。12月14日，天津航空有限公司贵州分公司探访批林，捐赠体育用品。2019年1月17日，前华为慈善人、现华友会合作伙伴杨礼雄，以及贵阳农商支行云岩支行第四党支部员工为孩子们捐赠冬衣。3月9日，北京孔立敏与赵芊寻为批林村益童乐园捐赠爱心图书，建立芊寻书屋。6月5日，批林村孩子们受邀参加天津航空贵州分公司在龙洞堡国际机场举行的“天航十周年，陪你看世界”主题活动，圆了孩子们看飞机的梦。7月25日，批林村驻村工作组成员吕晓娟协调爱心人士捐款，修缮因冰雹受灾的批林村益童乐园。8月2日，老吴台酒业公司到批林村开展“爱心捐赠，助力脱贫”主题活动，为批林村益童乐园捐赠学习、体育用品。8月8日，贵阳市慈善总会秘书长高蓉带领云端联盟万人团队前往批林村为孩子们送温暖。8月23日，贵州省公路局志愿者们为批林村益童乐园捐赠图书。9月1日，贵州省信息技术服务业协会会长陈文组织众多企业家前往批林村益童乐园参访，为“99公益”益童乐园项目开展劝募。9月8日，贵州省践行团读书会会长吴华组织会员为“99公益”益童乐园项目进行募捐。11 月 12 日，中国航天科技集团有限公司八院八部组织“航天聚爱助学，心系贵州儿童”主题活动，进行爱心募捐，将募集的爱心资金购买电脑等物品赠与批林村益童乐园。11 月 22 日，中国移动公司销售运营部党支部探访批林村，为孩子们捐赠爱心物资。2020 年 1 月 4 日，贵州省慈善总会项目部部长邓建荣，贵阳市慈善总会秘书长高蓉，贵州省乡村旅游商会会长吴钟宏、执行会长孟凡人，壹基金贵州运营中心代表王树，贵州仁禾工程设备有限公司总经理黄凯文及爱心志愿者们为批林村孩子们发放“温暖包”。

扶贫开发

减贫扶贫

1994 年 4 月，贵阳市委安排市直机关包村帮扶，开始对批林村进行帮扶。2012 年，批林村 2300 元以下贫苦农户 157 户 397 人，其中扶贫户和低保户 14 户 32 人。全村通过抓产业扶贫、抓项目带动、抓民生保障等措施，完成 143 户 365 人脱贫，实现“减贫摘帽”目标。根据贵州省确定新扶贫标准（年人均纯收入 2736 元），全村还有 8 户 33 人因灾、因人口增加、因病等，人均纯收入未达 2736 元。外出到省内务工实现脱贫 201 人，能自力实现脱贫人口 82 人，需要产业（草地鸡养殖）帮扶脱贫 29 户 62 人；需要社会捐赠或救助帮扶脱贫的 3 户 11 人。2015 年，批林村退出贫困村。

医疗保障扶贫政策宣传栏

精准扶贫

2014 年，批林村总人口 264 户 1091 人，其中贫困人口 150 人，低保、五保对象 17 人。村“两委”采取“一对一”帮扶，助力脱贫攻坚。协同贵阳市政协、工商联，开展“7+2 同心扶贫工程”，市政协捐款 1 万元，成立批林村草地鸡合作社帮扶贫困户 30 户，发放养草地鸡 3000 只、饲料 1740 千克。

2014年7月，区工会、区工商联到批林村开展公益慈善帮扶活动

2015年，批林村有贫困户69户139人，低收入户数29户45人，低保户27户45人。区总工会拨付批林村1万元经费，协调50吨价值1万余元的水泥，帮助批林村提升基础设施。12月8日，市汽车经销商商会、商会单位会同贵阳经开区落实批林村帮扶资金5万元，启动以生姜为主要产品的生态种养殖业工程。签订批林村有机蔬菜、生态家禽的销售（采购）合作项目，确定商会会员单位的53家食堂，每年所需120万元的粮油经济作物、有机蔬菜、生态家禽等，优先按市场价在批林村采购。该村返乡农民工就业，各商会单位对有销售、维修、水电等方面的技能人员给予优先安排。开展国家扶贫黑毛猪项目。

2016年，花溪区投入专项扶贫资金17.5万元，扶持杉坪、批林、扰绕3个村145户贫困户养殖黑毛猪290头。11月30日，“天府·扶贫济困慈善行”活动在批林村举行。南充市商业银行贵阳分行的义工小组为贫困村民捐赠36万余元，用于该村危房改造和生产便道的硬化。2017年，批林村有低收入困难户36户118人，低保户22户。

2017年12月29日，贵州省政府金融办联合贵州优博管理咨询有限公司到批林村开展驻村帮扶慰问活动，对包户的6户低收入家庭的学生每位捐赠1000元助学金，走访慰问3户困难群众并发放慰问金。

2018年，批林村有国标贫困人口4人，市标低收入困难人口96人。多数村民长期在外务工，留守老人和儿童精神文明活动极为匮乏。当年，贵州省金融办和批林村修建村级民族文化广场，华创证券有限责任公司向批林村捐赠种养殖业扶贫发展启动资金15万元。区武装部协调陆军驻贵阳军代室及詹阳重工对批林村进行帮扶，詹阳重工出资20万元修建垃圾站，并免费使用机械1个月，为该村提供10个就业岗位，对该村17户困难群众进行救济。2019年，批林村共有建档立卡贫困学生2人，市标低收入户31户96人，建档立卡3户7人（其中1户3人2017年8月脱贫），低保户25户59人，特困人员5户5人。当年，批林村最后2户国标系统建档立卡贫困户退出贫困序列。2020年，批林村所有贫困户脱贫，有脱贫建档立卡户3户7人，低保户29户78人，特困供养户4户4人。

2022年，批林村有贫困户3户，乡村两级定期开展慰问帮扶，每户发放2包肥料，2头25千克猪仔及4包饲料，每个季度发放慰问大米、油等物资1次，春节发放慰问金500元。

文物胜迹

批林村境内有 3 处文物：批林村躲匪洞古遗址、批摆晓谕摩崖、批摆晓谕碑刻。另有未列保文物遗址、古井、古树、古民居等数十处。2012 年，批林村被列入第一批中国传统村落名录。

◉ 古迹名胜

批摆晓谕碑

2010 年，批摆晓谕碑被列入花溪区文物保护单位

批摆晓谕碑位于批林村批摆寨，坐西朝东。方首，青石质，额题楷书阴刻“永定章呈”四个字。碑高 1.14 米，宽 0.62 米，厚 0.15 米。碑文竖向楷书阴刻，11 行，满行 22 字，共 200 余字，就“批摆等处应纳余银事”进行规定并晓谕，要求“由各户交纳”，且“不得隐匿短缩”。此碑立于清光绪七年（1881），2010 年 3 月，区人民政府将其公布为花溪区文物保护单位。

批摆晓谕碑可释读内容如下：

永定章呈

钦加三品衔调署贵阳府事镇远府正堂世袭云骑尉加五级纪录一次□□出示晓谕事关香王府圣敕批摆等处应纳余银，系由各户交纳。该处土司银粮，该土司病故尚未承袭。司班□桢催征余银后该苗民王老幺、罗友还控经司府提记，并援班世呈□当经司府□示□□青岩批摆余银式钱八分正□□堂钱称式钱不许苗土□浮文以后□该回民等□□行□府□□□土工而示粮□在寨后具□□等合土工□表□该处苗□□□悉□后尔等各户应纳余粮□□晚□□征数目行赴府完纳按年□政不得隐匿短缩，致工不工之□□□示遵，历卷特示。

右谕通知

光绪七年七月十五日告示

实贴　批摆晓谕

批林晓谕摩崖石刻

批林晓谕摩崖位于批林村披弓狗场山崖，系高坡乡与惠水濛江社区交界处。该摩崖系记处置高坡一带苗族牛踩场争端事宜，现处惠水县濛江街道大保村披弓组。披弓狗场系三寨共场，场主分别为：高坡乡硐口大寨王氏、濛江街道大保村大保寨马氏以及新哨村河边寨王氏。摩崖石刻于距地面1.3米高的岩石上，历经岁月，部分字难以辨识，可释读内容为：

委官番州同知周，本职奉两院道府委勘□□□□□札事，因行今乡老□□处，明□□出牛八十只，给阿□等。领上下皆退还□□管当□当差。日后有生事者，□拿重治不恕，故示。

万历二十五年七月十六日立

批林躲匪洞

批林躲匪洞位于批林村林道寨西南1千米处。洞口高约6米，宽约13米。洞内通道发达，有泉水。清咸丰、同治年间（1851—1875），村民于洞口筑墙，用于当地村民躲避战乱和匪患，故叫躲匪洞。现遗址尚存。

躲匪洞

批林营盘遗址

批林营盘遗址位于批林村一组陈家寨背后坡，建于清咸丰、同治年间，面积800余平方米。以青石砌筑，平面呈椭圆形。现存石墙230米，残高0.75—2.1米，基宽1.6—0.67米。该遗址已消失。

批林罗氏洞葬遗址

批林罗氏墓地位于批林村天然溶洞内。该洞呈口小底大的袋状，洞口高8米，宽15米，深20米。考古专家对棺木进行细致分类整理，洞内可辨认棺木13具，能测量的有5具。根据棺木存放位置，可分成洞口区和洞底区两部分。其中洞口区有棺木6具，洞底区有棺木7具。其余棺木因常年流水侵蚀而腐烂散落，无法辨认。洞内13具棺木中，其中有12具头向朝北，1具头向不可辨认。批林罗氏墓地在清代晚期因火灾将早年的棺木烧毁，现在保存下来的都是火灾以后葬入的，其墓葬年代为清代晚期。13具棺木中，除M3、M4棺木腐烂严重，无法知其形制外，其余11具棺木与甲定、五寨王氏等墓地的棺木相似，棺架大多散落。该墓地共采集遗物 30 件，器物有青花瓷片 4 件，褐釉瓷片 1 件，青花瓷碗 8 件，单耳带流瓷罐 1 件，铜手镯 2 对，高领瓷罐口沿 1 个，青瓷片 2 件，青釉瓷碟 2 件，青釉瓷碗 5 件，青釉瓷茶盏 1 件，陶片 1 件，褐釉单耳瓷罐 1 件，青釉瓷罐 1 件等。

苗族人民在长期的生活中形成悬棺葬、洞葬等独特的习俗，是研究苗族民俗文化的宝贵资料。洞葬棺木分层垒放，数百年传承。洞内光线明亮，空气流畅、干燥，入葬洞者为寨内寨老及有名望的族人，有功之人。每年清明，远近苗族群众拜祭先祖要到此烧纸燃烛，举行仪式。

古　树

批林村共有 22 棵古树，已挂牌的 10 棵，分别是青枫、柏树、枫香树、楠木树、榉树、柿子树、朴树、梓木、冬青，树龄均为 300 年以上。位于南部村落的两棵杞木分别于 2012 年、2013 年倒塌，两棵古树当地人称为“男人树”与“女人树”（形似），2012 年倒塌的残存树根也时常有当地人拜祭。

表 13　2022 年批林村古树一览表

序号	名　称	方位	树名	编　号	树龄	级别
1	批林村林道寨	寨子西南部	楠树	52011100295	300	二
2	批林村林道寨	寨子西部	青枫	52011100298	300	二
3	批林村批摆寨	晓谕碑址	朴树	52011100293	—	二
4	批林村批摆寨	晓谕碑址向南	梓木	52011100294	—	三
5	批林村批摆寨	批摆寨背后	榉树	52011100292	—	三
6	批林村批摆寨	批摆寨北面	冬青	52011100291	—	三
7	批林村林道寨	寨子南部	枫香树	52011100296	250	三
8	批林村林道寨	寨子西部	榉树	52011100297	220	三
9	批林村林道寨	寨子西部	榉树	52011100299	200	三
10	批林村林道寨	寨子东南部	青枫	无	200	三
11	批林村林道寨	寨子东部	青枫	52011100300	220	

续表 13

序号	名　称	方位	树名	编　号	树龄	级别
12	批林村林道寨	寨子南部	柏树	无	200	
13	批林村林道寨	寨子西南部	柏树	无	130	
14	批林村林道寨	寨子西部	榉树	无	200	
15	批林村林道寨	寨子西部	榉树	无	200	
16	批林村林道寨	寨子西部	榉树	无	200	
17	批林村林道寨	寨子西部	柿子树	无	200	
18	批林村林道寨	寨子西部	青枫	无	200	
19	批林村林道寨	寨子西部对门	榉树	无	200	
20	批林村林道寨	寨子西部对门	榉树	无	200	
21	批林村林道寨	寨子西部对门	榉树	无	180	
22	批林村林道寨	寨子西部对门	青枫	无	200	

梓木

楠木

古 井

修缮后的古井

铁锅井　位于批林村批摆寨的批摆晓谕碑和古树旁边。铁锅井在批林村先民迁入之前就已经存在，2015年，因修建提水站人饮工程被封闭。

铁锅井的传说。以前大量井水源源不断地流出来，给生活在这里的村民造成水灾。为了让水不这么大，人们想了许多办法，赔进去十几条人命也无济于事。最后想到一个办法，那就是用很大的铁锅将冒水的泉眼盖住，泉口才没那么多水冒出来。从此以后，这口井被取名为“铁锅井”。

古井水常年清澈见底，可直接饮用。在批林村未通自来水之前，批摆寨及附近村民们的饮用水基本都是靠这一口古井水源。历史上，古井已经重修过两次，从刚开始一个洞口打水，变成如今用砖石砌整齐的长方体井口，并通过在底部安装暗管，将井水引流到旁边新建的圆形储水池中。村民们至今依旧会饮用和使用古井中的井水。

祭祀桩

祭祀桩

祭祀桩主要集中在批林村批摆、林道两个苗寨中央。批摆寨的祭祀桩，存留可见十余棵，主要用于村民敲牛祭祀。牛桩分为水牯牛桩和黄牯牛桩。水牯牛桩用于杀水牯牛大型祭祀之用，黄牯牛桩则用于小型祭祀，也在大型祭祀时作陪祭之用。批林村苗族杀牛祭祖是有一定的年份规定的，如十二生肖中的狗、猪、鼠、龙这4年，苗族称之为“大年”“吉祥年”，也就是可用于“杀牛祭祖”的佳年。其他生肖年则少用，甚至不可用，如“牛年”则不可用。祭祀桩杀过牛就不能再用作其他用途，只能一直存放在原地，杀一头牛就用一棵祭祀桩，祭祀桩所在的场地也不能用作其他用途。

古河道

批林村的坝王河河道历史久远，水流充沛，流经批林境长约2000多米。河道两岸部分地方至今仍保存有古河道构筑物以及过河桥梁。

流经批林村的坝王河

◉ 古民居

批林民居有三种类型：第一种是瓦房，青瓦木柱子结构，有用木板装饰的，有用竹篾打懒爬壁、用石灰浆糊的，有用竹条或木条编织、用牛粪糊的等。第二种是草房，按四面倒水式样修建，窗子矮小，屋面陡水，框架用料为木柱、木条、竹竿，屋顶用野生茅草。第三种是内部结构不同、功能不同的人畜共用房。在高坡一带，由于地势不同，为便于防风御寒，分布在杉坪、批林等地的房屋要高大些，而分布在云顶、摆龙、平寨等地高岗上的房屋要矮小些。

民居概貌

批林村是具有地方特色的苗族村寨，保存有苗族风格的民居195栋，总基底面积2.5万平方米，总建筑面积1.46万平方米，占整个村庄建筑的60%，1949年以前所建民居以木结构为主，1949年至1990年所建部分为砖木结构建筑。民居都依山而建，随山势高低而错落有致，视界开阔，房屋朝向统一。批林村整体保护较好，但在建筑风貌及小景观风貌上破坏较为严重，新建建筑形式各异，部分新建建筑选址尤为不当，严重影响村落整体视线、天际线等。

古民居

民居选址

传统民居侧房

批林村一般根据村民的生活习性和生产特性来进行民居选址，一般选择接近土地和水源的地方，周围环境不仅要适宜居住、耕种，而且要利于防御。批林村位于丛山之中，房屋建筑选址基本在山坡上，形成背山面水、左右维护的格局。批林村的民居建筑以木瓦结构为主，保存完好，分布较为分散，房屋基本坐北朝南，沿着山脚修建至山腰，传统村落布局大致呈不规则三角形。进入21世纪后，随着砖混结构民居的兴起，选址也讲究便利，部分民居沿路而建，朝向不规则呈现。

改造装修后的二层民居

民居特征

批林村传统民居建筑形式多样：有二层悬山顶木构建筑、干栏式民居建筑，有木板装修的民居，也有竹骨泥墙装修的民居，多数面阔三间、进深两间，也有三栋、四栋连成排的，均为青瓦盖顶。房屋建造均为二层，整栋房屋四面均用木板装修；房屋木柱以5柱或7柱落脚，房顶为“人”字形。

民居种类

前院式　批林村部分传统建筑主要靠近山体部分，建筑后面大多种植竹子，前面有空地，用于晾晒衣服、谷草等。

后院式　批林村部分建筑位于道路一侧，由于建筑靠近道路，于建筑后方修建院落。

侧院式　在批林村中部，部分建筑密集的地方，由于地形高差影响，部分民居在建筑侧边修建院落，侧院式院落多用于瓜果蔬菜的种植。

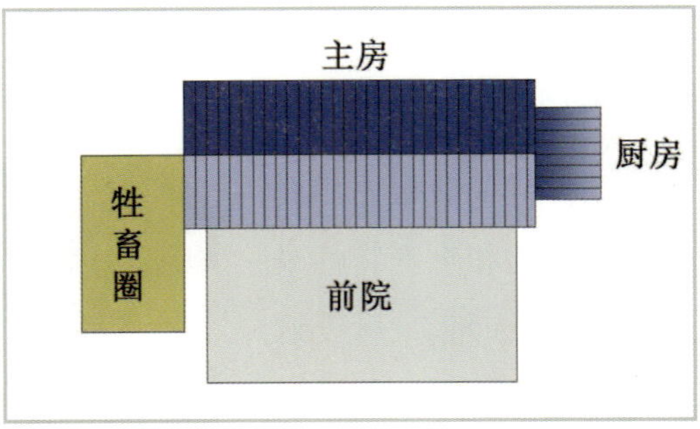

前院式

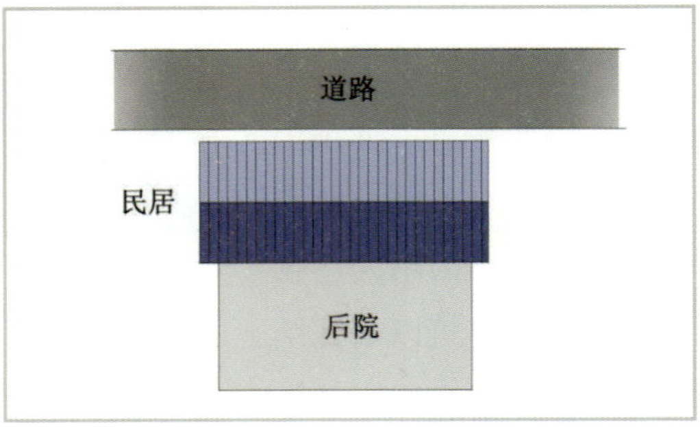

后院式

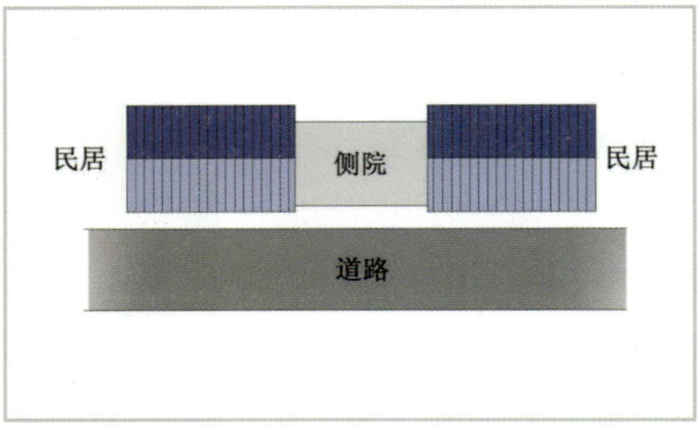

侧院式

民居构造

批林村传统民居多以穿斗式构造，为全木结构的吞口屋，常见为三间并列，上下两层。第一层居中的房屋为堂屋，屋外壁内缩一柱形成吞口。

石基　房屋底下还有一层全砌平整的石基，用以将吞口屋与土层隔离，达到防潮防湿的目的。石基也随着人们的踩踏变得圆润，泛起亮黑色。

房顶　民居建筑屋顶造型以悬山顶为主，包含很多具有特色的建筑元素：檐口、飞檐、屋面、正脊装饰等。批林村的传统建筑屋顶多是由青色瓦片叠加覆盖而成。屋脊为直线屋脊，檐部不起翘，屋脊不落腰。正脊作为装饰的重点，用瓦片堆叠出三层的造型，正脊两端檐部微翘。房顶下有木柱支撑制造出一定的剩余空间，许多人家会利用这个空间来放置木柴。

大门　传统建筑的大门同样是木制的，由两扇木门组成，开门方向向内。有部分人家还会在大门的外面再设置两扇只有大门二分之一左右高的腰门，在黔中传统民居中较为常见，腰门对采光、通风影响不大，能防止小孩跑出去，还可以防小偷、盗贼，以及家禽进入房屋内。

屋顶造型

传统民居大门

民居内部布局

批林村民居空间格局体现了上尊下卑、崇宗敬祖、礼乐相济的文化价值，以中心对称布局为主，可分为堂屋、生活空间和生产空间。

堂屋是半开放的宽大空间，是整个苗族民居的中心，体现苗族“居中为贵”的观念，承担家庭祭祀、访客接待、内外沟通等功能。堂屋中间会有木架子，下方摆放一张四方木桌。架子上会放置家族仙逝的祖辈牌位，重要节日期间，木桌上会摆放一些水果当作贡品，节日当天会将饭菜端上木桌祭拜。由于文化杂糅融合，部分苗族人家也设置神龛，家中老人新逝，其照片遗像也放置在神龛旁边，时常燃香祭奠。每逢节日，也香烛酒肉时常祭祀。神龛之下约 2 米左右是泥土或石板地面，通常是作为祭祀用的空间。堂屋还是办丧停棺的指定场所。尚未举行丧事祭祀时，棺木停放于进门左侧，头棺朝外，脚棺朝里；办丧祭祀期间，棺木停放于进门右侧，头棺朝里，脚棺朝外。堂屋也是新婚庆贺的主要场所。新婚当天，新郎新娘必须位于堂屋神龛位下就座，房族长辈依序而坐。

民居装饰

批林村传统建筑在装饰上主要体现在木窗、宝顶、檐口、榫卯装饰以及屋顶翘脚上。许多建筑的窗户会采用花窗镂空式设计，有回字形、井字形、雕花、无数个口组成中间雕有十字形的花样等，窗户样式繁多，工艺细致，精雕细琢。民居装饰元素主要有龙、凤、鱼、蝴蝶、蝙蝠等祥禽瑞兽，牡丹、松竹梅兰等花草植物，三角纹、十字纹、菱形纹、如意纹等几何图形。

传统民居回旋式花窗

传统民居井字形花窗

传统民居牛角装饰

建房仪式

批林村对建房择屋基选日子十分看重。宅地选择避阴向阳，有的选在周围尽是绵延起伏的峰峦中，有的选择在背靠峭壁的山峰或群山环抱的山腰里，有的选择在苍松翠柏下或山峦层叠的高山上，有的人家还专门请来“风水先生”选择宅基。宅基择好后，选日子至关重要，首先要从上辈的年庚八字推测：有无属相相克，如无相克，即是吉兆。一般是定在当年的秋冬，选择丑、亥、已、未、酉、卯等日子为吉日良辰。吉日定好后，主人请来手艺高超的木匠师傅，带着酒、肉、角、糯米饭、香纸和斧子、锯子、尺子上山选好一棵茂盛、粗壮、挺直的杉木做新房的中柱，称为“架马”。砍树前，木匠师傅向杉树的根捋酒、掐肉以示祭祀，并念道：“哪棵树最大？哪棵树最高？这棵树最大！这棵树最高！人有九抱九，高到九云霄，今天把你砍，造房万年牢。”吉语念完后，木匠师傅用斧子在树上砍三斧，递给主人砍三斧。再将斧子交给帮忙的人将树砍倒。树倒的方向很有讲究，一定设法将树倒向东方，以示吉利。再将砍倒的树按中柱尺寸锯断、剥皮、刨光，运到家中。木匠还要烧香点烛，杀鸡敬鲁班师祖，在柱头上认真弹上一条中墨线，称作“发墨”，表示新房动工。

上大梁在建房中被视为一件隆重的大事。梁木一般选用杉木、椿木、梓木等，这类树木主树被砍伐后，来年又从根部发出很多新枝，表示兴旺发达。当地的习俗是梁木由郎舅送，上梁这一天，郎舅家将梁木砍好，制成毛坯，用红布包裹，请人抬到主人家，主人要备鞭炮到寨边迎接梁木。梁木抬到主人家后，木匠师傅再按尺寸进行细加工。按照定好的时辰，架好上梁楼梯，上梁时还要唱上梁歌，木匠师傅在新房堂屋唱道 :“一进堂屋四四方，主家请我来上梁，脚踏云梯步步高，登上新房亮堂堂，仙桃堂中累累挂，主家富贵万年长。一上一步人气吐，二上二步子孙强，三上三步家豪富，四上四步状元郎，五上五步五子登科，六上六步六畜兴旺。上到梁腰，主家儿子儿孙步步高，上到梁头，主家世世代代中公侯。上梁已毕，万事大吉。”上梁后，主人家便将几筐用糯米做成的彩色梁粑，从梁上撒下，大人小孩蜂拥抢梁粑，欢声一片，满堂喜庆。

民居落成，通常要举行传统的“接龙”仪式背灾吃福。新房装神龛要求高于大门框架，俗话说“神龛高过堂屋门，子孙发在自家门。神龛低于屋口，荣华富贵往外走。”新房装大门也要择定吉日，木匠将大门装上，举行隆重的“开财门”仪式。由舅家请“开门老师”，主家请“木工师傅”，开展冗长宏大的对唱后，将财源福源子源孙源等统统都请进门，仪式才算结束。亲朋好友都来祝贺。村寨里德高望重的族老要穿新装，穿新鞋，包新头帕。主家要准备一个装有米的盘子，米上放有钱币、银器和彩色丝线，以及大人、小孩新装各一套，当地称“富贵盘”。

典型民居选介

表 14　批林村传统民居选介表

序号	房主姓名	建房年份	木工师傅		大梁产地
			姓　名	家庭地址	
1	罗文高	20 世纪 80 年代	—	—	批林村深冲
2	罗朝先	20 世纪 80 年代	罗本荣	批林村二组	批林村干冲
3	王朝国	20 世纪 80 年代	王有武	批林村四组	批林村漆冲
4	罗朝贵	20 世纪 80 年代	罗仕云	批林村二组	批林长鼓坡

罗仕海三合院　建于20世纪80年代，房屋为木质结构，为典型有影壁的三合院民居形式，住房由正房、两厢和影壁组成围合空间，平面组合上呈“凹”字形，顶盖青瓦。除大门外，两侧未设窗户。房屋结构为一般三间式，中间为堂屋，二楼为卧室，由堂屋借助楼梯上去，两侧房间一楼左边为烧柴火房及牲畜房，右边为吃饭休息房间。

罗文高三合院　建于20世纪80年代，房屋为木质结构，面积110平方米。

罗朝先三合院　建于20世纪80年代，房屋为木质结构，面积100平方米。

罗文高家老三合院

罗朝先家老宅

村落保护

1999年以前，批林村的古村保护工作主要由村里自己承担或是由村民自己组织保护。2000年以后，各级党委、政府把古村保护工作与新农村建设、美丽乡村建设有机结合起来。2014年，《花溪区高坡乡批林村传统村落保护与发展规划（2015—2030）》编制完成。2015年以后，批林村以规划为引领，结合精准扶贫工作，实施一系列文保工程，不仅改善了村民的生活环境，还进一步强化了传统村落的保护工作。

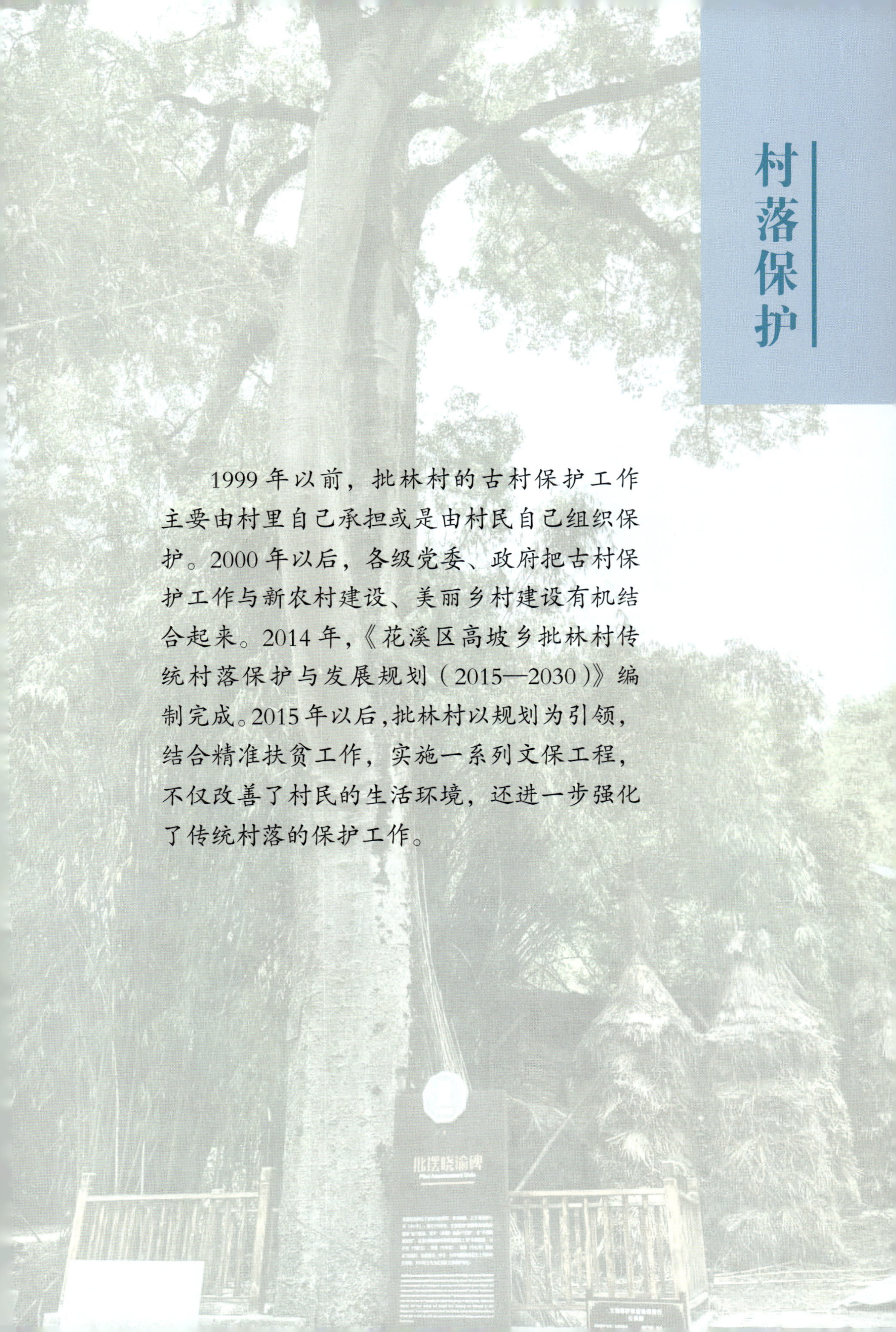

保护规划

批林村总体规划

2011 年，根据“十二五”规划及高坡乡发展规划工作要求，草拟批林村（2012—2020）总体发展规划。根据高坡乡总体规划要求，依托良好的农业基础，作为乡域重要的农副产品中转地，批林村应通过完善乡村相关设施成为高坡乡乡村旅游的精品旅游点。本次规划在注重传统村落保护基础上，结合物质与非物质文化与旅游发展之间的相互联系，以传统文化作为批林村旅游业的带动点。高坡乡总体规划将批林村确定为中心村，利用交通及产业优势，重大项目建设引进，优先发展批林村，将人口保持在 1000—3000 人。批林村发展特色养殖，如黑毛猪、肉牛、马等，以及生态农业和农副产品加工，同时新建农贸市场，打造乡域西部农业大村。选择风景优美、具有民族特色的批林等村进行整治，打造精品乡村旅游村寨。

规划编制在村庄规划的相关细节上取长补短，既要保护传统村落的历史性，又要满足村民生活需求和村落发展。在产业发展方面规划形成高坡乡的生态农业产业园区；人口预计至 2020 年，达到 281 户 1105 人；基础设施以及公共服务设施方面，对道路进行硬化，完善供水设施，新建人工湿地，对污水进行处理，完善电力系统，增加村民活动场地、停车场设置；在村容村貌整治方面，对村庄内建筑立面提出整治要求，对相关绿化提出要求。

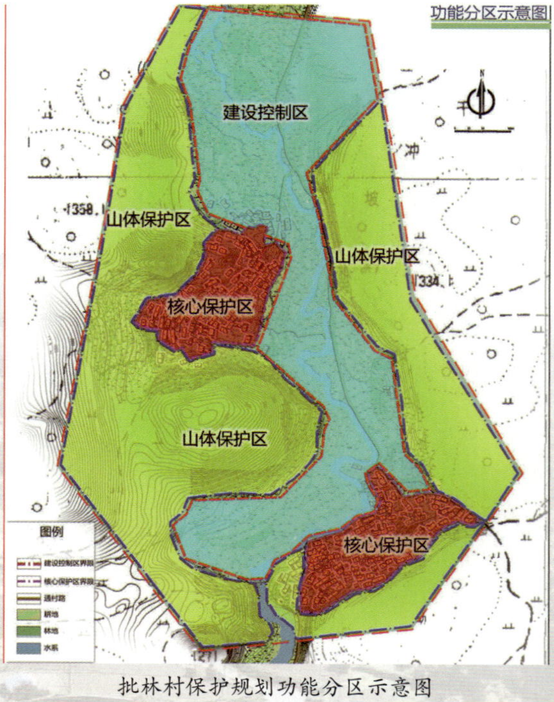

批林村保护规划功能分区示意图

批林村传统村落保护发展规划

2014 年，贵阳市规划局花溪分局委托贵州省城乡规划设计研究院编制完成《贵阳市花溪区高坡乡批林村传统村落保护发展规划（2015—2030）》。规划由总则、批林村传统村落保护规划、批林村传统村落发展规划、实施规划的措施与建议、附则组成。核心保护区范围分别为北面村落 3.59 公顷，南面村落 3.54 公顷。要求核心保护区内街巷空间与建筑以保护和维护为主，对确需拆建、翻建的建筑必须符合保护规划的原则和审批程序，做到“修旧如旧”，保证建筑整体风格的一致。对区内已建成的与传统风格不协调的新建筑，应拆除或按照传统建筑的格调实施降低层数和外观改造。保护整个区域原始空间格局不得随意改变，区内未建建筑的地段，不得再随意新建；拆除所有任意搭建的牲畜圈舍，对少数新建的与传统民居建筑风貌不协调的公建要按规划要求改造或拆除。

建设控制区设定为村落周边的农田用地，以更好保护村落格局，建设控制区面积为 20.93 公顷。要求对建设控制区内建筑的体量、色彩、材质进行严格控制，新建建筑形式要与传统民居相协调，保持传统民居体量小、色调与自然环境和谐的特色，整个布局与老寨相互依托，保持统一的建筑风格和地域特色。

规划还划定以范围内山脚线至山脊线范围作为严格可控制区，禁止乱砍滥伐，禁止村民在其范围内新建建筑。规划区范围内面积为 31.13 公顷。

贵阳市花溪区高坡乡批林村村庄规划

2022 年 10 月，高坡乡委托北京同衡规划设计研究院编制《贵阳市花溪区高坡乡批林村村庄规划（2022—2035）》，规划内容包括生态保护、耕地保护、历史文化保护、建筑空间管制、防灾与减灾等方面。在生态保护方面，村内划入生态保护红线 258.17 公顷，禁止在生态保护红线范围内从事任何建设活动。保护村内林地、草地、水域等生态用地，不得进行破坏生态景观、污染环境的开发建设活动，做到慎砍树、禁挖山、不填湖。在耕地和永久基本农田保护方面，村内划定永久基本农田 135.40 公顷，任何单位和个人不得擅自占用或改变用途。不得随意占用耕地，确需占用的，应经村民小组确认，村委会审查同意出具书面意见后，由镇政府按程序办理相关报批手续，未经批准，不得在园地、商品林及其他农用地进行非农建设活动，不得进行毁林开垦、采石、挖沙、采矿、取土等活动。在历史文化保护方面，村内属于文物保护单位的有 10 处，其中为自然资源景观 2 处，人文景观资源 8 处，不允许随意改变文物保护单位原有状况面貌及环境。在建设空间管制方面，村内村庄建设用地规模为 12.40 公顷，建筑高度不超过 30 米，容积率不超过 1.0，绿地率大于 35%。产业用地调整应经村民小组确认，由村委会审查同意，逐级报村庄规划原审批机关批准。农村住房，本村内划定宅基地 10.34 公顷，每户宅基地建筑基底面积控制在 130 平方米以内，总建筑面积控制在 240 平方米以内，层数在 3 层以下，建筑高度不大于 12 米，屋面建议采用坡屋顶形式，颜色以灰色为主。新申请的宅基地，应在划定的宅基地建设范围内，且优先利用村内空闲地、闲置宅基地和未利用地。基础设施和公共服务设施，不得占用交通用地建房，在村内主要道路两侧建房应退后 10 米。村内供水由批摆寨抽水站统一提供，2022 年有污水处理设施 2 处，房屋排水接口需向村民小组确认后再

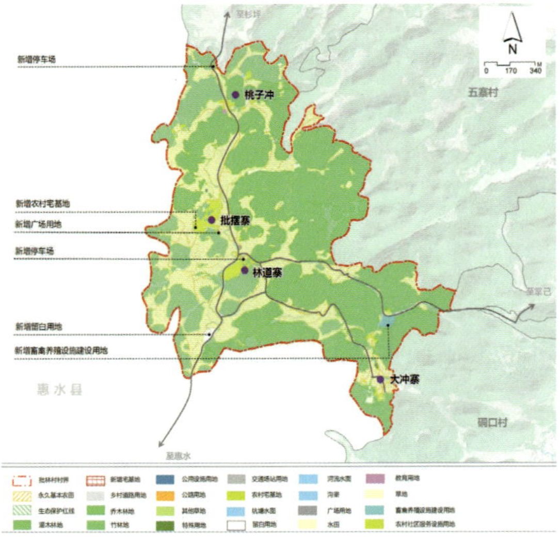

批林村规划用地结构调整示意图

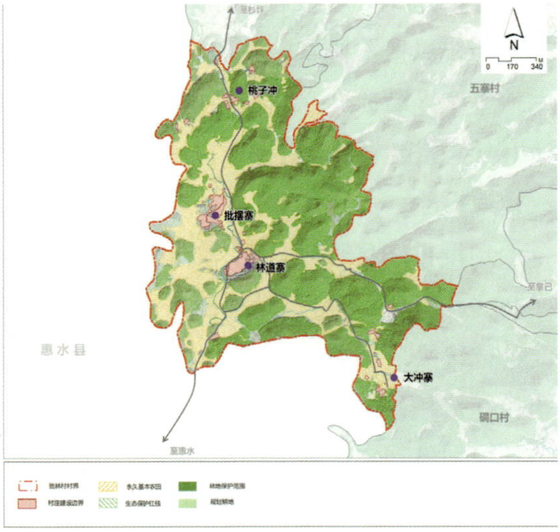

批林村保护利用格局示意图

建设。垃圾收集点、公厕、污水处理设施等基础设施用地及综合服务站、基层综合性文化服务中心、卫生室、养老和教育等公共服务设施用地，村民不得随意占用。在防灾与减灾方面，村民的宅基地选址和农房建设须避开自然灾害易发地区。村庄道路兼用为防火分隔带，该区域建筑间距和通道的设置应符合消防安全的要求，消防通道也不准长期堆放阻碍交通的杂物。学校、广场等为防灾避险场所，紧急情况下可躲避灾害。

表 15　花溪区高坡乡批林村村庄规划（2022—2035 年）

要素分类	序号	要素名称	位　置	规　模	建设方式
日常出行	1	停车场	桃子冲、林道寨	0.3公顷	规划新增2处
公共安全	2	应急通道	全村	结合通村、通组道路设施	现状保留
市政设施	3	垃圾收集点	全村	5处	现状保留4处，规划新增1处
	4	污水处理设施	全村	3处	现状保留2处，规划新增1处
	5	公共厕所	全村	4处	现状保留2处，规划新增2处
就业引导	6	物流配送点	林道寨	1处	现状保留
健康管理	7	村卫生室	林道寨	1处	现状提升
养老服务	8	养老服务站	林道寨	1处	规划新增，结合村务室综合设置

续表 15

要素分类	序号	要素名称	位　置	规　模	建设方式
文化活动	9	农家书屋	林道寨	1处	现状保留
	10	综合文化活动室	林道寨	1处	规划新增，结合村务室综合设置
体育健身	11	健身广场	批林寨、林道寨	2处	规划新增1处，提升改造1处
商业服务	12	便民商店	全村	4处	现状保留
	13	金融电信服务点	林道寨	1处	现状提升
行政管理	14	村务室	林道寨	1处	现状保留
	15	农村党群便民中心	林道寨	1处	规划新增，结合村务室综合设置

保护建设

古树保护

2012 年、2013 年，批林村有两棵古树倒塌，但有树根残留。为保持村民对两棵树祭拜习俗，批林村对这两棵树木遗址进行划定接线保护，并立标识牌。其余古树也挂牌保护，并设立护理围栏、花池。2021 年，市住建局支持，投资 169 万元用于批林村建设，包括古树保护项目已于当年 11 月中旬开工，2022 年初结束。

古民居宅保护

2013 年、2014 年，政府分别投资 8 万元和 10 万元，用于修复被损毁的历史建筑。2021 年，花溪区住建局整合资金 169 万元用于批林村传统村落的修复，主要有村寨道路、消防设施、古树保护、环境整治、民居修缮项目。其中修缮二组、三组的古民居 5 栋，本着修旧如旧的原则，使用传统材料和工艺修复重点部位。花溪区人民政府对批林村 5 栋古民居进行挂牌保护。

罗文高老宅

古河道保护

2013年，批林村对现存古河道内外的垃圾开展定期清理，严禁向河道内外随意抛物，排污，同时规定牲畜下河须牵至河道下游。对河堤维护须保留原有石砌方式，保留原有下河石梯、过河石墩等构筑物。

河堤修缮

祭祀桩保护

2013年，批林村圈定杀牛祭祀桩保护范围，规定任何人不得对其破坏、在范围内新建其他构筑物，同时立标志牌说明其风俗用途。

坝王河

火灾防范

2016年，批林村消防设施建设投资15万元，完成两个自然村寨新建消防蓄水池2个，消防水管1000米，消防栓6处。2017年，花溪区公安局邀请具备专业资质的消防评估机构对批林村进行区域性消防安全评估，出具消防安全评估报告。2018年12月建立有人员、有制度、有器材、有检查演练的微型消防站。2021年，市住建局支持整合169万元用于批林村建设，包括消防设施建设，项目于11月中旬开工，2022年初竣工。

微型消防站

2021年4月10日，花溪区印发《花溪区传统村落和历史文化名镇名村火灾防范工作方案》，成立传统村落和历史文化名镇名村消防安全工作领导小组，领导小组组长由区人民政府副区长担任，成员由相应区直部门、乡（镇）主要领导组成。领导小组下设办公室在区住建局，具体负责制定相关工作方案并及时报台账信息及日常工作。批林村组建一支人员相对固定的专职消防队或志愿消防队，制定明确的传统村落防火公约，并写入村规民约，制定灭火应急预案和应急响应制度，建立毗邻村落灭火联动机制，设立1名消防安全员，专职负责本辖区的消防安全工作。严格执行《贵州省传统村落消防安全技术导则（试行）》，开展消防设施安全隐患排查，完成安全隐患整治，重点排查消防公共基础设施的消防高位水池水位是否正常，以及普通消防水池（塘）蓄水情况，消防管网、消火栓是否存在漏水情况，消防器材箱、消防水带、水枪、消防机动泵及破拆工具等器材是否可以正常使用、是否按要求存放。将消防安全工作各项措施要求落到实处，确保消防设施正常使用，坚决遏制火灾事故发生。同时，明确相关职责和任务分工，制定联动灭火行动规程；争取资金安装智慧用电监控系统；建设普及消防安全常识的消防宣传栏，定期向村民普及火灾预防，用火、用电、用气等安全常识；开展传统村落消防安全检查，适时跟踪检查中发现的问题和整改落实情况。

村寨治理

1949年中华人民共和国成立以前，批林村治理主要是发挥寨老的作用，依据地方社会组织特点，以习惯作为社会规范进行村寨治理。新中国成立后，村寨治理在法律框架内以人民调解为主，化解人民矛盾。开展农村“五治”——治房、治水、治垃圾、治厕、治风，村寨环境更加优美，乡风更加文明。

⦿ 传统村庄治理

习惯管理

旧时，批林苗寨传统的习惯，多是以维护村寨内部成员的利益，推动实现大事化小，小事化了。即便是偷盗等行为，也是由寨老裁决处罚，多为苗民协商，以牛、米、酒等请求亲属原谅为主。对于践踏伦理道德的，则红布“挂红”。而对于凶杀斗殴见血事件，则必须杀鸡用鸡血祭扫。对于刑法监狱一类处理多有抵抗情绪，若强行以国法来处理，势必激化矛盾。清朝初期，鄂尔泰开辟苗疆，建议禁止用苗例处理民族纠纷事件，一切刑事诉讼皆应交付地方官府处理。高坡一带的各种碑刻晓谕，就是在这一时期形成。至清末，国家治理力量逐渐深入。

中华民国时期《区自治施行法》和《乡镇自治施行法》规定，区、乡、镇设立调解委员会，其成员须由具有法律知识和素孚信望的公正人士担任，并从所在区、乡、镇公民中选举产生。

人民调解

1953年第二届全国司法工作会议后，开始在全国区、乡党委和基层政权组织内有领导、有步骤地建立健全人民调解组织。1954年，政务院颁布了《人民调解委员会暂行组织通则》，在全国范围内统一了人民调解组织的性质、名称、设置，规范了人民调解的任务、工作原则和活动方式，明确规定人民调解委员会是群众自治性组织，要求人民调解必须依法及社会公德调解，遵守平等、自愿及不剥夺诉权的三原则。高坡成立苗族自治乡后，批林村设立村民调解员，参与乡村治理，积极协调村民纠纷事务。

由于行政区属不同，20世纪末，地界纠纷成了高坡一带村寨之间的主要矛盾。从地缘和民族来说，贵阳花溪高坡、黔南惠水濛江和黔南龙里湾滩河都一脉相承，但行政区划明确后，为了地界资源而争端四起。主要为高坡甲定高寨与龙里摆省打夯一带；高坡云顶与龙里摆绒一带；高坡杉坪、批林与惠水县濛江一带。1992年，批林村和惠水县大坝乡披弓村建立第一个接边地区联合调解委员会，为全市联调组织的建立积累了经验。2000年以后，批林村在化解各种矛盾纠纷中，既有以讲求法律神圣庄严的法理治理，也有接地气有温度的民间情理治理；治理资源除充分运用国家法律法规以外，还充分运用乡土社会的“村规民约”，苗族历史上遗留下来的“寨老制”“扫寨仪式”“鸣锣喊寨”“民间歌谣”

等民间智慧，逐步形成“小事不出村，大事不出乡”的良好治理局面。2014 年，批林村党支部制定《批林村群众工作室制度》，其中包含村情民意收集处理制度：建立村情民意服务体系，开展村领导与群众交流谈心活动，实行村情民意周报告制度；矛盾纠纷排查调处制度：建立有效社会矛盾排查调处机制，实行村级主要领导群众工作日制度，定期听取村情民意汇报，加强矛盾排查调处工作规范化建设；明确规定群众工作信息员、调解员、陪访员职责。至 2020 年，批林村有网格数 2 个，网格党小组 2 个，网格员 11 人；十联户 30 个。2022 年，批林村委会调解纠纷 2 起，调解成功率 100%。

环境综合治理

污染治理

2017 年前，批林村排水体制尚未建立，无雨污收集设施，无污水处理设施，道路两旁无排水沟，雨污水自然排放。村庄内未实施改厕，人畜粪便收集至露天粪池用于农灌。对村寨环境卫生影响较大，污染较为严重。2017 年，批林村新建寨内排污系统，规模平均为 40 厘米 ×40 厘米，总长 4 千米的排污沟。2018 年，批林村的基础设施建设项目总投入 40 万元，其中 25 万元用作四组河道治理。2021—2022 年，批林村因地制宜实施“三水同治”，农村安全饮水保障、生活污水、农村黑臭水体得到有效治理。

公厕

垃圾治理

垃圾分类点

2015年以前，批林村垃圾都是自产自清。2015年，批林村聘请保洁员，从事村级生活垃圾的清扫、清运。2016年，批林村向区环保局申报10万余元专项资金用于改善村内环境卫生。2018年，批林村使用中央补助资金150万元，用于生活垃圾处理、生活污水治理，完成2个一体化污水处理设施及收集管网、垃圾收集设施安装工程。完成以垃圾污水处理为重点的基础设施建设项目。2019年，批林村制定《批林村环境卫生整治工作实施方案》，成立批林村卫生综合整治工作领导小组，制定《批林村人居环境卫生综合整治红黑榜评定制度》《批林村卫生公约》《批林村环境卫生整治监督制度》《批林村农村环境卫生巡查制度》《批林村保洁员管理制度》。

2020年，村委组织村干部为家庭环境卫生较差的贫困户帮助整治环境，打扫卫生，改善居住环境，教育引导贫困户养成讲卫生爱护环境的好习惯。同时加强群众的、日常行为习惯教育，严格落实环境卫生包干责任制，形成连户保洁制度，配有村级卫生保洁员，垃圾处理规范，乱搭乱建、乱堆乱放现象得到有效治理。2022年，批林村有垃圾箱17个，垃圾桶20个，保洁员6人，垃圾由专业公司外运处理。

2022年，批林村建立农村生活垃圾减量机制，对农村生活垃圾进行源头分类处理，减少外运处置量，外运处理垃圾量占50%。完善垃圾分类设施建设，自然村寨垃圾收运设施覆盖率90%，农村生活垃圾收转运监测平台收运覆盖率90%。按照一自然寨一点，形成户粗分、村细分、乡统筹、公司清运的“分、收、转、运”模式，终端由京溪公司统一清运，建立起完善的农村生活垃圾收运体系。实现农村生活垃圾“干湿分类”全覆盖，规范村级可回收物及有害垃圾收集点1个。抓好“饮、污、黑”三水同治，摸排人饮水、黑臭水体、污水治理现状，建好三本台账。召开村民代表大会、小组会和“坝坝会”充分听取群众意见建议，开展走村入户行动，强化“厕水同治”，做到人饮安全有保障、黑臭水体无增加。批林村实现安全饮水全覆盖，黑臭水体全清零。

河道整治

坝王河由东北向西南贯穿全村，2016年以前，河道内垃圾以及污水排放严重，水体污染较为严重，影响坝王河自然生态。2016年，批林村投资200.64万元，完成包括河道整治等工程项目8个。批林村坝王河全面落实绿色发展理念，切实履行河长制工作职责。由花溪区领导任坝王河河长，定期开展巡河工作。巡河期间，实地检查河道卫生、水污染治理、生态环境建设等工作情况。着重查看河道内垃圾清理情况，督促河道清理状况。落实各级领导关于汛期期间安全生产方面的指示精神，强化河道防汛、治理工作。杜绝汛期连续强降雨导致河面升高威胁河道两岸群众。注重河道垃圾清理，防止河道堵塞，切实保障人民群众生命财产安全。

修缮前的坝王河

林业管理

1982—2020 年，批林村大力植树造林，强化林业管理。2012 年，批林村有重点公益林 6082.9 亩，地方公益林 48 亩。成立批林村森林生态管护领导小组，开展批林村森林生态保护工作。制定《批林村 2012 年公益林资金管理制度》，建立专项资金管理台账，严格管理批林村公益林资金，监督规范资金使用。制定《批林村 2012 年公益森林生态管护人员考核办法》，加强生态公益林保护和管理，落实管护措施和责任，推动公益林管护人员更好地履行管护职责、权利与义务。持续开展巡山护林工作，确保无火种进入林区，无偷砍树木等行为。2017 年，批林村造林 1500 亩。2018 年，高坡乡退耕还林工程 464 亩，其中批林村 20 户。2022 年，批林村有护林员 5 人，每月每人给予 500 元报酬，全年上报枯树 7 棵，无乱砍滥伐事件发生。

批林村林地

风土民情

批林村苗族人口占总人口的80%，民族习俗、民族服饰、民族传统节日等民族风情浓郁，保留着吹芦笙、跳芦笙舞、民族服饰制作、斗牛、敲榜郎等传统节庆民俗。

⊙ 婚姻习俗

苗族的婚姻习俗在婚礼进行前还需经过谈恋爱、说亲、定亲的过程。结婚年龄一般在16—23岁左右，男性婚龄稍比女性大些。严格恪守一夫一妻制和宗支之内，血族之外的婚姻制度。花溪区高坡乡的苗族，妇女以背牌为装饰，故此又称为“背牌苗”。她们的婚姻习俗，独特而别具情趣。

达东果东拉

批林苗族青年男女的恋爱，是通过“达东果东拉”（和姑娘小伙交朋友）的社交活动来进行的。他们深居高山，交通闭塞，一般借助于赶场和节日活动寻找情人。如春节的跳洞、“三月三”“四月八”的射背牌，七月的“牛打场”（看斗牛）等。正月间，姑娘们在寨子“坐火塘”，一面挑花刺绣，一面等待后生吹着芦笙来坐火塘，之后就会起身相送，半路结对达成“恋爱协议”。农闲时，就会相互来对方寨子“闲夜”，通宵达旦来唱歌，通过唱歌表达互相爱慕的心情，他们的恋爱是比较自由的。苗族传统恋爱观是极其包容的，一个男子可以同时与多个不同女子谈恋爱，一个女子也可以同时与多个不同男子谈恋爱，但更多都是出于礼貌，流于形式，真正付出真心的，就会步入婚姻。苗族传统婚姻也讲究门当户对，服从父母之命媒妁之言，恋爱并不以结婚为目的，大量有情男女为之殉情，或者逃离家庭到高坡一带，躲避世俗眼光结婚生子。现花溪孟关、修文扎佐、白云都拉营等地就有大量此类移民，多是有情男女。高坡一带常有以“某某吊头”的地名为名称，足见封建思想禁锢之下，苗族传统婚恋的离散悲曲。

插伞定亲

批林村青年男女通过“达东果东拉”认识中意后，或男方父母看中某个姑娘，就请人到女方家提亲。提亲人是男方长者，提亲时不送礼，但不论天晴下雨，提亲人都要带上一把雨伞，即“插伞定亲”。到女方家后，提亲人试探地对女方父母说：男女各在一方，他们俩从小就相好，一个喜欢一个。女方父母就回话说：他俩自幼便“削龚”（有交往）了，像姑娘手不少手镯，后生腿不缺裹脚，一个离不开一个。女方家一般不会当面表态，只是岔开话题。提亲人也无须多说，如果女方家同意，第二餐便杀一只母鸡宾主共餐。但只拿半边来吃，另外半边留给提亲人带回去报喜。男家便请家族中长者来共餐祝贺。

吃鸡头订婚

批林苗族订婚是男方的一长者和媒人，挑一坛酒，抱一只鸡，按约定日期到女方家举行仪式。在订婚席上，宾主都要讲“大喜日子”“发儿发女”等吉利话。然后，双方议定彩礼数目，主人要送给客人一元二角钱，客人也要送在座的女方长者一元二角，表示谢意。

订婚最庄重的礼仪是吃鸡头，讲好彩礼后，把男方送去的鸡杀了，分做两块，一块交给客人带回，意味着订婚成功了，带鸡头的一块留下来给订婚人吃。杀鸡时，由女方一长者念“鸡词”，大意是：“鸡从金山银山来，到了十八个地方十八个寨；鸡渡大河时，求鹅背它过，它给鹅孵蛋，鹅不肯答应。请鸭背它过，鸭子答应了，它帮鸭抱蛋。来到一个叫燕楼的地方，被七个妇女捉住了，喂大以后，一年下十二个蛋，孵出十二只小鸡，雌雄各一半。有的上山成野鸡，有的下田为秧鸡，有的钻进竹林成竹鸡，有的供人玩赏为金鸡……剩下的为家鸡。家鸡继续走，家鸡继续来，在田里啄虫，在地里啄草。仰洛捉住了，仰洛编竹房来圈，编竹房来养。养得又肥，养得又壮。鸡说身上有四个印，可以帮助人。仰洛就带鸡来赶场，主人家有慧眼，看中鸡的四个印，就花钱费米请帮忙。今天是大好日子，一对儿女大好事，鸡你就来相帮。”宴席上，主人要把鸡头和鸡爪给客人，客人把鸡头撕做两块，一块给主人，自己留一块；左鸡爪给对方，自己吃右鸡爪。宾主先后念“鸡词”，边念边吃鸡头，吃完后，将这两块鸡头骨合拢还原，吃了鸡头，就表示这对有情人订婚了。

定婚期

订婚以后，男方要选两个儿女双全（未婚未育、无儿缺女为不吉）的妇女作为使者到女方家送酒钱、一方肉和几块豆腐，确定结婚日子。这两个妇女把酒钱送上以后，女方家要请她俩吃两餐饭：第一餐由女方父母作陪，第二餐请家族中长者（女）作陪。在酒席上，客人征求女方父母意见说：今年要把姑娘接去吃三十夜饭。经女方父母认可，这两位使者的任务就算完成了。使者离开女方家时，女方送给四只小鸡，两只给男方家，两个妇女各要一只。

一般在农历十二月三十日举行结婚仪式，叫做“接新娘来吃三十夜饭”。传说十二月三十日，“俄梳”（魔鬼）都已回去过年，这天结婚，可以安心欢乐。结婚时，男方办酒席，办酒席不仅要请自己的亲友，而且还要请女方的亲友，吃酒席不定时，随来随吃，送了礼就走。不论男方亲友或女方亲友送的礼，正月初二，新郎去女方家拜年时，要全部送去给新娘。

接　亲

新郎家迎亲队（2013 年）

接亲和送亲的人须为双数，通常为 10 人以上。年老的需配偶健在，有儿有女，续弦的不要。年少的要父母双全。新娘送亲的队伍中还必须要有两个同辈的姊妹、嫂嫂和 6 名少女伴随左右。

男方接亲时不带彩礼，接亲人是新郎和其妹妹，他俩穿着盛装由几个后生护送，但只能送到女方寨边。到女方家，新郎受到热情款待以后就提前回来了，回来时，老丈人送女婿一块肉，这块肉如果划了一刀，就暗示女婿“今年不要接妻子回去了”；如果肉没有被刀划，就意味着：今年可以把妻子接去过年节。然后，在新郎妹妹陪同下，新娘由寨上男女老幼欢送出寨。送亲人只能到半路，不得进男方寨子。这时，男方早已做好准备，人群都到寨边来迎亲，新娘进寨时，要鸣枪放炮。

婚　礼

新娘在众人的簇拥下走到专门为婚礼编扎的迎亲彩杆前，新郎家分别设置两道拦路门，一道在寨门口，一道在新郎家院门外，两道拦路门都用五颜六色的气球装饰。第一道拦路门，由几位年长的妇女把守在彩杆旁，彩杆上缠满红色的毛线，寓意幸福吉祥。新郎家等候的男歌师唱起迎亲歌，送亲的人对应上歌和喝下迎亲酒后。新郎家为了表示出对新娘亲朋好友的感谢和祝福，在每位送亲人员的脖颈上挂上一团红色毛线，新郎的长辈还在新娘的伴娘额头上轻轻地抚摸一下，寓意祝福。第二道拦路门，同样也是装扮喜气，大方桌上摆满迎亲的喜酒。新郎新娘经过层层的迎新礼仪后，进到堂屋门口，等着结婚仪式的开始。仪式由家族中德高望重的长辈主持，先念祝福词，并分别拿出喜钱，封赠给新郎新娘讨个好彩头。接受完长辈的祝福后就是新娘进入堂屋仪式，新娘第一次进婆家堂屋必须先由左脚迈进，表示从此成为新郎家的主妇。新郎家堂屋中，设有一条长长的宴席桌，新娘要先与公公、婆婆、姑子、妯娌以及部分至亲见面，并相互问候，待仪式完毕，男方家人让出主宾位，用丰盛佳肴宴请新娘家的客人。

迎亲队打开拦路彩竿迎接新娘（2013 年）

新郎家用热情洋溢的苗族山歌迎接新娘到来（2013 年）

串寨认亲

苗族结婚喜酒各地略有不同，花溪、青岩、党武、久安、麦坪、石板等地一般由男方家操办 3 天，女方家不摆酒席。批林苗族新娘进门当天不办酒席，婚礼当晚，寨上的亲朋好友还陆陆续续地给新郎新娘送上鸡、鸡蛋、叶子烟等，表示对新人的祝福。次日新郎带着新娘前往寨中拜访各家各户，这时被拜访的人家会热情友善地为他们准备一些简便的饭菜，迎接新媳妇的到来，称“串寨”，新媳妇需在每家吃上一点饭菜，寓意“认亲”，借此机会让寨上的人家都认识一下新媳妇。走到的家中，妇女要给新娘一元二角（现在有的提升到十二元）的“药烟”钱（意为“种子钱”）。串寨之后，新郎家才办酒席一天，盛款族人、亲友。

回　门

第三天新娘转回娘家，有的是新娘随同送亲人转回，有的是新郎和几个青年送新娘“回门”。男家要挑 3 斗 3 升 6 角糯米糍粑，3 斤 6 两 6 钱肉，1 升 6 合 6 角大米，大公鸡 1 只，酒壶，熟鸡蛋数十个和熟肉数斤去回亲。新郎新娘入寨门时，无论天晴下雨，见到男女老少都要下跪。新娘父母接待女婿要盛办酒席，族中老人要陪吃“回亲酒”。女方家族及房族嫁出的姑家都要来“捆女婿”，每位老人将一幅布缠到女婿腰上，俗称“捆腰带”。吃完认亲酒后新郎独自返家。

新人拜年

新娘接受长辈的祝福（2013 年）

初一，在男方姊妹陪同下，新娘到家族中认亲，向家族中长者拜年时，他们要送新娘一方肉。傍晚，新娘的兄弟姊妹们来到寨边准备把新娘接回娘家，但按照规矩，新娘不到鸡鸣不得离开男家，于是接亲人只好在寨外等候。其时，双方寨上的男女青年却借此机会唱歌，结成新的情侣。待鸡叫头遍，即初二才把新娘接走。

初二，新郎就到女方家拜年。分拜大年和小年两种礼节；拜小年，只是新郎和其兄弟去，并只给老丈人拜年。拜大年就不同了，要送的礼品多，自然去的人也就多，除新郎外，另有挑糍粑二人、拿布（办酒时收的礼）一人、担酒二人、抱鸡（不用母鸡）一人，还有歌手若干人。新郎不仅要给岳母拜年，还要给女方所有的长者拜年。不论拜小年或拜大年，

苗家婚宴宴请客人（2013 年）

去的人只能是双的，不得为单的。送的礼品有三斗糯米糍粑、一方肉、二块豆腐、一只大公鸡、一罐酒。糍粑按照女方家族中有多少户、每户大小送三块计算分为若干块。到女方家后，陪同的人先向女方父母问候，然后女婿才给老丈人磕头行礼。这一天，女方家要摆三次酒席：第一次，请帮女婿挑礼品的客人。第二次，请家族中的长者陪同女婿。席间，寨上未婚的姑娘们要拿酒来敬新姑爷，一人拿酒壶，一人拿酒杯，边敬酒，边问新姑爷要钱，即要“药烟”。新郎早做好准备，早前是送给每人几角钱，现在是年幼的几元，年长一点的姑娘十几二十元。第三次摆酒与前两次不同，虽然还是家族中的长者作陪，但是，他们来喝酒的每人要送女婿两条腰带（有的改送一丈布），由年岁最高的长者拴在女婿的腰上，俗称“捆腰带”，现在除了直系房支必须用上好的布料或毛毯等外，其余的演变成直接以现金替代。事后，女婿便逐家逐户去拜年，歌手们开始唱《结婚歌》、酒歌，一直唱到太阳落山。回来时，女方父母送一块肉，中间划一刀，表示一半给女婿，一半给同伴。回到家，新郎先向父母磕头，后给叔伯拜年，最后才由一长者把女方家送的腰带解下来，这些腰带，少则几十条，多则上百条。不论多少，男的不得动用，待女的“坐家”后才取用（女方怀孕后才到男方家居住，称为“坐家”）。正月十五，女婿到女方家过十五，送一斗二升米糍粑，女方父母给女婿两条腰带。

丧葬习俗

旧时，苗族中因难产、麻风病、上吊投河自杀、凶杀、兽伤、自然灾害等非正常死亡的族人，尸体都不能停放在堂屋，不能举行盛大祭祀仪式，不能入葬崖洞和家族集体墓地，须就地火化。骨灰装入木盒另择地集中埋葬，不能形成凸起的土包墓地，死后不进行任何祭扫。

批林一带苗族各支系办理丧事程序大致相同。祭奠不用道士先生，由本家族中德高望重、记忆力强、懂葬仪的祭师主持祭典。祭奠要敲牛，祭奠之牛为水牯牛，富裕人家在丧葬期敲牛，经济条件差的可另择期举行。若丧家家道殷实，拟在丧葬仪式中敲牛献祭死者，则须在堂屋内悬挂一对长木鼓。如果丧家暂时无力杀牛献祭亡灵，则只能悬挂单个木鼓。敲牛亦称“敲榜郎”，“敲榜郎”时由本家族人主持，将牯牛系于木桩，由女婿用木槌对准牛头，重锤楔入牛头。也有由主持者敲的，牛倒地后，将牛头带角砍下置于神龛上长久供祭。祭祖之牛不得作宴席菜肴，不许剥皮，牛颈、牛耳、牛腿、牛脚及牛肚杂，全部分割给亲戚、家族及在场的人。宴席是另宰一头黄牛（称枕头牛）及一头猪招待族人亲戚。

无钱敲牛祭奠的，由主持者点上香烛，杀一只公鸡和一头小猪祭奠死者，用苗语呼唤历代祖宗及死者名字，称唱“祖名谱”，交代在神圣世界的祖先接纳死者，其后“外祭”发丧，出殡、抬棺、下圹。

丧葬仪式流程通常是第一天开路，第二天办客（当地语，即举办酒席待客），第三天出丧。但是，如果死者家庭情况不佳，无力举办酒席，亦可只举行一天一夜的仪式即出丧。也有上午去世，下午即安葬；或晚上去世，次日清晨安葬的情况。

主持仪式的主祭师团队包括一名主祭师、一名或两名鼓师（死者生前曾杀牛祭祖用两名鼓师）、一名助手。整个丧葬仪式中，主祭师必须担当起恪守苗族传统信仰原则，引导亡灵体面地离开世间，并回归祖居地与祖灵团聚。

唱诵《指路经》

在死者停丧期间，第一天要请主祭师唱诵《指路经》给亡人开路，引导亡人灵魂回归苗族祖居地，与祖灵团聚。否则亡者不知所去，到不了祖先住地，不能与祖先同居。《指路经》内容既涉及死者父母养育之恩的回顾，亦重点赞颂死者生前的光彩事迹，尤其是敲牛祭祖之类的重大事件必不可少。此外，还一一罗列死者子女供奉之物，告慰其灵魂安然离去，回到祖灵团队之中，佑护子孙。《指路经》的念诵除了满足苗族传统信仰需求之外，无疑亦是一种独特的长篇悼念祭文，常常令在场者尤其是死者子女潸然泪下。唱诵时，主祭师怀抱一只鸡，男性用公鸡，女性用母鸡。

指路经诉说亡人的一生，包括其生命在母体孕育，出生、成长期间的各种经历。接着安抚亡人坦然接受死亡，指明死亡不过是去一个叫“夜郎汪”的地方与祖先团聚，那里歌舞升平，其乐融融。再就是唱诵通往安乐地的各种艰辛，要时时提醒“鸡在前，你在后”跟着鸡走，嘱咐亡人不要听从一个叫“渣么鬼”的唆使，这样才得以安好到达。间断地唱诵“祖名谱”，提醒已逝祖先接纳亡人。

以年长女性为例，部分唱段如下：

指路经唱词有去有回。去时祭师带着亡人，一路叮嘱一路指引。路上经历各种地名艰险，堪比西游西天。待要到达目的地（一个山崩地裂的地方）后，祭师会再三嘱托亡人，说不要说是谁指引亡人过来，只说是一个披蓑衣戴斗笠的老者就好。安抚亡人接受生命从虚无到孕育、从孕育到有生、再从有生回归虚无。祭师在唱词中，又历经神圣世界的各个地名，才得以返回现实的世俗世界，颇有演绎苗族历史迁徙的意味。

入　殓

苗族村民死后，即刻请族人老幼到齐，商议筹办丧事。同时将尸体脚朝内，头朝外停放在堂屋右边的竹编折子上，先用艾水象征性地洗净身子。如果死者是女性，还要给她梳头。死者是男性，就要给他剃头发。梳洗完毕后再穿上传统的“老衣”。如果死者生前射过背牌，就要在衣领上用丝线系上原来情侣亲手送给的背牌信物（一条长约 43 厘米、宽约 13 厘米的与平时穿戴不一样的丝织刺绣工艺品），将情侣送的刺绣花纹手帕系在腰带上，射背牌的弓弩放在遗体身边，身上横盖十来块背牌。如果是女性，则要戴上情侣送的银耳环银项圈,这样到了“那边”才能与情人相会。他（她）们在生前射背牌时曾许过愿，谁先死谁就带上对方送的信物到阴间等着,以示在“那边”永相伴,牵手结伴渡过九道河，闯过鬼门关，共享神圣之乐。否则就会失伴落伙，成为孤魂野鬼，受苦受难漂流四方，不能还魂人间。在遗体旁不论是否射过背牌都要放上一把红纸伞，到了“那边”吃酒做客赶斗牛场才得用,才能庇护阳间子孙后代免遭祸殃,鸿发吉祥。放上一把秤,以示在“那边”生意兴隆，金满斗银满罐，同时须得诸事称量权衡，以护佑子孙。放上一双草鞋，因为路途遥远，有备无患，能顺利通过通往神圣世界的各种艰难险途。穿戴完毕，用竹篾丝将遗体连同竹折一道悬于楼底下，随后将遗体移入棺木。堂屋中间悬置一个约 160 厘米的桐木牛皮鼓，拆掉堂屋左边的竹编壁或木板壁与火堂相通，以便来祭奠的客人夜间围着火堂吹跳芦笙舞。祭奠的人从大门进，转到火塘边，再由小门出，循环往复，直到祭师发号令请下一批客人上场为止。等客人散去，寨上人又接着敲木鼓吹芦笙，彻夜不停歇。

祭　祀

主人家的祭祀均在白天客人到来之前就基本结束，所用祭品也比较简单。用一只鸡开路，男性亡人用公鸡，女性亡人用母鸡。用一只小鸡解五道鬼，传说人死的时候碰上五道鬼叫犯重丧，若不用小鸡解，不出三五天还要再死人，不伤客人就要伤主人，非解不可。用一只鸭子解白口，如果有人说了不吉利的话就当是白口白嘴说的白话，由鸭子背下河洗澡冲到大江大海去才洁净。用一头乳猪祭木鼓，称“鼓猪”，男性死者用公乳猪，女性死者用雌乳猪。主人家请来的祭师将备好的酒肉饭菜分两桌，摆在桃木或结过果实的树制作的砧板上。一桌敬族中历代男女祖先，一桌敬祖先们的侍从和跟着来混食吃的孤魂野鬼。祭师唱诵“祖名谱”，将已逝人员一一点名，按族中辈分先长辈后晚辈，先男后女的顺序逐一请来聚餐，说明这餐饭是为圣界族中新增亡灵送行准备的。吃完后祖先带上牛马猪羊鸡鸭与先亡阴灵同行，以后要请阴魂时才能回来吃喝，否则是不能回来的。还要嘱咐他们在神圣世界要庇护保佑子孙兴旺发达，发财发富，发子发孙，万事顺遂。整个过程均由主祭师用抑扬顿挫的声调念唱完成。

批林苗族传统办丧事不通知别的亲戚，只通知母舅和姑爷，并为母舅家来客准备一只母鸡、15 千克米酒和足够的豆腐，客人自做自吃。其余亲戚朋友不用通知，也不用主人家操心，全由家族房支负责分摊招待。由于在婚配选择上必须了解对方三代人的历史是否“干净”，所以大多数亲戚都是老亲戚，既是近邻，又是近亲，亲连亲，戚连戚，一有风声，均能互通情报，闻讯而动，男女老幼召之即来，热闹非凡。因为客人太多，所以在食宿上并不讲究，但是一定要有足够的酒和酸菜豆汤红稗饭，对猪肉份量不作强求。来的客人先到丧堂报到祭奠，女客要到棺灵前掩面哭丧，有的女客过于沉浸而短时间内无法停止哭泣。之后听从主管人的分配到指定的人家落座就餐，再回丧堂向祭师敬酒，等候祭师“叫礼”，然后吹芦笙为亡人悼念。只有“三服”内姑舅才写祭文、备猪羊来祭奠，这样的祭奠才需要“叫礼”。主祭师按照先母舅后姑爷，其次一般客人来的顺序敬酒，指挥客人一批批到丧堂来围着火堂吹跳芦笙舞。这时异姓姑娘们可以随意踩着鼓点伴着后生的芦笙曲潇洒自由地跳芦笙舞，寻觅知音知己，舞后与意中人幽会。跳完芦笙舞，客人即可连夜回家，一般不安排住宿。

唱“祖名谱”

在丧葬仪式上，主祭师须完整地念诵宗族已经过世祖人的名谱，当地人称之为“念鬼”（唱祖名谱）。能够准确完整地记诵此名谱至关重要，因此，“念鬼”成为主祭师必须具备的关键性业务素养之一。

唱祖名谱，一辈接一辈地把已故祖先的苗名接着念下来，声调不同于平时正常口语，而是采取诗经唱诵腔调。唱诵时念出的祖先名字，不同于一般的人名（奶名），以子名点父母名，还要根据祖先在世时是否敲牛祭祖和敲牛的个数来加上有区别的特殊尊号。对于生前曾经有过一次敲牛祭祖经历的祖先，在其苗名前加称“东宏”；举办过两次敲牛祭祖者加称“厂”；三次者则冠之以“定”或“炯”的荣称。

主祭师须先念请男性祖先，再念请女性祖先。非正常死亡未曾办过丧事的祖先姓名，不能出现在唱诵的名谱中。念鬼时只能使用苗语，呼唤苗名，严禁使用汉语。当地人认为其祖先不通汉语，使用汉语既违背民族习俗，亦不尊重祖灵。这些都须主持仪式的主祭师烂熟于胸，并能够正确地处理与运用。

批林一带苗族中，主持丧仪的祭师无法通行使用。同一宗族的祭师只负责学习记诵本宗族“祖名谱”，只负责为本宗族服务。比如，批林王姓无法参与主持罗姓丧仪，罗姓也无法参与主持王姓丧仪。在高坡一带苗族中，姓氏为编户齐名赐予，所以同姓不一定同宗，同宗也不一定同姓。如云顶杨姓与批林杨姓不同宗，摆龙王姓与批林王姓不同宗等。是否同宗，需要看“祖名谱”是否相通，祖名谱溯及的祖先相同系同宗。而同宗不婚，所以，只有祖名谱不同才可以婚配。

出　殡

出殡时如果棺材大而重，通往山洞的道路陡窄，要先把棺材抬到洞内，再将尸体连竹折抬到洞内入殓；如果棺材轻，路程近，道路较宽，即先在家入殓，再将灵柩抬到洞内用井字木架箍好按规矩安放。一路上要请抬灵柩的族人喝上三五次酒，还要停棺“洗脸”，死者族中及母舅家来烧饭的妇女，各自把送来的饭带到洞外二三十米处，用稻草引燃烧给亡灵，并伤心地痛哭一场才回家。安葬完毕后族中寨老在洞门口挂上一对芦笙，然后回到寨上，由主人酬谢家门中弟兄老幼一餐。席间，不论长辈或晚辈敬的酒，必须一饮而尽，不留半滴，以示悲伤的事不能再有二次。至此，洞葬出殡仪式即告结束。

随着时代变迁，洞葬已不再时兴，人死后一般垒土为坟。高坡、孟关、黔陶、湖潮等地苗族旧时将亡人用席裹尸，悬挂于中堂左壁，不入棺，不择日，挂尸三日后发丧，就篾席和尸体一并抬至墓地，由本房族祭师进行入殓，安放于事先摆放好的棺木中盖棺，然后众人堆土埋葬。安葬地以家族集体墓地为主，风水文化融入后，也有各家墓地。

冷　丧

所谓冷丧，即因故暂时安置死者灵柩，待日后择期补做葬礼的丧葬仪式。冷丧常因下列三种情形所致：其一，因丧家家庭经济困难，无力及时举办规范的葬礼，只得在数年或更长的时间后，待家庭经济宽裕时再择日补做葬礼。其二，以逝者死亡时辰推算无安葬吉时者，不能及时办丧礼，否则不利于子孙，只能实行冷丧。其三，苗族乃历史上数次被迫迁徙的民族，落叶归根是高坡乡苗族世代的夙愿，冷丧含有期盼有朝一日回到祖居地安葬的愿望。冷丧仪式历时三天，第一天在主祭师指挥下布置灵堂，且用稻草制假尸停于正屋近火坑处，头朝东脚朝西，并在头部放置的小木板上置竹卦一对、酒碗一只、米饭一碗。假尸脚部放草鞋一双，旁边放置一副弓箭、一杆秤、一芦笙、一雨伞。另在脚部摆小木桌一张，其上置米一升，插香三炷充作灵位。第二天接受亲友前来吊丧，并在当晚通宵达旦击鼓，吹芦笙，吹唢呐闹丧。第三天黎明杀牛献祭，下午于屋外土坪跳芦笙舞，以示送逝者上山。之后抬假尸、祭品前往死者墓前焚化。

旧时信仰习俗

自然崇拜

批林苗族对于自然界的突出物是非常崇拜的，如大树、巨石、山川、山洞、天地日月，雷电及彩虹等等都很崇拜。

崇拜人造物　苗族崇拜的人造物有土地菩萨、桥、水井、门神、灶神等几类。土地菩萨，一般立于村寨路口，不管是过节还是死人都要祭供。

古树　批林村有拜古树的习俗，村民一家在过重大节日时会带着肉菜和酒并用碗装着，然后去村里历史悠久的古树祭拜，以此祈求希望得到它们的保护，保佑村民们平平安安身体健康。拜树的行为叫做树保。

桥　苗族对桥很崇拜，常到桥边祭供神灵。

水井　苗族崇拜水神，小孩生病时，常领到井边跪拜。小孩体弱也带到井边喊魂。重大节日时村民也会带着祭品到古井祭拜，该行为称为井保。

门神　“门神有力，百鬼莫入”，苗族把家庭的安全寄托于门神的保护，新建房屋要择黄道吉日安门神。

灶神　苗族凡是新打灶，要看日子，选择方位，灶打好后不许抬脚踩，更不准用东西敲，怕冒犯灶神，断绝烟火。

大石　苗族认为大石能够赐予生育力量，在大石处取白蚁作为子源，为孕育困难夫妇祈祷。批林一带有摆琴大石、云顶大石、大洪大石等，供群众前往祭拜求取子源。

崇拜祖先　苗族人认为，人的灵魂是永存的，人去世后的三个灵魂，一个守坟墓，一个沿着迁徙的路线回去和祖先团聚，一个守家，保佑子孙后代。家族的兴旺，事业的成功是因为祖先魂灵的保佑。礼仪不恭则会触怒祖先，因此逢年过节红白喜事吃酒都要先祭供祖宗。平时狩猎得到的美好食物，也要先敬奉祖宗，然后才食用。

祭　师

批林一带苗族祭师有亦巫亦医、亦巫亦匠、亦巫亦武、亦武亦猎、跳媒拉等种类，分为驭鬼师（禳傲）、巫师（媒拉师“禳惛”）、鼓师等。

阴阳先生　阴阳先生指的是地理先生、巫医、算命师、占卜师等。阴阳先生也会被人们称为风水先生或地理先生，他们以阴阳五行为根本，为人们选择房屋基地和死者安葬之处等。巫医在帮助病人驱病的同时，根据祖传药方或自己的行医经验为病人治疗，有时会根据病人的病情，从“鬼书”中寻求解决的偏方。

主祭师

主祭师，含驭鬼师，是高坡一带苗族传统民间信仰中的主要代表，享有最高威望。仪式活动中身穿红绸长衫，头搭花帕，熟练使用各种法器，以苗语念诵宗支“祖名谱”与《指路经》，为死者开路，引导亡灵回归祖居地与祖灵团聚；主持敲牛祭祖仪式。主祭师并非一种职业，为死者主持仪式并不收取报酬。主祭师是本姓氏宗支的文化人、智识者，威望极高，据《黔书》所载苗族习俗：“病不服药，惟祷于鬼，谓其巫曰主祭师。”可见主祭师在苗族村寨中具有重要的地位。

高坡一带苗族生命观所指的“鬼”，并非都是邪恶可怖之物，好死善终者都是护佑世俗社会的“好鬼”。对好鬼进行祭祀，对恶鬼进行驱逐的祭师称为驭鬼师，苗语“禳慠”。驭鬼师类属祭师，其实大多数祭祀都是由驭鬼师主持。苗族生命观认为万物同源，人鬼一脉相承，所以鬼是不需要被杀死的，即便是恶鬼，也只需要驱逐了事。由于男性继嗣的原因，驭鬼师传男不传女。驭鬼师分大驭鬼师及小驭鬼师，大驭鬼师是取得公众许可的主持丧葬仪式的驭鬼师，小驭鬼师则只是负责做一些日常的祀雷、扫身等驱除仪式。驭鬼师的主要功课是记诵祖名谱。祖名谱是已故先祖名录，能收录进入祖名谱的已故先人必须达到以下条件：第一必须属于正常死亡；第二必须足龄死亡，即男性满七周岁女性满九周岁以上（一些村寨则是男五女七）；第三必须享受过丧礼。同一宗族也存在多分支祖名谱。祖名谱仅限同宗传唱，以至于驭鬼师也只能畅行于本宗族内。不同宗族的大驭鬼师不能互通，小驭鬼师则可以，小驭鬼师只需要掌握如“杀猪辞”一类的唱词即可。唱诵祖名谱的形式也不尽一样，云顶一带唱诵是男女连带一起，只是需要遵循先长（长房）后幼（小房）秩序。而批林一带除了遵循房支的长幼次序外，还讲究先男后女的性别秩序。一支祖名谱犹如一株巨大的树枝，近祖就是粗壮的树根，远祖是血脉相连的根须。各个房支就是分叉的树枝，树枝再分枝丫，就是各个家户，而每一片树叶，则可以代表每个人丁。唱诵祖名谱时，讲究从底（树根）到顶（枝丫）的顺序排列，哪一个分枝有新故者，就将其名字嵌入相应的枝丫上。这是一种神圣的秩序。新近亡故的人，祭师在唱诵他 / 她的名字时，不是按照离世的时间先后顺序排位，而是依据他 / 她所属的家户，这个家户所处的“祖名谱”的顺序。这样的秩序讲究，也注定了每一支“祖名谱”并非一成不变，不了解所在群体的社会生活，不是其中的居民，是无法镶补这种秩序的。就像每一枝树杈都在长出新叶，同时也在掉落旧的叶子。落叶好比亡人，祭师唱诵时需要唱出每一片掉落的叶子的“名字”，而且要按照其所在的树杈的高矮大小顺序（长幼次序）。这样的树枝并不是孤立存在，不同的树枝（不同的祖名谱）之间根与根是相连，盘根错节。在仪式活动中，若哪家主事，就从哪家的枝丫开始唱诵，之后又跳跃从最初的根开始。

◉ 敲牛祭祖

批林苗族敲水牯牛祭祖，也称“敲榜郎”，是苗族最古老的一种祭奠习俗。该习俗盛行于明朝成化（1465—1487）、万历年间（1573—1620），流传至今。

当地人也称“高升祭祖”，目的是将这头敲死的牛送给家中逝去的父亲或祖父，使得他们在另一个世界有牛的陪伴，以及有下力的牲口，希望逝者在另一个世界过上安稳如意的生活，从而保佑阳间的亲人平安富裕，代代高升。

祭祖择时

敲牛祭祖活动是批林村苗族根据先祖的生辰举行的最隆重的祭祖活动，一般是根据家庭意愿所为，有条件家庭可以每隔三年举办一次，每个家庭最多举办 3 次，能办到第 3 次表明这个家庭生活最幸福最富裕。敲牛祭祖活动主要是表示对死去祖先的缅怀和感恩，祈求祖先保佑家人健康、儿女满堂、生活富裕，有女孩好嫁，男儿好娶的用意。

祭祖的时间选择，除规定至少需要葬后三年、数年或数十年以外，具体的仪式时间须在秋收后的农历九月举行。

祭祖流程

祭祖活动程序包括：选牛买牛→玩牛场→议定敲牛日期→敲牛祭祖。敲牛祭祖是整个祭祖活动的核心内容，活动项目连续进行七天七夜。

祭祖时，主祭师扎着白底黑花头帕，身披红毛毡。举办仪式的人家以及寨内同姓同宗的老人亦须身穿黄绸袍。

主祭师法器除牛角、羊角刀、唢呐及竹卦之外，最为关键的是木鼓。开路、杀牛祭祖仪式中所用之鼓，当地人称之为“长鼓 ”。鼓长约 120 厘米或 140 厘米。鼓身用整块木料掏空制作而成，再以黄牛皮蒙鼓。此长鼓为寨中的公共民间信仰法器，哪家举行法事活动毕，即暂存于此户人家，待下次另一家人举行相关仪式时，才去接引。敲牛祭祖时，鼓师共有二人(一为大鼓师、一为副)，立鼓第一夜晚饭后，大鼓师起鼓。起鼓后通夜击鼓，直到第一次鸡鸣时才止鼓。鼓师击鼓亦有章法，最初，重击，发大声。鼓声作：咚，咚，咚，咚—咚，咚—咚咚，（连击）咚—咚咚，咚—咚，咚—咚，然后轻轻扻鼓，作小声，咚咚咚。不一定尽敲，敲小声约十次，再敲大声，四大四小为一折，四折为一首。通夜凡敲十二首。

不食祭祀牛

批林一带苗族习俗中，用以祭祀亡人的牛肉，作为亡人的子女辈是不能食用的。

传说在远古时候，倘若族人去世，祭祀后整个族群要将其尸首分而食之，自己家人也照样食用，每家每户如此。后来，有个孝子在其父故去后，因念生前养育之恩、教化之情，不忍把自己生父奉送给族人分食，于是将其父尸首藏匿起来。左右四邻察觉到这个孝子的父亲很久没有出现，于是号召大家四处找寻。待大家发现时，尸首已经腐烂不堪，无法再食用了。众人对孝子的另类做法很难容忍，威逼孝子要给大家一个交代。此时，颇具声望的族中寨老提出建议，让孝子拿出一头黄牛出来斩杀，将其牛肉飨食族人。孝子牵来黄牛，按照族人的要求进行祭祀，然后任由族人分割食用。孝子却并没有参与分食，远远躲在角落，以素食充饥，不时嘤嘤啜泣。人们闻得抽泣之声凑过来，看到孝子身形憔悴、悲痛欲绝。近身问询，孝子诉说着父亲在世之艰辛，感怀着父亲在生之恩德，言语哽咽，潸然悲怆。众人得知孝子不食牛肉之原委，感知孝子追念生父之恩德，不禁悲由心生，竟弃肉号啕起来。一时族中子女辈都感同身受，纷纷以拒吃牛肉示孝。后来，再有族人过世，再不将其尸首分食了，而是效仿孝子，用一头黄牛祭祀替代，形成子女辈不食祭祀牛肉的习俗，且代代沿袭下来。

◉ 民俗活动

跳　洞

跳洞由来　苗族跳洞（又称悼洞）是批林苗族为纪念祖先举行的大型悼念仪式。相传苗族同胞曾被官府追杀，先后辗转江西、贵阳等地，后来跑到高坡一带。分别躲在 8 个山洞里，但最终还是有几个洞里的同胞被杀害。从此，每年除夕后，就举行跳洞仪式来纪念逝去的同胞。男子带芦笙，女子身着苗族盛装，到苗族老人指定的山洞进行跳场活动。随着时间的迁移，跳洞由为纪念祖先举行的悼念仪式慢慢演变为一个不分性别、年龄，全族共同参与的节日。活动时间持续数天，人数众多，场面热闹。2009 年，跳洞（悼洞）作为民俗类文化遗产入选第二批贵阳市非物质文化遗产名录。2015 年，跳洞（数岜）入选贵州省第四批民俗类非物质文化遗产名录。

跳洞场所　在高坡，“场”不是一个情感交流圈，而是一个宗亲祭祀姻亲联谊的公共空间。传统上，杉坪村属兔场，甲定村属蛇场，五寨村属羊场，批林村属虎场，果里村属龙场，甲腊冲属狗场，六场为一组，形成一个通婚圈。“场”的所属名称是根据“苗历”中的十二生肖来确定。苗历是一种纯粹的物候历，不依赖天象定日月，每个月的天数不一定，全凭相应的物候定长短，季节划分不按农事，而是按亲宗与姻戚参与活动的方式直接命名。每个村寨用十二生肖来命名“场”。每个村寨都有一个用于聚会的场所——面积至少6亩的谷地场坝。由于洞多在山林茂密的深山里，为预防山林火灾的发生，多年来跳洞改在村文化广场举行跳场。每年来自邻县周边苗族村寨的男女青年都会前来参加，并开展芦笙歌舞表演，观众达万余人。

跳洞活动（2019年）

高坡一带从每年农历的正月初四起，到正月初九，跳洞的地点依次是杉坪村、果里村、高寨村、五寨村、批林村、摆金村，跳洞传统上也在克里、龙云、大洪等地举办。随着时代的变迁，现在的跳洞没有规定一定要在哪里，一天可以在多个场地举办跳洞活动。

跳洞活动　跳洞先举行悼念洞祭祀后，剩下的时间是年轻男女专属，其目的是结成联姻，所以跳洞的主角就是各村各寨的男女青年。活动举行时，各个寨子的男青年与相邻寨子的女青年结伴到山洞举行对歌对舞、谈情说爱，男青年身着苗族服饰、手持芦笙，跳起祭祀芦笙舞蹈，女青年身着苗族盛装，芦笙吹奏时苗族女青年跟着曲调轻轻迈步、起舞。随即，四方亲友及村中的男女老幼也汇入跳舞队中。

跳洞活动是在农闲的正月进行，它对紧张的农耕生活是一种调节和缓冲。青年们通过跳洞获得男女间交流和交往的机会。年长者则利用跳洞活动走亲访友，互相问候，达到交流信息、增进情谊的目的。小孩子还可以在活动中向成年人学习吹芦笙和跳舞的技能。

斗牛节

批林村斗牛节在农历七月举行。斗牛场，苗语称“榜郎格”，汉语称斗牛场为“牛打场”。在高坡苗族乡境内，顺着十二生肖排列，设有猪场（高坡场）、龙场（三门边）、虎场（云顶营盘脚）、兔场（五寨腊利冲）、鼠场（高寨）以及相邻的狗场（惠水濛江中寨村披弓）等场点。生肖轮至某日，即为该场的斗牛日，故七月斗牛活动的日程多，活动频繁，喜好者天天均有饱眼福的机会。其中，以披弓狗场为根场，也是最为盛大的牛打场。敲牛祭祀必须以狗场起始，之后也要以狗场结束。

斗牛场由来已久，早在明万历年间（1573—1620）就有文献记载。高坡场属于大洪先民开辟的场，现属于高坡村，用作高坡集贸市场所在地。1912年，为维护斗牛场持续开展，寨老崖刻记载，叙述该场场主（负责该场斗牛活动的主持者）及斗牛规则。场主为大洪苗寨德高望重的寨老（自然领袖），对该场的斗牛赛事活动享有绝对话语权力。

一个斗牛场就是一个“格”，是一个通婚交流和文化联谊圈。为了礼尚往来，各宗族村寨都要立一个场，满足这样的社会交际。摆龙苗寨的龙场较远，于2019年迁至蓝莓基地与水塘村交界处。

斗牛的选购和饲养有着严格的标准及要求。农户按其祖先流传下来的经验选牛，包括角门、线条、毛水、个头等方面力求完美。一旦相中，则高价购回。斗牛购回当天，远亲近邻都来祝贺，家中门庭若市，鞭炮声、唢呐声、长号声、铁炮声，不绝于耳。

临近农历七月，亲戚好友轮番宴请牛主，家族中十数人或数十人簇拥着斗牛前往做伴，称之为请“榜郎”酒。赴斗牛场当天，族内亲朋都来伴牛“出征”。人们身着节日盛装，身强力壮的小伙子手执隔牛棒（长五尺，又称五尺棒）。斗牛亦被装扮一番，角尖上套上银角，额上系绸料大红花，身上披彩缎或毛毡、线毡，牛身清洗洁净。牛主牵着牛，寨主及长辈提着铜锣开道，长号唢呐随后，火炮手尾于牛后。人们边走边发出“呜呜”“呜呜”之呼喊声以壮牛威，绕斗牛场一圈到指定的地点驻足。

由于精心喂养而不作役牛使用，斗牛强壮剽悍。牛角粗短，脑门如斗。一放缰绳即奔跑直向对手，一头猛撞。有使巧力的牛，着力在角尖之上。两牛相抵时，抓机会甩动角尖，直往对手的两眼用力。一旦得手，便侧头猛刺，令角尖深入对手眼眶，此种牛称为“勾眼牛”。力量相当的搏斗场面十分精彩。两头相抵，牛角左右摆动，邦、邦、邦作响，鼻息急而粗，牛颈相贴，头顶地面，牛尾翘起，四肢如柱。斗时稍长，经双方牛主相议，即可用五尺棒击打牛角（不可误击其他部位，否则将引起械斗），或用粗绳拉两牛后腿，令其散开。力量悬殊的，几个回合败方即撒腿逃命，胜者则穷追不舍。而用来祭祀的斗牛，则以战败方可。

斗牛场一般选择在四周略高，中间稍低的草坪，观众可居高远观，便于观斗，并防斗败的牛夺路逃跑时发生意外。批林七月斗牛，往观者数以万计，人山人海，五颜六色的布伞、草帽，加上艳丽夺目的节日盛装，汇成花的世界、花的海洋。

过去，斗牛是批林村苗族同胞用以祭奠先人的祭祀之品。一经七月斗过，秋后即择期用特定的礼俗和方式将其宰杀，称之为“敲榜郎”。宰杀斗牛是用木工凿子凿穿牛颅，令其死亡。然后用尖刀穿刺牛心，以大木缸盛放喷出如注的牛血。按照传统，所宰斗牛不能用来招待来宾，除内脏属于牛主外；其余部分连皮带肉分给不同的亲戚作为礼品带走，另宰一头菜牛（黄牛）招待客人，称为“枕头牛”。

2020年是鼠年，苗历称为“根年”，是创天制地的年份。这一年，高坡一带有23头牛用作“敲榜郎”仪式，其中批林村批摆寨有3头，牛主分别为罗廷有、杨孟脸夫妇，罗兴文、王有妹夫妇，罗向成、雷亮花夫妇。批林村宰杀斗牛祭祖的习俗逐渐改变，以斗牛招揽游客观光。

三月三

批林村是高坡乡唯一过传统节日“三月三”的苗族村寨，时间为每年农历三月初的第一个“午”日或“丑”日。节日源自当时受父母制约而不能成婚的恋人举行的“射背牌”仪式，苗语叫“报欧”。又因为射背牌的地点苗语叫“坂鲁”，所以过节叫“姑坂鲁”。随着时代的发展，苗族青年男女们自由恋爱、结婚自由，“三月三”这一传统节日演变为邀请亲朋好友、姑妈姑婆回家品尝乌米饭的节日。节日当天，批林村举行“射背牌”演示、芦笙歌舞表演、斗牛、斗鸡、斗雀、拔河、走象棋、赛跑等一系列丰富多彩的民族民间文体活动。

四月八

批林苗寨的“三月三”和“四月八”是同样的文化事象，只是择日不同而已。西部苗族“四月八”有着相同的传说：

贵阳原来叫黑羊大箐，苗称“格洛格桑”。最早住在这里的是一个叫格巴仰洛的苗族老人。他力气大，又勤快，终日带着儿孙们在泽溪坝（今贵阳市北宅吉坝）开垦良田，还在螺蛳山（今贵阳市东阳明洞一带）劈草种地。一天晚上，格巴仰洛去打猎，他射死一条母猪龙，回家后将龙肉割给儿孙们吃，然后带领他们在嘉坝西（今贵阳市喷水池）开跳花场，以便让后生和姑娘们在这里唱歌、跳舞，找情伴或庆丰收。不久，阿都雾头人胡丈郎眼红格巴仰洛的土地和财富，带着人马来攻打格巴仰洛的族人。格巴仰洛在战争中被打死。这一天正是农历四月初八。九年过后，苗族中武艺高强的祖德龙（查东弄），从今贵阳高坡一带率领人马去攻打胡丈郎，结果，祖德龙接连被射中三箭身亡。这一天，也正是古历四月初八。这以后，苗家从格桑（贵阳城）往西四处逃离，高坡一带苗族就是其中一支。后来，苗家想念故乡，怀念自己的祖先格巴仰洛和祖德龙，每年农历四月初八，苗族群众，尤其是后生、姑娘们便身着盛装，聚集在埋葬这两位英雄的嘉坝西。他们在这里唱歌跳舞，以表示对这两位英雄的景仰和凭吊。贵阳市喷水池一带，成了贵阳、惠水、龙里等地苗族、布依族、仡佬族人民欢度“四月八”节日的场所。

另有一种传说是苗族古代有个名叫“仰洛（亚鲁）”的首领，在领导群众和统治阶级进行斗争中，于四月初八英勇牺牲。他的墓地就在今贵阳市喷水池附近。每年四月初八，这一带的苗族群众便到这里来纪念这位历史上的英雄。

人间有四月天，苗家有四月八。四月八是苗族的一个重大节日之一，于 2011 年入选第三批国家级非物质文化遗产名录。每逢夏历四月初八，苗族群众着盛装群集贵阳喷水池旁吹芦笙，纵情歌舞，纪念历史传说中的民族英雄仰洛，其中，最受欢迎的是那五彩的花糯米饭。

坐火塘

“坐火塘”是批林苗族姑娘常见的生活习俗，也称为“坐花园”。在农闲时节，苗族姑娘将柴草围成堆，里面烧起柴火，姑娘或妇女们就像坐在花园里面一样，一边挑花刺绣，一边谈天说地。一般“坐火塘”在冬季正月初一至十五最为热闹。大家一起上山砍柴，把柴堆放在“坐火塘”的地方，燃起篝火，大家围着做针线活。

在正月里，女孩子要刺绣，围坐在火塘周边绣花，这样的风俗也称为“坐花园”或“坐火塘”。“坐花园”也分团体，已婚妇女为一帮，已长成可恋爱婚嫁的闺女为一帮。已婚妇女的“花园”就设在村子里的空旷地，而年轻人的设在离寨子不远的山坡上，或者空坝中。待嫁闺中的姑娘们的火塘最为细密精致，可称是“秘密花园”。她们砍一挑挑的青翠杉树枝，用竹片夹好，一块块固定围住，密不透风，为了光线透亮，头顶上都不盖。未婚小伙拿着芦笙到姑娘“火塘”里吹，小伙喜欢哪位姑娘，就喊哪位姑娘让板凳，若是姑娘喜欢他，也就把板凳让给他，“火塘”里笙歌不绝。

长桌宴

苗族请客一般喜用“长桌”。“长桌”宽 60—80 厘米、长 150—230 厘米不等，桌面一般由厚 5 厘米左右的杉木板制成，也有用多个方桌拼接而成的长桌。长桌宴一般在苗家接亲嫁女、来访宾客联谊时举行，后来逐渐发展为逢年过节的一种喜庆宴席。用“长桌”宴请客人时，一般摆在堂屋中间，桌上摆满碗碟盛装的各种美味佳肴及酒杯、酒碗。客人坐在进门靠右面桌边，主人坐在靠里端横头，陪客的人坐在进门左面桌边。请客吃饭一般为共餐制，以示亲热。

丰收节

批林村的人在丰收过后，有钱的人家会敲牛祭祖。在狗年、龙年、鼠年这些年份较好的年头，一个寨子最多会有 3 户人家杀牛祭祖。敲前要请寨里有头有脸的人以及姑爷去看牛，大家都对要买的牛没意见后，就直接买回来。回来的路上，亲戚朋友会穿着盛装、吹着喇叭，挂红布，带一只老母鸡一起送回来。买回来后便邀请全寨的人一起来喝酒吃肉庆祝三天三夜。农忙过后，要拉着牛去赶场，需敲锣打鼓，放炮，挂红布拉着牛绕场三圈，就这样反反复复地赶完狗场、牛场、马场、兔场、鼠场，同时在场上一起出钱买酒喝。

到农历的八月，便开始选日子，通知亲戚朋友，准备敲牛，敲牛前要唱歌，歌的内容讲的是歌颂牛的故事。每个家族都有一个固定的敲牛场地，杀完牛后这个场地不能用于其他用途，敲牛的木桩也不能用于烧火或其他用途，而是一直留存着，因为祭祀用过了，有忌讳。牛敲完后，也要唱榜郎古歌，并宴请全寨的人吃喝七天七夜。

丰收季也是祭祀节，是苗家人传统的苗年。

禁 忌

大年初一，不能挑水，不能洗东西，不能倒水，相传这是怕这年没水没雨。不能跑，相传这是怕这年风太大，吹倒土坎，收成不好。到正月十五前，不能挑粪，不能外出干活，不能洗衣服等等。这些禁忌，现在看来很奇怪，但这包含人们对自然的敬畏，以行动来祈祷这一年风调雨顺。这些规矩，也让人们免于家务、农务缠身。笙鼓巫辞规定只能在正月学习，男生晚上就学习吹芦笙、学习敲鼓、学习巫辞等。

生产禁忌 忌扛锄头进屋，忌在收工时吹口哨。

生活禁忌 孕妇产妇忌吃母猪肉；小孩忌吃猪蹄、鸡脚；忌妇女跨篮子、扁担；忌新娘上楼，忌男人陪女客吃饭，女人也不得陪男客吃饭。忌从晾晒的妇女裙子、裤子下经过；忌床的方位与梁垂直；忌公公进入媳妇房间。

礼仪禁忌 忌不打招呼直接进屋；忌直呼长者名字。接亲时忌与别家新娘相遇，忌直接过桥；忌产妇串门；忌在别人家生孩子；忌送葬返回路上回头看。

丧事禁忌 男生要单数岁入葬，女生要双数岁入葬，有利于旺死者家人运势。当天逝去当天做丧事的要做四天，隔天做的有敲牛祭祖与不敲之区别，杀牛的要做四天，不杀的只做三天。送葬时和死人同生肖的人要回避或转身背向。死者逝去时若犯一些坏事的要通过杀鸡或者杀猪的仪式洗礼煞气，不然会对死者家属以后的运势不利。必须请三个鬼师念鬼文，一来让其与前人相聚，二来让其飞升天堂。丧事过后老一辈的鬼师十多天不可洗衣服，年轻的鬼师一个月左右不可洗衣服。死者的儿子要禁食猪肉、猪油、鸡肉，只吃菜籽油。不可洗衣、洗头、洗脚，不可辱骂他人，忌食一个月。祭师禁吃狗肉。但凡习得祭祀仪式唱词并参与主持过仪式的祭师，生活上都禁止食用狗肉。

饮食禁忌 无意掉落在地的饭粒，不能踩踏，不能扫除，只能逐粒拾起，继续食用或喂给牲畜。饮酒前，先用筷子蘸三滴酒酹地。筷子不能插在饭碗里，也不能横杠在碗上。新客需要吃三碗饭，第三碗要夹肉放在上面，然后留饭。三十夜吃饭要先用筷子蘸水吃。吃新节的第一碗饭要先让牛吃。

美食特产

刺梨糯米酒

批林村在明清时期已有制作刺梨糯米酒的习俗，以优质糯米、刺梨果、泉水酿制而成。酒色为橙红色，晶莹鲜艳，有独特的刺梨果香和糯米酒的纯正酯香，酒味甘美，醇甜可口，含有丰富的维生素 C 和葡萄糖氨基酸等成分，有消食化气，增进食欲，促进健康的功效。

五色糯米饭

五彩糯米饭

批林村苗族有在“三月三”“四月八”等节日期间制作五色糯米饭的习惯。制作方法为将糯米浸泡后淘洗干净，用甑子蒸熟，然后把枫香树叶、苦李子树皮或紫蓝草、杨梅树皮或红草、黄饭花等榨成黑色、紫色、红色、黄色的水汁，将糯米饭染成黑、紫、红、黄四种颜色，加上白色的糯米饭做成五彩糯米饭。也有从山上采挖其他的中药植物，榨汁把糯米饭染成五彩颜色。

每逢“三月三”“四月八”之际，批林一带苗族上山寻找染叶，运用最原始的方法：将采来的染叶放到水中煮沸，直至水变成相应的颜色，再将染叶捞出，叶汁则放入碗中备用，而购买的染料则是提前磨好的粉末，不同的染料分别放在不同的盒子，切不可将其弄混。这一天，每家每户早早地起床先将染料调好，再将前一晚浸泡好的白糯米捞放在竹编漏斗上，待其水干后放入蒸笼蒸，刚开始时用大火，慢慢地调成小火，这样方可保存糯米的原汁原味。等到蒸笼冒出大量水蒸气时，便可将不同颜色的染料汁倒放糯米上，使其形成一个彩色的圆盘状。再过十多分钟，香喷喷的、五颜六色的糯米出炉了。苗家人习惯把它倒在簸箕里，再用筷子慢慢地拨开，将其搅拌在一起，使得原本就香的花糯米变得更加美味，更加诱人。花糯米的做法形式多样，为了防止吃不完的花糯米变坏，人们通常会将其晒干后封存，等到想吃的时候，便可拿出来进行煎炸，香脆可口。

红稗饭

“红稗”是一种食药同源的植物。生长于贵州海拔 1200—1500 米的冷沙土壤，耐寒，产量有保障。在种植老品种水稻年间，遇到灾年常常颗粒无收，红稗饭就成了批林一带人们的主要食物。将红稗磨成面状，红稗面倒入大锅后，逐渐加水，并不断地沿着锅边揉搓，让面粉全部变成颗粒状，红稗揉搓好后蒸熟即可食用。

红米

红米饭

批林一带传统红米苗语称“稗格”，杆高，耐寒，颗粒不易脱落。成熟时，需要用摘刀摘割，捆成小把，放置于家中火塘上烘烤。需要使用时，才取下脱粒剥壳。红米煮熟后色泽红润，香气袭人，入口糯软爽口。“高坡红米”久负盛名，但近年来，由于追求产量和无法留种等问题，传统红米已鲜有栽种。

血豆腐

血豆腐

过年时杀猪，人们把猪的鲜血浇在捏碎的豆腐上，边浇边拌，直到把雪白的豆腐染红。并在豆腐里加入适量的五花肉丁、猪肝丁、猪肺丁、五香粉、精盐、花椒拌匀。捏成 100 克左右的鹅蛋形状，并熏干。待食用时洗净，煮熟，切片，此菜荤素搭配、色泽红润、绵韧耐嚼。

苞谷酒

即玉米酒。主要是以玉米为原料酿造而成，外观呈黄色，澄清透明，无杂质异物，酒味醇香，味道甘甜，营养丰富，香味沁人心脾。

米　酒

批林苗族传统酒曲以牛白藤、辣蓼草、酒曲草等植物为酒曲，用本地大米发酵，酿造成上好米酒。传统米酒呈乳白色，放置时间长了，倒出来就会形成酒丝，是招待贵宾的佳酿。

传统民族体育

斗　雀

斗雀是批林村传统娱乐活动。逢农闲、传统节日，批林村的斗雀、养雀爱好者相约聚集，让彼此饲养的雀儿配对相斗，不下赌注，战胜对手为止，以展示各自斗雀的斗功和技能。

斗雀活动（2022 年）

铲陀螺

“铲陀螺”也叫“打陀螺”，是春节期间的一项娱乐活动，举行时间为每年春节期间，一直到元宵节。活动分为单人和团体两种打法。单人打是指由一人抽转另一人打，打不死（指打不中或者打中但还在转的）为胜。团体打是指各方都有 3—5 人以上，以发手板手背来分帮，活动开始时，由一方抽转陀螺，另一方在所划定的界线外用木棒摔打，打倒不转为赢，可继续再打，直至打吐（指打中但还能转 3 转以上）为败。打败的一方换来抽转，让对方摔打，循环轮换进行。

斗 牛

斗牛分娱乐牛和祭祀牛两种。娱乐牛一般是年轻人喂养后用来打斗观赏，为了让斗牛能有个宽阔的打斗场地，打斗时间多规定在秋收以后的大田坝上举行。若在节日期间举行，多选择在宽阔的荒地，直至打跑一方为止，若有打斗时间太长，难分胜负，双方主人可请众人用牛绳套脚拉开。祭祀牛指用来敲祭祖先的斗牛，在祭祀之前牵到民间传统规定的斗牛场去打斗，时间长短不套脚，打跑为止，胜、败都有吉利语祝福。

斗牛活动（2019 年）

木板鸡毛键

打木板鸡毛键是批林村在元宵节后开展的一项传统竞技活动。元宵节当天，每家都要杀一只开叫的大公鸡来祭拜祖先，公鸡杀死后，大人将公鸡左右翅膀的最长羽毛扯下来制作鸡毛键，然后分给自己儿女以及其他家到家来玩的孩子们，让他们用砍好的鸡毛键木板尽情玩要。这项活动大人亦可参加。打鸡毛键定输赢是按照 5 个球来判定，即一五、二五、三五，谁输多谁败。另一种定输赢是按一四、二五、三六来判定，谁输多谁败，以在场人多少按顺序循环接打。

特色文化

批林村传统文化遗存丰富，有射背牌、芦笙舞、苗族刺绣、银饰制作等非物质文化遗产。

截至 2022 年，贵州省共认定了 5 批省级非物质文化遗产名录，其中高坡苗族乡民族民间文化有 10 项被认定为省级非物质文化遗产。传统手工技艺 4 项，民俗文化 5 项，民间文学 1 项。在这些非物质文化遗产中，“射背牌”被拍摄成省级音乐剧，“苗族服饰”文化曾被贵州省苗学会多次资助展演。居于冷季的“数岜”文化及居于热季的“数格”文化承载着神圣的祭祖仪式。芦笙技艺传承，形成了黔中苗族的文化产业，很多身怀技艺的人们，依靠芦笙制作技艺脱贫奔小康。然而，随着社会演进，一些非物质文化遗产传承链条中断，濒临退出危机。比如射背牌文化，由于射背牌是传统婚姻圈的组织形式，现今的婚恋方式已经不再采取射背牌仪式。

表 16 贵阳市花溪区高坡苗族乡省级非物质文化遗产名录一览表

序号	类别	项目名称	主要传承人	认定时间	认定批次	认定文号
1	传统手工艺	挑花制作工艺	妇女大众	2005 年	第一批	黔府发〔2005〕27 号
2	传统手工艺	银饰制作工艺	罗朝先	2007 年	第二批	黔府发〔2007〕16 号
3	民俗	四月八	广大民众	2007 年	第二批	黔府发〔2007〕16 号
4	民俗	射背牌	广大民众	2007 年	第二批	黔府发〔2007〕16 号
5	传统手工技艺	苗族服饰	妇女大众	2007 年	第二批	黔府发〔2007〕16 号
6	传统手工技艺	芦笙制作工艺	罗朝贵	2009 年	第三批	黔府发〔2009〕30 号
7	民俗	跳洞：数岜	广大民众	2015 年	第四批	黔府发〔2015〕1 号
8	民间文学	榜郎歌	广大民众	2019 年	第五批	黔府发〔2019〕10 号
9	民俗	“数格”祭祖节	广大民众	2019 年	第五批	黔府发〔2019〕11 号
10	民俗	祭祖习俗	广大民众	2019 年	第五批	黔府发〔2019〕11 号

射背牌

背　牌

批林苗族妇女喜披背牌，这是她们独特的服饰习惯。

相传原来苗家敲牛祭祖都要将牛前腿进贡皇帝。后因为路远，皇帝表示可免去进贡，并将盖有大印的印布送给苗民。从此，绣着皇帝送的印牌图案的背牌成为批林苗族特殊的装戴。由于苗族没有文字作为记录本民族历史和传说的载体，独特的背牌也成为这支苗族的识别标记和民族凝聚力的象征。在苗族的日常生活、节日庆典、择偶、婚丧、祭祀仪式中都得到广泛运用。

2007年，苗族射背牌作为民俗文化类入选第二批省级非物质文化遗产代表作名录。

2017年，由贵阳市民宗委选送的歌舞剧《射背牌》入选第六届贵州省少数民族文艺会演参演剧目。大型民族歌舞剧《射背牌》以贵阳市花溪区高坡乡省级非物质文化遗产“高坡苗族射背牌”为创作题材，以歌舞的形式立于舞台，通过对这一民间习俗艺术化的提升，充分展现出苗族同胞对爱情的忠贞和对美好生活的向往；通过对苗族不断迁徙以及战争的描述，充分表现了这一民族不卑不亢的民族气节和精神。《射背牌》是贵阳市参加贵州省少数民族文艺会演以来，首次全部采用贵阳本土少数民族元素和符号打造的原创大型民族歌舞剧。

相传，参与“射背牌”仪式的年轻男女，不能在生前结为夫妻，但在死后安葬时，男子须将背牌搁置胸前，女子须将红腰带系于腰间随葬，背牌和红腰带都是男女双方在射背牌仪式当天交换的信物。最终实现穿越生死的约定。“射背牌”习俗是因青年男女对父母指定婚姻不满而又不能反抗，同家庭达成妥协的产物，它成为执着爱情者的精神慰藉场。这种风俗现象十分特殊，丰富了苗族婚俗文化。

黄背牌

批林苗族背牌分盛装和便装两种，前者是线色以黄、红为主的方形，绣片上的颜色主调也是黄色，称为“黄背牌”，多在一些重要节日等场合穿戴，盛装是用约33厘米的黑布，以黄线为主，其他花线为辅，刺绣而成。后者是以白色为主色的长方形，称为“白背牌”，在日常生活中穿戴，是用约26厘米黑布，以白线刺绣，构图比盛装简单，再挑上许多图形和饰纹，十分清新艳丽。背牌像件小背心式样，在披戴时穿在最外一层，分为前后两块，作为装饰品。在刺绣时是数纱而作，绣上图案，民间叫做“挑花”，构图别致，做工精细。

背牌的形制为一大一小前后两块，用宽约6—8厘米的布带对称连接，套头贯入，前块较小，约为8—12厘米的方形绣片，后块有两种表现，如果是盛装背牌，则为30厘米以上的方形绣片；如果是生活装背牌，则为宽约12—15厘米、长约15—20厘米的长方形绣片。后块是背牌的主块，在女性后背上部位置，非常引人注目，且所有的背牌都是女性一针一线精心挑绣的，这种绣片工艺上属西部苗族的挑花。古老的背牌绣线用丝线，后为棉线，现大量使用开司米线，不管哪种材质，其图案、形制和色彩都不变。

黄背牌的起源

在很久以前，苗族要敲牛祭祖，每次都要送牛的前腿给皇帝。由于离京城比较远，路上耗费时间长，有时要走半年，时间长牛肉就腐烂了。皇帝见此情况，对进贡的人说：你们的好意我接受了，但以后你们就不要送了，今后你们觉得寨子里谁为大就送给谁。从那以后，牛前腿就送给外祖父、外祖母。因为苗家认为外祖父、外祖母为大。皇帝为表彰苗族的诚意，就送给进贡的人礼物。给男的送一件红袍，女的送盖上大印的一块白绸印布。

从这以后，每到盛大的节日等重要活动，苗族的男人就穿红袍，女人就披着皇帝送的印布。但是苗族妇女的印布上光有大红印章不好看，妇女们就围着大印绣了一圈各式各样的花，这样披起来就又好看又醒目。这就是黄背牌的来历。

白背牌的起源

很久以前，在龙里的一个山坡上，一群苗族男人在吹芦笙，女人在跳舞。不知何时，从附近的一处水井里出来一群龙姑娘，悄悄地排在姑娘背后跟着跳芦笙舞，边跳边在前面跳芦笙舞的姑娘背牌上画花样，过去姑娘都背的是黄背牌，而龙姑娘画的样子很好看，是人跳舞的样子，从此，背牌上就有了一圈跳舞的花样。高坡的妇女们不但有一个古老印章为中心的黄背牌，还有一个与龙姑娘跳舞留下的花纹样为中心的，四周绣满跳舞纹样的白背牌，并时刻背在背上。

跳完芦笙舞，小伙子们送龙姑娘回家，但把龙姑娘送到一口井边时，龙姑娘一下子就不见了，小伙子们趴在井口边往井里看龙姑娘，一弯腰就把背上的刀掉在井里，这口井就叫“倒刀井”，位于龙里县湾滩河镇摆省村附近。跳完舞后的山坡草地上，龙姑娘跳过的地方草都伏倒一边，有个“丰”的样子，之后这些龙姑娘踩过的草再也长不直了，至今这个山坡的草都是这个样子。

白背牌

背牌银饰

射背牌的起源

传说，地玉和地莉是两个相爱的男女，他们感情至深，却因为父母之命不得缔结婚缘，不能成为夫妻。于是，他们向父母和族人提出“在阳间不能婚，到阴间结夫妻”的要求，并要求双方父母和全部族人到场，通过射背牌仪式，缔结阴间婚姻，即“结阴亲”。父母同族人被他们的爱情所感动，同意他们提出的这一种既不悖父母之命，又能了结双方情愫的做法。自此，射背牌为所有不能成婚的恋人所效仿，渐演成俗。射背牌习俗是因青年男女对父母指定婚姻不满而又不能反抗，同家庭达成的妥协产物，它成为执着爱情者的精神慰藉的方式。

从这个传说故事可以看出，苗族同胞的射背牌习俗不但历史久远，还充分体现古代苗族同胞青年男女婚姻遭遇禁锢，受到家长和家族的严重束缚，他们的爱情并不以婚姻为目的，使他们的身心受到极大的打击和摧残。有《射背牌歌》为证：

是谁先兴射背牌？地玉、地莉是先兴。

我们两个情意好，却不能共命运同生存。

我们从此丢了心，描射背牌来作证。

关于射背牌的起源还有一种说法，在很久以前，苗族祖先在对敌作战中，男人们纷纷参加战斗，人马四处分散，苗族首领为保护自己的“四方印章”，同时也为在战乱平息后迁徙时便于联络，把“四方印章”图案印在妇女们的背上，请她们立即离开战场，但是女人们想着一起在战场上并肩作战的亲人，始终不愿离开，一气之下，首领用无头箭向女人们开射，迫使他们尽快离开，成为用无头箭射开男女告别的悲壮方式。后来，妇女们用各色蚕丝线根据印章图案在青色粗布上绣制，并分为前后两块，用土青布连接成件，中间开叉，从头往下套穿在衣服外层。这样便成为今天苗族所称的“背牌”。

批林苗族射背牌

射背牌又称矢背牌，当地苗族同胞称为“榜欧”。批林苗寨的射背牌坡在坂鲁坡。坂鲁坡位于高坡乡批林村与惠水县濛江街道板长村和中寨村交界，坂鲁坡射背牌的节日就是“三月三”。

射背牌时间地点　除了“过年”及“吃新节”可以算作意译外，高坡一带苗族社会中，很多节日附载在汉文化语境中，从而产生对文化事象本身的误读。比如苗族语境中本身并没有“三月三”及“四月八”这样的节日，只是这样的节日恰好也在这些月份罢了。

“四月八”按照赶集贸场相对分为“高坡四月八”和“甲定四月八”，而传统的所谓“四月八”并不依附场集，只是民俗礼仪的集中展示和人们联谊交流的狂欢。“高坡四月八”苗语称”“坂郎玛”，而“甲定四月八”苗语叫做“坂尤货”。“三月三”及“四月八”在苗语中原本只是一座座山名：“三月三”是高坡乡批林村与惠水县濛江社区板长村相接处的一座大坡，苗语“坂鲁”.“高坡四月八”指的是摆龙村与姨妈寨交界处的大坡；“甲定四月八”指的是五寨村境内现活动广场所在大坡。节令日期的掐定也不是年年如一，而是根据生肖日来确定的。除了过年直至正月间一系列节日日期与传统阴历吻合外，高坡一带苗族社会独有的节日历法计算办法如下：

1. 他称“三月三”为“ban lu”坂鲁：每年马月（一般为三月）的第一个丑日或午日。
2. 他称“甲定四月八”为坂尤号：每年羊月（一般为四月）的第一个巳日。
3. 他称“高坡四月八”为坂朗玛：每年羊月（一般为四月）的第一个亥日。

表 17　高坡一带“射背牌”时间地点一览表

节日名称		日期择算	活动地点		过节区域
汉语称	近　音		原　址	现　址	
三月三	坂　鲁	马月丑日或午日	批林后山大坡	同原址	高坡批林村及濛江街道一带苗族
北片四月八	坂尤货	羊月第一个亥日	摆龙翁西大坡	云顶大坡	高坡北片区
南片四月八	坂郎玛	羊月第一个巳日	五寨吊头坡	同原址	高坡南片及与龙里湾滩河镇交界部分苗族

以上三个节庆日期需要举行盛大射背牌仪式。

高坡四月八射背牌（2005年）

射背牌所需物品　芦笙、马刀、弩、箭：根据参加射背牌的恋人对数设定，每对一支芦笙，一把马刀，一把弩。背牌架：把女方精心绣制的黄背牌叠放上架，展示给所有到射背牌坡上的亲友以及双方族人观赏。糯米饭：女方每人用一斗二糯米蒸熟糯米饭，用饭篓装好背往男方家，男方请人（女人）到女方家接上架好的背牌和米饭，同时杀猪杀牛为双方射背牌的族人、亲友备宴。

射背牌流程　射背牌是“四月八”活动的高潮。男女双方决定射背牌后，还须取得各自父母的同意，有一个准备的过程。

正月十六那天，姑娘要请后生吃春酒（姑娘在家将酒菜备好用竹篮送上马郎坡宴请后生），双方决定射背牌后，姑娘就送后生一双银耳环作为射背牌的决定，也就是把射背牌的信息传递到后生家。

“四月八”前十三天，姑娘以射背牌的名义请人陪伴到后生家喝酒，双方伙伴亲友聚于男方寨上，吹芦笙，唱歌，通宵达旦。唱歌内容丰富，有背牌歌、桌凳歌、碗筷歌、酒肉歌、答谢歌等等。男方家庭为整个活动杀猪备酒，凡来参加庆贺及邀请来的宾客，均要入席就餐。餐桌上只限于猪肉和豆腐，蔬菜是不能上席的。

“四月八”前三天，后生就把弩及箭制作好。前一天，姑娘把一条用旧的背牌给后生作试靶，同时赠送花手帕花领牌。

“四月八”当天，方圆百里的苗族同胞，男人着节日盛装，手持弩箭，腰插大刀；女人身扛背牌，包着糯米饭，云集射背牌坡。

女方由年长力强的中年妇女背着靶板前往马郎坡，双方父母亦随同前往。应邀约的姑娘背牌置于中心，寨上家族中姊妹们的背牌放在四周作为陪衬，少则三四十条，多的上百条。整整齐齐排列在一块块门板上并加以固定。参加射背牌的亲人朋友用完中餐后先在男方寨院内吹跳一转芦笙舞；走往射背牌坡的半路上停下来，再吹跳一转芦笙舞；上到背牌坡，经双方族人长老见证，活动仪式由寨老主持，靶板放在指定的位置上。寨老宣布射背牌开始。

同时请女方歌师二人用情歌调唱射背牌歌。射背牌前，男方用箭朝东南西北方向各射一箭，男女各向天上空放三箭，以示对天发誓。此后，男生向靶牌中心姑娘的背牌放三箭。衣衫穿在身上，用手撑开衣衫一角，姑娘对着后生长衫衣左下方放三箭。表示今生不能成伉俪，来世要成连理枝。射背牌结束后，由男方二人歌师唱离别歌。歌词意义深刻，歌声优美动人，催人泪下。最后恋人双方交换信物，即女方把射过的黄背牌送给男方，男方剪下青布连衣裙右下角约三指宽布条送给女方。相约说是拿到阴间相会时作凭证。将来双方去世后，在办丧事和埋葬时男方要将女友送的背牌置于头部同葬，好让他带着这件凭证去会女友。之后，激动的姑娘放声高唱背牌歌。当竹箭射穿背牌插入木中立在靶板上时，人们高兴地欢呼雀跃，芦笙、唢呐，长号一齐鸣响，男女青年跳起欢快的芦笙舞，因为这是情深意笃的真正象征。当天下午男方家要请女方的叔伯兄弟及姊妹们吃一餐饭。第二天，女方回敬男方三斗二升糯米饭。用完中餐男女双方在院内吹跳几转芦笙舞，然后女方把各自的一件白背牌摆放在地上，由双方老人作射。最后男方安排人将上架的背牌送回女方家。射背牌所有程序结束。第三天，男方回敬女方一对银耳环，作为还背牌礼，将来去世后同样要随葬，以后在阴间作为凭证。

射背牌一般是姑娘一方主动，不但赠后生花手帕、花领牌，还要送后生 40 多千克糯米饭以款待亲朋。射背牌后的第三天，后生家大宴宾客，所有亲朋好友都来祝贺，吃糯米饭，使得感情粘连更紧。宴后，来客每人都捎回一点礼品，即姑娘所送的糯米饭，借以名扬四方。后生只送给姑娘一丈二尺布和一只精致的背篮作纪念。射背牌仪式结束后，男女之间的感情便自然减退，以后各奔自己的生活，不相往来。

射背牌变迁　射背牌是一对恋人由于感情至深而不能成婚所采取的妥协和舒缓的文化仪式。是恋人之间的情感交付，是双方父母给予儿女的充分尊重。形成这样的做法，既能不悖父母之命，不伤父母之心，又能了结双方情缘，让不能成婚的恋人们从喜到悲、又从悲转喜。随着时代变迁，现在的年轻人受现代文化的影响，表示情爱的形式多样化、公开化。恋爱自由、自主，一年四季都可相邀在马郎坡谈情说爱，无需久等来世还生。射背牌的活动受到不同程度的影响。射背牌渐渐成为旅游活动中的表演节目，杉坪将军山的“跳花洞”民俗活动点，也被当作“文物点”收入《中国文物地图集 · 贵州分册》书稿中。

高坡苗族射背牌传承人

罗廷开　生于1966年，男，苗族，高坡乡批林村人。2012年8月，罗廷开被贵阳市人民政府评定为“贵州省非物质文化遗产《高坡苗族射背牌》代表性传承人”。

王批文　生于1967年，男，苗族，高坡乡批林村人。2019年12月，王批文被贵阳市人民政府评定为“贵州省非物质文化遗产《高坡苗族射背牌》代表性传承人”。

◉ 芦笙制作技艺

芦笙，苗语叫“给”，芦笙由笙斗、笙管、簧片和共鸣管构成，其中最重要的是笙斗，笙斗呈淡黄色，外部涂饰桐油，木纹清晰，外表美观，故有“金芦笙”誉称。2007年，苗族芦笙制作工艺作为民间手工技艺类入选首批市级非物质文化遗产代表作名录。2009年，贵州省人民政府下发《省人民政府关于公布第三批省级非物质文化遗产名录的通知》，苗族芦笙制作技艺作为传统技艺类入选省级第三批非物质文化遗产名录。

吹芦笙

苗族芦笙的传说

相传在很久很久以前，在大山深处，住着一户勤劳的苗族人家，他们家境贫寒，父母为了养活自己的六个儿子，起早贪黑，不怕日晒雨淋，整天忙碌地耕耘。到了青黄不接时，为了让孩子们填饱肚子，父母又不辞辛劳，赤着脚，拄着拐棍到几十里外的亲戚家中去借粮，一家人就在这拮据的生活中苦度下来，六个儿子也就在这漫长的日子里一天天长大。

不久，父母去世了，六兄弟相依为命，互相照顾，团结和睦，而且一切都听从大哥安排，生活过得很平顺。

大哥天生是个跛脚，干活不方便，但却把家管得井井有条，兄弟们就决定家务事由大哥掌管，他们负责下地干活。由于大哥安排得妥，兄弟们干活卖力，他们种的庄稼长得郁郁葱葱，眼看就是一个丰收年。

各个型号的成品芦笙

秋收时节到了，六兄弟看着眼前的丰收景象，个个露出说不尽的喜悦，他们干劲十足，将粮食收进了家中。兄弟们终于过上了有吃有穿，有说有笑的日子，他们的生活一年比一年丰裕。

然而，过了不久，兄弟们的心思放到了寻找“宝地”上。整天早出晚归，就连吃饭、休息的时间都忘掉了。善良的大哥看到这种情况，心里很是难过。他想，照这样下去，兄弟们的身体会拖垮的。于是，他很快想出办法，他找来六节竹筒，按高矮、大小排好顺序，大哥还规定，每天只要一听到他吹的竹筒声，大家就立即停止干活，各自拿起自己的号笛吹响联络，直到大家一起收工吃饭、休息。从此之后，大家就照着大哥的安排去做，按时下地干活，按时回家吃饭、休息。

时间久了，大哥又觉得兄弟们干活很辛苦，得想办法给大家增添一点乐趣，让大家在茶余饭后得到娱乐。他想了又想，又按照六兄弟的六根竹筒排好序，在竹筒上扣好竹舌片，调试声音，又找来葫芦，抠好眼子，将竹筒插入葫芦内，又仔细调好声音，然后一吹，声调很美。兄弟们听到后，都称赞大哥聪明、手巧。每当茶饭后、节庆时，兄弟们各自拿着六（芦）声（笙），在大哥的带领下，排着队型吹跳起来。因大哥天生是跛脚，在吹跳走步中一踮一蹬，大家也跟随大哥一踮一蹬地吹跳，从此，跛脚大哥的“芦笙”流传开了，成为苗族民间的重要娱乐用具，他一踮一蹬的动作也一直沿袭流传至今。

（讲述人罗朝恩，批林村人，苗族，1935 年生，小学文化，已故。讲述时间 1993 年 12 月，罗廷开收集整理流传于高坡地区）

芦笙特点与制作

芦笙是批林苗族人民习以为常和喜闻乐见的娱乐工具，广泛使用于当地苗族的重大节庆、丧葬、恋爱以及娱乐等活动之中，同时也形成高坡地区别具特色的芦笙文化。

芦笙由六管竹料组成，葫芦呈方形，竹管笔直，小型长管约50厘米，大型长管长至3米，体形能保持长期不变形、不变色、光亮如初，十余年后使用如新。高坡苗族芦笙主要分为大、中、小、儿童芦笙四种类型，大型的包括“六拳”“六拳半”“七拳”“七拳半”；中型的包括“四拳”“四拳半”“五拳”“五拳半”；小型的包括“二拳”“二拳半”“三拳”“三拳半”；儿童芦笙是仅三管组合而成的小芦笙。高坡芦笙的笙管和笙斗几乎是垂直的，升出笙斗下部的笙管一般都有一拳长，而且是一样长。高坡芦笙笙管上的按孔为菱形状，其他地区的都是圆形孔，孔位与笙斗的距离要比其他地区芦笙的要高些，而且笙管上没有任何共鸣器之类的东西。表面没有过多的修饰和装彩，就是杉木和竹子的本色，在笙斗上还捆扎着用来紧固的桦树皮条。

芦笙也是高坡一带苗族的一种以音代言的语音声调体系，芦笙的曲和调，与苗语词语的声调是相一致的，所以苗族的芦笙曲不仅是一种音调，它还具有一定的语义，来代表吹奏者的思想和行为。芦笙也在批林苗族日常娱乐生活中扮演着重要的角色，逢年过节和农闲时间吹奏芦笙成为人们休闲的娱乐方式。

20世纪50年代，高坡乡杉坪小学罗家明曾持芦笙到北京参加演奏。1993年3月，高坡苗族乡被贵州省文化厅评为苗族芦笙艺术之乡。

砍竹 当地的芦笙竹又称“苦竹”。由于“苦竹”竹节长、管壁薄、心空大，因而适宜芦笙制作之用。砍竹要根据季节性选择，一般在秋后冬前最为适合。在此季节砍竹，当年的新竹已长定型，制作成的芦笙不易生虫、腐烂，使芦笙经久耐用，越吹越响亮。

洗竹 由于竹管、竹节处在生长期仍留存着一层毛状和斑点，同时，为使竹管在使用时干净、洁白，所以砍竹后在有阳光的天气及时搬运到河沟用河沙或砂布进行搓洗，直到毛状和斑点脱落。

晒竹 晒竹分为两个时间段，第一个时间段是用充足的阳光曝晒一周左右，将水分晒干且竹管稍白后，收拾于阴凉处阴干。第二个时间段是竹管阴干近一个月，待竹管无水分后方可使用。

罗朝贵芦笙制作坊

笙斗木材选择　笙斗木材选择是芦笙制作的第二道重要程序。芦笙笙斗木材选用杉木或梓木，且料筒不能有节瘩，要用木纹直、易破开的木料。

笙斗制作　笙斗由方形葫芦和桦木皮组成。笙斗制作经过斧头破开料筒、削砍成梯形状、推刨、推平、柴刀加工削成葫芦破开、掏空、清空整理、乳胶黏合、桦树皮固紧等九道工序。

竹料选择与修理

割簧片

综合调音

竹料选择　竹料选择是根据顾客所需芦笙型号大小进行选择，一般先选大型号芦笙材料，再选小型号芦笙。

笙管修理　将选出的笙管用木火碳微火进行烫烤，在适合温度后用脚轻轻踩压弯处，使之变直，再用冷水冷却使其定型。把所有笙管烫烤定型后，用削刀将其底部削成圆锥状即可。有两节管的用铁通条通开竹节。

笙管与笙斗组合　用笙管的底锥部在笙斗的插入部位比型，然后用削刀慢慢抠通，反复用笙管进行比型，使插孔与笙管完全吻合，六管全部插入笙斗后，芦笙半成品成型。

熔铜、锤敲、过细　芦笙半成品制作成型后，就开始对芦笙发音部分作材料准备。熔铜就是将能使用的铜料放入熔铜器皿内，置入风箱火炉高温熔化，在熔器内清除铜料杂质后，用镊子从炉火中取出器皿，将铜水倾倒于土槽，待铜水冷却后取出铜条，然后使用铁锤反复敲打，直到铜条变成铜皮。铜皮出来后，使用剪刀将铜皮剪成条状铜皮带，再一次使用铁锤在墩子上轻敲，最后对整片铜皮过细就可以用来割成能发音的簧片了。

割簧片　割簧片工序特别需要细致和耐心，也是芦笙制作最关键、最重要的步骤。笙管发音是否准确，能否完整地吹出一曲声音响亮优美的芦笙曲，就在于割簧片功夫是否过关。割簧片时，每割到一根笙管，都要用嘴轻吹一下，再按笙管发出的声音调整簧片校音，直到簧片弹出的声音与笙管发出的声音完全一致方可使用。高坡苗族芦笙有六管共装八片簧片，其中最短最粗的一管装三片，此管是整支芦笙用来配音、击拍的主要笙管，所以称之为主管。

安装簧片　安装簧片是按照芦笙型号规格将簧片安装在笙管壁固定位置上。根据发音片的长短和宽度，用割刀把管壁割平，再在平壁上以梯形状割通，再安装簧片，将竹篾梗削尖两头插入压实边缘即可。

综合调音　综合调音就是对整支芦笙常用来合音吹奏的笙管进行配对调音。常用的配对管有：左食指管与右食指管合配；左中指管与右拇指管合配；左中指管与左拇指管合配；左拇指管与右中指管合配；右拇指管与右食指管合配；右拇指管与右中指合配。配对音校正后，将笙管插入笙斗，然后用双手握住六管笙孔位置定位，用尖刀抠通发音孔后，再一次对所有笙音进行单音、合音校对，整个芦笙制作过程结束。

芦笙舞

批林村的传统芦笙舞，充满力量、优雅。自古以来，芦笙吹奏，都要配合舞蹈，边吹边舞，舞者跟随芦笙曲或弯膝跳步，或斜跨踢步，舞蹈动作虽然简单，却能完美地表现芦笙的节奏。批林村芦笙曲不限定地点，只要芦笙响起，田间地头，都可以起跳。

芦笙制作工艺传承人

罗朝贵　生于1939年，男，苗族，高坡乡批林村人。2012年8月，罗朝贵被贵阳市人民政府评定为“贵州省非物质文化遗产《花溪高坡苗族芦笙制作工艺》代表性传承人”。

罗廷开　生于1966年，男，苗族，高坡乡批林村人。2016年12月，罗廷开被贵阳市人民政府评定为“贵州省非物质文化遗产《花溪高坡苗族芦笙制作工艺》代表性传承人”。

苗族银饰制作技艺

银饰流行

林道寨苗族耳饰

在创世史诗《苗族古歌》中，记载着关于苗族先民运金运银、打柱撑天、铸日造月的传说，大抵是迄今见到的苗族最早涉及金、银的口碑资料。至明代，出现关于苗族佩戴银饰的记载，“富者以金银耳珥，多者至五六如连环”。“妇人盘，贯以长簪，衣用土锦，无襟，当服中孔，以首纳而服之。”批林银饰制作有几百年历史，出现于明代，流行于清代，至 20 世纪 80 年代达到高潮。其经历由简单到复杂，由朴素实用到逐渐华美。批林村年轻女子在背牌之上戴银饰，胸前银饰以银圈为主。后背则是一串图案银饰，图案多花草。除前后背牌有银饰外，背牌系带上也有圆形雕花银饰。银饰上的花纹以象征富贵吉祥为主，如背扇上的葫芦吊银饰，寓为多子多福。

银饰制作

银饰制作原料为纯银，制作工具包括炭火、焊药、鼓风炉、银碗、铁钎、银水、火钳、泥模、小锤、枕墩等。银饰制作通过熔银、焊接、塑模、压、刻、镂、鎏等工序，最后成品。

苗族银饰

除加工制作苗族嫁妆必需的银饰外，还制作手镯、项圈、耳环等以满足其他民族的需要。主要有银瓢、银铲、银戒指、银手镯、银片、银发簪、银花梳、灯笼耳环、银钎、灯笼耳柱、银雀、银锁、银铃等。

头饰　银凤冠、响铃银发簪、顶花银发簪、银梳、银头花、银插针等。

耳饰　盘坠银耳环、秤钩银耳环、灯笼银耳环、车轴式银耳环、三环吊银耳环、瓜米银耳环、破相银耳环。

帽饰　蝶形银帽饰、狮形银帽饰、八仙银帽饰等。

胸饰　方柱扭锁银项圈、排锁银项圈、对数银项圈、银锁、银挂牌、长命锁等。

手饰　扭丝银手镯、连枝花银手镯、辫形银手镯、镂空雕花银手镯、银手圈、花朵纹银戒指、九连环银戒指、蜜蜂纹银戒指、福字银戒指、背扇银戒指等。

衣背饰　葫芦吊银饰、动物花卉银衣片、银罗汉、银铃等。

吊饰　银牙签、银花篮以及各种银帐饰。

银饰制作传承人

罗廷彬　生于1963年，男，苗族，高坡乡批林村人。2019年3月，罗廷彬被贵阳市花溪区人民政府评定为“贵州省非物质文化遗产《花溪高坡苗族银饰制作工艺》代表性传承人”。

◉ 苗族服饰

日常服饰

苗族服装，由于长期分散居住，在色调上或式样上差异较大，形成多种类型。花溪地区苗族分大致三类：白苗、青苗、花苗，判别的方法之一就是看腰带，腰带趋白色称“白苗”，腰带呈花色称“花苗”，腰带主要为青色称“青苗”，批林苗族属于白苗。从前的批林苗族服装，男子蓄发包头巾，以青蓝色斜襟长衫为主，上装无领，大袖宽裤脚，以腰带束身，冬天缠裹腿；女装头顶束髻，“髽（音抓）发”包头巾、戴手钏、耳环和项圈，穿裙子。有的换裙穿裤。2022年批林境内苗族妇女，大多数穿百褶裙，由于所在地不同，裙子的长短不一，颜色以青、蓝二色为主。裙面素净，有绣花、挑花或镶花，有的几种并用。妇女上衣开襟，一般不用或少用纽扣，以花带束腰。在中华人民共和国成立前，男女服装所用的布料，都是通过自种、自纺、自织、自染而得。

苗族衣着，有便装和盛装之分，平时穿便装，过节、玩“花场”着盛装。苗族女子上衣短，中间襟，大襟露出同色的绣花内衣，下裳为短裙长裤。全身遍布图案，以黑为底色。

苗家姑娘节日盛装可四五十种组件，有头帕、上衣、围腰、腰带、背肩搭、裙子、裹脚鞋、银饰等。青年男子主要穿对襟衣，长裤，有时外罩背心，长布包头，围腰，裹脚上多有绣花。中年男子蓄发包头巾，亦穿无领大袖宽裤脚服装，腰带束身，冬天缠裹腿。

中华人民共和国成立后，苗族民众的穿着已有较大改变，妇女大多着汉装，老年妇女也如此。但每人都有节日盛装，遇重大节日或正式场合才穿，在批林村最为明显。2007 年，花溪苗族服饰制作工艺作为传统手工技艺类入选第二批省级非物质文化遗产名录。

女性服饰

头帕　头帕是用 4—6 米长的布染紫后，通过精心折叠而成，戴在头上时如椭圆式的船盘形，称为百褶帽。常用于重大节庆，在其中后部位扎有红、黄、橙、绿、蓝、白等颜色的绸（或布）条，远处望去，宛若彩蝶翻飞于花盘，给人以漂亮而华贵的感觉。

背牌　背牌是批林苗族最引以为豪的一绝，在背牌上方（项上），套有一盘银项圈，由 12—15 颗银项链组合而成，之下便是背牌，无论生活装背牌或盛装背牌，都分为前后两块，前块小，长至腰，后块大，但较短。以后块为背牌主体，盛装背牌通常为 30 厘米以上正方形绣片（主块），负块则为 10—15 厘米左右正方形绣片，并用宽约 7 厘米的布带对称连接主、负块，佩戴时主块在后，负块则插入前腰带内，每块都有其固定的图案，是通过妇女们一针一线精心制作出来的，并且绣时所用的线必须是丝线，生活装背牌用棉线或开司米线。绣时图案固定，不得随意增减。并在图案周边填上 30—50 个形如碗底但绘有图案的银圆片（在重大仪式上，戴没有银圆片的背牌在里层，有银圆片的放在外层）。背牌系带上绣的图案以花草为主，颜色多变，前背牌需要用腰带系住。

上装　批林村苗族妇女上装通常以蓝色或黑色为主，袖口配上红色和白色，领口上填 20 块类似鸟形状的银块，腰带为 2 米的黑、绿、红三根绸缎，系时先系黑的，再系绿的，最后系红的。用 3.5 米布条，通过女性们一针一线地折缝，每 5 毫米左右折缝成一条棱，一棱一棱地缝，折缝完一丈布为止，且上口用白布镶，再用红布接白布镶，下口用白棉线绕缝镶，最后用清水浸泡定型。腰带上还会连缀珠帘，给服饰整体添光加彩，使服饰整体看上去更加鲜艳亮丽。

苗族传统服饰

下装　批林村女子盛装下裳则是以百褶裙为主，百褶裙颜色多以黑色为主，裙摆绣以白边。百褶裙前系有两层黑色围腰，身后有三条彩带自腰间垂下，垂至小腿。彩带颜色亮丽，图案优美。便装下裳则有前后两片围腰，前围腰材质为布标，绣花镶边；后围腰则以麻线织打而成，再以猪血及植物燃料浆染使其色泽深沉、质地挺拔，具有摇摆之美。

祭　服

祭服是苗族九月敲牛祭祖时穿的一种特殊礼服，一般不穿，且没有资格的人也不能穿，只有敲牛祭祖者或主祭师等人能穿。祭服由三套组成，里面全黑连裙式长袍，外面领形相似的杏黄袍，头饰为黑头巾，加戴白色挑黑花头巾。主祭师还会外披一件亮黄色大衣，胸前戴有银圈。祭服是尊贵的象征，是祭师在主持仪式时的装扮。另外，在赶牛打场时，以自己名誉举行过敲榜郎祭祀的人，无论辈分尊长，均可着绸袍。

◉ 刺　绣

苗绣渊源

由于苗族没有文字，批林苗族挑花成了本民族历史和传说的载体，独特的挑花贯首服也成为这支苗族的识别标记和象征。挑花在批林苗族的日常生活、节日庆典及择偶、婚丧、祭祀等仪式中得到广泛的运用。批林苗族妇女在制作挑花时，不但注重继承本民族的艺术传统，而且还善于发挥想象力，大胆进行再创作，几乎找不到两幅完全雷同的作品。

据传说，苗族先祖九黎部落原居黄河流域，由于在与外族争战中多次败北，逐渐西迁，部分支系进入今贵州境内，其中一个自称为“茂”的支系定居在格洛格桑（今贵阳）。这个苗族支系原先主要用蜡染来装扮自身，后发现挑花色彩更丰富，表现力也更强，便开始在蜡染图案底纹上进行挑花，挑花渐从蜡染脱胎，形成独特的表现手法和艺术语言。常见的挑花图案有“丰”形、“卍”形、四角、六角、八角、田园、河流、王印等。

批林苗族挑花的艺术风格可分为早、中、晚三个时期，清光绪二十六年（1900）以前为早期，这一时期挑花底布为自织青色麻布，色彩单纯雅致，以银色调为主，白色中点缀有小面积的彩色，构图严谨，图案有几何化、程式化的特征；清光绪二十六年（1900）至1966为中期，这一时期挑花底布仍多为青色麻布，也有少量青色土棉布，色彩热烈华丽，多以红色调为主，配以黄、绿、白等色丝线，构图较前期活泼，图案更加丰富；1967年以后为晚期，这一时期挑花底布色彩和质地都呈多样化趋势，增加了红、蓝、黄、白、黑等色机织布，甚至使用塑料窗纱和粗麻袋布做底布，挑绣用的彩线除了蚕丝线又增加了十字线和毛线，构图更加自由，图案更加多样化，有的艺人还开始模仿现代织物上的写实图案制作挑花。

批林村苗族刺绣历史悠久，图案精美。尤其是十字挑花，是苗族刺绣中的上乘，绣品栩栩如生，独具匠心。在苗族人民中已流传千年，经久不衰。工艺绣品有成套的民族服饰、裙子、壁挂、沙发套、坐垫、各种包类、飘带、围腰、头帕、背扇等。

刺绣图案

批林村高坡苗族隶属“背牌苗”支系，刺绣图案主要集中在衣服后背，由动物纹、植物纹、几何图形等符号组成，表达了苗家人的民俗情感和祈福观念。例如，鱼、石榴、葫芦等图案表达生命延续的渴求；花卉、鸳鸯、蝴蝶、喜鹊等图案表达少女对爱情的憧憬；龙纹图案表达风调雨顺、五谷丰登的祈愿。苗族人民崇拜自然，妇女们将自然界的山川河流、日月星辰抽象变幻，创造出太阳纹、月亮纹、山川纹、水纹、云纹以及十字纹等几何图案，可以用作勾边，也可以几种纹样交叉组成完整图案。

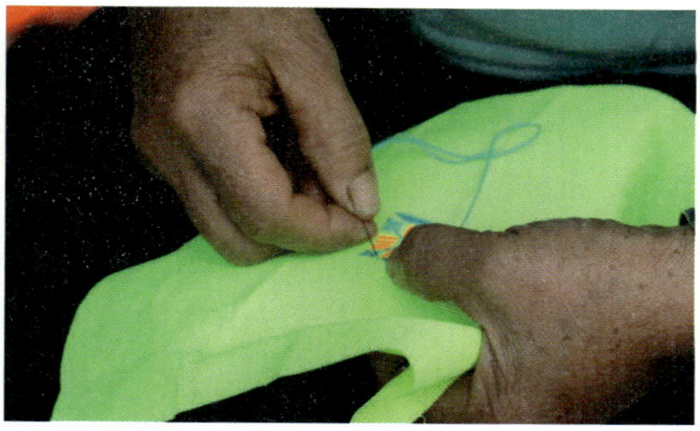

苗族挑花绣

刺绣工艺

高坡苗族的挑花工艺在贵州苗族刺绣中具有一定代表性，主要采用十字针法，先是在纱底经纬交织点戳纱绣，再用反面挑正面的技法交叉斜绣。十字针基本针法有 5 种：

全十字针，从绣布格子周围四个孔的左下角往右上角绣，绣满针数后再从右下角向左上角绣，排布范围大；

1/2 针，绣十字针的前一半，由左下方向右上方进行，局部刺绣；

1/4 针，沿织物的纱线自上而下绣制，适合图案勾边；

3/4 针，先将针从方格背面的一角穿入，再从中间穿出，呈方格对角方向，讲究“反面挑花正面看”，适合绣制花纹图案；

回针绣，是整幅刺绣完成后的收尾工作，用作背牌勾边。

十字针法简单易懂，虽不需高超的刺绣技艺，但要有足够的耐心和时间才能将整件挑花作品绣制精细美观。

苗族古歌

苗族古歌，高坡苗语称为“果乐”。古歌内容包罗万象，从宇宙的诞生、开天辟地、人类孕育和物种起源，到洪水滔天、苗族大迁徙、古代社会制度和日常生产生活等，无所不包，成为苗族古代文化总汇的“百科全书”。习惯上分《创天制地歌》《迁徙歌》《指路歌》《榜郎歌》《寨门歌》等。

榜郎歌

《榜郎歌》于2019年入选贵州省第四批民间文学类非物质文化遗产名录。榜郎古歌苗语叫“啯榜郎”或“啯佬”，“啯”译为歌，“榜郎”指水牯牛，“佬”有古老、悠长、宏大的意思。苗族称杀水牯牛祭祀为“兜榜郎”，“兜”直译为“打”，有杀之意。《榜郎长歌》（榜郎歌）是批林苗族在杀水牯牛祭祀时唱诵的祭祀性礼仪古歌，长达数万行。

唱诵榜郎古歌，在唱到要杀来祭祖的牛（榜郎）时，要唱牛从“白哈白贷”沿着这条线路来到主人家，与主人家一起生活。牛（榜郎）在榜郎古歌的唱词中不是称为牛，而是拟人化名为“娥白哈”的姑娘，“她”在歌中是一个有形象、有血、有肉，能话语、会交流、懂情义、谈恋爱还出嫁的活生生的“人”。“娥白哈”在歌中一出现，就是活脱脱的“美丽”的姑娘。性别的蜕变，雄性的水牯牛拟化为女性的人，除了在生命转换上实现了跨越，在生命繁衍上也赋予了磅礴力量。

唱诵榜郎古歌是杀牛祭祀的重要仪式之一。在杀牛祭祀当天，中午开始在杀牛祭祀的主人家里唱诵榜郎歌，持续唱诵到第二天中午左右，时间一般持续长达24小时。此外，还在杀牛祭祀的前后，到姑妈家里分别唱诵。

《榜郎古歌》用史诗的形式记载了苗族的历史变迁、民族发展、信仰演化，在批林苗族文化系统中占有十分突出的地位，具有很高的历史价值、民间信仰价值和文学价值，不亚于西部苗族《亚鲁王》《簪汪传》等古歌，可媲美《格萨尔王》《江格尔》《玛纳斯》等史诗。《开天辟地》和《说古歌》是苗族极为有名的古歌。《开天辟地》由几个神话故事组成，歌中不仅唱到如何开天辟地、造日月、造万物，还唱到了“洪水滔天”和“兄妹结婚”等等。它反映了苗族先民在湖滨河畔生活时，经常遭遇水患和原始社会氏族内婚的现象。《说古歌》的内容与《开天辟地》大体相同。

下面是《榜郎歌》中《开天辟地》的一部分。

酒喔酒喔
走的我们条路歌啦玲
嗨哎呀哈嗨哎嘿
大元阿太阳摆动
地到 （一）天结束哦
天空月升起摆动
天去推动地要亮哼
照亮个大地这
在明朗盘绕徘徊过到下方
呈现六对和六双，
酒喔，酒喔，
唱我们的歌路了，啦玲。
嗨哎呀啊嗨哎嘿。
大元时太阳摇动行走，
到一天结束以后，
天月升起来摆动，
一天推动着需要明亮。
照亮这整个大地，
环宇之下一片明朗，
呈现六对和六双，

《跋山涉水》也是苗族富有特色的古歌。这一古歌描绘了苗族先民在刀耕火种的经济生活下，沿着沅水流域不断向西迁徙，不畏艰难去斩荆披棘开辟新生活天地的情景。歌词中唱道：

日月向西走，
山河往东行。
我们的祖先啊！
顺着日落的方向走，
跋山涉水来到西方。

西方万重山，
山峰顶着天。
好地方就在山那边，
好生活就在山那边。

情　歌

苗族的诗歌有古歌、苦歌、反歌、情歌和新民歌等种类。它们既是诗，也是歌。一般不用朗诵，多是用歌唱的方式表达。诗歌的篇章有长有短，少的仅有几行，最长的可达两万行。短的多是抒情，长的主要用以叙事。其中尤以古歌和情歌见长。

苗族人民历来喜好情歌。吟唱情歌是苗族男女青年交际的重要手段。他们吟唱的情歌表情大胆，感情热烈，具有爽朗刚劲色彩鲜明的艺术特点。这是迥然不同于贵州其他民族的艺术风格。他们通过热情奔放的歌声，表达彼此间的倾心爱慕。苗族青年十分自豪地唱道：

苗家有歌万万千，
情歌就是小姻缘。
恋爱不把歌儿唱，
短棍打蛇难拢边。

在众多的情歌中，有一些颂扬古代本族青年男女为争取自由幸福的爱情，向社会上的习惯势力顽强斗争的故事。其中以长诗《哈迈》最为有名。诗中叙述美丽善良的仙女哈迈，爱上了诚实英俊的青年米加达，哈迈的舅父古谍却强迫她嫁给自己那丑恶懒惰的儿子。古谍使尽阴谋诡计，哈迈却坚贞不屈。古谍为进一步迫害他们，便把哈迈和米加达捆走。米加达在反抗中把古谍推下了悬崖，随即米加达也被古谍的帮凶们害死。多情的哈迈痛心疾首，不久也在号啕大哭中死去。但是她的哭声化作了凄厉的北风，她的泪水变成了滚滚的洪流，将古谍的儿子和帮凶们全部淹死。最后这对有情人变为象征爱情的流水清泉，在山涧幽谷中永不停息地自由奔流。这个诗篇热情歌颂了爱情的真善美，无情地鞭挞了婚姻中罪恶的男权。

其他如《老人开天地》《九十九个太阳和九十九个月亮》等诗歌，在苗族中也是一唱众和的。

◉ 语言文字

苗　语

苗语属于汉藏语系苗瑶语族苗语支，苗语分为三大方言、七个次方言、十八种土语。三大方言即东部方言（亦称湘西方言）、中部方言（亦称黔东方言）和西部方言（亦称川黔滇方言）。东部方言主要通行于湖南省湘西土家族苗族自治州、贵州省松桃苗族自治县、湖北省恩施市、宣恩县、来凤县、咸丰县和重庆市秀山土家族苗族自治县、酉阳土家族苗族自治县、彭水苗族土家族自治县等地。中部方言主要通行于贵州省的黔东南苗族侗族自治州，广西壮族自治区的融水苗族自治县、三江侗族自治县以及湖南省靖州苗族侗族自治县、会同县等地，贵州省安顺市、黔西南布依族苗族自治州和黔南布依族苗族自治州的部分地区也通行这个方言。西部方言范围最广，差别较大，通行于黔中贵阳地区、黔南大部分地区、黔西南部分地区、贵安新区、安顺地区、毕节地区、遵义地区及省外云南、四川，以及国外越南、老挝、美法等国的苗族地区。按照分类，高坡苗语属于西部方言惠水次方言北部土语，批林苗语属此类。

苗　文

苗族传说和苗族古歌里都说苗族有文字，但是至今存世的只有一些苗文碑，待进一步考证。今天，人们所说的苗文，指人们使用拉丁字母记录苗语的文字。

1952 年起，中华人民共和国开始对苗族和其他民族的民族语言进行调查。1955 年，初步将苗语划分为东部、中部、西部及滇东北（又称北部）四个方言，并纂写《苗语调查报告》。

1957 年 7 月中央民族事务委员会“关于民族语文工作座谈会”中，将上述四大方言名称修定为：中部方言改为黔东南方言（或称黔东方言），东部方言改为湘西方言，西部方言改为川黔滇方言，北部方言改为滇东北方言。同年 12 月国务院批准《关于少数民族文字方案中设计字母的几项原则》，规定上述苗语四个方言的文字方案，都是以拉丁字母为基础的拼音文字。

后来，因诸多因素干扰，这四种苗文未能顺利推行，于 20 世纪 60 年代初中断，直到 1980 年以后才逐渐恢复，其中滇东北次方言苗文改回伯格里苗文形式。

西部方言以贵州省毕节市大南山语音点为标准音。众多研究高坡苗语的文献，多是以惠水次方言北部土语甲定语音点为标准音。

艺文杂记

苗族没有文字，民间文学全靠口头语言世代流传。口头文学的体裁可分为两大类：一类是散文体，有关于开天辟地和创造人类的神话，有把自然物人格化的寓言和故事，有运用物体变化譬喻事理，辨明是非的理词和规约，还有为人处世的谚语、格言等。另一类是诗歌体，基本上分为五言、七言，也有少数长短句。唱歌的形式有低吟、有独唱、有合唱。歌的内容有古歌、祭祀歌、丧歌、祝酒歌、诉苦歌、斗争歌、情歌和新民歌等。本书收录了歌咏本地的代表性诗文、族谱、家训、乡规民约等。

散文古歌

守山的村子

文 / 杨清昌

自从人类上山谋食起，人与山的故事就这样演绎开来。一个村子，守护着一方平安。任凭社会衍变，坚定亘古恒常。花溪高坡批林村，就是这样的村子。批林村为族人守山，砥砺千年，自己也矗立成了山。

一、山的过去

宋元以前，黔中高坡一带林深箐茂，苗民生息繁衍，休憩其间，荣发安乐。这片土地三面深壑陷崖，唯有这个山坳可通往外界。宋元时期，外族人窥见了这片土地的丰饶，开始觊觎着这里的肥美。为了抵御外族势力，确保地方太平，“宋麻送过”（杉坪罗姓的祖先）共生有三个儿子，当即差遣长子到这里，承担起守护任务。一同被推举来守护的，还有五寨王姓的一户人家。作为寨落屏障的后山常年流出一股泉水，水自北向南，朝着黔南惠水方向奔流而去。社会趋于安定后，两姓人家沿水而居。罗姓居水东北，寨名“批摆”，王姓居水西南，寨名“林道”，行政村建制后，合寨成村，即为“批林村”。

批摆寨有少数杨姓。据说杨姓原姓陈，因遭遇灾祸流亡至此，承蒙板长杨姓（与批林村隔山而居，属惠水）搭救，宴请板长杨姓以谢恩，遂改姓杨。林道寨也有少数唐姓，据说也是五寨唐姓移居。这种“以姓认祖”的文化攀附姑且不论，即是说，为了守卫黔中高坡一带族人，五寨先民与杉坪先民派遣子嗣，到现批林担当此任，衍为批林先祖。故事起于宋代，批林先民安居此地已千余年。

二、山的文化

（一）连接姻亲的嫁妆——山

山成为阻隔地方与他者的屏障的同时，也是人们汲取生活物资的源泉。批林先民勇于承担守卫的重任，同时也得到这片大山的馈赠。罗姓与王姓厮守这块山坳，互帮互助，生息繁衍，形成了共同的“通婚圈”。大山给予生的希望，同时也包容死的收纳——洞葬。山成了族人最为富裕的资源。在这片土地，流传着太多以山作为嫁妆的故事。黔南果里嫁女到高坡甲定，因姑娘不愿意嫁，最后以山作为嫁妆才得以圆婚。闻名黔中的甲定洞葬，就是曾经的嫁妆。杉坪罗姓嫁女到惠水甲腊冲，也因为女子不肯，最后也以山陪嫁，才得以实现联姻。批林村一水连两山，山与山缠绕的同时，也是两姓联姻的天然纽带。

（二）联通圣俗的媒介——牛

牛，在这里是仅次于山的物资资源。这里的人们认为，人乃花开相遇，山则生死相依，牛却“生可带来死可带去”。牛是实现神圣与世俗世界相互交换的等价媒介，哪家添丁，则说是祖先赐予了一头牛；哪个年轻人桀骜不驯，则赞誉地说这人是一头水牯牛。于是，人们在生活中遭遇困厄，就会献予祖先一头牛，以谋取相应的福佑。如若生活中繁盛荣昌，也当以牛献祭祖先作为谢恩。除此外，牛还是身份显贵的象征，为祖先献祭了牛的人，百年之后高人一等，跻身“黑身份”行列，被尊称为“尤”（祖，女性从），而生前未献牛的人，死后仅称为“父”。

为此，在这里，有的人终其一生也要献祭一头牛，有的人则因富足而献祭不止一头牛。献牛成为生者的物质显赫象征，死者的身份显贵符号。献牛历经四季，耗尽一个生产周期，联动整个宗亲、姻亲家族，波及整个地方社会，可谓场面宏大，历时久长。在批林村，几乎每家每户的中堂都摆放着象征神圣的牛头，昭示着物质生活的丰裕与祖先的尊崇，凯奏着生命世界的赞歌。

（三）联谊情感的节日——“三月三”

《诗经·郑风·溱洧》篇载：“溱与洧，方涣涣兮。士与女，方秉蕳兮。女曰观乎？士曰既且。且往观乎？洧之外，洵訏于且乐。维士与女，伊其相谑，赠之以芍药。”描写的就是上巳节青年男女在溱水和洧水岸边游春的情景。《兰亭集序》这样写道：“此地有崇山峻岭，茂林修竹，又有清流激湍，映带左右，引以为流觞曲水，列坐其次。”这是王羲之记录同“群贤”在上巳节时泛舟会稽山下，吟诗赋歌、开怀畅饮的快意场面。批林村也传承着这样的节日，即外界所称的“三月三”。

这里的“三月三”并非择定在三初三。而是在每年马月（一般为三月，即辰月）的第一个丑日或午日。丑日在前过丑日，午日在前过午日。“三月三”最为盛大的活动是男女青年齐聚到“坂鲁”山上，举行神圣的“射背牌”仪式。自从古人学会利用工具辅助生产后，生产资料逐渐剩余，掌握相当程度生产资料的家庭以婚姻结盟，即“门当户对”。个人恋情在这种相对稳固的婚姻联盟中，就显得苍白无力了。莎士比亚的“一切不以结婚为目的的恋爱都是要流氓”在这里并不受待见，婚姻和恋爱倘能交集，那是美好的期许，而被拆开，倒也并不稀奇。“射背牌”就是解除恋爱关系的仪式。相爱的人，因为既定的婚姻而不能走到一起，就会在“三月三”这天举行“射背牌”仪式。仪式之后，一对恋人将爱深藏心底，从此形同陌路，各自走入父母安排的婚姻。

除了青年男女聚会，“三月三”还是人们祈福纳吉，宗亲联谊的节日。糯米具有粘黏性，这里的人们常常借此寓意以箍牢情感。“三月三”这天，批林村各家各户都早早备好糯米，开门迎客。因为高坡乡十九个村中，仅有批林村过“三月三”，于是人们都从各个村寨涌来。芦笙是节日最为嘹亮的号角，人们在“坂鲁”山上踏歌起舞。歌舞退潮，客人来到家里，主人热情款待。酒足饭饱后，主人将糯米打包，每人都能拿到一团象征粘连情感的糯米饭。期待着下月的“四月八”，或到云顶片区，或到甲定片区，再次欢度这样的节日。

三、山的未来

曾经受命守山的祖先，安扎下来后繁衍子嗣，形成现在的批林村。批林村两山夹一水，两个寨子隔水相望，形成了稳固的通婚圈，传承了多彩的历史文化。后来，一些逃难的汉民来到这里，得到批林人的接纳与眷顾，在桃花盛开的山坳建房而居，于是李姓和龙姓集结成了现在的桃子冲寨。

批林村自然生态环境保护良好，民族文化醇厚。迄今为止，在贵州省公布的省级非物质文化遗产项目中，涉及高坡地方苗族的共有九项，而这九项省级非遗项目，几乎都发端于批林村。传统银饰制作、芦笙制作技艺、射背牌仪式演绎等等，仍然在批林村得到传承。由于地处县市交界（惠水县、贵阳市），这里尚未被工业文明吞噬。批林村传统民居得以保存，生态植被全覆盖，民风淳朴，乡土文化醇厚，是其中鲜见的传统村落。在乡村振兴、生态旅游及全域旅游建设中，批林村具有丰富资源和无限潜力。未来的批林村，必是文化体验与生态旅游竞相开放的美丽山村。

探秘八角花纹

文 / 罗春艳

在茂饶“花园”里学习刺绣时，先认识染布的经纬，学习“井”字绣法，也称“十”字针绣。

背牌中心图案“八角”，凭感官，我只能把它与香料八角联系在一起，是有八个角的一朵花。垂放的腰带绣制着这朵八角花，巫师头帕上的蜡染花纹也是八角花。而这朵八角花，已超乎我的认知。

茂饶数几十年来，背牌的花纹由繁入简，小的花纹已经改变了许多。而中心的花纹不变，一旦改变，就不具备本族标识了。茂饶的刺绣，不绘描花样，女子都在绞尽脑汁地思索和记忆图案的绣法。大年初二，我们要提着茶壶，点一炷香，到井边取水回家煮蛋喂养灵魂。女子取水，顺而向龙女乞巧，求心灵手巧，因为传说我们的背牌刺绣就是龙女所授予。当我的要务不是学刺绣，而是读书，母亲便要我向龙女乞求聪慧。

在日常生活里，不断有八角图案混入我的视野，精品店的袜子，印着八角花图案。陪朋友到美甲店，喝水的一次性杯子是八角团案，毛线衣上的花纹，还是八角图案……这朵八角花，这般人见人爱，都将八角花作为装饰。哪怕到海南、到云南，八角花图案还是如影随形。八角不是茂饶苗族独有，在其他支系苗族、彝族、瑶族、壮族等诸多少数民族挑花刺绣中也常常显现。

这样的八角花，最早是出现在什么时候。1985 年，安徽省的含山县铜闸镇凌家滩村，新石器时代遗址被发现，其中出土的玉版上面，就刻有八角花纹。也就是说这朵八角花，在五千多年前已经出现了，我们现今能在日常生活中所见，是因世代忠实的传承。这个玉版在出土时，是藏在一个玉龟里的，符合神龟背负洛书的神话传说。

中心是八角星纹（指天象，称八角星纹），外是指向八方的箭头，玉版的四周，钻有小孔，上面 9 个，下面 4 个，左右各 5 个。这套玉版玉龟集合了方向与数字。这中间的八角星纹，冯时先生推演出它的形成。这样的八角图案，为一个九宫格，集合了洛书中四方五位图以及八方九宫图，主要指示东南西北四个方位。

面向日出，为东，与之相对是日落，西方，左右两侧为南北。

古人的巧妙设计，哪怕人们不识其义，却以人的审美将此八角图案传承数千年，绣制在身上，背负人类认识宇宙世界之始，共记民族发源之始。

古　歌

女声　正月联妹是新年、双脚踩在妹门前，头无哥来脚无弟，你看我可怜不可怜；二月联妹是新春。双脚踩在妹门厅。头无哥来脚无弟，你看我痛心不痛心；三月联妹是清明，叫哥过来说会明，走到半路把妹丢，家中藏有好情人；四月联妹早栽秧，花在园中双成双，花在园中双成对，要等春雨花才香；五月联妹是端阳，郎想妹来妹想郎，你说妹妹想不想，想哥想得头发长；六月联妹技忙忙，桂花树下好憩凉，怀中抱着精圣伞，郎想妹来妹要糖；七月联妹秋风凉，裁缝下剪裁衣装，别人有钱三五件，妹妹无钱纸无张；八月联妹是中秋，妹送礼物哥不收，妹送礼物哥不要，你盯上别人把妹丢；九月联妹是重阳，重阳酿酒满缸香，早知情哥会喝酒，背着丈夫酿几缸；十月联妹下大雪，问哥记得记不得，坐的地点都还在，烧的火堆还在热；冬月联妹茶山白，哥要丢妹丢不得，哥要丢妹请官判。请官判断也值得；腊月联妹雪花飞，罗汉伸手蒙观音，神仙都有非凡事，不怪凡人小后生。

男声　正月拐妹正月正，正月拐妹要起身，先生翻起书来看，双月双日才起身；二月拐妹要出门，请个先生看启程，先生翻起书来看，双月双日才出门；三月拐妹是清明，叫妹过来说分明，头无哥来脚无妹，走进妹家为好人；四月拐妹四月八，妹要丢哥无办法，妹要丢哥妹要走，丢下哥哥也无法；五月拐妹是端阳，妹妹是个好心肠，记得过去情意重，姊妹感情永不忘；六月拐妹逛长街，长街路上挂满牌，九角四门都插满，妹跟哥走也不仿；七月拐妹过贵州，许多货物在家头，一爱妹家八宝店，二爱妹家转角楼；八月拐妹过大河，

双手捧水给妹喝，单膝跪地手捧水，哪里好人像哥哥；九月拐妹过长江，长江流水哗哗响，哥过长江哈哈笑，妹过长江丢爹娘；十月拐妹过大河，过了大河认公婆，丢下爹娘都不管，盯上哥哥不好说；冬月拐妹到哥乡、问哥家乡在哪方，哥的家乡不算远，只隔条河隔条江；腊月拐妹到哥屋，妹越想来妹越哭，妹说同哥开玩笑，姊妹各有各的屋。

◉ 族谱族规家训

批林村李氏族谱（虎公支系）

（摘录）

旧谱由湖南省芷江县新店坪一带李氏家族修于清光绪十四年（1888），旧谱中记录李氏支系李虎祖公，字罗峰，生二子均祥和吉祥，均祥公定居于湖南省芷江县，子孙分布于湖南芷江、新晃、贵州玉屏、铜仁、三穗、天柱等地。2000年，芷江县新店坪杉木坳大洪溪三甲泽洪、四甲高伦、六甲復培等有关族人重修李氏家谱。2016年批林村参照旧谱修编族谱，内容主要包括序言、族规、谱约、家训、家礼、本宗亲九族五服图、江西湖茫旧谱重录、湖南芷江李氏新修谱叙、迁沅鼻祖虎公派系下本记、芷江东关外道殿坡虎形迁沅鼻祖虎公墓图、芷江东关外道殿坡虎公墓碑志、上一界石灰坡一世祖妣王太夫人既三世祖珩公墓图、上一界新凉亭背鬼冲二世祖均祥公墓、芷江李氏祠堂图、李氏家族字派、本支李氏家族根系及信息、部分家族住宅图及墓地图、寻祖记录和祭祀活动的图片、修谱捐款人名单、族人贤才名录、族人楷模、部分族人简历、族谱编委会、族谱保存人、天干与地支、历史年号与公元纪年对照表和族人信息变更登记表等内容。

族　规

1．族人应公举一人管理本族家谱资料。

2．族人应奉公守法。其宗旨以促进族人团结，共同致富，互敬互爱，相扶相帮，建立文明家族，使族人成为社会进步的有用之才。

3．族人必须尊重公民户籍和有固定居址户籍。为人立身，根据居址为人生事业根基，族人若无户籍和居址，如水上浮萍，漂浮不定，如无正当职业即一生年华虚度，到老一事无成；族人应铭刻心中。

4．族人应尊重社会公德。人若无公德，必为自私自利，损人利己之辈，将为众人唾骂和社会所遗弃，族人必申儆之。

5．族人应尊重公民人格，人格不立，必品行不端，无论富贵贫贱，品行不端者必为无耻之徒，定遭众人鄙视，族人应引以为戒。

6．族人应尊重公民伦理。伦理为尊卑秩序的起源，族人有超出国家婚姻法规定的婚嫁和凌侮尊长等行为，即为乱伦之实，族人应相互制约并可向政法机关申报处罚。

7．族人应尊重自我名誉。名誉为立身信用和无形资产，为人失去信用，必为见利忘义之小人，族人若有败坏自我名誉和损害他人名誉者，族人应相互干涉。

8．族人应遵守国家法律法规。族人不守法规，势必违法乱纪，危害社会秩序和家庭安宁，族人应给予警醒。

9．族人应尽公民义务，缴纳国家税收，当兵服役，赡养父母，抚育儿女及送子女入学深造等，族人应时刻牢记并广泛宣传。

10．族人严禁聚众闹事，更不得持械行凶，若有重大事件发生，只可据理力争和协商排解。

11．族人应加强团结，睦邻亲友之间应和睦相处，如有困难或遇天灾人祸，应互相照应和帮助，以振家族声望，族人应谨记。

12．族人必须注重家庭和睦，夫妻之间、兄弟姐妹之间、妯娌之间均应礼貌相待，互相关心和爱护，勤俭持家，共同富裕，建立幸福美满的好家庭，族人应谨记。

13．族人应务正业，人不务正业，似如无业游民，必定父母失望，妻离子散，导致家庭破裂，此为人生之大忌，族人应予深思。

14．族人应尊祖敬宗，羊有跪乳之恩，人岂能不尽忠孝，族人应切记父母养育之恩，情深似海，丧葬礼祭，务必诚心，春秋祭扫，年年恪守，否则禽兽不如，族人应世代遵守。

家　训

1．训先国家

普天莫非王土率土尽皆王臣故纡紫拖青固当忘家殉国即负锄秉来衣当先公后私国裸早完免受追呼之扰王章是凛无遭缧（léi）绁（xiè）之冤法度不愆（qiān）即橐（tuó）囊空乏称至乐也

2．敦孝弟

父母之恩罔极兄弟之谊当循夏清冬温要在随时尽职分赀（“赀”同“资”）折产务须以让化争切勿非薄高堂亦无参商手足吉凶庆吊礼意流通衣食解推恩情绸缪一团和气可表吾家者矣

3．重丧祭

业丧以送死祭以追远文公家礼规制精详一切华靡皆属虚文若夫礼忏诵经可谓消灾荐福最是荒诞尤宜屏除祭则齐戒，沐浴优见忾闻器血必洁品物必丰推之冠昏悉当仿家礼行之

4．训肃闺门

男正乎外女正乎内务必皆有定则所以杜乱源肃家政也今人不自敛束一招物议遗臭万年为家长者必须统之以正御之以严则家道自端不致后悔

5．训守耕读

人天地间两条正路人家少他不得故耕不必自秉来读不必定为官若舍此弗由便人邪道外此工商杂技犹是谋生带业惟胥役兵丁不是正务纵或身处艰难切不可入

6．训务勤俭

人生精力不用不见有余日用未尝不足务须尽心竭力昼夜不怠自有德力好处至粗衣淡食原是耐久之道细流不塞寻且坏堤斗靡争奢侈将胡底

7．戒斗讼

大凡好讼之子靡不受刑多讼之家无不破产到底忍字大有受用又恃强凌弱逞众暴寡加之本族固为欺宗施之他人亦系藐法慎勿自凭丁多轻干国宪

8．戒比匪

人家子弟宁可终年不得读书不可一日狎近小人尽以诡计多端易以惑人况芷邑逼近溪岗贸易往来切勿相与款洽万一作奸犯科身家立破乌可不慎

9．戒赌博

大异百工技非六艺分曹并进黑犊则输大投分功白日以费遍阅人群近观世故多至破产亡家卖妻鬻子山到尽头人逢绝路此所以为孤注者矣愿后人切勿借口乌曹所为商纣所制也

10．戒贪淫

淫为万恶之首人世不可有他吾恐抛妻奴而不雇爱娼妓以难离即使倾家荡产仍然怙终不悛曾见无主孤魂半属贪花浪子绝嗣好汉多缘好色狂徒族有此辈愿早回头

11．戒酗酒

凡祭祀燕享迎宾待客非酒无以合欢今之人何于酒而恋之不舍且有以酒撒风不论尊卑甚至酒后逞凶酿成大祸此卫武公所以有饮酒悔过使人日诵于其侧盖慎之不可不早慎也

12．戒冒篡

闻之继绝世者大圣人已言之矣至后更有例载先尽同父周亲次及房族果无可继之人同姓亦可至若抚及异姓则他人之骨肉即为一己之亲生则气不属而形亦隔矣不可混入谱牒

13．训诫总

以上训诫是修身齐家之本吾族中智愚不一贤否各殊焉能尽知修身之道今刊家乘因著六训六戒取兴律吕之义使之触目惊心互相训诫庶己身已修家已齐共沐光天化日之中矣

民国十六年丁卯冬月 吉日 谷旦

公元2000年庚辰 仲春 重刊

人物

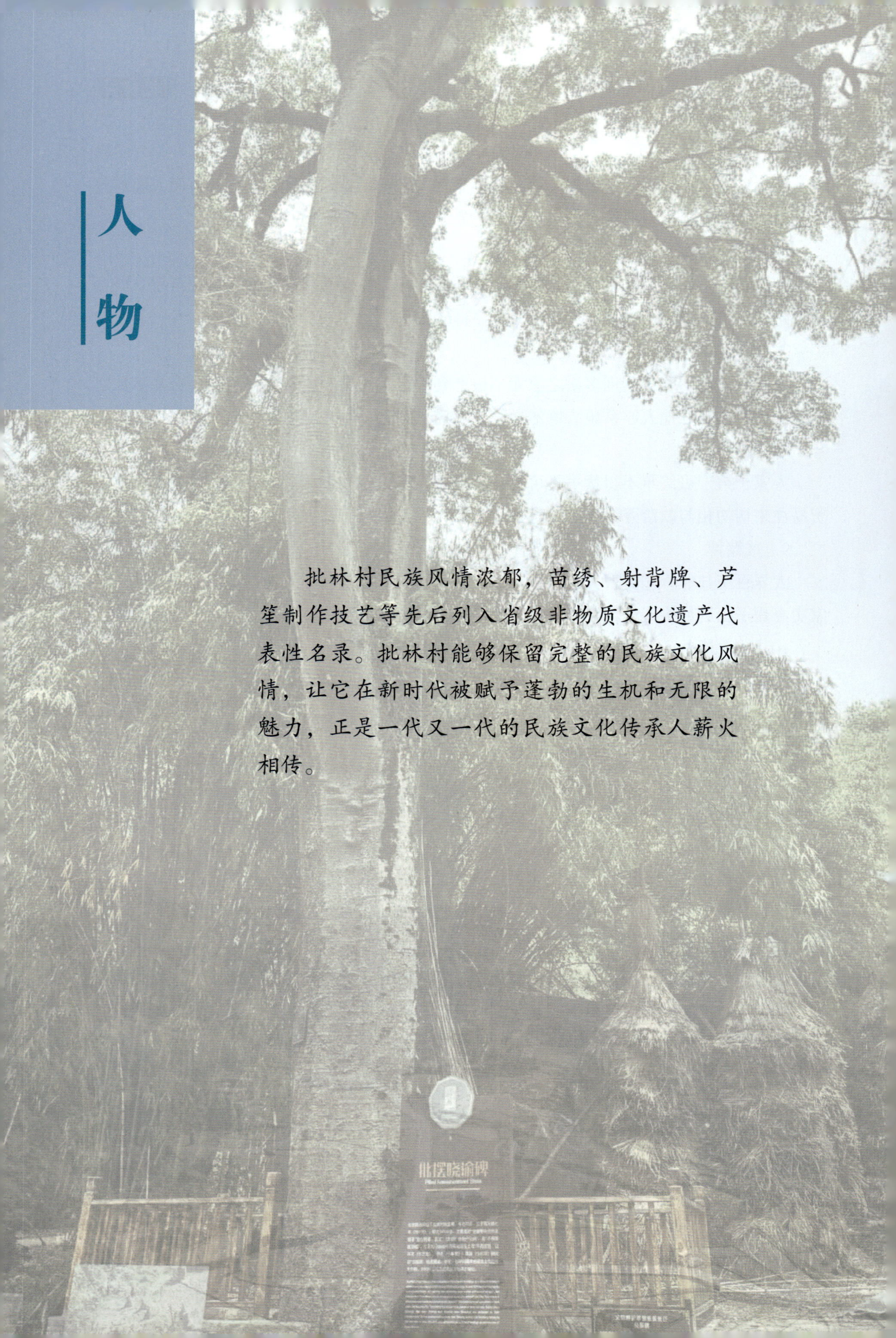

批林村民族风情浓郁，苗绣、射背牌、芦笙制作技艺等先后列入省级非物质文化遗产代表性名录。批林村能够保留完整的民族文化风情，让它在新时代被赋予蓬勃的生机和无限的魅力，正是一代又一代的民族文化传承人薪火相传。

人物传

王扣翘

王扣翘（清末民国初年人，生卒年不详）男，是批林村中较有学识、德高望重的人，在民国时期建立私塾，为周围村寨的学龄孩子教育提供条件。他还组织成立村寨保安队，保护村寨的治安、生产生活、自然环境。

人物简介

罗朝泰

罗朝泰（1937—1999）男，苗族，出生于花溪区高坡乡批林村批摆寨，曾任花溪区高坡苗族乡乡长。罗朝泰祖上世代务农，父母都是文盲。家有三兄弟，他排行老二。六岁时母亲去世。罗朝泰小学就读于保国民学校（今杉坪民族小学），师从布依族老师陈孔璠，成绩名列前茅。由于家庭贫困，小学读完后，辍学回家务农。1953 年初，他参加中国人民志愿军赴朝抗美，在部队担任队医。抗美援朝战争结束后回国，1958 年退伍。1959 年至 1962 年，罗朝泰在四川石油管理局工作。1963 年作为人才引入回到家乡，1963 年至 1965 年任高坡公社农业会计；1966 年至 1974 年任高坡苗族乡供销社会计；1975 年至 1990 年任高坡苗族乡武装部部长；1990 年至 1993 年任高坡苗族乡人民政府乡长；1993 年至 1996 年任高坡苗族乡人大主席。1991 年 12 月 22 日，中共中央总书记江泽民到高坡苗族乡考察，罗朝泰陪同江泽民考察高坡养老院、杉坪苗寨、扰绕布依寨等地，在这过程中，江泽民曾与他 6 次握手，这 6 次握手后来被媒体称之为“幸福的握手”。

在任高坡苗族乡人民政府乡长时，罗朝泰心系民生，积极解决群众急难愁盼问题。当时高坡基本以农业为主，他深知以蛮力来发展农业不可取，必须结合科学发展农业，百姓的生活才能得到改善。根据江泽民视察高坡的讲话精神，罗朝泰积极推进云顶草原开发。那时，信息传播渠道并不多，他通过《半月谈》杂志了解到外面的很多先进农业技术和环保理念，刚开始推行先进农业技术时，老百姓并不认可，他通过先试先行后将其推给高坡老百姓，如玉米种植薄膜技术，到现在已成普遍认同的农业种植技术。罗朝泰还非常关心敬老爱老事业，在高坡修建敬老院。

罗朝泰非常重视民族传统文化传承。苗族人民在庆丰收之际曾有一些传统节日活动，如牛场、龙场、马场等，但大多停办。1996 年秋收之时，他知道高坡云顶片区有一个虎场，几十年没有开展活动，于是他提出在云顶虎场恢复这个民族传统节日——举行虎场斗牛踩场活动。他提出拉公牛来踩场或打斗，每头牛奖励 50 元，提高人们参与的积极性，活动当天人山人海，热闹非凡。不仅高坡乡，龙里县、惠水县一带的苗族群众也都来赶场，有公牛的就牵着牛过来，没有的就来看热闹。自此以后，每年秋季的虎场那天，苗族同胞们都会跑到云顶来赶虎场，使传统的苗族节日——虎场得以延续。

罗朝泰还非常重视教育，他时常对自己的三个子女，以及邻居街坊的小孩子们说读书的重要性。对于子女来说，他既是慈父，也是严师。在他的悉心教导下，他的子女们和邻居街坊的孩子们努力学习，长大后都走出了大山。

罗朝贵

罗朝贵出生于 1939 年，男，苗族，花溪区高坡乡批林村人，贵州省非物质文化遗产（花溪高坡苗族芦笙制作工艺）代表性传承人。罗朝贵 18 岁学会做芦笙，这一做就是 60 余年，是高坡乡远近闻名的芦笙匠。把竹子变成芦笙，要经过十几道工序，罗朝贵制作芦笙全靠纯手工制作，一周到半个月才能做好一支。其手工制作的银饰也有很高的艺术价值，打制的部分银饰为贵州省博物馆收藏。2012 年，他入选贵州省非物质文化遗产（花溪高坡苗族芦笙制作工艺）代表性传承人。他一辈子坚持做芦笙，并致力于传承和推广芦笙文化，为了让这门手艺不失传，罗家的子女亲戚都在跟着老人学习芦笙制作，对外也收了好几个徒弟，其中 4 个已经学成出师，对芦笙文化的传承和推广具有重要意义。

王应辉

王应辉出生于 1963 年，男，苗族，花溪区高坡乡批林村人，曾任批林村党支部书记。王应辉自幼聪明好学，尤其是理科成绩优异，是杉坪民族中学的第一届初中毕业生，贵阳青岩贵璜中学高中毕业生。王应辉毕业后在杉坪民族学校担任 6 年的代课老师。偏远乡村缺乏医疗资源，很多村民生病后得不到良好的医疗就去世了。王应辉便决定利用寒暑假的空闲时间进修医学，他参加乡村医生的学习班，拿到医师资格证和执业证，此后担任 20 余年的乡村赤脚医生。

王应辉卸任代课老师之后，出于生计压力，王应辉做起了各种小生意和家庭养殖，那时候农村社会环境比较混乱，小生意经常遭受到社会闲杂人员的骚扰和村寨里顽固势力的刁难，他决定参加村寨事务，改良乡村风俗，安定村居环境。王应辉从 20 世纪 80 年代末起，开始担任村委会统计员、矛盾调解员、保卫队长、委员等职务，1993 年至 2013 年任批林村党支部书记。90年代，农村地区仍然秩序混乱，不时有村寨之间的打架斗殴和土地山林纠纷，民族矛盾和边界矛盾尤其突出。王应辉勇于担当，沉着应对，注重调查，从群众的利益出发，良好地解决许多群众矛盾，还制定村民规约，树立良好乡村风俗，稳定村民居住环境。同时，他带领村“两委”完成批林村到硐口村的环乡公路建设，打通环乡公路的最后一个环节，第一次实现东西贯通，建设硬化第一条路面，推动杂交水稻和传统水稻的替换耕作，为从吃不饱到小康打下坚实基础。完成电网改造、村综合楼建设、沟渠建设等。他在担任花溪区人大代表期间，提出很多利国利民的议案，其中从青岩镇到高坡乡的水泥路项目，使得高坡山地和花溪城区的联系更加紧密和便利。

王应辉的祖辈都是远近闻名的木匠，他继承家族的木匠技能，木工技能精良，曾有花溪的家具厂邀请他到厂里担当负责人，许以优厚的待遇，但是他拒绝了，他的理由是木匠只是他的一个业余技能，他还有更重要的工作——党支部负责人。王应辉坚守农村岗位20余年，坚持原则，不钻营投机。虽没有轰轰烈烈的工程项目，但为维护村寨的团结和稳定做出了贡献。

罗廷开

罗廷开出生于1966年，男，苗族，大学专科文化，花溪区高坡乡批林村人，贵州省非物质文化遗产代表性项目芦笙制作技艺市级传承人，助理馆员。1989年至今在高坡苗族乡文化服务中心从事群众文化工作，18岁随父亲罗朝贵学习芦笙制作，熟练掌握芦笙制作技艺。1982年5月参加贵州省第一届少数民族传统体育运动会“射背牌”表演。2007年春节，配合贵州民族学院图书馆在批林村组织村民举行为期7天的“射背牌”全过程演示拍摄，并对5对男女参演人员进行现场培训。2008年、2009年，分别接受中央电视台国际频道采访，并进行《射背牌》表演。2010年4月，在批林村的传统节日“三月三”举行“射背牌”表演，观众达5000余人。2011年、2012年，从批林村组织50人参加高坡苗族“四月八”传统节日“射背牌”表演。2012年，入选贵州省非物质文化遗产（高坡苗族射背牌）代表性传承人。同时也是高坡苗族芦笙手工技艺制作省级传承人。

王批文

王批文出生于1967年，女，苗族，小学文化。12岁随母亲马德珍学绣背牌、花腰带、苗族服饰等，18岁时独立完成苗族服饰、绣背牌等制作。收藏有背牌苗服饰5套，背牌3件。多次参加射背牌表演活动。2019年11月获贵州省非物质文化遗产（高坡苗族射背牌）代表性传承人。

大事纪略

批林村在历史长河中发生诸多重要事件，但因少见于文献而未完整流传下来。新中国成立以来，批林村改变过去刀耕火种生产方式，其民族文化逐渐走出大山，释放出独有的特色魅力，成为中华优秀传统文化的重要组成部分。

1963年批林村开办初级小学

1963 年 9 月，花溪区教育局在批林村开办批林初级小学。初建的批林小学是购置林道寨 3 间木瓦结构民房，后迁建在现村委会大楼处。20 世纪 70 年代，批林小学学生达 100 余人，新增木瓦结构教室 3 间，办 5 个教学班，有 5 名教师，分别为李清臣、王有忠、王朝富、王应昌、罗家莲。1984 年，学校基础设施改善，木瓦结构改为砖木结构，教室仍为 6 间教室。20 世纪 80 年代末，恢复乡中心完小，批林小学改为杉坪小学驻批林教学点。2006 年 8 月，“两基”工作推进撤点并校，批林村教学点撤出。

1984年批林村开始用电照明

1984 年，批林村在马蜂洞修建水电站，借用杉坪村摆弓岩水电站电源，全村开始用电照明。2011 年，引入高坡乡 10 千伏电力线。2013 年，批林村通电率 100%。

2005年苗绣入选省级非遗

2005 年，贵州省人民政府公布第一批省级非物质文化遗产名录，批林苗族挑花刺绣制作技艺入选。2007 年，贵州省人民政府公布第二批省级非物质文化遗产名录，高坡苗族银饰制作工艺入选，代表性传承人为批林村罗朝先；高坡苗族射背牌仪式列为非物质文化遗产代表作名录。2012 年，贵阳市人民政府公布第二批市级非物质文化遗产名录，高坡苗族射背牌入选，项目代表性传承人为批林村罗廷开。2009 年，贵州省公布第三批省级非物质文化遗产名录，高坡苗族芦笙制作工艺入选，代表性传承人为批林村罗朝贵。

2012年批林村入选中国传统村落名录

批林村民居以木瓦结构为主，保存完好。以苗族居住为主，山村四面青山环抱，森林茂密，古树参天，民族风情浓郁，批林村的苗族射背牌、苗族银饰加工技艺、苗族芦笙制作技艺被认定为省级非物质文化遗产项目。2012 年，该村被列入首批中国传统村落名录。

2014年批林村用上自来水

批摆寨水井一直是批林村群众的重要水源，但涌水量不足，不能满足批林村全村村民使用。部分村民不得不继续把坝王河河水作为主要饮用水源。2003 年，批林村建成人畜饮水工程 1 个。2004 年，批林村为解决村民用水修建蓄水池 1 个。2005 年，批林村为批林一组村民们建设水塘 1 个，为批林六组村民建水塘 1 个。2014 年，批林村启动饮水工程建设，100 户 399 人用上自来水。2016 年，完成入户自来水管网铺设。至 2020 年底，批林村村民全部用上自来水。

2015年批林村退出贫困村行列

批林村地势偏远，交通不便，是少数民族贫困村。1994 年 4 月，贵阳市安排市直机关开始对批林村进行包村帮扶。2012 年，批林村有年人均纯收入 2300 元以下贫苦农户 157 户 397 人，其中扶贫户和低保户为 14 户 32 人。全村通过抓产业扶贫、抓项目带动、抓民生保障等措施，完成 143 户 365 人脱贫，实现“减贫摘帽”目标。2015 年，批林村退出贫困村行列。

2017年《射背牌》入选省文艺会演剧目

2017 年，以批林村文学叙事仪式射背牌为蓝本的大型民族歌舞剧《射背牌》，作为贵阳市人民政府选送剧目，入选第六届贵州省少数民族文艺会演剧目。

《射背牌》由贵阳市民宗委、市文广新局、市旅发委、花溪区政府和市旅文投公司联合制作，贵阳演艺集团具体组织排演。以贵阳市花溪区高坡乡批林村省级非物质文化遗产“高坡苗族射背牌”为创作题材。是贵阳市参加贵州省少数民族文艺会演以来，首次全部采用贵阳本土少数民族元素和符号，打造的原创大型民族歌舞剧。该剧以歌舞形式立于舞台，通过对“射背牌”这一民间习俗的艺术化展现，充分表达出苗族同胞对爱情的忠贞、对美好生活的向往。《射背牌》中演员所穿服装，就是高坡苗族妇女参与“射背牌”仪式所着的盛装。精致的刺绣工艺配以大胆的撞色，不仅烘托出节日的喜庆气氛，也还原盛大仪式背后的动人爱情。该剧是一个以爱情为主题的故事，面对自己心爱的人绣的背牌，用爱神之箭让爱升华、穿越，充分展现苗族同胞对爱情的至死不渝。

2018年批林村入选省少数民族特色村寨

2018 年 9 月 30 日，贵州省人民政府公布全省第三批少数民族特色村寨名单，高坡乡批林村荣列其中。批林村苗族占总人口的 77.2%，聚居在批摆和林道两个寨子。

批林村保留着丰富的少数民族文化遗产，射背牌、苗族刺绣、苗族银饰制作、芦笙制作工艺等入选贵州省非物质文化遗产。

附 录

省人民政府关于贵阳市花溪区石板镇镇山历史文化名村保护规划（2011—2025 年）的批复

黔府函〔2014〕165 号

贵阳市人民政府：

你市《关于申请审批〈贵阳市花溪区石板镇镇山村历史文化名村保护规划〉的请示》（筑府报〔2014〕55 号）收悉。经研究，现批复如下：

一、原则同意《贵阳市花溪区石板镇镇山历史文化名村保护规划（2011—2025 年）》（以下简称《保护规划》）所确定的保护原则、保护层次及保护范围。其中，核心保护范围为东至花溪水库河岸护堤，南至下寨游船码头，西至镇山村古屯墙，北至上寨寨门旅游接待处，面积为 4.1 公顷。建设控制地带范围为东至民俗文化新村人口停车场，南至民俗新村码头，西至镇山村生态博物馆，北至镇山村通村公路，面积为 5.7 公顷。

二、原则同意《保护规划》确定的保护目标、保护内容、保护重点、保护措施及建设控制要求。重点保护镇山村的空间形态结构、山体水系环境、地方历史建筑以及具有布依族特色的传统文化和民族传统民俗。

三、原则同意《保护规划》确定的主要技术经济指标。核心保护范围用地面积为 4.1 公顷，居住用地、文物古迹用地和公共绿地占核心保护范围用地比例分别为 50.15%、3.32% 和 6.34%。

四、严格规划的实施管理

（一）《保护规划》是指导镇山历史文化名村保护和更新协调发展、统筹保护区内各项整治与建设活动的法定依据，要建立切实可行的规划实施机制，加强紫线管理。

（二）要在《保护规划》的指导下抓紧编制重点地段整治规划，进一步明确《保护规划》强制性内容。同时，要认真推行规划公开公示制度，依法及时向社会公布经法定程序批准的《保护规划》。

（三）保护范围内的一切建设活动都必须符合《保护规划》的要求，任何单位和个人不能随意改变和调整。城乡规划主管部门要严格依法行政，采取有力措施，对保护范围内的一切建设用地和建设活动实行统一管理，切实保障规划的顺利实施。

（四）花溪区人民政府要加强对《保护规划》实施的监督检查，并将监督检查情况和处理结果依法公开，供公众查阅和监督。花溪区人民政府每年应向同级人民代表大会或其常务委员会报告《保护规划》实施情况。同时，定期对《保护规划》实施情况进行评估，评估情况报省住房城乡建设厅、省文化厅备案。

贵州省人民政府

2014 年 9 月 3 日

镇山村传统村落保护与发展规划

第一章 总则

一、编制背景

传统村落是农耕文明的载体，也是中华文明之源。城镇化中盲目迁并村庄导致传统村落迅速消失，撼动了农耕文明的根基。中共中央 2013 年 1 号文件指出：“制定专门规划，启动专项工程，加大力度保护有历史文化价值和民族、地域元素的传统村落和民居。”

建村〔2012〕184 号文件中住房城乡建设部、文化部、财政部关于加强传统村落保护发展工作的指导意见中指出新时期加强传统村落保护发展，保护和传承前人留下的历史文化遗产，体现了国家和广大人民群众的文化自觉，有利于增强国家和民族的文化自信；加强传统村落保护发展，延续各民族独特鲜明的文化传统，有利于保持中华文化的完整多样；加强传统村落保护发展，保持农村特色和提升农村魅力，为农村地区注入新的经济活力，有利于促进农村经济、社会、文化的协调可持续发展，加强传统村落保护发展刻不容缓。

2012 年 12 月 19 日住房城乡建设部、文化部、财政部三部门发通知公示中国传统村落名录，全国 28 个省共 646 个传统村落入选该名单，其中贵州省最多，有 90 个。贵阳市花溪区石板镇镇山村被列入第一批中国传统村落名录的村落名单。

二、指导思想

以邓小平理论和“三个代表”重要思想为指导，深入贯彻科学发展观，落实中共中央2013年1号文件指出：“制定专门规划，启动专项工程，加大力度保护有历史文化价值和民族、地域元素的传统村落和民居。”的意见。

三、规划原则

坚持“保护为主、抢救第一、合理利用、传承发展”的保护方针，改善居住环境，提高村民生活水平，适度发展文化旅游，大力挖掘传统村落文化内涵。

（一）人与自然的整体性原则

镇山村落与周边的山水自然环境关系紧密，是体现我国传统村落风水学环境观的典范，因此应整体地加强保护；完整的古村落形态、特色的院落与街巷格局，这与数百年来淳朴的少数民族风情相得益彰；整体延续古村落的发展脉络，保持村落与周边自然环境的和谐共生的古村落历史景观。

（二）以人为本的村民参与性原则

传统村落的保护是还原村落发展的真实性的同时，也要尊重村民日常生活习惯，不能打破村民原有的生活习俗。同时规划应引起村民的积极参与，让村民认识村落保护的重要性、必要性。

（三）保护地域特色的真实性原则

在对古村落的那保护上应该尊重村落历史演变、特色民居等古建筑、古村落空间肌理、街巷道路尺度等历史的真实性；传统建筑的修复以及新建建筑的设计，应在对本地建筑文化严谨调查的基础上充分体现地域文化真实而又独特的魅力。

（四）和谐发展的可持续性原则

对于传统村落的保护在保护起物质性遗产的同时，应充分对非物质文化遗产的保护挖掘历史遗产的社会经济价值，从而实现保护的可持续发展。

四、规划依据

《中华人民共和国城乡规划法》（2008）

《中华人民共和国文物保护法》（2002）

《中华人民共和国文物保护实施条例》（2003）

《历史文化名城名镇名村保护条例》（2008）

《住房城乡建设部、国家文物局关于印发历史文化名城名镇名村保护规划编制要求的通知》（试行）（建规〔2012〕195号）

《全国重点保护单位保护规划编制要求》（2007）

《文物保护工程管理办法》（2003）

《贵州省文物保护条例》(2005)

《贵阳市花溪区土地利用总体规划》(2006—2020)

五、规划目标

镇山村传统村落保护与发展规划是实现镇山村传统村落整体的、真实的、可持续的保护与活态传承，同时改善村民的生活水平，提升其发展能力，实现保护与发展的相互促进和良性循环。

六、规划期限

本次规划期限分两阶段实施：

近期五年即：2013 年—2018 年；远期十年至 2023 年

第二章　镇山村传统村落现状

一、镇山村概况

镇山村是以布依族为主的民族杂居的自然村寨。距离贵阳 21 千米，地处花溪水库中段，交通十分便利。

全村现有村民 171 户，550 人，其中布依族 120 户，苗族 50 户，汉族 1 户，少数民族占全村总人口的 99% 以上。

全村村域 2.5 平方千米，其中耕地面积 927 亩，荒山村地 2663 亩。主要以粮食作物为主，蔬菜、林果及药材种植、养殖、农家乐旅游业占一定比重，人均收入 2000 余元。

镇山村以其年代久远、民族风情古朴、民俗文化丰富，1993 年被批为“贵州镇山民族文化保护村”，1995 年被定位“贵州省级文物保护单位”。2000 年中挪（威）签订奥斯陆协议，在挪威政府资助下建成镇山村布依族生态博物馆。此后其旅游发展开始步入兴旺时期。

各级政府在文物保护与地方经济相协调发展的总体方向下，加大旅游经营和管理，加强了旅游景区景点保护与开发，增强旅游接待能力，以休闲娱乐和民俗文化为主要类型，现镇山发展农家乐和旅游商品经营的人家共有 100 余户，其中农家乐接待户 43 户，年均收入为 6 万元，旅游商品经营 57 户，平均年收入约 2 万元，利用自家老民居进行民族文化展示的 4 户，平均年收入约 1 万元，随着知名度的不断提高，镇山越来越受众多游客的青睐，形成了颇具规模的休闲旅游接待场所。

二、传统村落现状

传统村落位于村域中部，地处三面环水的自然格局中，即用地以 U 字形“嵌入”花溪水库。规划总用地面积 17.8 公顷。村落内拥有 189 户农户，人口约为 831 人。主要以布依族为主。

（一）公共服务设施现状

村落内建有村办公楼约 200 平方米，完小一所，医疗点一个。其余主要以旅游接待为主的农家乐商业服务设施为主以及武庙、生态博物馆等历史建筑。

（二）基础设施现状

1. 道路

镇山村现状对外交通道路宽度为 4.5 米，东西向由西向东进入村落，是村落唯一对外道路，路面为石板路面保护完好，同时设置有排水沟。村落内道路均为 1.2–1.8 米不等的步行路面，保护以及恢复较好。村落外设置有独立停车场，游客以及村民停车使用。

2.（水、电、信、卫）设施情况

由于今年来村落的旅游设施逐步完善，其基础设施条件相对较好，路通、电通、电视（电话、移动通信）、网通、人畜饮用卫生、安全自来水。村内建有公厕 4 个，排污明沟约 500 米，在下寨建有 80t/d 污水处理池。

小结：

与其他落后村落相比，由于镇山村被评为贵州省省级历史文化名村，保护以及恢复力度较大，村落公共以及基础设施较为完善，随着旅游业的发展给村民收入带来巨大的变化，但同时也出现村落保护与村落发展（主要为人居发展）的矛盾。村落需要保护，但人口的增加村民住房需求量加大成为主要问题，也是传统村落发展的重点。

第三章　镇山村传统村落历史价值评价

一、村落选址与自然景观分析

镇山村村落选址是典型的防御性村落选址的代表，同时注重于自然景观以及景观视线的通透，达到“天人合一”的理想居住环境。其总结如下

（一）近水利而避水患

村落选址靠近水源（河流），一方面方便生活生产用水，另一方面有火灾时可取用。村落建设则延山体缓坡逐步抬高建设，避免洪水带来的自然灾害。

（二）防卫性较好

村落三面环水，通往村落唯一通道沿小路进入，配合村落的古屯墙，有一夫当关万夫莫开的气势。

（三）良好的景观模式

由于西面作为村落主要入口，主要依托其隐蔽性以及防御性所以村落主要景观面为东

面，即面向水库的开敞面，而村落大多的农房均为东西向面向水库成台地逐步向下修建，为农房留出主要景观面，形成良好的景观视线。

二、传统村落格局与整体风貌分析

（一）村落整体空间格局

镇山村以屯墙为界，分为上寨和下寨。上寨是李仁宇屯兵的遗存，四周以屯墙围绕。下寨是李仁宇夫人班氏原居住的布依寨，原位于湖底，1950 年修花溪水库时搬迁所至。

镇山村是贵州中部地区典型的民族名村，至今仍然基本保留着原始的空间格局和形态。整个名村地势北高南低，三面环水，一面临山，民居建筑围绕湖面呈阶梯状层层叠叠依山而建，从山顶眺望，一幢幢石板房鳞次栉比，泛着灰白的光，在阳光下增艳生辉，“房建轻波上，人在水中行”，形成了依山傍水、开合相宜，错落有致、层次丰富的景观界面。

镇山村内部道路交通依山就势，主要为石板、石梯砌筑的步行街巷，主街宽约 5 米，从北门一直延伸到南面滨水码头，其他入户支路 1—2 米不等，共同构成了名村原始的道路骨架。

（二）村落景观风貌

镇山村属典型的喀斯特 (岩溶) 低山丘陵地貌，海拔 1163 米。气候为亚热带季风性湿润气候区，雨水适中，日照充足，冬无严寒，夏无酷暑。

镇山村地处花溪水库中段三面环水的半岛之上，与南侧的半边山及李村景点隔水相望，滨临的花溪水库水面宽阔，水流舒缓，碧波澄澈。沿湖两岸山体挺拔，处处奇峰妙壁，滨水生物茂盛，乔灌木茂密且种类丰富，随着季节自然生态资源。名村周边山林、水体、田园风光融于一体，山中有寨，水里有村，自然景观十分秀美。

三、传统村落传统建筑分析

镇山村现存传统民宅 50 余栋，建筑面积 4000 平方米，以石木结构建筑为主，墙面多用石料砌筑，或木结构加石板镶嵌，屋顶以石板代瓦，房前结合地形用石墙围合成相对独立的自然庭院，村民们盛水的水缸、喂猪的猪槽等用具都是特殊的石雕艺术品。整个名村充分保留了石板建筑的原始风貌，是贵阳市郊少数民族名村中石建筑艺术的代表，被称为“石头砌筑的村庄，石板的露天博物馆”。

村庄内各户即相互毗邻，又独立成户。建筑以三合院或四合院形式为主，每栋房长约 30 米，坐北向南，一般采用穿斗式悬山，顶一楼一底石木结构建筑为主，三合院或四合院民居多设置朝门，朝门与房门均不在同一条轴线，且每一户的大朝门都有独特的腰门。正房为面阔三间或五间，明间有吞口。明间 (堂屋) 为双扇对开门，明间或次间窗户木雕图案精美，图案多为传统的“三吊格”和“万字格”。

花溪镇山村古建筑传统名居清册

序号	户主名	所建年代	占地面积（平方米）
1	武 庙	明万历二十八年（1600）	600
2	城 墙	明万历年	
3	班晓燕	清道光 (1821—1850）	220
4	班家光	清道光 (1821—1850）	260
5	班有文	清道光 (1821—1850）	400
6	李秀良	清道光 (1821—1850）	280
7	班仕勇	清道光 (1821—1850）	150
8	班晓利	清道光 (1821—1850）	80
9	班仕端	清道光 (1821—1850）	80
10	班有德	清道光 (1821—1850）	80
11	班有才	清道光 (1821—1850）	40
12	李宏兵	清道光 (1821—1850）	110
13	班仕强	清道光 (1821—1850）	90
14	李仕贵	清道光 (1821—1850）	90
15	班仕华	清道光 (1821—1850）	160
16	班有信	清道光 (1821—1850）	160
17	班家厚	清道光 (1821—1850）	110
18	班有道	清道光 (1821—1850）	110

四、传统村落的历史环境要素分析

镇山村除传统民宅外，还有武庙、古屯墙及古寨门、李仁宇墓、古巷道、古井及码头等。

1. 武庙：镇山武庙位于贵州省贵阳市花溪区石板镇镇山村，始建于明万历年间，由明万二十八年（1600）明廷‘平藩’，时江西吉安府卢陵县协镇李仁宇将军为保佑子孙绵衍后世荣华而修建，咸丰、同治年间毁于火。光绪十四年（1888）重建，1997 年维修。该庙坐北向南，原有大门、倒座、两厢、正殿等，占地 600 余平方米。现存正殿，面阔五间，通面阔 20 米，进深三间，通进深 9 米，抬梁穿斗混合结构歇山青瓦顶，隔扇门窗。贵阳市人民政府公布为市级文物保护单位。

2. 屯墙：城墙是由规整的石墩建筑而成，始建于明万历年间。清代修葺，青石砌筑。虽大部分城墙已经倒塌，但整个城基全部保存。2010 年按原样恢复的城墙长 1600 余米，高 5—10 米，基宽 3—4 米。城墙厚 3 米，有栈道等设施。设南、北 2 门并建有门楼。寨门由巨型料石所建，现南城门保存完好，北城门拱顶部部分损坏。

3. 石巷：名村依山就势的山乡风貌的具体体现。从北门到南门有约 120 米长，3 米多宽的干道，东西向有石阶巷道通至各户，步道拾级而上，上寨石径长约 100 米，宽约 2 米，全由石条铺设而成，由石阶而上可达村里最高一处民居，沿石径两旁有序的排布着全由石木构造的传统民居，明、清以来上寨村民由此出入，至今仍作为村民的生产、生活通道发挥着它的功能。

4. 李仁宇墓：李仁宇，江西人，封振武将军。万历年间率军“平藩”，屯兵镇山，筑石墙，建住宅。因夫人水土不服去世，遂与当地布依族女子班氏通婚，育二子，一姓李，一姓班，系镇山李、班两姓始祖。墓坐西向东，土封石围，呈圆丘形，高 1.7 米，底径 3 米。前立青石质墓碑，高 1.4 米，宽 0.7 米。墓碑阴刻：李仁宇将军墓。另有一通石碑碑文记载了他入赘镇山的历史。2005 年花溪区人民政府公布为区级文物保护单位。

5. 生态博物馆：生态博物馆资料信息中心建于 2007 年，是收集、整理和研究布依族的生态与历史文化、用于展览、接待和交流活动的场馆，同时建筑本生也是布依族建筑文化的体现。中心位于镇山村西南侧，背山面湖，视野开阔，占地 0.59 公顷，建筑面积 1284 平方米。

6. 古井：在林木茂密的后坡脚，沿着青石铺就的林间小路，可抵达一口石材围合的古井。古井宽 2 米，深约 5 米。四周石板铺地，最深处达 20 厘米，井水幽凉清甜，是上下寨居民传统的饮用水，见证了名村历史的沧桑岁月。

7. 码头：1950 年建成花溪水库后，由于运输和出行的需要，沿镇山村下寨修建了水运码头，随着旅游业的发展，更多的是作为游船码头是使用，是镇山水陆运输的交接点，在寨山村的发展过程中起着十分重要的作用。

五、传统村落非物质文化遗产分析

（一）歌舞

在镇山这个民族名村，每年正月初十都要举行“跳场”活动，参加者来自石板镇一带的布依族、苗族，女子身着艳丽的绣花衣裙，男子穿着民族服装，吹笙跳舞。“跳场”的场子中央立着丈余高的花树，上挂标语条幅，先是两个男子单骑马绕花树转三圈，然后男女青年绕树吹笙唱歌，如此欢歌载舞三天三夜。

（二）传说

当地传说，镇山布依族祖先一次被强盗抓去，族人几次营救都未获成功，于是就请当地苗族帮助。苗民在关他的狱处吹芦笙唱苗歌通知他，不懂苗语的狱卒未加防范，结果他被救了出来。自此，为了感谢苗族，当地布依族开辟了一个跳场，每年正月十二、十三、十四这三天两个民族的人们都要在此跳场。在这个民族名村中，有许多神话故事，如《半边山的由来》、《盘古开天地》等。

（三）节庆

家历六月这一天，镇山村栽完秧，全村人都要好好休息一天，于是在这个空闲的日子里，大家包粽子吃粽粑。每年农历“六月六”是布依族的传统节日，在寨内搭台举行对歌，布依族同胞汇聚一堂。此外，镇山村的传统节还有“七月半”、“四月八”等。

（四）婚嫁

在镇山，对歌是青年男女恋爱的主要方式，恋人们以歌代表、借歌传情。对歌最先是与唱《赞美歌》，接着是女问男答的《盘歌》，有《盘花歌》《盘古歌》《盘八仙》等；唱到高潮处是《情歌》，这时男子转答为问。经过如此一段时间的对歌了解后，男方家才请人上中意的姑娘家提亲。

别具一格的民居，传统诱人的布依歌、精美的蜡染、刺绣等民间工艺以及正月跳场、“六月六”布依族歌会等等构成镇山名村文化景观的要素，无不体现着镇山村独具个性的活态遗产。

六、历史价值综述及存在问题

（一）历史价值

通过对历史沿革，社会经济背景、自然和历史人文环境要素的分析，镇山村的历史价值主要体现在以下几个方面。

1. 历史上的军屯重地

作为明朝时期重要的赴边军屯重地，镇山村在黔中发展史上具有重要的历史地位和研究价值。

2. 传统布依文化和汉文化民族融合的历史见证

3. 建筑遗存具备丰富的历史和工艺价值

镇山村现存的民居建筑，为我们研究传统民居建筑的发展历史包括建筑形式布局、功能和结构，与各民族经济、文化的交流融合之间的关系等各方面都提供了丰富的实体资料。

4. 天人合一的人文自然景观

镇山村依山傍水，基本上保持和延续了名村寨路网的平面格局和空间形态。外部景观和内部空间层次丰富，与花溪水库沿岸的自然环境和谐相依，浑然一体，充分体现布依民族的建设智慧和天人合一的生态意识，有着十分重要的历史保护价值和生态旅游开发价值。

5. 丰富的非物质文化遗产

镇山村名村的地方民族风情浓厚，民俗风俗节庆、传统民间工艺众多，为我们传达了珍贵的历史文化信息。

（二）现状存在的问题

1. 传统建筑保护问题

村落中存在大部分历史建筑，但由于部分建筑常年无人居住，缺失对房屋的日常维护，使得部分建筑已有损坏现象。

2. 自然环境

名村依山而建，北坡上目前仍保存大片的原生林带，不少是树龄上百年的古树，是珍贵的自然界生态资源，但村民在林地中开荒种菜，排放污水，已造成人文及自然景观资源的部分破坏，急需统一的维护和管理。

3. 民族风土文化

作为名村民俗文化展示的重要环节，镇山村民族民间艺术多姿多彩，地方民族风情浓厚，但目前除建有民俗生态博物馆外，其他非物质文化遗存还没有得到充分的展示，有待于随着名村的整治恢复得到进一步发扬光大。

综上所述，镇山村历史悠久，文化底蕴深厚，空格局基本完整，历史人文景观众多，区域自然景观丰富，但传统建筑风貌及历史文物建设损毁较为严重，急需保护维修和恢复整治。名村周边自然生态环境有待改善，传统民俗风情等非物质文化有待结合村落保护，得到进一步挖掘和弘扬。

第四章　镇山村传统村落保护规划

一、保护区划

本次规划的保护区范围主要包括镇山村上寨、下寨及周边的区域，规划总面积为 4.3 公顷。规划区划分为文物保护单位、核心保护区、建设控制地带及环境协调区四个层次。

（一）文物保护单位

镇山村现有市级文物保护单位一处，即村中部始建于明万历年间的武庙，区级文物保护单位一处：即江西吉安府卢陵县协镇李仁宇墓。规划以本身和组成部分的四周界限以内范围，其围墙线外不小于五米距离的范围，四周尽量考虑预留不小于四米的防火地带。

（二）核心保护区

核心保护区内街巷空间与建筑以保护和维护为主含镇山村旧寨上寨、下寨所在区域，总面积为 4.1 公顷。

保护要求：

核心保护区内街巷空间与建筑以保护和维护为主，对确需拆建、翻建的建筑必须符合保护规划的原则和审批程序，做到“修旧如故”，保证建筑整体风格的一致。其建筑形式、色彩和风格应与传统建筑相统一，建筑体量不能过大，细部构件和装饰构件均采用坡屋顶、石板瓦、挑檐等传统建筑形式。

对区内已建成的与传统风格不协调的新建筑，应拆除或按照传统建筑的格调进行降低层数和外观改造。街巷整治修复时，必须采用石材。保护整个区域原始空间格局，不得随意改变，区内未建建筑的地段，不得再随意新建；拆除所有任意搭建的牲畜圈舍，对少数新建的与传统民居建筑风貌不协调的公建要按规划要求改造或拆除。

（三）建设控制区

建设控制地带是对名村环境风貌有影响需要进行控制的区域，包括旅游接待区、生态博物馆及周边区域。

控制要求：

建设控制区内建筑体量、色彩、材质要严格控制，新建建筑形式要与传统民居相协调，保持传统民居体量小、色调与自然环境和谐的特色，并赋予一定的游览内容和旅游服务功能，使用性质要与旅游服务功能结合起来。

鼓励采用历史建筑材料，新建筑外墙面禁止用红砖、白瓷砖，必须用青石板、清水青砖墙做法；坡屋顶用青石板，在建筑立面上应加强历史建筑符号的引用。整个布局与老寨相互依托，继承传统布依族石板房的建筑风格和地域特色。

（四）环境协调区

环境协调区以保护自然地形地貌完整，包括除核心保护区、建设控制地带以外的山头自然林带和农田菜地、滨河湿地。

控制要求：

该区域内除码头、景观亭廊、旅游步道等必需的建筑外，严禁其他形式的项目建设，主要以园林绿地和植被抚育为主，以保护名村周边绿地生态景观的多样性和原生态状，充分体现名村依山傍水的自然格局。

二、传统格局与风貌保护

（一）村落格局控制

1. 名村核心保护区内严格保留原有的内部格局，包括主街巷、宅间小巷和传统院落的原始布局等，不得随意改动和破坏，以确保名村的历史得以真实展现。

2. 建设控制地带在空间格局口必须充分延续名村的平面格局、肌理和功能特性，注重引用古街坊自然多变、因地制宜的布局形式及传统民居的庭院空间关系和建筑功能组合形式，采用传统的建筑风格和施工工艺建材等，力求使新村与旧寨从形式和空间格局上保护良好的衔接和过渡。

（二）建筑高度和空间形态的控制

1. 为了形成有序的空间环境，兼于镇山村依山傍水的坡地建筑群的空间分布特点，在核心保护区内完全保留原有古建筑的层高和空间格局，本区内建筑不得超过 2 层（檐口高度控制在 6 米左右）。

2. 对区内已新建的部分超出高度的现代建筑应逐步降低高度或拆除。

3. 在建设控制区范围内建筑层数不得超过 3 层（檐口高度不得高于 9 米）

规划通过保护区划定和不同的高度控制，保持了建筑群从南沿山坡地向北面逐渐提高的空间分布形态，各级保护区建筑之间，建筑群与水体、山脉之间取得了一种平缓、柔和的过渡关系。

三、传统建筑保护

（一）镇山村核心保护区内的建筑风貌基本分为三类

1. 甲类：多以具有典型历史风貌的建筑，为明清时期建筑，以木结构，石板、坡屋顶为典型特征。

2. 乙类：与传统风貌基本协调，砖混结构，水泥或砖石外墙，2—3 层居多。

3. 丙类：建筑体量较大，现代材料装饰，外观粗糙，传统风貌不协调，多为近期修建。

（二）镇山历史文化名村的建（构）筑整治本着“保护优先、保护与发展相结合”、“整体保护、突出重点和特色”的原则，依据其历史价值、建筑风貌、建筑质量，而采用不同的保护或整治方式。确保名村及周围片区的原真性、整体性和协调性。本规划将镇山历史文化名村建筑的保护和整治方式分为五类，即保护修缮类、维修改善类、整修改造类、拆除重建类、拆除类。

1. 保护修缮类

针对历史建筑的保护措施，不允许改变这类建筑的外立面原有的特征和基本材料，必须按照原有特征、使用相同材料进行修复，凡可见部分均应使用旧木料、旧石料、旧砖瓦，严格按照其原始状态，做到修旧如故，做好详尽的修缮纪录。

2. 维修改善类

主要针对传统建筑中外立面经过较大改动的建筑或者建筑质量较差的建筑。对于建筑立面经过了改动和采用现代的材料和手法的建筑，要对其立面进行整治，力求恢复其传统风貌，整治中要采用传统的手法和材料，力求做到原汁原味。

3. 整修改造类

立面或形态不符合传统风貌的现代建筑要逐步进行整治，使其与传统风貌相协调，减少其和整体风貌的冲突，并将此类建筑作为近期整治的重点，恢复名村的建筑风貌，做到协调统一。

4. 拆除重建类

对于无法修缮的危房，与环境风貌冲突严重的建筑和质量较差的土坯房，实行拆除，再进行有根据的重建。

5. 拆除类

主要针对与名村周边环境风貌有较大冲突的建筑和临时搭建的违章建筑。如视觉影响严重，不易通过整治的方式而达到和传统风貌协调的目的，且价值不大，要选择拆除的方式。由于种种原因在短期内无法拆除的，应暂时维持现状，等条件成熟时拆除。

（三）建筑的整治改造

镇山村目前建筑以砖木结构的布依民居为主，大部为石板瓦屋面，少量改建为平屋面，规划要求对建筑的改造与整治应以体现地方民族特色建筑风格为宗旨，按照传统的结构形式，选用地方建筑材料和技术，并注重整治的可操作性。

1. 屋顶与檐口

对原有建筑的石板坡屋面形式，根据各户建筑屋面的质量状况，分别采取调整木屋架，补檀条、椽条、补瓦加屋脊线，白石灰膏补檐口滴水瓦头，油漆封檐板，山花板等，恢复、更新屋面系统。所用石板要求色度深浅一致，尺寸规范，确保良好的外部感观。

对已建成的平屋面建筑，引入石板坡屋面形式，采用平改坡手法，在原平顶上增加木构架或砖屋架的石板瓦坡屋面体系，达到与传统建筑风格统一的目的。

2. 墙体和屋基

保留原有的木构架石板墙面，现状已经存在的砖墙体采用当地石板贴面，木板墙清后刷清漆或油桐二道。屋基部分一般以青石和为宜，台阶、平台、栏杆要根据现状作修缮、调整和补充。

3. 门窗建筑装饰改造

住户大门宜统一为木制门扇，堂屋为双扇门，有条件另加腰门，厢房等采用单扇门。窗采用木框玻璃窗。门窗工艺要求采用当地布依风格的雕花，格栅式样。油漆一般可采用清漆和桐油，与主体建筑协调。

四、历史要素保护

历史环境要素的整治和保护以传统保护与整治为主线，并将反映镇山村风貌的周围自然环境纳入保护范围，以衬托历史文化名村格局的完整，通过对其实施保护整治及建设控制，使之与名村生活环境风貌协调，形成和谐的整体。

1. 保护和维修现存各古街巷的青石路面，石阶梯等。对现有各街巷恢复青石板铺地及石阶梯的维修整理，在广场、硬地庭院铺砌中考虑采用当地民间图案，以增强文化气氛。

2. 参考历史资料，对各古街巷所依托的古墙垣，城门、护坡等，进行维修恢复整治。包括清理恢复其周边场地、道路、环境，结合利用茂密树林覆盖的山头，打造良好的旅游生态环境。

3. 配合对名村不协调建筑的拆迁，将其拆除后的空地改建为街坊间小型憩息绿地，游人在观赏、探访的过程中获得了可贵的休息空间，为调整游览节奏，改善当地居民的生活环境，减弱建筑密度，提供了扩大镇内绿地面积的可能性。

4. 维修原有街巷的同时，增设部分疏散通道，构成完整的路网体系，将广场、绿地等户外空间串联起来，形成街道（广场）→巷道（小型休闲绿地）→住宅（庭院）等多重以点、线、面组成的空间系列，各路口配置导向识别标牌，引导游人对名村作全面的探访考察。

5. 保护、维修现有路边古水井，按传统形式设置古井台、吊架，并对水井周边环境进行处理和绿化，加休息石凳等，形成自然和人文相结合的景观点。

6. 在下寨和民俗新村按历史传统风貌恢复和建设石砌古码头，延续名村历史风貌，打造滨水人文景观。

7. 建立古树名木的档案和标志，划定保护范围，加强养护管理。所有古树名木进行拍照、挂牌、标明树名、学名、科属。在古树名木周围加设护栏等防护设施。

五、非物质文化保护

镇山除具有保存完好的古村格局，历史建筑和自然景观外，也保留了大量原生态的非物质性文化遗产，如民俗、民间工艺、节庆活动等，对其进行保护和培育，是历史名村保护和旅游产业发展的需要。

1. 对古村留存的传统民歌、舞蹈和其他表演形式进行保护性整理和开发，组织专业或业余的歌舞表演队，结合民俗节庆和旅游开发进行表演，表演场地以广场、活动草坪等公共场所为基本依托，让古老的民族歌舞登上现代生活舞台。

2. 在历史名村开设以前店后坊等形式的民族手工艺工坊，如刺绣、竹、藤、草类编织，传统纺织品，蜡染、雕刻、银饰等等，同时开发具有地方特色的饮食、小吃，使名村的第三产业得到充分发展。

3. 镇山民族节日众多，有特色的有四月八、六月六、七月半等，考虑结合不同节令的转换，开展祭祖、祈祠丰年的仪式，民俗歌舞演出、民俗节庆食品展销和民俗体育赛事等。

4. 进一步充实布依生态博物馆，以实物图片，音影等形式全面展示古村的历史沿革、自然环境、人文环境、社会经济等各方面的内容，力求让人们对镇山的历史有一个全面的了解和认识。

第五章　镇山村传统村落发展规划

一、发展定位

根据相关规划以及本次规划对镇山村传统村落的发展分析，定位镇山村为：发展少数民族风情，展示古村落历史魅力的高品质旅游村。

二、产业发展规划

（一）产业布局

镇山村靠近花溪水库一类水源保护区，加之其独特的景观风貌、浓郁的民族风情以及保护良好的历史文化。规划将围绕古村落游的旅游产业作为镇山村今后的主要发展产业。

同时解决村落核心保护与村民生活用地发展的矛盾本次规划对村域进行产业划分，带动全村经济发展，本次将全村按照地势划分为东西两个主要板块，主要功能分区如下：

西部板块：

1. 村域北部至 001 县道，即镇山村入口作为农业观光区，以绿色产业形象作为镇山村入口展示。

2. 在西部板块中部根据现场踏勘，其用地较为平整，用地组成多以农田和荒地组成。规划考虑在该地作为镇山村村民新区，作为今后镇山村民集中安置用地以保证传统村落的完整性。

3. 西部板块东侧即传统村落作为核心保护区，同时也是镇山村旅游接待的核心区，结合其历史文化以及古村的文化以古村文化游为主的主题区。

4. 根据现有镇山村的发展以及水源保护区沿水库向西方向发展以苗圃种植为主，考中心区域奇石加工为辅的苗圃种植区。

东部板块：

镇山村东部和西部之间以花溪水库相隔，根据现场踏勘以及与村委会干部的多次对接，规划可绕花溪水库边缘新建一旅游观光道路，由西部通向东部村民组，东部以打造特色农业发展旅游体验区，同时该旅游线路的修通链接也能解决东部村民至西部的交通问题。

（二）古村落旅游分区

镇山村作为自然名村，功能单一，布局形式无法满足旅游名村的使用要求，需在保护的前提下进行功能调整。根据规划区所处的地域、格局、名村的旅游开发主题，整个规划区由五个功能组成，即上下寨老寨、镇山民俗文化新村、生态博物馆综合展示区、滨河景观休闲带及周边山林休闲区。

（三）传统文化展示及游览路线组织

在主要文物保护单位名村入口传统建筑、构筑物等处根据特点可分别设置古朴感较强、有广告宣传功能和外观材质贴近融于自然的标示牌和介绍牌等。

游客首先经过民俗村到公共停车场后，从寨门进入上寨和下寨，再经湖边游船码头上船游湖，后经小径到民俗文化博物馆参观后返程。游客可根据自身旅游要求来安排水陆游程组合。

三、人居环境规划

（一）基础设施改善

为了让传统村落村民更好地适应社会发展，规划将其基础设施进行改造提升，解决村民对基础设施完善的需求。

1. 给水设施

结合村落具体情况，确定镇山村供水系统方案，规划确定人均综合生活用水量指标为250升 / 人 · 日（含牲畜用水），漏损及未预见用水量取其20%，镇山村规划人口650人，供水规模为195吨 / 日。由上寨高位水池（200立方米）供水。

管网布置详见规划图。为满足消防要求供水管径为DN100，管材选用PE管。名村设消火栓12套，一次灭火用水量10L/S，采用低压消防给水系统；室外消火栓按保护半径150米，最大间距120米设置。

2. 排水设施

（1）污水量：按用水量的80%计算，污水量为156吨 / 日。

（2）雨水量：按Q=ϕ · q · F公式计算，暴雨强度公式采用贵阳市暴雨强度公式，重现期P=1年，综合径流系数 ϕ=0.5。

（3）排水体制：排水系统采用雨污分流制。

（4）排水系统：雨水管依地形布置，重力自流将雨水就近排入水体，为方便雨水管的维护、检修，分别在雨水管交叉处、转弯处及直管段上每隔40-60米设置雨水检查井；污水管收集污水后送入污水处理站统一处理。名村内化粪池集中设置与分散设置相结合，统一管理，为了便于污水管道的维护、检修，分别在管道转弯处、管道交叉处及直管段上每隔30-50米设置污水检查井；管材选用双壁波纹管。污水排入位于旧寨东南方向的污水处理站，污水站处理规模扩建为160吨 / 日，污水处理达标后用于农业灌溉。

3. 电力设施

根据本次规划要求，确定本电力工程规划重点是低压配电网络改造工程，以达到改善居民居住环境和开展旅游的目的。

（1）负荷预测：

规划采用单位面积负荷指标法进行预测，结合当地的实际用电水平，规划确定用电指标为：

一般住宅用电：　2—4k瓦 / 户

其余公建用电：　30—60瓦 / 平方米

同时考虑同时率及需要系数、不可预见性等因素，经计算，预测规划区范围共需用电约310千瓦。

（2）电网规划

规划区的供电电压等级为10千伏，由就近的10千伏电网采用T接方式架空引入供电。配电变压器采用杆式变压器，低压供电半径< 500米，本规划设置两台杆式变压器。两台变压器分别设置在负荷中心，供附近村民生活用电。

进入规划区范围内杆式变压器的 10 千伏电力线路应采用绝缘导线架空敷设，高压线距建筑物的最小距离应≥ 3 米。杆式变压器低压出线采用树干方式供电，低压配电线路采用绝缘导线沿建筑物背街的墙面敷设，在人员较为集中的地段或视线集中区域可采用穿阻燃塑料槽、管敷设，并对槽、管作颜色处理或遮挡，沿街各用户采用集中电表箱设于侧面墙上。

4. 环卫工程

（1）在建设控制区设置垃圾转运点一座，转运能力 1 吨 / 日，定期由环卫部门清运到花溪区的垃圾处理场处置。要求日产日清，清运率为 100%。设置适量的废物箱（垃圾桶）收集生活垃圾，服务半径 50—80 米。

（2）参照《城市环境卫生设施规划规范》（GB 50337—2003）设置环卫设施。

名村内新建水冲式公厕 3 座；其建筑风格应与自然环境和镇区的建筑风格相协调。

5. 环境整治

（1）为名村中建筑编制门牌号码，统一定制安装。

（2）在居民中倡导文明卫生的生活方式，不得向水体和街巷中倾倒垃圾、废物和污水。

（3）不得在名村的主景面随意晾晒物品、衣物和堆放杂物。

（4）选择部分适当隐蔽的场地供居民晾晒衣物和停放自行车及摩托车等。

（5）名村内的家畜家禽应采用圈养的方式，不得随意放养，严格控制犬类的数量和活动范围。

（6）逐步实现工程管线的地埋敷设，消除名村中的电杆和各种线网。

（7）名村中的各种标识、招幌、路灯及小品等尽量采取与古建筑风格相协调的形式。

四、公共服务设施提升

（1）村民综合服务中心

规划保留现有的村委会办公楼作为村民综合服务中心，增加文化、医疗、图书、管理、党员活动、消防及信用社服务等功能。村民综合服务中心主要为服务本村村民的对内服务。

（2）民俗博物馆（花溪镇山布依生态博物馆）

规划保留位于西部的民俗博物馆，现状馆内收集部分布依族元素物品如蜡染、少量农作物品等，但由于镇山村旅游业的进一步加大，应该增加其传统村落的发展历史内容，对村落格局、演变、选址等意向性的图片、沙盘或者视频展示，同时作为布依族文化的展示不应该仅仅限于镇山村本村内，对于周边布依族民族的演变发展结合本村展示。

（3）旅游接待中心

规划村寨入口处设置镇山村旅游接待中心，为更好服务旅游人群为其提供良好的旅游接待服务，接待中心承担主要的对外服务功能，同时传统村落的保护与发展不仅仅依靠上级政府的资金扶持，镇山村可以通过对门票的收取，特色商品的出售，以及良好服务自己争取旅游业收入，投入对村落的保护与发展上，完善更好的基础以及服务设施发展相关的旅游资源，吸引更多的外来游客，形成一个良性的发展状态。

（4）村民新区的建设

为解决传统村落内的风貌保护、格局保护、要素保护等与随着经济发展带来的人口增加对住房（宅基地）、基础设施、公共服务设施等方面的需求，规划在传统村落西部考虑村民新区用地的建设，解决传统村落内压力，新区的建设注重服务设施的配套，随着旅游业的发展势必带来更多的外来人口，新区内宜配置小型市场、幼儿园、配套商业等服务设施，为传统村落的发展提供空间以及服务。

第六章　建设项目及行动计划

一、建设项目

结合镇山村的发展战略和经济状况，近期内主要对规划区的主要历史建筑和环境要素进行保护和修复，其他的将在中期和远期逐一恢复。

（一）典型民居整治

在不改变布局朝向、层次高度、结构材料等，维护原有的建筑风貌的前提下，重点整治包括上下寨典型民居 16 处（上寨 5 户，下寨 11 户）以及其庭院环境。

（二）恢复屯墙的原有风貌

参考历史资料，对各古街巷所依托的古墙垣，城门、护坡等，照原样进行维修恢复整治。

（三）保护和维修现状路面

恢复、维护、清理、补充完善现有各街巷青石板路面、铺地及石台阶，在广场、硬地庭院铺砌中考虑采用当地民间图案，以增强文化气氛。

（四）修复李仁宇墓

清理墓冢周围的环境，修筑上山石径，种植松柏、女贞、紫藤等传统的陵园植物，营造庄重古朴的环境氛围。

（五）恢复古码头

在下寨和民俗新村按历史传统风貌恢复和建设石砌古码头，延续名村历史风貌，打造滨水人文景观。

（六）保护、维修现有路边古水井

按传统形式设置古井台、吊架，并对水井周边环境进行处理和绿化，加休息石凳等，形成自然和人文相结合的景观点。

二、行动计划

传统村落发展和保护行动计划表

项目种类	项目清单	具体内容	项目规模	项目具体措施	村民申报类型	实施步骤（年）	投资估算（万元）
传统村落发展行动计划	给水设施	新建	1700 米	按照规划进行铺设	公共 + 投工投劳	2013—2015	100
	排水设施	新建	2300 米	按照规划进行铺设	公共 + 投工投劳	2013—2015	150
	污水处理站	新建	200 平方米	按照规划位置和布置要求新建	公共 + 投工投劳	2013—2015	10
	垃圾收集站	新建	1	按照规划位置和布置要求新建	公共	2013	1
	垃圾桶	安装	30	每 50 米设置一个	公共	2013	0.5
	公共厕所	新建	8	按照规划位置和布置要求新建	公共	2013	15
	路灯	安装	20	按照规划位置和要求架设路灯	公共	2013—2015	10
	停车场	新建	2 处	按照规划位置和布置要求修建	公共 + 投工投劳	2013—2015	10
	卫生室	新建	120 平方米	按照规划设计要求进行建设	公共	2013—2015	2
	休闲广场	新建	2 处	按照规划设计要求进行建设	公共	2013—2015	2
传统村落保护行动计划	寨门	改造	1 处	按照规划设计要求进行建设	公共	2013—2015	2
	古井	修复	2	按照规划设计要求进行建设	公共	2013—2015	5
	绿化配置	风貌整治	/	利用现有植被状况，因地制宜，种植果树及当地树种。	公共 + 投工投劳	2013—2015	20
	屋顶檐口改造	风貌整治	98 处	参照现状建筑改造规划进行现状改造	公共 + 投工投劳	2013—2015	100
	围墙改造粉刷	风貌整治	60 处	参照现状建筑改造规划进行现状改造	公共 + 投工投劳	2013—2015	500
	拆棚	风貌整治	45 处	对影响住宅间距采光的厕所和牲口房村委会督促拆除	公共 + 投工投劳	2013—2015	10
	庭院绿化和改造	风貌整治	60	硬化庭院，绿化庭院，修补、清洁院墙	公共 + 投工投劳	2013—2015	100
合计							1037.5

第七章　实施规划的措施与建议

为更好促进规划实施，本次规划建议制定镇山村传统村落保护管理办法。办法如下：

1. 为加强对镇山村传统村落的管理、保护、开发利用，根据国家有关法律、法规，结合本乡实际，制定本办法。

2. 本办法适用于本行政区域内的传统村落。在镇山村内进行活动的单位和个人，均须遵守本办法。

3. 依法设立的传统村落保护领导小组，负责传统村落规划的实施和建设、保护工作。

4. 设立传统村落保护区，注意保护区的完整性。因设立传统村落保护区使有关单位和个人生产、生活受到影响的，当地人民政府组织有关部门采取措施妥善安置、合理解决。

5. 传统村落内的建设必须符合规划要求，严格按照有关规定履行审批手续。

6. 建设项目的布局和建筑物的造型、风格、体量等须与周围景物和环境相协调，避免传统村落人工化和城市化。

7. 禁止在传统村落及其外围保护地带内修建破坏景观、污染环境的工程项目。

8. 传统村落保护机构和有关行政管理部门应当对传统村落的古建筑、历史遗迹、古树名木等进行调查登记、建立档案、设立标志、加强保护。

9. 严格保护传统村落内的地貌。对擅自进行改变地貌活动的，责令停止违法行为，恢复原状，可以处相应罚款。

镇山村历史文化名村保护规划

第一章　总论

一、前言

镇山村位于贵阳市花溪区石板镇花溪水库中部的一个半岛上，与花溪风景名胜区毗邻，村寨属典型的民族村寨。全村共5个村民小组，聚居着140多户村民，主要以布依族为主。镇山村以其年代久远、民族风情古朴、民俗文化丰富，1993年被批准为“贵州镇山民族文化保护村”，1995年定为“贵州省级文物保护单位”。2000年挪（威）签订了奥斯陆协议，在挪威政府资助下建成镇山村布依族生态博物馆。此后其旅游开发步入了兴旺时期。

“十一五”期间，随着城镇化的健康发展，村镇建设事业（指村庄、集镇、建制镇）稳步发展，村镇居民生产生活条件有所提高。我国农村地区的村庄社会组织结构和空间布局也出现了“三减一增”的变化，即村庄人口总数、行政村个数和自然村数量逐步减少，2004年比 2000 年分别下降了 1700 万人、5.6 万个行政村和 27.4 万个自然村（年均减少 6.8 万多个），而村庄平均人口规模不断增加。至 2004 年底，全国共有 320.7万个村庄，其中行政村 63.4万个，居住生活着 2.05 亿户，7.95 亿人。由于长期城乡二元社会结构影响，重城轻乡的倾向尚未根本扭转，各级政府履行村庄规划职能不到位，公共财产未能覆盖村庄公共设施的建设与维护，绝大部分的村庄村容村貌还比较落后，农村人居环境质量与城市相比有相当大的差距。

根据《中共中央、国务院关于推进社会主义新农村建设的若干意见》和《中共贵州省委、贵州省人民政府关于推进社会主义新农村建设的实施意见》精神要求，各级党委政府在 2006 年初，全面启动了社会主义新农村建设的各项具体工作，并坚持重点突破、有序推进的原则。先抓点、后推线，再扩面。

贵阳市花溪区石板镇镇山村作为省建设厅启动的村庄整治试点之一，为了保护珍贵的文化遗产、弘扬传统的民族精神，促进镇山村的旅游事业的发展，收镇山村地方政府委托，贵州省城乡规划设计院承担镇山村保护和整治的规划的任务。

二、概况

（一）地理环境概况

地理位置：镇山村是以布依族为主的民族杂居的自然村寨。距贵阳西南 21 千米，花溪西北 11 千米，由花溪大坝乘船约 4 千米可达该村，交通十分便利。镇山地处花溪水库中段，坐落在三面环水的半岛之上，全村总面积 3.8 平方千米，形如乌龟的半边山隔水相望，景色秀丽。地理坐标为东经 106° 37′，北纬为 26° 37′。

自然人文环境：镇山村为典型的喀斯特（岩溶）低山丘陵地貌，地势西北高东南低，海拔 1128—1209 米，村寨正中海拔为 1163 米. 属亚热带季风性湿润气候区，雨水适中，日照充足，冬无严寒，夏无酷暑。全村现有村民 171 户，610 人，其中布依族 120 户，苗族 50 户，汉族 1 户，少数民族占全村总人口的 99%以上。该村是贵阳市郊少数民族村寨中石建筑艺术的代表，独有的寨拱门和巨石砌成的城墙令人叹为观止，房屋内外的石板建筑绝妙无比，恍若置身于石建筑的艺术世界，所以又被称为 " 石头砌筑的村庄 "。得天独厚的自然环境，别具一格的民居，传统诱人的布依歌、精美的蜡染、刺绣等民间工艺以及正月跳场、“六月六”布依族歌会等等构成镇山村寨文化景观的要素，无不体现着镇山村独具个性的活态遗产。

（二）社会经济发展

镇山村现有村民 158 户，677 人，以布依族为主。全村村域 2.5 平方千米，其中耕地面积 927 亩，荒山村地 2663 亩。2005 年农村经济总收入约 150 万元，人均纯收入 2000 余元，主要以粮食作物为主，蔬菜、林果及药材种植、养殖、农家乐旅游业占一定比重。

（三）基础设施状况

镇山村基础设施条件相对较好，路通、电通、电视（电话、移动通信）、网通、人畜饮用卫生、安全自来水。村内建有公厕 4 个，排污明沟约 500 米。建有村办公楼约 200 平方米，建有完小一所，医疗点一个。

三、历史沿革

镇山村是集真山真水、民族建筑、历史遗存于一体的民族村寨。1995 年经省人民政府批准为省级文物保护单位和民族文化村。2000 年 9 月 5 日中挪奥斯陆协议，镇山建成为布依族生态博物馆。该村始建于明万历年间（1573—1620），据《李仁宇将军墓志》载：明万历二十八年（1600）明廷“平藩”时江西吉安府卢陵县协镇李仁宇奉命以军务入黔，屯兵安顺，及黔中平服广顺州粮道开通，遂携家眷移至石板哨镇山建堡屯兵，其妻因水土不服病逝，李仁宇入赘镇山，与班氏结缘，生二子，长子姓李，次子姓班，有 400 多年的历史。现村民以李、班两姓为主，有布依族 105 户，苗族 38 户，主要居住小关村。汉族 1 户。布依语言为汉藏语系壮侗语族壮傣语支第二土语区。因镇山地处贵阳市郊，且长期与汉民族交往，除老年人会布依语外，大部分村民操汉语。

镇山村 1993 年省人民政府批准为生计民族文化宝华存；1995 年批准为省级文物保护单位；1999 年被列为全省重点建设村镇；同年三月根据中挪文化交流第二阶段协定，列为贵州生态之一。

四、村落文化景观及空间格局特色

（一）村寨整体空间格局

镇山村三面环水，一面临山，山、水、田园融于一体，提供给村民一个接近自然和生态的居住场所。从山顶眺望，镇山村掩映在一片葱茏茂密的树林里，层层叠叠的民居依山而建。隔河眺望，一幢幢石板建造的房屋，泛着灰白的光，在阳光下增艳生辉。风平浪静的时节更是美丽壮观，有“房建轻波上，人在水中行”之感，真似山中有寨，水里有村。

（二）传统民居布局特色

镇山村是贵州中部地区典型的民族村寨，现存传统民宅 50 余栋。村寨以屯墙为界，分为上寨和下寨。

上寨是李仁宇屯兵的遗存，四周以屯墙围绕，连片居住，集中构建，相互毗邻，又独立成户，有连有分，形成一处处空间完整的三合院或四合院。房屋一般采用穿斗式悬山顶一楼一底石木结构建筑，三合院或四合院民居多设置朝门，朝门与房门均不在同一条轴线上。且每一户的大朝门都有独特的腰门。正房为面阔三间或五间，明间有吞口。明间（堂屋）为双扇对开门，明间或次间窗户木雕图案精美，正对庭院的房屋，均有木雕花窗，图案多为传统的“三吊格”和“万字格”。寨中所有的民居全用石头围护，墙面用石板镶嵌，屋顶以石板代瓦，院坝和通道均以方块石板铺成。村民们盛水的水缸、喂猪的猪槽等用具都是特殊的石头艺术品。

下寨是李仁宇夫人班氏原居住的布依寨，原位于湖底，1950 年修花溪水库时搬迁所至。

下寨民居为布依族的传统民居，呈阶梯状布局，分布在四级台地上，并向两侧延伸。房屋为木结构建筑，石板镶嵌。每栋房长约 30 米，坐北向南，房前均有平坦整齐的石板院坝，形成相对独立的自然庭院。从南寨门到表扬场，几个庭院次第展开，形成向湖面围合的凹形空间，有良好的景观视线，构成石板建筑别具特色的画面。在庭院里，可以眺望烟波浩淼的湖水，可以观赏布依人家石板建筑奇观，可以看到各家各户古朴的花窗，独特的腰门，挂在屋檐上的成串的苞谷、红辣椒以及南瓜等农产品。还可在庭院里与勤劳的布依族老人闲话家常，可以品尝他们独特的农家饭，聆听布依族青年男女热情的敬酒歌。

（三）其他景观构成元素

镇山村全村现存历史传统建筑面积 400 平方米，除传统民宅外，还有武庙 1 处，石墙 1600 米，石门 2 座，活动场所 2 处，码头 1 处。

石巷：村寨依山就势的山乡风貌的具体体现。从北门到南门有约 120 米长，3 米多宽的干道，东西向有石阶巷道通至各户，步道拾级而上，民居鳞次栉比，庭院空间完整，分布错落有致，形成丰富的建筑轮廓线。上寨石径长约 100 米，宽约 2 米，全由石条铺设而成，由石阶而上可达村里最高一处民居，沿石径两旁有序的排布着全由石木构造的传统民居，明、清以来上寨村民由此出入，至今仍作为村民的生产、生活通道发挥着它的功能。

武庙：镇山武庙位于贵州省贵阳市花溪区石板镇镇山村，始建于明万历年间，由明万二十八年（1600）明廷“平藩”，时江西吉安府卢陵县协镇李仁宇将军为保佑子孙绵衍后世荣华而修建，咸丰、同治年间毁于火。光绪十四年（1888）重建，1997 年维修。该庙坐北向南，原有大门、倒座、两厢、正殿等，占地 600 余平方米。现存正殿，面阔五间，通面阔 20 米，进深三间，通进深 9 米，抬梁穿斗混合结构歇山青瓦顶。隔扇门窗。贵阳市人民政府公布为市级文物保护单位。

屯墙：始建于明万历年间。清代修葺，青石砌筑。虽大部分城墙已经倒塌，但整个城基全部保存。城墙（现位于村寨正中）长 700 余米，高 5—10 米，基宽 3—4 米。城墙厚 3 米，有战道等设施。设南、北 2 门并建有门楼。现南城门保存完好，北城门拱顶部部分损坏。被贵阳市人民政府公布为市级文物保护单位。

历史文物墓：李仁宇墓 · 李仁宇，江西人，封振武将军。万历年间率军“平藩”，屯兵镇山，筑石墙，建住宅。因夫人水土不服去世，遂与当地布依族女子班氏通婚，育二子，一姓李，一姓班，系镇山李、班两姓始祖。墓坐西向东。土封石围，呈圆丘形，高 1.7 米，底径 3 米。前立青石质墓碑，高 1.4 米，宽 0.7 米。墓碑阴刻“李仁宇将军墓”。另有一通石碑碑文记载了他入赘镇山的历史。2005 年花溪区人民政府公布为区级文物保护单位。

五、非物质文化遗产状况

在镇山这个民族村寨，每年正月初十都要举行“跳场”活动，参加者来自石板镇一带的布依族、苗族，女子身着艳丽的绣花衣裙，男子穿着民族服装，吹笙跳舞。“跳场”的场子中央立着丈余高的花树，上挂标语条幅，先是两个男子单骑马绕花树转三圈，然后男女青年绕树吹笙唱歌，如此欢歌载舞三天三夜。当地传说，镇山布依族祖先一次被强盗抓去，族人几次营救都未获成功，于是就请当地苗族帮助。苗民在关他的狱处吹芦笙唱苗歌通知他，不懂苗语的狱卒未加防范，结果他被救了出来。自此，为了感谢苗族，当地布依族开辟了一个跳场，每年正月十二、十三、十四这三天两个民族的人们都要在此跳场，家历六月这一天，镇山村栽完秧，全村人都要好好休息一天，于是在这个空闲的日子里，大家包粽子吃粽粑。每年农历‘六月六”是布依族的传统节日，在寨内搭台举行对歌，全省各地布依族同胞汇聚一堂。

此外，镇山村的传统节还有“七月半”、“四月八”等。在镇山，对歌是青年男女恋爱的主要方式，恋人们以歌代表、借歌传情。对歌最先是与唱《赞美歌》，接着是女问男答的《盘歌》，有《盘花歌》、《盘古歌》、《盘八仙》等；唱到高潮处是《情歌》，这时男子转答为问。经过如此一段时间的对歌了解后，男方家才请人上中意的姑娘家提亲。在这个民族村寨中，除了恋爱时唱的歌外，当地还有许多神话故事，如《半边山的由来》、《盘古开天地》等。而绣花、挑花也是其民间艺术不可忽视的重要内容，其针法多样，内容也十分丰富，花鸟虫鱼多入绣花图案。

六、保护利用背景

为抢救保护镇山布依族文化遗存，使之在配合花溪区人民争睹“以旅游为龙头”的社会经济发展战略中得以合理的开发利用。1993 年省文化厅和花溪区文广局调查组对镇山的文化遗存进行了调查。同年 7 月，省文化厅将调查报告呈报省政府，省府办函（1993）178 号文正式批准镇山为“民族文化保护村”。同年底省文化厅拨出专款对镇山民族文化遗产和村容村貌进行抢救性保护和整治。1995 年经省政府批准，镇山村为省级文物保护单位，同年省文化厅拨款 10 万元对镇山武庙进行加固维修。为了加强国际文化的交流合作。1995 年 4 月，省文化厅特邀中挪（威）文博专家到镇山进行考察，通过这次考察，中挪文博专家意向性地将镇山列入生态博物馆群的建设计划中。1998 年 4 月挪威驻华大使白山先生到镇山考察。1998 年 10 月初国家文物局、中国博物馆学会与挪威文博专家再次到镇山考察，此次考正式确定将镇山列为中挪文化合作的国际性项目——贵州生态博物馆群之一。1999 年 3 月 16 日挪威环境大臣古露·弗耶兰女士在北京和国家文物局局长张文彬签订了《关于中国贵州生态博物馆群合作意向书》。次日环境大臣古露·弗耶兰率挪威国家文物局官员到镇山考察。同年 4 月 23 日挪威前首相、工党主席托尔比扬·雅克朗偕夫人在挪威驻华大使白山先生的陪同下到镇山考察。1999 年 9 月青年博物馆学家安来顺先生受国家文物局和中国博物学会的派遣赴挪威起草《中国贵州生态博物馆群项目文件》，同年 12 月 9 日省人民政府（黔府函〔1999〕286 号）批转建立贵州花溪镇山等三座生态博物馆。至此，花溪镇山布依族生态博物馆已纳入贵州的公共博物馆系列。

当今旅游业已大战成为全世界第一大产业，作为“公园大省”贵州的旅游事业已初具规模，成为全省一项先导性支柱产业，成为国民经济的重要增长点，促进社会进步和人类文明的发展。随着改革开放的不断深入，细部大开发战略的逐步实施，生态环境的建设和旅游事业的发展正面临着全新的机遇和广阔的前景。镇山村具有浓郁的民族特色，是花溪省级风景名胜区的重要景点，随着旅游业的蓬勃发展，花溪区人民政府已将花溪公园、镇山村、天河潭和青岩古镇列为花溪区重点开发的四大名牌景点。

第二章 现状评价与保护规划策略

一、现状格局及存在的问题

（一）现状格局

各级政府在文物保护与地方经济相协调发展的总体方向下，加大旅游经营和管理，加强了旅游景区景点保护与开发，增强旅游接待能力，以休闲娱乐和民俗民风及乡土文化为主要类型，现镇山发展农家乐和旅游商品经营的人家共有100余户，其中农家乐接待户43户，年均收入为6万元，旅游商品经营57户，平均年收入约2万元，利用自家老民居进行民族文化展示的4户，平均年收入约1万元，有88户村民入股购买18只钢板船用于生产生活及旅游接待，知名度的不断提高，镇山越来越受众多游客的青睐，形成了颇具规模的休闲旅游接待场所。

镇山村是石板的露天博物馆，在发展旅游的同时，镇山村很好地对石板这一特有文化进行了有效保护，保留了石板建筑的原汁原味，走进村中，进入眼帘得所有民房全是石头砌成，寨门由巨型料石所建，城墙是由规整的石墩建筑而成，屋顶是石板代瓦，墙面是石板镶嵌，院坝及全村所有通道均已方块石板铺设。村民装水的水缸、喂猪的猪槽等用具也是特殊的石头艺术品。

通过对镇山布依文化生态和自然环境的长期保护，在城市现代化的进程中仍较好地保持着自身文化的个性和独特的文化面貌，为民族文化生态与自然的整体保护提供有益的经验。

（二）存在的问题

1. 村寨的个性和风貌遭到急剧破坏

因离贵阳市较近，旅游开发给当地政府和村民带来了相当可喜的利益，但是随之带来的负面影响也格外显著。原有的村寨民居和基础设施跟不上时代的需求，主要是传统农耕方式的人畜共居，卫生条件较差，排污难以解决，环境趋于恶化。加上旅游服务设施不配套，不合乎规范，满足不了休闲游览的需求。由于经济利益的驱使，致使许多村民为了增大接待量，随意增加违章建筑，为了改善居住条件，他们拆旧建新，致使村寨传统的建筑风貌遭到严重破坏，村寨的保护与村民建设的矛盾突出。此外，民居建筑质量较差，布依族原生文化的环境气氛不浓。

2. 体制不顺，难以形成合力

科学保护与开发利用，是一个综合性课题，涉及文物、建设、旅游、交通、环保、水利、财政以及当地政府等许多部门，由于认识不统一，相互沟通少，尤其是建设、文物、旅游三个部门各做各的事，缺乏一个协调机构和机制，难以形成合力。

3. 保护措施不力。

遗产保护讲究原真性和完整性，原真性的概念包括物质层次、知识层次、精神价值和社会功能层次原真性，他们彼此独立但又相互影响。所以要保持遗产的原真性就要把握遗产原真性的时变性、多样性和相对性三个特性，避免由于过度开发而导致原真性的遗失。新的文物保护法也提出了对历史文化村镇的保护，主要是通过国家制定保护办法和编制保护规划、纳入城市规划等实施对历史文化村镇的保护，将村寨的保护法律化、程序化，突出体现了我国近年来对民族村寨的保护，对物质文化和非物质文化的共同保护已经成为比较关注的问题。

二、规划指导思想及原则

（一）规划指导思想

1. 以“保护第一，抢救为主，合理利用，科学规划”为基本思路总揽全局，切实保护有价值的文物古迹和特色人文景观，做到整体格调的一致性。

2. 正确把握镇山村的历史价值，采取有效的保护措施和改造手段，保持特有的历史文化内涵和延续古实的历史文化脉络。

3. 以市场为导向，以弘扬民族文化、促进旅游发展为目的，以历史线索为依据，充实镇山村文化名村特色。

4. 正确处理好保护与发展的关系，加强环境与生态保护，实现真正意义上的历史文化古城保护。

5. 强调规划的可操作性，为今后古镇古村的保护与发展提供具有实际意义的指导蓝图。

（二）原则

1.“整旧如旧”原则。

在分析历史文化遗存现状特点和现况的基础上，实事求是确立村寨格局和风貌需要保护的内容，注重保护具有地方特色的格局和风貌。历史文物和文化古迹的保护，要在其现有的基础上，保持其历史变化的“痕迹”，尽可能地恢复其风格原貌，能保留原样的尽量保留，对破坏严重的历史建筑按原有风格进行重置。

2.“系统保护与重点保护、整体保护与局部保护”的原则。

从宏观和微观上采取多种规划措施，如村寨功能的改善，用地布局的调整，人口的疏解，对保护区域规定严格的规划设计要求，对过去建设性破坏逐步进行整治。保持风貌的完整性，保存整体的环境风貌，包括建筑物，还包括街巷、古树、桥梁、院墙、池塘、河流等各个构成因素。

3. 周围环境与历史氛围的和谐原则。

重塑文物古迹的历史氛围，历史及民族风貌文化街区周边的建设要在整体上协调风格，从县城格局、建筑群体空间、体量、环境入手，改造风貌差异较大的现代建筑，对严重影响整体环境或是乱搭建的建筑进行拆除。保护历史文化街区的历史建筑、街区空间形态和自然环境特色，塑造其风貌的完整性、生活的延续性，还要注意保留它们赖以存在的文化内涵，寻求历史文化与现实发展的和谐共生。

4. 积极保护与合理开发相结合的原则。

镇山村历史文化名镇名村的保护，在加强对文物古迹保护的同时，更加强调对文化的发掘与展示，用发展的观点对待历史文化保护，在充分尊重历史前提下，对历史遗存进行合理的开发和利用，促进旅游业发展，繁荣社会经济，以维护及延续历史环境的社会功能，将镇山村历史文化融入现代文明及发展形态中，使作为文化载体的物质环境不断地发展和完善，从而将历史文化发扬光大。

三、规划依据与目标

（一）规划依据

1.《中华人民共和国城市规划法》

2.《中华人民共和国文物保护法》

3.《贵州省社会主义新农村建设村庄整治试点工作指导意见》（试行）

4.《贵州省社会主义新农村建设村庄整治技术导则》

5.《村镇规划标准》（GB 50188—93）

6.《石板镇城镇规划》（2001—2016）

7.《石板镇土地利用总体规划》（2001—2016）

8.《花溪区风景名胜总体规划》

9.《贵阳市花溪区石板镇镇山村建设整治规划》

10.《贵州省镇山布依族生态博物馆保护规划》

（二）规划目标

1. 总体目标：按照保护与整治规划内容，结合具体建筑单体，环境景观设计，体现镇山村建筑特色及地方民族特色，将镇山村建设成为集近郊生态旅游、休闲、观光农业为一体的新农村示范点。

保护优秀的历史文化遗产，保护独具特色的历史文化名城风貌，延续城市文脉，增强城市的文化底蕴，体现地方风土人情，改善居民的生活环境，积极推进特色文化旅游的开发，大力发展旅游经济。

2. 经济发展目标：通过本次规划项目建设、规划保护、规划整治，形成以特色旅游为龙头，带动花卉种植、果园及蔬菜经济等相应产业，从而实现镇山村经济快速发展。

3. 社会发展目标：通过本项目建设规划整治，使村寨生产、生活、休闲、娱乐等基础设施合理配套，人居环境得到较大改善，村民生活水平及乡村文明得以提高。

4. 基础服务设施建设目标：道路硬化率达 100%，用电普及率达 100%，安全饮用水合格率达 100%，电视通信信息网络基本实现配套，配置必需的教育、文化、卫生等生活服务设施。

5. 生态环境建设目标：清洁能源普及率达 100%，生活污水生态化处理率达 80%以上，规范化养殖畜禽粪便综合利用率达 90%，实现垃圾集中堆放清运。

四、保护规划的内容及重点

1. 保护镇山历史文化名村的自然环境风貌。

2. 保护其城池形态、街道格局，整体地保护及控制空间尺度。

3. 划定各级保护区保护等级及范围，制定保护及整治措施。

4. 有重点的保护及整治历史街区及地段，局部修复古遗址。

5. 结合村寨景观组织，进行网络节点的重整，增加公共场地和绿地，适当降低建筑密度，改善居住环境条件。

五、保护规划实施策略

在保护规划中，依据“保护优先、保护与发展相结合”、“整体保护、突出重点和特色”的苑杂，确保历史文化街区及周围片区的原真性、整体性和协调性，对规划区进行分区、分级保护。

（一）分级保护

根据镇山村的历史街区内典型民居及文物保护遗产（武庙）的保护价值及历史街区的现状条件，确定重点保护点的形式和内容，将保护区分为三个等级。

贵阳市花溪区石板镇

1. 重要保护点：将镇山村街区内建筑历史久远，保存基本完好，细部特征具有一定历史及艺术价值，突出表现历史街区风貌的建筑物、构筑物确定为重要保护点，包括典型民居 7处（上寨5户，下寨 1 2户）武庙 1 处，石墙 1600 米，石门 1 座，活动场所 2 处，码头1处。

2. 保护要求：对重点保护的建（构）筑物予以绝对保护，进行严格维护、修复等设计；构筑物除修复主体外，应确保局部环境的设计与恢复。重要风貌带内要求对外部环境、材质、地面等格局进行整体保护。

（二）重点保护区

1. 重要保护区：范围主要包括上寨主要街区的重点保护区，下寨典型民居周边的重点保护区、城郭重点保护区。

2. 保护要求：严格保护传统建筑以及建筑周边的空间布局、群体组合、结构形式、色彩、材料与门窗细部等，在维护、加固、修复、重建中必须按原风貌以“整旧如旧”的原则进行，具体内容如下：严格控制新建建筑，不得随意进行改建与加建；对已毁或破损的传统民居及时进行恢复和修缮；整理、开发加以利用的部分传统民居，不得改变原有结构、材料、色彩及空间组合；严格保护街道空间格局和风貌，采用石材修补石板道路、台阶及修复水泥砌筑部分，恢复原有风貌特色；整治电线、天线、门牌、路灯等和户外乱堆乱放乱挂现象，拆除户外的水泥台板和水池等，只是不干扰整体景观风貌；对近年建造的砖混结构建筑，凡妨碍景观的，能改造的予以改造，使其与传统民居建筑群风貌相协调；

（三）风貌协调区

1. 风貌协调区：范围主要是指重点保护区周边，以及保护区向西的区域。

2. 保护要求：历史建筑不得拆除，少数损坏的、价值不高的经审批后可拆除；新建建筑檐口高度应控制在 12 米以下，建筑色彩以灰、白为主，里面处理应尽量采用或影射传统建筑特色，避免大面积使用玻璃幕墙和铝板等现代装修建筑材料，并应与周围山体等自然环境相协调；对风貌影响严重的近现代建筑尽量拆除，不能拆除的则进行外观的改造，以取得风貌的统一；整治建筑周围的场地和环境，并增加绿化；

六、保护的方式

（一）镇山村历史街区的建筑风貌基本分为三类

1. 甲类：具有典型历史风貌的建筑，多为明代时期建筑，以木结构，石板、破屋顶为典型特征，其中多以 2 层建筑。

2. 乙类：与传统风貌基本协调，砖混结构，水泥或砖石外墙，有较多的建筑细部，2–3 层居多。

3. 丙类：建筑体量较大，现代材料装饰，外观粗糙，传统风貌不协调，多为近期修建。

（二）按照建筑质量调查也可以分为三类

1. 质量好：历史遗存建筑，结构和维护材料保存完整，可以继续使用的建筑。

2. 质量中：结构基本完好，经修缮维护可以继续使用的建筑。

3. 质量差：结构和维护材料损坏、倾斜、岌岌可危的建筑。

（三）对建筑的保护与更新方式确定是更具建筑的质量、风貌、层数以及建筑所在的不同地段的要求而进行的，分为保护、修缮、改观、拆除四个类别。

1. 保护：对建筑风貌甲类、建筑质量好或中的历史建筑采取保护的措施。保存现在，以真实反映历史遗存，对个别构建加以维修，提出近年加建部分，恢复原有建筑和院落格局。

2. 修缮：对建筑风貌乙类、建筑质量中等的历史建筑实施修缮和恢复。保持原有建筑结构不动，更换门窗，添加细部，整饰立面；同事，重点对建筑的内部加以更新改造和结构加固，完善市政设施，提高居民生活质量。

3. 改观：对于建筑风貌较差，建筑质量较好的三层或三层以下的近现代建筑实施改观。主要对其外观实施大幅度的整治和改造，进行外观重新设计，恢复古村古街传统风貌，并健全配套基础设施。

4. 拆除：对传统风貌影响较大并难以通过改观进行协调的现代建筑或建筑破败不堪影响景观格局的建筑进行拆除。根据这些建筑形式、体量和位置的重要性，采取拆除重建的措施，对整体地块进行更新建设，以与传统风貌相协调。

第三章　专项规划体系

一、功能分区

（一）文化遗产保护区（重要保护区）

包括镇山村上寨和下寨的范围，用地共 4.1 公顷。上寨以古屯墙为界，以武庙为中心，空间领域感比较完整，要保护布依族的人文环境，保持村寨的布局机理，保存民居的建筑特色，恢复屯墙的原有风貌。在北面入口修复村寨标志寨门，整治武庙周围地块，将武庙对面活动操场改建为石板铺装的，具有民俗风情的表演场所，道路为石板路面，绝对保护几处典型民居以及其庭院环境，改善周边环境，并赋予一定的游览内容和旅游服务功能。下寨保护四排民居向两侧延伸的格局，向湖面层层叠落，在此可以远眺湖面的景观视野环境。文化遗产保护区规划以休闲观察和旅游为主，拓展表演场地，修建游船码头，实行水陆联运，组织多种游览活动。

（二）画家村新区

画家村新区选址有如下因素：交通方便；不影响文化遗产保护区的视觉景观；与老寨联系方便；用地有发展的可能。用地位于从石板镇方向来的公路南侧，博物馆的周边地块，距离镇山村寨寨门约 200 米。人口发展规划按照 14% 的自然增长率并同时考虑一定的旅游服务人数的进入。规划建设和发展画家村新区时为了未来村寨的发展需要和可能。整个布局既要继承传统布依族石板房的建筑风格和地域特色。新区与老寨之间作为建筑禁建地带严格控制各类开发建设活动。

（三）生态博物馆资料信息中心

建立生态博物馆资料信息中心是为了收集、整理和研究布依族的生态与历史文化、用于展览、接待和交流活动，同时资料信息中心建筑本生也是布依族建筑文化的体现。资料信息中心位于镇山村西南侧，与重点保护区、画家村形成一条线的布局形态。背山面湖，视野开阔，占地 0.59 公顷，建筑面积 1284 平方米。

（四）传统农耕文化保护区

在规划范围内占地最多，分布最广，对生态环境影响较大。布依族以传统农耕劳作为主，兼有林、牧、渔等副业，粮食生产基本满足自身需要。基本农田正有低洼谷地和山坡旱地，以一年两熟类型为主，以稻作文化为主，主要种植水稻、小麦、玉米、油菜以及蔬菜等，从油菜花开到稻谷飘香，一年四季呈现出美不胜收的田园景观，在长期的社会实践中，布依人还创建了丰富多彩的民俗节日，如农历六月初六布依族的“祭田日”，是除春节以外最隆重的节日，家家户户要到田边祭祖祭神，祈求五谷丰登，此外还有四月初八的“牛王节”等。

（五）生态环境保护地带

为了维护生态博物馆的自然环境，使各功能分区之间有良好的过渡性，在其周边或外围划出一定的区域作为保护地带，主要以园林绿地和植被抚育为主，以保护村寨的景观特色和控制建设活动等需要。

二、村寨保护规划

建立镇山布依族生态博物馆的目的是使布依族文化和自然环境得以长期的保护和利用，特别要重点保护好以占山为载体的文化遗产保护区使保护与旅游开发相结合。其价值在于传统特色的山地村落的整体价值，在于其完美的山水、田园与村寨的有机融合所形成的独特风貌，因此规划必须采取分区保护的方法，“点”、“线”、“面”相结合进行全面科学的保护。

（一）“面”的保护

“面”的保护即保护区划，分为绝对保护区、严格控制区、环境协调区三级。规划根据保护内容、现状环境、景观要求等划定界限，便于实施管理。

1. 绝对保护区

在整个镇山村的上寨和下寨范围，北寨门到南寨门，从石阶巷到典型民居都要全面保护。以武庙为中心的主要空间尺度保持不变，加固维修老屯墙，拆除周边违章建筑，整治环境，控制各种建筑活动。原有建筑修复或翻建时必须做到“整旧如旧”，建筑材料以石材和木料为主。建筑范围内的石板座椅、店铺招牌、电杆路灯、果皮垃圾箱等环境小品要求古朴小巧、简洁大方。

2. 严格控制区

在镇山村的保护范围内，除去典型民居、古城墙、古巷等作为绝对保护区的点外，周边范围作为严格控制地带，从寨门到表演场地，在基本保持传统风貌的前提下，改善和配套必要的旅游服务设施。维修码头和候船休息，同时对现在已建但是与整体环境不协调的建筑要部分拆除或进行立面整治，少量的新增建筑必须采用传统的民居形式和石、木建筑材料、加建的屋顶凉棚考虑建筑空间层次和景观视线的畅通。

3. 环境协调区

为维护村寨风貌和景观环境的完整性，防止外部不协调的环境景观对文化遗产保护区的影响，规划将村寨外围到水库边之间的地带作为环境协调区。原则上以植被绿化为主，可充实必要的有游览设施和环境小品，尺度要亲切宜人，与景区环境相协调。

保护和发展辩证统一，保护不是最终目的，发展才是永恒的主题，我们的责任不仅是要保护好镇山布依族的文化生态和自然环境，而且要让它充满生机活力，可持续性地发展下去，永久地被利用，造福子孙后代，因此我们在重点保护镇山文化区的同时，积极发展新区，引导村民向新区疏散，达到降低上寨和下寨的人口密度。采取提高居住面积和完善居民功能，提高村民的生活质量为主。

（二）“线”的保护

“线”的保护主要指道路石巷空间和沿湖岸线的保护。从公共停车场到北寨门、从南寨门到表演场地、从游船码码头到资料信息中心的游览步道，随曲就弯，随高就低，规划道路保持亲切自然的线性，且紧急时消防救护车可直通至南寨门。位于武庙钱一条东西向的石阶巷要保持原有的空间尺度和古朴厚重的韵味，两侧的建筑要维护和加固好，不得随意拆除或重建。

对沿湖的保护要重点考虑水位涨落不同情况，按照生态要求进行绿化处理，重要部位重点美化，选择乡土种树，营造四季景观，禁止开山采石和挖沙取土，防止水土流失，同时搞好环境卫生，维护风景环境的自然本色。

（三）“点的保护”

“点”保护即对镇山村的历史文化估计和有特色的典型民居进行重点保护。

1. 武庙

武庙是李仁宇习武的象征，位于上寨的中心位置，是一组三合院建筑，两厢已拆卖，现仅存大殿，石板木构青瓦，五开间歇山顶。1995 年省文化厅已拨专款对大殿进行了加固维修，规划作为村史成立室或文物资料陈列展览用房，本次规划要求恢复两厢的柱基柱础，表达历史文化已存的残缺美。

2. 李仁宇墓

在镇山村正南面的山上，墓碑碑文记载了将军入黔移居镇山的历史，规划要求清理墓冢周围的环境，修筑上山石径，种植松柏、女贞、紫藤等传统的陵园植物，营造庄重古朴的环境氛围。

3. 典型民居

对上寨和下寨有特色的典型民居要进行原样整修，并整治院落环境，一般不得改变布局朝向、层次高度、结构材料等，维护原有的建筑风貌，使用性质要与旅游服务功能结合起来，民办官助，政府与房主签订保护责任书，政策上给予扶持，经济上给予优惠，经营上给予指导。

三、交通游览规划

（一）对外交通

镇山村的对外交通比较方便，贵阳至花溪 12 千米，道路等级较高，花溪至石板镇 7 千米，路面状况尚好。石板镇至镇山村有 2 千米的砂石路，规划要求近期按三级柏油路面标准化，道路宽度为 6 米。

（二）内部道路

镇山村的内部倒库呈口袋状，以步行为主。公共停车场据上寨寨门约 200 米，在生态博物馆资料信息中心入口处设有小型停车场。内毒游览步道为 2—3 米，上寨和下寨的石阶巷道要保持原有的空间尺度，古朴厚道。沿湖边从游船码头至资料信息中心的道路 1.5—2 米宽，用本地石材铺装，弯曲转合要自然流畅，亲切宜人。

规划画家村新区同样以步行为主，设置一条 4— 5 米宽的车行道（消防道）可通向码头，内衣依旧是石阶巷为主，保持镇山原有的空间尺度。

（三）游览路线组织

镇山村的游览路线有两条途径，即水路和陆路、水路从花溪水库大坝或天河潭景区出发，在村寨东南游船码头上岸，游人经过下寨表演场，顺着石阶步道依次游览下寨和上寨，在武庙胖的民族风情广场观赏或参与民族风情表演后去资料信息中心，最后返回游船或公路停车场乘车继续游程。陆路来的游客首先经过画家村新区到公共停车场后，从寨门进入上寨和下寨，再演湖边小径到资料信息中心参观后返程。游客可更具自身加持取向要求来安排水陆游程组合。

四、绿地系统规划

（一）原则

综合利用多种绿化手段，结合原有的历史景观资源特征，突出原汁原味的城市绿化特色。

保护并成分利用原有的自然环境资源，加强自然山体和水体的绿化。

严格保护村寨范围内的古树名木，更好体现镇山历史文化名村的悠久历史。

（二）现状

镇山村为典型的喀斯特（岩溶）低山丘陵地貌，地势西北高东南低，海拔 1128—1209 米，村寨正中海拔为 1163 米，属亚热带季风性湿润气候区，雨水适中，日照充足，冬无严寒，夏无酷暑。村落人口周密，建筑密度大，公共绿地相对较少，现状绿地面积总量偏少。镇山村西侧有林场，植被条件较好，很大程度弥补了村落绿地不足，通过周边生态林地履行公共绿地的职能。

（三）规划布局

结合城市特有的地形地貌，规划以“借山理水”的思路，加强城市与自然在景观和环境上的互动，利用周边山体绿化和林地资源形成村寨外围的生态绿化环带，加上村寨规划的公园绿地、道路绿地、防护绿地及生态保护绿地等，共同构建村寨的绿地生态系统。

公园绿化：在村寨内主要是结合文物点保护范围的划定设置点式绿化体系。形成具有特定内容和形式，配套有一定数量游览设施的绿地，塑造手法上可以突出历史文化或地方民族特色。

道路绿化：强化交通性和景观性主要道路，加强沿路绿化，改善道路景观和环境品质在老城区内各类设施的配置，应充分体现可持续发展的原则，重视绿化空间的组织，尽量减少对空气、水体、土壤的污染，恢复良好的生态环境。

公共绿化：结合镇山现状建设及保护区划内，在公共设施集中的区域布置新建的广场绿地，充分利用现状街区、街道周围和民居建筑之间的零碎、狭长地，建造小型绿地，提高居民的生态意识，为城市内部的老屋旧街增添绿色的生机。

生态保护绿化：根据建设现代化文明建设的需要，结合村落的特有的地貌资源，突出青山环抱的村镇地形特点，在村镇的非建设用地范围内，建设以生态保护为主的森林生态植物群落和游憩为辅的城郊生态公园绿地，构筑绿色生物走廊，打造村镇绿色生态屏障，改善村镇生态环境，保障村镇生态安全，促进生态文明建设和发展。

五、古树名木保护规划

1. 古树名木是指百年以上树龄树木，珍贵、稀有树木，具有历史价值及重要纪念意义的树木。

2. 对区范围内的古树名木，应由镇人民政府城市绿化行政主管部门，建立古树名木的档案和标志，划定保护范围，加强养护管理

3. 对镇山村内的古树名木应实行统一管理，分别养护。在单位管界内或者私人庭院内的古树名木，由该单位或者居民负责养护，镇政府主管部门负责监督和技术指导。

4. 对镇山村内的所有古树名木进行拍照、挂牌、标明树名、学名、科属和负责单位。

5. 做好古树名木管理工作，加强病虫害防治；为防止古树名木的人为破坏，根据实际情况，在古树名木周围加设护栏等防护设施。

6. 禁止在古树名木上刻画、钉钉、缠绕绳索、攀缘折枝或借用树干搭棚作架等有损古树名木生长的行为；禁止在树冠下堆放物料，挖坑取土，动用明火，排放烟气，倾倒有害树木

的污水、污物；禁止在树冠外缘五米以内新建任何建筑物。

7. 对危害古树名木生长的废水、废气、废渣，有关单位或个人必须按照环境保护规定和园林行政主管部门的要求，在限期内采取措施，消除危害。

8. 建设项目在规划、设计、施工中，必须严格保护古树名木，遇有可能使古树名木安全受到影响的情况，必须事先向园林行政主管部门提出，共同研究避让保护措施。

9. 严禁砍伐或者迁移古树名木。因特殊需要迁移古树名木，必须经市园林行政主管部门审查同意，报市人民政府批准。

建议制定《古树名木保护管理条例》，成立古树名木管理基金，加强对村寨内古树名木的养护与管理。

第四章　规划实施措施

一、根据国家和本省的有关法律、法规，结合镇山村的实际情况，制定有关镇山历史文化名村保护的合理政策管理体系和行政措施，加强镇山历史文化民村的保护与深入研究及科学管理。通过规划及保护，积极发掘历史文物，并登记入册，申报补充为各级文保单位。

二、提倡“政府出一点，单位出一点，私人集一点”的模式，利用经济杠杆的协调平衡作用，吸引更多的人力、物力、财力投入历史文化名村的保护。加强宣传，形成全民爱护名村、保护名村、建设名村的风尚。

三、强调保护是公益性行为，而非开发性行为，严禁任何假借保护名义的开发行为和防止对城市造成的开发性破坏。抓紧编制相关历史文化名村保护条例，通过法律手段监督，完善保护工作，确保规划的实施。

四、针对居住人口密集的历史文化保护区、地段、街道的保护及整治，应设立专项贷款，用低于商业贷款的贷款利率，优惠给整治房屋的房主，用于整治及维修。尽量考虑保留老住户、外迁新住户。对于居民私房以政府补贴形式鼓励居民在专家指导下进行维修，而无力自修的居民，则考虑收购和房产置换进行人口外迁，以降低人口密度。

五、结合旅游业发展，对于在民居保护及环境改善方面做得好的房主，政府应优先安排其用于旅游经营及服务。

六、强化镇山历史文化名村各级文物保护单位、历史街区的保护及管理，在划定的紫线范围内，严禁下列行为活动：

（一）违反保护规划的大面积拆迁开发；

（二）对历史文化街区传统格局及风貌构成影响的大面积改造。

（三）损坏或损毁保护规划确定保护建筑物、构筑物和其他设施。

（四）占用或破坏保护规划确定保留的园林绿地、河流水系、道路及古树名木等。

（五）对历史街区和历史建筑物构成破坏性影响的活动。

七、加强对历史文化名村、文物保护单位及历史街区保护规划的宣传，这些地区编制环境保护及整治规划等，应组织有关专家对规划方案进行评议，向村民进行公示，经多方论证方可组织实施，并根据不同的整治内容制定不同的规划管理措施，纳入法制管理体系，对于一切违反规划进行的活动，要进行严厉的查处。

八、加强规划管理队伍的建设，完善管理法规体系的建设，提高管理水平。对于规划行政主管部门人员玩忽职守、滥用职权、徇私舞弊的，由其所在单位或上级主管机关给予行政处分；构成犯罪的，依法追究刑事责任。

批林村传统村落保护规划

第一章　总则

第一条　编制背景

传统村落是农耕文明的载体，也是中华文明之源。城镇化中盲目迁并村庄导致传统村落迅速消失，撼动了农耕文明的根基。中共中央 2013 年 1 号文件指出："制定专门规划，启动专项工程，加大力度保护有历史文化价值和民族、地域元素的传统村落和民居。"

第二条　指导思想

以邓小平理论和"三个代表"重要思想为指导，深入贯彻科学发展观，落实中共中央 2013 年 1 号文件指出："制定专门规划，启动专项工程，加大力度保护有历史文化价值和民族、地域元素的传统村落和民居。"的意见。

第三条　规划原则

坚持"保护为主、抢救第一、合理利用、传承发展"的保护方针，改善居住环境，提高村民生活水平，适度发展文化旅游，大力挖掘传统村落文化内涵。

（一）人与自然的整体性原则

（二）以人为本的村民参与性原则

（三）保护地域特色的真实性原则

（四）和谐发展的可持续性原则

第四条　规划依据

《中华人民共和国城乡规划法》（2008）

《中华人民共和国文物保护法》（2002）

《中华人民共和国文物保护实施条例》（2003）

《历史文化名城名镇名村保护条例》(2008)

《住房城乡建设部、国家文物局关于印发历史文化名城名镇名村保护规划编制要求的通知》(试行)(建规〔2012〕195号)

《全国重点保护单位保护规划编制要求》(2007)

《文物保护工程管理办法》(2003)

《贵州省文物保护条例》(2005)

《贵阳市花溪区高坡苗族乡总体规划》(2012版)

《贵阳市花溪区高坡乡批林村村庄规划》(2012)

《贵阳市花溪区土地利用总体规划》(2006—2020)

第五条　规划目标

批林村传统村落保护与发展规划是实现批林村传统村落整体的、真实的、可持续的保护与活态传承，同时改善村民的生活水平，提升其发展能力，实现保护与发展的相互促进和良性循环。

第六条　规划期限

本次规划期限分两阶段实施：

近期五年即：2013年—2018年；远期十年至2023年

第二章　批林村传统村落保护规划

第一节　保护区划

第七条　核心保护区（强制性内容）

主要依托两个村落建设集中区域划定。核心保护区范围分别为北面村落：3.59公顷，南面村落：3.54公顷

保护要求

（1）核心保护区内街巷空间与建筑以保护和维护为主，对确需拆建、翻建的建筑必须符合保护规划的原则和审批程序，做到“修旧如故”，保证建筑整体风格的一致。

（2）对区内已建成的与传统风格不协调的新建筑，应拆除或按照传统建筑的格调进行降低层数和外观改造。保护整个区域原始空间格局，不得随意改变，区内未建建筑的地段，不得再随意新建；拆除所有任意搭建的牲畜圈舍，对少数新建的与传统民居建筑风貌不协调的公建要按规划要求改造或拆除。

第八条　建设控制区（强制性内容）

本次规划将建设控制区设定主要为村落周边的农田用地，以更好保护村落格局，建设控制区面积为：20.93公顷。

控制要求：

建设控制区内建筑体量、色彩、材质要严格控制，新建建筑形式要与传统民居相协调，保持传统民居体量小、色调与自然环境和谐的特色，整个布局与老寨相互依托保持统一的建筑风格和地域特色。

第九条　山体限建区（强制性内容）

为了保护自然山体景观风貌，以及景观视线本次规划还划定，以范围内山脚线至山脊线范围作为严格可控制区，禁止乱砍滥伐，禁止村民在其范围内新建建筑。规划区范围内面积为：31.13 公顷。

第二节　传统格局与风貌保护

第十条　传统巷道保护

批林村传统村落内保存传统巷道的线路，传统路面主要为土路，现状多为水泥硬化道路，为适应满足村民生活需求，保护巷道可将村落其余路面硬化，但规划保护原有巷道线路以及巷道空间尺度，同时保留现存道路两侧的历史要素。

第十一条　公共空间保护

规划保护村落原有公共空间的尺度、功能、景观风貌，采用分散的、小规模的、多样化的开放空间形式。适当地方配置与周边风貌相协调的建筑小品。

第十二条　村落主要天际线保护

村落主要天际线是北部村落是以东向西视线的天际线和南部村落是以北向南部视线的天际线。

在天际线的保护中主要是依据建筑高度与山体高度、建筑物立面走势与该立面山体走势而决定。建筑高度必须低于背景的山体高度，同时建筑物立面走势应该顺应地形高差以及就山势走向。建筑、山体共同形成自然的天际线。

第十三条　整体景观风貌保护（强制性内容）

1. 古河道风貌区

以河道河堤为接线 20 米范围内不允许新建建筑（景观建筑除外）、同时保证滨河部分原有绿化的完整性。河道内不允许丢放垃圾以及排放污水。

2. 山体风貌区

规划在保护区划中设定山体保护区范围，改范围内禁止新建农房、禁止乱砍滥伐。

3. 农田风貌区

批林村的传统村落中农田是较为重要的风貌区，改区域同时也为建设控制区。改部分新建建筑应该靠近农田连续范围的边际修建，不得随意在中部新建建筑。

4. 村落内小景观风貌

保证村落历史遗留空地的区域，除做其他传统生产性空地外，其余应保持原有绿地空间或小地块的种植区。该区域内禁止堆放垃圾以及杂物废弃物。

第三节 传统建筑保护

第十四条 建筑保护与整治方式

根据《历史文化名城名镇名村保护条例》（2008）对于建（构）筑物保护与整治方式要求，结合批林村传统村落实际情况，（村落内无文物保护单位），本次剔除分级保护和分类整治的方式措施：

维修、改善（正对保留历史建筑以及部分风貌、质量良好的一般历史建筑的保护措施）

保留（针对保留风貌建筑以及部分质量较好，与村落历史风貌没有冲突的其他建筑的保护措施。）

整修、改造（针对与历史风貌较小冲突以及体量不突兀，可以通过降低层数、立面改造使之与村落风貌相协调的建筑）

拆除(针对应当拆除建筑以及风貌极差、质量极差的不协调建筑和障碍建筑)

第十五条 建筑高度控制（强制性内容）

为了保护传统村落内部各构筑物之间的关系，以及村落与周边自然山体、农田、水体的密切关系，使传统村落与新建民居之间的协调，本次规划在村落内部以及周边进行建筑高度控制。

结合保护区划，本次规划在核心保护区内限制建筑层数为上限 2 层，不满此要求的建筑必须降低层数。

在建设控制区内限制建筑层数为上限 3 层，不满此要求的建筑必须降低层数。

第四节 历史要素保护

第十六条 古树保护

村庄登记名树 6 棵。其中位于南部村落两颗杞木由于年代久远分别于 2012 年，2013 年倒塌，且这两棵古树当地人称为“男人树”与“女人树”（形似），2012 年残存树根也时常有当地人拜祭。树木倒塌后树根残留，为保持村民对两棵树祭拜习俗，对于这两棵树木遗址可划定接线保护，并立标识拍。其余树木需挂牌保护。

名木古树保护方式：设立护理围栏或者设置花池

第十七条 古河道保护

对于现存村落的古河道必须清理河道内外的垃圾，严禁向河道内外随意抛物、排污同时牲畜下河需牵至河道下游。

对河堤维护需保留原有维护方式（石砌），保留原有下河石梯、过河石墩等构筑物。

如保护物濒临毁坏除非必须(如在特殊情况下需用混凝土河堤时),否则只能原型仿制恢复。

第十八条　祭祀桩保护

规划对现杀牛存祭祀桩圈定保护范围，任何人不得对其破坏以及在范围内新建其他构筑物。同时立标志牌说明其风俗用途。

第五节　非物质文化保护

第十九条　批林村非物质文化分级

按照非物质文化分级中的良好、一般、濒危三个的三个等级中，目前重要非物质文化苗族“射背牌”处于良好，银饰加工和芦笙制作处于一般等级，主要由于“射背牌”属于全村乃至全乡性的苗族传统活动，而经过调查现有银饰加工和芦笙制作较少均为一户人家还在传承。

第二十条　场所与线路保护

批林村苗族乃至周边乡镇苗族每年均要举行“射背牌”活动，起活动地点位于村落东部，地处名为白朵拱的山上，“射背牌”线路大多由村落内人员聚集，大家组织上山，全程约 1.3 千米。

该文化线路以及场保护从整体性出发，保护文化线路与场所中所有的自然资源，对于线路与场所中的历史构筑物给予保护。该线路属于控制建设区划,场所属于禁止建设区划,但可修建不影响整体自然风貌的建筑小品，如民族元素的休息亭、长廊等。

第二十一条　批林村重要非物质文化传承

规划充分结合批林村非物质文化遗存，作为非物质文化展示的载体，可以通过旅游展示的方式，受到更多人的关注。同时对飞物质文化传承人保护、学习和研究。使非物质文化遗存能更好地传承延续。

针对尚未进入非物质文化遗存保护目录的优秀文化遗产，应该积极申报并且保护。规划在两村落之间新建一座风情展示馆，可以用做非物质文化的学习。

批林村省级非物质文化传承人：

罗朝贵　生于 1939 年，男，苗族，高坡乡批林村人。2012 年，入选贵州省非物质文化遗产《花溪高坡苗族芦笙制作工艺》代表性传承人。

罗廷开　生于 1966 年，男，苗族，高坡乡批林村人。2016 年，入选贵州省非物质文化遗产《花溪高坡苗族芦笙制作工艺》代表性传承人。

罗廷彬　生于 1963 年，男，苗族，高坡乡批林村人。2019 年，入选贵州省非物质文化遗产《花溪高坡苗族银饰制作工艺》代表性传承人。

罗廷开　生于 1966 年，男，苗族，高坡乡批林村人。2012 年，入选贵州省非物质文化遗产《高坡苗族射背牌》代表性传承人。

王批文　生于 1967 年，男，苗族，高坡乡批林村人。2019 年，入选贵州省非物质文化遗产《高坡苗族射背牌》代表性传承人。

第三章　批林村传统村落发展规划

第二十二条　发展定位

定位高坡乡批林村为：以弄生态农业为基础、苗族文化为背景的旅游乡村。

第一节　产业发展规划

第二十三条　产业布局

批林村村域内首先重点发展传统农贸型农业，其次发展林业和果林（核桃为主）种植、畜牧业以及旅游产业。

在村域北部发展复合型生态农业（农、林、牧结合，种、养、加结合，粮、桑、渔结合）；在村域西南部发展观光农业，引进优质蔬菜，种植菜油、桃树、草莓等既经济又可观光的作物，结合旅游可发展多趣的农业观光园、自摘水果园等；在西部发展农副产品加工业，主要发展烤烟；在中部结合传统村落保护以及服务设施的建设，可以发展传统古村落旅游体验以及苗族文化旅游体验。

第二十四条　旅游线路打造

批林村传统村落可依托旅游产生效益以及知名度，从而更加有利于村落保护的实施与发展，更有利村落文化的关注度增加从而有利于文化的传承。

而就批林村而言还需结合高坡乡总体旅游规划以及其线路配合打造，产生整个高坡乡各个村之间旅游资源的联动性。

第二节　人居环境规划

第二十五条　给排水设施

给水：

规划结合批林村水资源的情况分析，规划水源采用河水。

规划村庄居民用水量以 60 升 / 人・日计；牲畜日均用水量按 30 升 / 头・日；未预见用水量，按以上用水量之和的 20% 计，用水量为 10.60 立方米 / 天。因此，总用水量为 63.58 立方米 / 天。

雨水：

依据地势高差，规划采用分区排水方式，排入排灌沟渠或灌溉蓄水池。建议各家各户分别对雨水进行收集，将收集到的雨水用于冲厕、绿化、灌溉等。

污水：

规划批林村均采用雨污分流制，采用暗沟雨污自然排水体制。污水排放量以村庄生活总用水量的75%计，预测污水排放量为47.69立方米/天。污水有组织地经过人工湿地处理后排入农灌沟渠，禁止直接排放。

第二十六条　电力电信设施

电力设施：村寨内电源引自批林村变压器，采用标准的220/380伏电力线路输送。村内总用电负荷为195千瓦。

电信设施：村寨接入固定电话，并开通移动和联通通信及宽带服务，信号由覆盖全乡的移动和联通通信机站提供。

第二十七条　能源设施

有条件村民（主要指养殖牲畜的农户）可结合自家牲畜棚修建沼气池。对于未养殖牲畜以及家庭人员较少的农户加大鼓励村民普及天然气、电能等清洁能源的利用。

第二十八条　公共服务设施提升

（1）村民综合服务中心

规划保留现有的村委会办公楼作为村民综合服务中心，增加文化、医疗、图书、管理、党员活动、消防及信用社服务等功能。

（2）民族广场

规划结合村寨人口规模和经济发展情况，设置了村文化活动广场，不仅作为村民活动中心，也作为苗族聚会场地，更加作为村寨行政集会场地、歌舞表演场地。其位于两村落之间，通村路东侧。

（3）新建停车场2处，以满足对外停车需求，农忙时亦可作为打谷场。

（4）路灯、标识和路牌：设置路灯17盏，主要建筑设置标识，道路交叉口设置路牌，用材可就地取材，外观、色彩与整个村庄建筑风格力求统一。

（5）以原村落私塾为原型，新建民族文化馆，位于民族广场处。用以展示批林村传统苗族服饰文化内容，平时可作为，非物质文化传承学习基地。

第二十九条　建设应符合国家有关的规定。户厕改造宜实现一户一厕。

第三十条　生活垃圾及其他垃圾均要及时、定点分类收集。

第三十一条　防洪标准

1. 本次规划范围内按照河道确定防洪标准为10年一遇的标准设防。按标准修建、维修防洪设施。

2. 防洪措施

（1）村落依山而建，对现有冲沟等行防洪通道清理整治，保证行洪畅通，靠山体一侧应建截洪沟，防止洪水对名村的破坏。

（2）提所建设于地势较高农房周边植被覆盖率，增强土壤蓄水能力，降低径流系数，降低山洪危害。

（3）增强防洪教育，增强防洪意识，与防汛机构密切配合，及时掌握汛情，作好防、抗洪准备，将洪灾带来的损失降低到最小。

第三十二条　消　防（强制性内容）

村庄农户居住较拥挤，存在较大的火灾隐患，批林村距离高坡乡较远靠专业队伍救灾的可能性不大，故规划要求做到：

①村庄消防整治要贯彻预防为主，防消结合的方针，积极推进消防工作社会化。大力开展消防工作的宣传，尤其要加强老人、儿童的安全教育。

②组织村庄义务消防队，加强巡逻和监督。

③利用村的通信设施建立村庄消防报警网络。

④古河道河水作为天然水源，同时在两个村落分别设置消防水池，兼做景观使用。

第四章　实施规划的措施与建议

第三十三条　为加强对批林村传统村落的管理、保护、开发利用，根据国家有关法律、法规，结合本乡实际，制定本办法。

第三十四条　本办法适用于本行政区域内的传统村落。在批林村内进行活动的单位和个人，均须遵守本办法。

第三十五条　传统村落内的建设必须符合规划要求，严格按照有关规定履行审批手续。

第三十六条　建设项目的布局和建筑物的造型、风格、体量等须与周围景物和环境相协调，避免传统村落人工化和城市化。

第三十七条　禁止在传统村落及其外围保护地带内修建破坏景观、污染环境的工程项目。

第三十八条　传统村落保护机构和有关行政管理部门应当对传统村落的古建筑、历史遗迹、古树名木等进行调查登记、建立档案、设立标志、加强保护。

第三十九条　严格保护传统村落内的地貌。对擅自进行改变地貌活动的，责令停止违法行为，恢复原状，可以处相应罚款。

第五章　附则

第四十条　本规划由规划文本、规划图纸及说明书三部分组成，规划文本和图纸具有同等的法律效力。

第四十一条　本规划解释权属贵阳市规划行政主管部门。

第四十二条　本规划经法定程序上报批准后生效实施。

主要参考文献

汤芸著：《以山川为盟》，贵州民族出版社，2008 年

胡朝相编：《都市里的村庄——镇山》，贵州科学技术出版社，2015 年；《贵阳旅游诗联选》，贵州民族出版社，2008 年

潘年英著：《贵州民族村寨旅游指南》，贵州人民出版社，2000 年；《民族民间——石板房》，贵州民族出版社，2010 年

政协花溪区委员会编：《高原明珠花溪》，贵州人民出版社，2011 年；《中国最美 100 个古镇古村》，中国旅游出版社，2011 年；《贵阳风物》，贵州教育出版社，1990 年

贵阳市文化局编：《贵阳文物景点》，贵州教育出版社，2007 年

政协贵阳市委员会编：《贵阳文物史话》，五洲传播出版社，2020 年

政协贵阳市委员会编：《话说贵阳非遗》，五洲传播出版社，2021 年

李裴、邓玲编：《贵阳自然生态系统和环境保护》，贵州人民出版社，2013 年

贵阳市政协文化文史与学习委员会编：《贵阳文史》，2002 年

王春雷编：《寻城迹 贵阳名胜古迹》，中国摄影出版社，2011 年；《中国古镇游 2007》，陕西师范大学出版社，2007 年

赵玉奇、余压芳著：《布依族特色村寨文化空间识别与传承——贵州省贵阳市镇山村实录 / 西南民族特色村寨保护》，中国建筑出版社，2023 年

金露著：《贵阳镇山村传统民居空间布局研究》，浙江大学出版社，2016 年

李登学等著：《镇山民族文化保护村调查》《贵州民族文化学会第六届年会学术论文集》，1994 年；《乡村地理》，当代传媒集团，2022 年

徐曦、傅红著：《贵阳镇山村传统民居空间布局研究》《农业与科技》，2018 年

何嵩昱著：《贵州民族村寨旅游发展模式研究——以朗德上寨和镇山村为例》《民族研究》2013年第3期

吴红梅、马优优著：《镇山村乡村旅游发展的困境及对策研究》《成都工业学院学报》，2019年

张伟著：《乡土聚落镇山村中的“文化空间”变迁》《住宅与房地产》2019年第3期

罗英姿、班林涛著：《镇山村民族民间纠纷调解问题的调查与思考》《贵州民族研究》2008年第2期

陈志永、梁玉华著：《民族村寨旅游地衰落研究：以贵阳市镇山村为例》《云南社会科学》2007年第1期

李晓晖、李新建著：《贵州镇山村石板民居屋面营造技艺—— 以班氏民居为例》《建筑与文化》2019年第6期

李甫著：《贵州少数民族村寨旅游业发展的困境与对策研究——以花溪区镇山村为例》《贵州民族研究》2016年第2期

顿明明著：《黔中地区典型历史村镇的调查与分析——以青岩镇、镇山村、本寨为例》《城市规划汇刊》2002年第4期

任宁宁著：《贵州镇山村乡村旅游的可持续发展路径探索》《贵州商业高等专科学校学报》2014年9月第27卷第3期

黎玉洁、何璘、吴迪著：《黔中地区布依族传统村寨的防御性研究》《贵州民族研究》2019年第8期

潘年英著：《百年高坡——黔中苗族的真实生活》，贵州人民出版社，1997年

花溪区地方志编纂委员会编：《花溪区志》，2001年

花溪区地方志编纂委员会编：《花溪区志（2001—2015）》，2020年

王超、蒋芹琴、李超著：《系统工程思想视角下三产融合振兴民族村落的路径——基于贵州批林村的经验探索》，贵州省2020年度哲学社会科学规划课题重点课题。

杨清昌著：《黔中印牌苗族族源初探——以黔中高坡苗族乡为例》，河池学院学报，2018年

王炳忠著：《黔中苗族叙事长诗〈榜郎歌〉内容特征及文化意蕴初探》，2019年

陈紫烟著：《新媒体时代下少数民族刺绣工艺特色与传播研究——以贵州高坡民间苗绣为例》，2019年

杨清昌著：《桥的社会——黔中茂饶苗族村落秩序研究》，硕士学位论文，2020年

杨清昌著：《高坡教育志》（未刊稿），2022年

编纂始末

2021年，贵州省政府印发《贵州省传统村落高质量发展五年行动计划（2021—2025年）》，提出实施优秀传统文化保护行动。2021年10月12日，贵州省地方志编纂委员会办公室印发《贵州传统村落志编纂实施方案》，要求将传统村落纳入地方志指导编纂内容。2021年10月21日，贵阳市地方志编纂委员会办公室印发《关于做好贵阳市传统村落志编纂工作的通知》，要求贵阳市有中国传统村落的花溪区和开阳县分别编纂《贵阳市花溪区传统村落志》和《开阳县传统村落志》。

2021年12月，花溪区委办、区政府办批复同意《花溪区关于编纂传统村落志工作方案》，成立花溪区传统村落志编纂工作领导小组，以花溪区地方志编纂委员会办公室为编纂主体，全面启动《贵阳市花溪区传统村落志》编纂工作。《贵阳市花溪区传统村落志》收录编纂石板镇镇山村和高坡苗族乡批林村内容。石板镇、高坡苗族乡按照工作安排部署，明确分管领导，专人负责编纂工作。镇山村和批林村村支“两委”配合做好资料收集、图片拍摄、实地走访调研等工作，确保编纂工作顺利推进。

2022年5月，根据省、市关于传统村落志编纂工作部署，花溪区地方志编纂委员会办公室动员各方力量，多方面挖掘、整理、报送材料，并聘请社会专业力量参与编纂工作。在区有关领导和部门的关心支持下，通过多方共同努力工作，《贵阳市花溪区传统村落志》由方志出版社出版。

《贵阳市花溪区传统村落志》上限始于事物发端，下限至2022年。根据编修要求，又考虑到内容归类和形式表述，编辑部在认真学习相关文件精神的基础上，结合镇山村和批林村实际，多次调整优化编纂构架，形成科学合理的编写结构。全志分镇山村志、批林村志两部分，以纲目体为主，合理运用述、记、志、传、图、表、录等体裁，注重选用特色资料、微观资料、典型资料、鲜活资料，较为集中、清晰地记载镇山村、批林村各项事业发展的真实轨迹，尤其是古村保护、旅游业发展等方面的具体工作，形象地展现了当地苗族和布依族特有的民族文化和风土民情。

《贵阳市花溪区传统村落志》能顺利编纂出版，得益于各方的关心和支持。2023 年 5 月，贵州省地方志办对《贵阳市花溪区传统村落志》进行审读抽检，提出宝贵的审读意见；10 月，贵州省地方志办市县志工作处处长林浩到花溪区调研督导《贵阳市花溪区传统村落志》编纂工作，提出具体指导意见确保志稿质量。同年，贵阳市地方志办主任潘红霞、副主任段洪、市地方志工作处处长李冬生等多次到花溪区对《贵阳市花溪区传统村落志》编纂进行业务指导，推动编纂工作有序开展。《贵阳市花溪区传统村落志》编纂工作期间，花溪区委区政府对编纂工作给予高度重视，在经费、人员方面给予充分保障。花溪区地方志办负责统筹落实编纂工作，组织制定编纂工作方案，成立修志工作领导小组，引进社会专业编纂力量高效有序推进具体工作。区民宗局、区文旅局、区住建局、区农业农村局、区文联、区生态环境局等部门也参与本志的材料提供或评审工作，以保证志书整体质量。石板镇和高坡苗族乡党委、政府，镇山村、批林村党支部、村民委员会给予积极支持和配合。镇山村支部书记李良平、批林村支部书记王勇等村干部及知情人，为编辑部资料搜集作出积极努力。在此，对关心支持本志编纂工作的所有领导和同志们一并表示衷心感谢！

《贵阳市花溪区传统村落志》书稿虽经反复修改，但由于时间有限，编者经验不足和水平所限，疏漏之处仍在所难免，敬请读者谅解和指正。

编　者

2023 年 12 月